€ 10,-

F. H. BRADLEY
ET
L'IDÉALISME BRITANNIQUE
LES ANNÉES DE FORMATION (1865-1876)

Illustration de couverture : Anne Vernat. *Pensée et expérience.*

« *To know the world one must combine experience with reflection.*
But it is not less essential to keep the two separate. »

F. H. Bradley

© Artois Presses Université, 2012
9, rue du Temple
BP 10665, 62030 Arras Cedex

ISBN : 978-2-84832-153-0
ISSN : 1269-9519

Livre imprimé en France

Lettres et civilisations étrangères

Jean-Paul Rosaye

F. H. BRADLEY
ET
L'IDÉALISME BRITANNIQUE

LES ANNÉES DE FORMATION (1865-1876)

ARTOIS PRESSES UNIVERSITÉ

Ouvrage publié avec le concours
de l'Université d'Artois,
de la Banque Populaire du Nord,
d'Arras Université,
du Centre de Recherche « Textes et Cultures ».

À la mémoire de Jacques Sys

Remerciements

Il est bien naturel que j'exprime ma reconnaissance en premier lieu envers mes proches, mon épouse et mes enfants, qui ont respecté mon travail au plus haut point en acceptant mes retraites et mes longues études solitaires. Je tiens surtout à faire part de ma profonde gratitude envers Anne Staszak. Sa perspicacité et sa connaissance de la philosophie ne m'ont pas seulement obligé à reprendre régulièrement mon travail pour le rendre adéquat : par ses remarques, ses suggestions, et son exigence de vérité elle a également contribué à étendre considérablement le champ de mon savoir. Je remercie aussi Suzanne Bray et Franck Delannoy qui, en plus de leurs relectures, ont généreusement mis à mon service leur temps et leur érudition au cours de discussions éclairantes. Enfin, je salue les efforts de Nathalie Steban, documentaliste à l'université d'Artois, dont l'opiniâtreté et la réussite m'ont ouvert l'accès à des ouvrages difficiles à trouver.

Liste des abréviations (ouvrages de Bradley)

PAP   *A Pluralistic Approach to Philosophy : 1865-1882* (Vol. 1 des *Collected Works of F. H. Bradley*, Bristol, Thoemmes Press, 1999, Carol A. Keene dir.)

PCH   *The Presupositions of Critical History and Aphorisms, Collected Essays* (vol. 1), Oxford, The Clarendon Press, 1935, p. 1-70.

ES   *Ethical Studies*, Oxford, The Clarendon Press, 1962 (seconde édition de 1927, avec une introduction de Richard Wollheim).

PL   *The Principles of Logic* (2 vols.), Oxford, Oxford University Press, 1928 (seconde édition).

AR   *Appearance and Reality : A Metaphysical Essay*, Londres, Swan Sonnenschein & Co., 1902 (seconde édition).

ETR   *Essays on Truth and Reality*, Londres, Oxford University Press, 1914.

CE   *Collected Essays* (2 vols.), Oxford, The Clarendon Press, 1935.

Note sur les traductions

Sauf mention contraire, toutes les traductions de l'anglais vers le français sont de l'auteur.

Exceptions : Les citations tirées de *The Presuppositions of Critical History*, intégralement traduit par Pierre Fruchon (*Les Présupposés de l'Histoire critique*, Paris, Les Belles Lettres, 1965), ainsi que de « *Relativity* » (également traduit par Pierre Fruchon, sous le titre « Relativité », pour *Les études philosophiques*, n° 15, janvier-mars 1960, p. 3-22).

INTRODUCTION

❧

J'étais à cette époque un hégélien convaincu et je visais à construire une dialectique complète des sciences, que couronnerait la démonstration du caractère mental de toute la réalité [...] Là où Hegel et Kant étaient en conflit, je prenais parti pour Hegel [...] Ce que j'ai écrit sur la philosophie de la physique de 1896 à 1898, quand je le relis aujourd'hui, me paraît complètement absurde, et il m'est difficile d'imaginer comment j'ai jamais pu penser autrement. Heureusement, avant que rien de mes travaux d'alors fût prêt pour la publication, je changeai totalement de philosophie et commençai d'oublier tout ce que j'avais fait pendant ces deux années. Toutefois, les notes que j'ai rédigées à cette époque ont peut-être un intérêt historique et, bien qu'elles me paraissent erronées, je ne pense pas qu'elles le soient beaucoup plus que les écrits de Hegel.[1]

Le cas étrange de l'idéalisme britannique à la fin de la période victorienne

Tout en revenant avec humour sur l'hégélianisme de ses premières années de philosophie, Russell a rejeté sans concession l'idéalisme qui avait connu son heure de gloire en Grande-Bretagne des années 1860 au début du vingtième siècle. Le ton humoristique de son texte et la sévérité de ses remarques peuvent donner à penser que l'idéalisme n'a jamais été qu'un interlude dans la pensée britannique, qu'une transition mal inspirée encadrée par l'empirisme philosophique traditionnel et l'empirisme logique, deux courants qui apparaissent d'emblée comme plus révélateurs de la façon dont on pratique habituellement la philosophie outre-manche.

L'idée selon laquelle l'esprit anglais est empiriste avant tout est assez conventionnelle et on la retrouve chez William Sorley, dans sa rétrospective sur l'histoire de la philosophie anglaise, où il estime que c'est l'empirisme qui exprime l'esprit national anglais puisque c'est la première philosophie à avoir été écrite en langue anglaise. Mais Sorley n'oublie cependant pas de

---

[1] Bertrand Russell, *Histoire de mes idées philosophiques*, Paris, Gallimard, 1989, p. 51-52.

signaler l'existence de penseurs idéalistes, et il évoque même l'existence
d'une tradition idéaliste qui, bien que secondaire, n'en est pas moins intégrée
à l'esprit anglais :

> [...] et la tradition idéaliste s'est maintenue à travers les siècles grâce
> à Herbert of Cherbury, More, Cudworth, Norris, Shaftesbury, Reid, et
> de nombreux autres – des penseurs mineurs mais qui témoignent de la
> profondeur spéculative de l'esprit anglais.[2]

Il est nécessaire de tempérer la minimisation et le dénigrement dans
lequel l'idéalisme britannique a été tenu dans la mesure où il apparaît plus
profondément inséré dans les réalités intellectuelles et culturelles anglaises que
pourraient le faire croire les remarques de Russell à l'encontre de l'influence de
Hegel. En effet, l'humour de Russell n'est pas anodin et il se pourrait bien que
son attitude vis-à-vis de ses maîtres idéalistes de la première heure dissimule
en fait la nécessité devant laquelle il s'est trouvé de détruire ce qui lui a permis
de se réaliser pour faire œuvre nouvelle.

Russell n'a pas été le seul à faire entendre une critique de l'idéalisme et
c'est même G. E. Moore qui a été le premier à lancer l'attaque dans son célèbre
article de 1903 « *The Refutation of Idealism* », et dans son livre *Principia Ethica*,
publié la même année. Le début du vingtième siècle a vraiment marqué la fin
de l'influence sans partage de l'idéalisme britannique, et la fin d'une époque
aussi, si on en juge par l'importance que les travaux de Moore ont pu avoir sur
Lytton Stratchey, le contempteur le plus célèbre des « éminents victoriens »[3].
En fait, l'idéalisme britannique est un phénomène complexe, situé au carrefour
de plusieurs influences, plongeant au cœur de l'expérience philosophique
anglaise, et aussi indissociablement lié aux conditions particulières de la
civilisation britannique au dix-neuvième siècle.

L'idéalisme allemand en général et celui de Hegel en particulier ne jouent
pas forcément le rôle le plus important dans l'émergence de l'idéalisme
britannique pendant la période victorienne, et Muirhead a montré que les
racines de ce courant sont trop profondes pour qu'on le réduise à une simple
transition philosophique dans l'histoire de l'empirisme anglais :

> Selon une interprétation commune de l'évolution de l'histoire
> britannique, sa contribution principale et caractéristique à la pensée
> occidentale réside dans la mise en place d'une base empirique grâce
> à Bacon, Hobbes et Locke et dans son influence déterminante jusqu'à

---

[2] William R. Sorley, *A History of English Philosophy*, Cambridge, Cambridge University
Press, 1937, p. 300.
[3] *Cf.* Ian D. MacKillop, *The British Ethical Societies*, Cambridge, Cambridge University
Press, 1986, p. 3.

la période de Mill, Spencer et Sidgwick. Cette tradition a été brisée pendant les années soixante du siècle dernier à cause de l'afflux d'idées étrangères, lesquelles l'ont fait dévier de sa pente naturelle pendant une génération pour lui faire suivre la voie de l'idéalisme kantien et post-kantien. Enfin, les paradoxes de l'absolutisme auquel elle a été conduite ont créé un puissant contre-courant dont l'influence l'a redirigée vers l'esprit national, plus ancien et plus sûr. Les études présentes ont été conduites avec la conviction que cette interprétation, si elle n'est pas totalement fausse, présente une image très unilatérale du génie philosophique national et de sa contribution à la pensée occidentale. Bien avant l'époque de Bacon, et avant que la liberté de pensée héritée de la Grèce ne soit réduite en esclavage pendant la scolastique médiévale, les germes d'une toute autre façon de penser avaient été introduits en Angleterre par Jean Scot Erigène. Au tout début du siècle de Hobbes et de Locke, l'influence du renouveau platonicien qui avait eu lieu en Italie s'était fait sentir puissamment à Oxford et à Cambridge, et il s'était traduit dans cette dernière université en un mouvement qui avait exprimé des idées néo-platoniciennes avec une liberté, une énergie et une grâce inédite à cette époque en Europe.[4]

En fait, il est possible de discerner trois conceptions principales, trois modèles de l'essor de l'idéalisme en Grande-Bretagne qui tentent d'expliquer l'énigme de son émergence et de son développement. Soit on considère (thèse classique) que l'empirisme est la forme naturelle de la philosophie anglaise, l'expression même de l'esprit national, et alors l'idéalisme n'est que l'expression d'une re-continentalisation de cette philosophie, une « germanisation » de l'esprit anglais qui était condamnée d'avance, le temps que l'empirisme se ressaisisse et se métamorphose en une forme nouvelle. Soit, l'idéalisme est lié à une tradition platonicienne et néo-platonicienne profonde et toujours vivace dans les Îles britanniques, qui resurgit parfois dans des contextes qui lui sont favorables (thèse de Muirhead). Soit enfin, l'idéalisme a été favorisé par une situation de l'histoire des idées particulièrement troublée, où il est apparu comme la seule option véritable dans un contexte de bouleversement culturel à l'époque victorienne. Plus qu'ils ne s'excluent mutuellement, ces modèles sont complémentaires et ils permettent de mieux cerner la situation de l'idéalisme en Grande-Bretagne. Enfin et surtout, ils minimisent la thèse de la valeur exclusivement transitionnelle de l'idéalisme britannique à son apogée.

F. H. Bradley : une perspective révélatrice de l'idéalisme britannique

Rendre compte du phénomène idéaliste en Grande-Bretagne au dix-neuvième siècle et mettre en évidence ses justifications profondes autant

---

[4] John H. Muirhead, *The Platonic Tradition in Anglo-Saxon Philosophy : Studies in the History of Idealism in England and America*, Londres, George Allen and Unwin Ltd, 1931, p. 13.

que son extension à tous les domaines de la vie intellectuelle de la période victorienne pose un problème méthodologique.

Une première solution consisterait à étudier dans le détail les œuvres de tous les idéalistes. Il ne s'agit évidemment pas de les juxtaposer pour donner une explication en extension de l'idéalisme britannique car la somme des études de détail des individualités concrètes ne peut réussir à cerner le phénomène dans sa vérité et révéler l'énigme qu'il constitue. Il est possible, en revanche, de faire ressortir entre les œuvres des points communs, de mettre en évidence des écarts de doctrine, de discerner des générations, des filiations, et de découvrir des sphères d'influences spatiales ou temporelles pour toute la diversité du mouvement. Mais on court à ce moment le risque d'une abstraction dès lors qu'une présentation synthétique s'impose, et certaines facettes doctrinales importantes développées par tel ou tel auteur peuvent se voir écartées au profit de l'exposition d'ensemble : présenter le mouvement dans sa totalité peut conduire à la rupture de ce qui fait l'unité de certaines œuvres et donner au final une version édulcorée de l'idéalisme britannique qui ne recouvre pas la subtilité de la démarche de certains de ses représentants. Par ailleurs, la coordination avec les thèmes de l'histoire sociale et politique, culturelle et économique de l'époque oblige à privilégier certains auteurs et à créer des filiations secondaires qui réduisent de façon considérable la logique interne des œuvres prises isolément. La définition en compréhension d'une suite d'auteurs, parce qu'elle privilégie l'abstraction pour donner une vision d'ensemble, est délicate et se heurte irrémédiablement à la spécificité de chacun d'entre eux.

Une autre voie est envisageable. Pour ne pas se restreindre à des explications abstraites et générales ou achopper devant l'impossible synthèse d'un catalogue descriptif des œuvres qui se sont situées dans son mouvement, il est possible de présenter l'idéalisme britannique de la fin du dix-neuvième siècle à travers la vie et l'œuvre d'un de ses acteurs, désigné parmi ceux qui ont le mieux incarné sa réalité dans toutes ses formes. Choisir un auteur ne revient pas seulement à rendre plus vivant le courant d'idées dans lequel il s'inscrit ; en reflétant l'idéalisme britannique dans le concret d'une vie et d'une œuvre, il devient possible d'ouvrir des perspectives plus riches pour l'étude de son histoire. Incarner l'idéalisme britannique dans le siècle, c'est lui permettre de déployer toute son universalité grâce aux idées de l'auteur qui ont révélé sa vérité dans sa période d'influence.

Il y a plus qu'un simple rapport du simple au composé dans cette alternative méthodologique. L'auteur symbolise le mouvement dans sa totalité, il en est le miroir en somme :

> De plus, toute substance est comme un monde entier et comme un
> miroir de Dieu ou bien de tout l'univers, qu'elle exprime chacune à sa

façon, à peu près comme une même ville est diversement représentée selon les différentes situations de celui qui la regarde.[5]

F. H. Bradley s'impose naturellement dans le choix d'une perspective sur l'idéalisme britannique. Entré à l'université d'Oxford comme étudiant en 1865, il est arrivé à un moment de grande tension philosophique où l'influence de Hegel commençait à se faire sentir et semblait offrir une alternative à l'endiguement de l'esprit philosophique anglais. Devenu *Fellow* de Merton College en 1870, il a accompagné l'ascension, l'apogée et le déclin de l'idéalisme anglais à Oxford jusqu'à sa mort, survenue en 1924. Plus encore, et c'est ce qui le distingue d'autres idéalistes comme Bernard Bosanquet par exemple, il a été considéré comme l'incarnation de l'idéalisme britannique dans toute son ampleur en tant qu'il s'est démarqué de l'influence strictement hégélienne pour tenter de réaliser un idéalisme authentiquement anglais. Enfin, et c'est un point fondamental, la retraite qu'il a observée vis-à-vis des tribulations mondaines de son temps et son refus de s'engager dans des voies non spécifiquement philosophiques lui a valu une réputation de sage, et cela a contribué à donner de lui l'image d'un philosophe éducateur dont l'influence souterraine a été déterminante pour tous les autres idéalistes de sa période. En son temps et aujourd'hui encore Bradley est estimé comme l'âme du mouvement idéaliste britannique de la fin du dix-neuvième siècle.

Bradley appartient à la quatrième génération des idéalistes, selon la classification qu'a proposé Jean Pucelle dans son étude du mouvement de Coleridge à Bradley[6]. Cette génération est celle de l'acmé de la doctrine après les étapes des précurseurs littéraires et des premiers philosophes qui ont cherché à repenser l'idéalisme allemand dans le cadre de la philosophie anglaise de leur époque. C'est la période où l'influence de Hegel est à son comble, ne serait-ce que parce que les apprentis philosophes de cette génération ont pu recevoir, de Green à Oxford ou de Caird à Glasgow, des cours sur la philosophie de cet auteur. C'est à ce moment que le rapport à Hegel, et la question d'une philosophie authentiquement britannique est devenu un enjeu dans les œuvres des idéalistes, ce que Bradley reflète particulièrement dans ses premiers écrits, que ce soient ses dissertations et ses notes de cours quand il était encore étudiant, ou les premiers ouvrages qu'il publie, *The Presuppositions of Critical History* (1874)[7], et *Ethical Studies* (1876).

---

[5] G. W. Leibniz, « Discours de métaphysique », in *Œuvres*, Paris, Aubier-Montaigne, 1972, p. 168.

[6] Jean Pucelle, *L'Idéalisme en Angleterre, de Coleridge à Bradley*, Neuchâtel, Éditions de la Baconnière, 1955, p. 12-13.

[7] Dans la mesure où *The Presuppositions of Critical History* a été intégralement traduit en français (*Les Présupposés de l'Histoire critique*, trad. Pierre Fruchon, Paris, Les

Ces premiers écrits ont été peu étudiés par la critique, à l'exception de certains travaux qui se sont concentrés sur des inédits rassemblés dans le fonds Bradley de la bibliothèque de Merton College[8]. Ce n'est que récemment que cinq volumes contenant la correspondance et les inédits de Bradley (ses notes de cours, ses dissertations, ses carnets et ses essais non publiés) ont fait l'objet d'une publication dans le cadre d'une édition de ses œuvres complètes[9]. Cette publication est déterminante pour qui désire procéder à un nouvel examen de cette période importante dans la constitution de sa philosophie, et elle est à rapprocher de ce qu'on pourrait appeler un retour, depuis un certain temps, à la philosophie de Bradley et à la tradition idéaliste en Grande-Bretagne.

L'état présent de la critique anglo-saxonne sur Bradley

Francis Herbert Bradley n'est plus un philosophe négligé par la critique. Après une longue période d'oubli de son œuvre, on constate qu'un redéploiement des études sur Bradley a été entrepris depuis la monographie de Richard Wollheim (1959). Dans sa préface, Wollheim réagissait contre la quasi-inexistence de travaux sur l'auteur, hormis quelques pages dans des ouvrages sur l'histoire des idées philosophiques au dix-neuvième siècle[10], et il tentait

---

Belles Lettres, 1965), nous nous référerons par la suite à ce livre en utilisant le titre en français.

[8] Voir notamment les études de Pierre Fruchon : sa thèse de doctorat *Les Présupposés de l'Histoire critique : étude et traduction* (Paris, Les Belles Lettres, 1965), et sa traduction et son commentaire d'un texte inédit (« *Relativity* ») fondamental dans la genèse de la pensée de Bradley (« Relativité », *Les études philosophiques*, n° 15, janvier-mars 1960, p. 3-22 ; « Premières ébauches d'une métaphysique », *ibid*, p. 63-74).

[9] *The Collected Works of F. H. Bradley*, Bristol, Thoemmes Press, 1999. Les volumes 1 à 5 (les inédits et la correspondance) ont été édités par Carol A. Keene ; les volumes 6 à 12 (les œuvres publiées), par William J. Mander. Vol. 1 – *1865-1882 : A Pluralistic Approach to Philosophy* ; Vol. 2 – *1883-1902 : A Focus on Metaphysics and Psychology* ; Vol. 3 – *1903-1924 : Refinement and Revision* ; Vol. 4 – *Selected Correspondence, June 1872 - December 1904* ; Vol. 5 - *Selected Correspondance, January 1905 – June 1924* ; Vol. 6 – « F. H. Bradley : Toward a Portrait » (1961) & *Ethical Studies* (seconde édition, 1927) ; Vol. 7 – *The Principles of Logic, vol. 1* (seconde édition, 1928) ; Vol. 8 – *The Principles of Logic, vol. 2* (seconde édition, 1928) ; Vol. 9 – *Appearance and Reality* (seconde édition revue et corrigée, 1930) ; Vol. 10 – *Essays on Truth and Reality* (1914) ; Vol. 11 – *Collected Essays, vol. 1* (1935) ; Vol. 12 – *Collected Essays, vol. 2* (1935), *Aphorisms* (1930), « A Note on Christian Morality » (1983), « A Personal Explanation » (1894), « Rational Hedonism » (1895).

[10] Richard Wollheim, *F. H. Bradley*, Harmondsworth, Penguin Books, 1959. Il cite notamment G. Watts Cunningham (*The Idealistic Argument in Recent British and American Philosophy*, 1933), Jean Pucelle (*L'idéalisme en Angleterre*, 1955), John Passmore (*A Hundred Years of Philosophy*, 1957) à qui il distribue quelques bons points ; le mauvais élève, pourtant le plus respectueux et le plus élogieux de la

de justifier cette situation en insistant sur l'obscurité, la difficulté et parfois l'incompréhensibilité de la philosophie de Bradley. Il usait d'une métaphore très évocatrice liant le cheminement intellectuel de Bradley à la retraite forcée de son influence *post-mortem*, comme si les caractéristiques de la philosophie bradleyenne justifiaient la négligence dont elle allait souffrir par la suite :

> Bradley ressemble plus à un homme forcé de marcher à reculons, pas à pas, à travers un étrange labyrinthe et sur la défensive, jusqu'à ce qu'enfin, trouvant une sécurité relative dans quelque galerie sombre, il finisse par se reposer parmi les ombres. C'est cet aspect négatif, récalcitrant et rétrograde de la métaphysique de Bradley qui explique en grande partie son obscurité ; mais c'est cela aussi, je pense, qui lui vaut de l'indulgence en nos temps plus positivistes.[11]

Wollheim en appelait à de l'indulgence pour Bradley et c'est aussi ce que réclamait A. J. Ayer dans son avant-propos au livre de Wollheim. Jugeant que la philosophie dont Bradley avait été le représentant principal n'avait que peu d'intérêt pour la philosophie britannique (il est vrai que l'opposition à la métaphysique était générale à l'époque[12]) il estimait pourtant que ce n'était pas une raison suffisante pour l'ignorer, certaines de ses pensées pouvant se révéler intéressantes[13]. Ces deux remarques ont peut-être quelque chose de condescendant, mais ce livre a eu une certaine importance, notamment en permettant à nombre d'étudiants de prendre contact avec l'œuvre de Bradley[14].

En 1967, Sushil Kumar Saxena insistait sur le fait que Bradley était plus solide sur le plan théorique que la plupart des métaphysiciens contemporains, même s'il lui reprochait d'être encore trop formel dans la présentation de son concept d'expérience[15]... Quelques années plus tard, en 1970, Garrett L. Vander Veer estimait que l'avenir de la philosophie appartenait à la spéculation métaphysique et que le temps était venu pour une résurgence métaphysique : celle-ci pouvait gagner en consistance si elle commençait par

---

philosophie de Bradley, étant John Henry Muirhead (*The Platonic Tradition in Anglo-Saxon Philosophy*, 1931).

[11] *Ibid.*, p. 18.

[12] Dans un livre fréquemment cité par les commentateurs de Bradley, Ayer utilisait des phrases de Bradley hors contexte pour montrer qu'elles ne signifiaient pas grand chose et qu'elles étaient caractéristiques du discours métaphysique qui ne satisfaisait pas au critère de vérifiabilité : *Cf.* Alfred J. Ayer, *Language, Truth and Logic*, New York, Dover, 1946, p. 35.

[13] Richard Wollheim, *F. H. Bradley*, op. cit., Ayer, « Editorial Foreword ».

[14] Voir la première page de la préface d'Anthony Manser et de Guy Stock dans leur livre *The Philosophy of F. H. Bradley*, Oxford, Clarendon Press, 1984.

[15] Sushil Kumar Saxena, *Studies in the Metaphysics of Bradley*, Londres, George Allen and Unwin, 1967, p. 254-255.

examiner les éléments fondamentaux de la philosophie de Bradley et si elle
remettait en question la théorie de la signification du positivisme logique qui
avait conclu à l'insignifiance des assertions métaphysiques[16]. Il semble en fait
que la redécouverte de Bradley et le renouveau métaphysique s'inscrivent aussi
dans la perspective d'un retour à Hegel, perceptible depuis les années 1970 :

> Un des aspects les plus marquants de la philosophie britannique
> contemporaine réside dans le regain d'intérêt pour Hegel. Il n'y a pas
> si longtemps, il était exclu de toute discussion philosophique sérieuse
> et, lors des rares occasions où son nom était mentionné, il suscitait
> habituellement la méfiance si ce n'est de l'amusement. Mais soudain
> tout a changé ; les traductions se suivent les unes les autres, les articles
> se multiplient ; même un auteur majeur de la philosophie analytique,
> Charles Taylor, a écrit une énorme monographie sur Hegel (Cambridge,
> 1975). Il est redevenu une figure importante pour les philosophes
> britanniques.[17]

L'année 1979 a marqué une renaissance des études bradleyennes. C'est à
l'occasion d'un colloque de la société philosophique galloise que la décision
a été prise de faire œuvre commune pour démontrer que Bradley avait été un
des plus grands philosophes britanniques. Le moment était venu de redresser
définitivement le tort qui lui avait été causé en programmant, avec le soutien
de l'*Aristotelian Society*, de la *Mind Association*, et des Presses de l'université
d'Oxford, une série d'essais pour marquer le centenaire de la publication des
Principles of Logic de Bradley en 1983, et le soixantième anniversaire de la
mort de Bradley en 1984[18].

William Mander, un des architectes les plus importants de ce renouveau,
ne serait-ce que grâce à son travail éditorial pour la publication des œuvres
complètes de Bradley, est revenu dans la deuxième partie de son introduction
à *Perspectives on the Logic and Metaphysics of F. H. Bradley*[19] sur l'utilité
d'étudier Bradley en cette fin de vingtième siècle en soulignant deux points en
particulier : il y a nécessité historique du fait que le pragmatisme et l'empirisme
logique se sont développés à partir d'une réaction contre l'idéalisme absolu,
dont Bradley était le représentant principal, et parce que certaines idées

---

[16] Garrett L. Vander Veer, *Bradley's Metaphysics and the Self*, New Haven & Londres,
Yale University Press, 1970, p. 1.

[17] James Bradley, « Hegel in Britain : A Brief History of British Commentary and
Attitudes (1) », *The Heythrop Journal*, 20, 1979, p. 1. Voir aussi Gary Bedell, « Bradley
and Hegel », *Idealistic Studies*, vol. 7 n° 3, sept. 1977, p. 262-290, pour une idée
similaire (voir p. 262 en particulier).

[18] A. Manser & G. Stock, *The Philosophy of F. H. Bradley, op. cit.*, « Preface » (la
préface n'est pas paginée).

[19] William J. Mander (dir.), « Introduction », in *Perspectives on the Logic and
Metaphysics of F. H. Bradley*, Bristol, Thoemmes Press, 1996, p. xviii-xix.

philosophiques actuelles étaient déjà développées par Bradley. Mais il y a aussi une nécessité intellectuelle, car la philosophie de Bradley, selon lui, n'a rien perdu de sa fraîcheur et représente toujours un défi pour la spéculation philosophique actuelle.

Evelyn Fortier, dans le même ouvrage, a analysé la controverse opposant Russell à Bradley[20], longtemps considérée comme une étape décisive dans le développement de la tradition analytique au début du vingtième siècle. Selon la lecture conventionnelle de cette controverse, le rejet par Russell de la doctrine de l'internalité des relations prêtée à Bradley aurait été un coup fatal porté à la conception bradleyenne des relations, et à la philosophie entière de Bradley, censée reposer sur cette doctrine. Ainsi la célébrité de Bradley a-t-elle décru au fur et à mesure que celle de Russell croissait. Or, la thèse d'Evelyn Fortier est que le discrédit porté à la réputation de Bradley n'est pas mérité car il repose sur un malentendu : Bradley a nié avoir soutenu la thèse de l'internalité des relations[21] et Russell s'est trompé en lui attribuant la paternité de cette doctrine, même s'il faut reconnaître que ce point est difficile à mettre en évidence[22].

Enfin, pour certains chercheurs, comme Leemon McHenry, Bradley est au même niveau philosophique que les grands penseurs occidentaux, l'égal de Descartes, de Kant, de Hume, de Leibniz, de Spinoza et de Hegel[23] ; et selon Phillip Ferreira, il est aujourd'hui encore le philosophe idéaliste britannique le plus connu, le représentant principal de l'école absolutiste britannique (*the British Absolutist school*) pendant une quarantaine d'années, et l'auteur de langue anglaise le plus lu pendant cette période. Ferreira rejoint ainsi Muirhead, qui considérait Bradley comme la figure principale de la philosophie britannique au début du vingtième siècle, et il insiste sur le fait que son style philosophique et sa dialectique imperturbable continuent de fasciner[24].

---

[20] Evelyn Fortier, « Was the Dispute Between Russell and Bradley about Internal Relations ? », *ibid.*, voir notamment p. 25-26.

[21] Dans l'article « Relations », publié après sa mort dans les *Collected Essays* (*Cf.* CE, 642-643).

[22] James Bradley, dans « Relations, intelligibilité et non-contradiction dans la métaphysique du sentir de F. H. Bradley : une ré-interprétation » (première partie dans *Archives de Philosophie*, 54, 1991, p. 539-551, deuxième partie dans *Archives de Philosophie*, 55, 1992, p. 77-91), était déjà intervenu, dans le même sens, sur ce point. Dans son dernier livre (*The Russell/Bradley Dispute and its Significance for Twentieth-Century Philosophy*, New York, Palgrave Macmillan, 2007), Stewart Candlish a fait la lumière sur cette question délicate et en est arrivé à la conclusion que la position de Bradley en ce qui concerne les relations ne se réduit pas à leur internalité et est fondamentalement correcte (voir page xi et le chapitre 6).

[23] Leemon McHenry, *Whitehead and Bradley : A Comparative Analysis*, Albany, State University of New York (SUNY) Press, 1992, p. ix.

[24] Philip Ferreira, *Bradley and the Structure of Knowledge*, Albany, SUNY Press, 1999, p. 1. John H. Muirhead a dédié à Bradley son ouvrage de référence consacré aux philosophes britanniques contemporains (*Contemporary British Philosophers*, 1925).

Un des axes permanents de la redécouverte de Bradley revient donc à stigmatiser l'ensemble de la production critique antérieure aux années 1980 et à tenir cette littérature critique pour responsable de sa disgrâce philosophique. James Bradley, par exemple, s'est livré à une analyse minutieuse et argumentée pour défaire les erreurs d'interprétation qui ont acquis un statut quasi canonique en dressant la liste des ouvrages de fond écrits jusqu'aux années 1970, y compris le livre de Wollheim et ceux d'auteurs plutôt en sympathie avec les thèses de Bradley (dont notamment Brand Blanshard) et non pas seulement ses détracteurs institutionnels (Russell, James, Moore ou encore Ayer)[25].

Mais nonobstant cette lutte contre la « négligence » de la philosophie de Bradley[26], ou contre un stéréotype[27] de sa pensée qui non seulement faisait

---

[25] Voir notamment son article en deux parties « Relations, intelligibilité et non-contradiction dans la métaphysique du sentir de F. H. Bradley : une ré-interprétation », cité plus haut. C'est également la tâche que s'est donnée Candlish dans *The Russell/Bradley Dispute and its Significance for Twentieth-Century Philosophy*, en insistant sur le fait que la mise à l'écart de la philosophie bradleyenne correspond à un mouvement plus vaste de rejet non seulement d'un style philosophique, métaphysique, mais aussi de toute la civilisation victorienne.

[26] « F. H. Bradley has been until recently a neglected philosopher », Don MacNiven, *Bradley's Moral Psychology*, Lewiston/Queenston, The Edwin Mellen Press, 1987 (première phrase de sa préface, non paginée). L'usage du mot « *neglected* » (ou d'expressions synonymes) est si fréquent qu'il en vient à faire sens. On le rencontre avec une étonnante régularité. Outre les références aux livres de Don MacNiven et de James Bradley déjà données : « *The neglect of Bradley is unfortunate because the problems with which he was concerned are issues that philosophy can ill afford to ignore* », Garrett L. Vander Veer, *Bradley's Metaphysics and the Self, op. cit.*, p. 2 ; « *Bradley has for long been a victim of unfair criticism* », Sushil Kumar Saxena, *Studies in the Metaphysics of Bradley, op. cit.*, p. 11. Voir aussi le projet de réhabilitation de la philosophie bradleyenne de l'absolu de Damian Ilodigwe, qui refuse également la négligence (il emploie ce terme dès les premiers mots de sa préface : « *Bradley is a much neglected philosopher.* » p. x, et encore p. 421) avec laquelle elle a été traitée, même s'il reconnaît que les choses ont changé depuis ces vingt dernières années (*Bradley and the Problematic Status of Metaphysics : In Search of an Adequate Ontology of Appearance*, Cambridge, Cambridge Scholars Press, 2005). Ilodigwe en appelle même à une réévaluation de la philosophie de Bradley dans son dernier chapitre (« Bradley and Contemporary Philosophy : Need for Reassessment of his Place in Philosophy », p. 427 et suivantes). Enfin, la dernière entreprise en date (2007), celle de Stewart Candlish (*The Russell/Bradley Dispute and its Significance for Twentieth-Century Philosophy, op. cit.*) même si elle n'entend pas convertir le lecteur à la philosophie bradleyenne, a fortement insisté sur la valeur « civilisationnelle » de cette négligence et, de ce fait, sur sa faiblesse argumentative.

[27] Dans son article « The Truth about F. H. Bradley » (*Mind*, NS, Vol. 98, n° 391, juil. 1989, p. 331-348), Stewart Candlish remarquait déjà que de nombreux philosophes avaient conçu un « *Bradley stereotype* » sans rapport avec la philosophie réelle de Bradley, ce qui les avait conduit à éluder des questions philosophiques intéressantes (« *miss some interesting ideas which cannot be found in the modern philosophical*

l'économie d'une étude approfondie mais perpétuait en les reproduisant les mauvaises lectures qui en avaient été faites, ce renouveau n'est pas dépourvu de parti-pris non plus. Il s'inscrit pour l'essentiel dans ce qui est appelé aujourd'hui le « *Bradley revisionist movement* », présenté récemment par Phillip Ferreira dans sa recension du dernier livre de James W. Allard[28] :

> The Logical Foundations of Bradley's Metaphysics est la dernière production de ce qu'il convient d'appeler le « mouvement révisionniste » dans la tradition des études bradleyennes. Ce mouvement a débuté en 1983, avec la publication du livre d'Anthony Manser *Bradley's Logic*, et il continue à faire parler de lui à travers les ouvrages de plusieurs écrivains éminents.[29]

Selon Ferreira, ce mouvement interprétatif part en général de quatre présupposés (tous présents dans le livre de James Allard) :

> Le souci principal du mouvement idéaliste en Grande-Bretagne a consisté à défendre le christianisme de tendance évangélique contre le darwinisme et l'avancée des sciences naturelles ; la caractéristique spécifique de l'idéalisme philosophique tel qu'il s'est développé à la fois en Allemagne et en Grande-Bretagne est l'identification de la pensée et de la réalité ; les premiers commentateurs se sont trompés quand ils ont pensé que Bradley avait pris fait et cause pour cette doctrine et qu'il était de ce fait partisan de l'idéalisme ; Bradley lui-même s'est fourvoyé lorsqu'il a avalisé les conceptions logiques et métaphysiques de son contemporain idéaliste Bernard Bosanquet.[30]

Ce mouvement a culminé avec la constitution de la *Bradley Society* en 1995 et la création de la revue *Bradley Studies : The Journal of the Bradley Society*[31] ;

---

canon » [p. 331]). C'est précisément une déviation par rapport à cette conception canonique de la philosophie qui avait causé la dépréciation de sa philosophie et qui a aussi été la cause de sa réhabilitation. Stewart Candlish a élaboré son modèle de stéréotype en le centrant sur l'opposition entre Russell et Bradley dans le premier chapitre de son dernier livre (*The Russell/Bradley Dispute and its Significance for Twentieth-Century Philosophy, op. cit.*, « The Stereotypical Picture of the Russell/Bradley Dispute », p. 1-20).

[28] James W. Allard, *The Logical Foundations of Bradley's Metaphysics : Judgment, Inference and Truth*, Cambridge, C. U. P., 2005.

[29] Phillip Ferreira, « Allard, James W. *The Logical Foundations of Bradley's Metaphysics : Judgment, Inference and Truth*. (Book Review) », in *The Review of Metaphysics* (March 1, 2007).

[30] *Ibid.*

[31] La *Bradley Society* a récemment fusionné avec la *Collingwood Society*, dont le centre se trouve aujourd'hui à Cardiff (The Collingwood and British Idealism Centre) ;

il s'est également déployé en direction d'une revitalisation des travaux sur l'idéalisme britannique comme en témoigne la multiplication des études, hors Bradley, sur T. H. Green, R. G. Collingwood et Michael Oakeshott, ainsi que la réédition de l'ensemble des œuvres des idéalistes britanniques par la Thoemmes Press[32] et la revue *British Idealist Studies*.

Depuis les années 1960, la critique sur Bradley s'est donc construite sur l'idée qu'il avait été négligé et qu'il était nécessaire de le réhabiliter. Le point essentiel de l'argumentation a reposé sur l'idée qu'il fallait comprendre pourquoi son œuvre était tombée si rapidement dans l'oubli et montrer en quoi cette situation était injuste et non fondée. Cette réhabilitation a été l'occasion d'une réédition complète de ses ouvrages et une mise à disposition des chercheurs de ses inédits et de sa correspondance : le processus a donc été parfaitement finalisé et c'est pourquoi il est important d'insister sur le fait que Bradley n'est plus, désormais, un philosophe négligé.

Les enjeux du débat

Cependant, la pointe avancée de la critique actuelle, qui insiste sur l'importance du contexte dans lequel Bradley et l'idéalisme britannique sont apparus, semble avoir négligé une approche que l'on pourrait qualifier de classique. Si son angle d'attaque a consisté à démêler les raisons pour lesquelles Bradley et l'idéalisme britannique ont été escamotés du discours philosophique pour montrer que cette situation était injuste et dommageable pour la connaissance philosophique en général, elle a très peu expliqué pourquoi Bradley avait été si célèbre en son temps. Certaines questions restent donc en suspens...

Pourquoi Bradley a t-il été le premier philosophe britannique à se voir décerner l'Ordre du Mérite en 1924 ? Pourquoi a-t-il été considéré comme le plus grand philosophe de langue anglaise de son temps alors qu'il était très éloigné de la sphère publique ? Pourquoi tant de remarques et de discours élogieux, de témoignages de sympathie et de reconnaissance intellectuelle de son vivant, célébrant la force de sa pensée, la qualité incomparable de son style et la rigueur de sa technique d'analyse ?

John H. Muirhead a divulgué ce qu'il estimait être le « secret » de la force d'attraction de l'œuvre de Bradley, la raison pour laquelle sa philosophie a marqué son époque. Ce secret tient certes à la fois à sa grande honnêteté et à sa véritable humilité intellectuelle, ainsi qu'au véritable travail philosophique auquel il s'est attaché pour tenter de redonner à la philosophie britannique

---

elle dispose actuellement d'une revue, *Collingwood and British Idealism Studies incorporating Bradley Studies*, dont la publication est bi-annuelle depuis 2005.

[32] Créée par Rudi Thoemmes en 1989, elle est devenue « Thoemmes Continuum » en 2003.

le ré-examen méthodique et approfondi des premiers principes dont elle avait besoin[33]. Mais plus encore, la philosophie de Bradley repose, selon Muirhead, sur deux convictions fondamentales qui l'ont rendue indispensable à l'esprit britannique de son temps : que la philosophie britannique, pour exister véritablement, doit commencer par un examen complet des premiers principes, et surtout que la métaphysique satisfait l'esprit humain et est aussi fondamentale que peuvent l'être l'art, la religion, la vie sociale ou la science. Pour Bradley, écrit Muirhead, la vérité métaphysique existe sans l'ombre d'un doute, même si notre compréhension rencontre des limites, et la justification ultime de la métaphysique ne réside pas tant dans les résultats auxquels elle pourrait parvenir que dans la satisfaction du réel *besoin* d'un contact avec ce qui se trouve au-delà du monde sensible. Comme l'écrivait Bradley dans un de ses aphorismes resté célèbre, « la métaphysique consiste à trouver de mauvaises raisons pour ce que nous croyons d'instinct, mais trouver ces raisons n'en est pas moins un instinct »[34]. Cette interprétation de l'œuvre de Bradley est convaincante, non pas seulement parce qu'elle touche au cœur de l'entreprise que Bradley reconnaissait lui-même dans son introduction à *Appearance and Reality*, mais aussi parce qu'elle révèle une relation profonde de la philosophie bradleyenne à son substrat anglais et à la *philosophia perennis*. Cependant, une telle hauteur de vue ne pouvait manquer d'engendrer comme réaction une analyse plus relative, limitant Bradley à son contexte dans le souci de l'expliquer.

C'est ce que se proposent de faire ceux qui considèrent que Bradley était un philosophe de transition vivant dans une période de transition : la fin de la période expliquant mécaniquement sa disgrâce au vingtième siècle. Pour Carol A. Keene, Bradley est une figure de transition majeure dans la genèse de la philosophie du vingtième siècle[35], et James Bradley justifie que l'on peut s'intéresser à Bradley non pas par « nécrophilie philosophique », du fait de son existence incertaine dans les limbes philosophiques, mais surtout parce qu'en tant que philosophe de transition et philosophe de situation de crise, il est susceptible de fournir un éclairage de choix sur la ré-interprétation de l'histoire de la fin du dix-neuvième siècle : une période de transition, de crise et de conflit et non l'époque du triomphe impérial britannique[36]. Le recours de

---

[33] Muirhead, *The Platonic Tradition in Anglo-Saxon Philosophy : Studies in the History of Idealism in England and America*, op. cit., p. 222.

[34] AR, p. xiv.

[35] Carol A. Keene « A Pluralistic Approach to Philosophy », *Collected Works of F. H. Bradley*, Vol. 1, p. vii.

[36] « Autrement dit, Bradley est essentiellement un philosophe de la fin du dix-neuvième siècle, un philosophe de transition, un philosophe de la crise », in Philip MacEwen (dir.), *Ethics, Metaphysics and Religion in the Thought of Francis Herbert Bradley*, Lewiston/Queenston/Lampester, The Edwin Mellen Press, 1996, p. 55.

Bradley à une philosophie de l'absolu (« Retreat to Absolutism »)[37] devient compréhensible compte tenu de ces relectures historiques sur la civilisation victorienne tardive, et c'est une position caractéristique du « *Bradley revisionist movement* » que d'avoir étudié Bradley dans le cadre d'une interprétation de cette époque comme une période de crise.

Toutefois, cette lecture de la philosophie de Bradley comme œuvre de transition et de crise est également susceptible de s'ouvrir à une autre dimension critique qui dépasse le cadre strict d'une focalisation sur le contexte d'un dix-neuvième siècle finissant. En effet, Carol A. Keene justifiait l'édition quasi exhaustive des écrits de Bradley en disant qu'elle ne contribuerait pas seulement au renouveau des études sur Bradley, mais qu'elle permettrait également d'améliorer notre compréhension de sa période philosophique, et de l'époque actuelle, par voie de conséquence[38].

Sa position sanctionne l'idée d'une proximité intellectuelle entre la fin du dix-neuvième siècle et la fin du vingtième, et suggère que la pensée de Bradley s'inscrit dans une matrice culturelle dont la prégnance se ferait sentir à l'heure actuelle, ce qui expliquerait sa réhabilitation. Cette idée n'entre pas en contradiction non plus avec la proposition selon laquelle la philosophie de Bradley transcenderait le temps et s'affirmerait comme universelle puisqu'elle possède les caractéristiques de toute philosophie écrite pendant les périodes de profond bouleversement. Ce débordement du contexte de la transition est donc de nature à avaliser deux perspectives qui ne s'excluent pas mutuellement, et qui justifient un travail en histoire des idées autant qu'une analyse proprement philosophique de l'œuvre de Bradley.

Il est également nécessaire de montrer que la philosophie d'un auteur, quel qu'il soit, n'est pas forcément soumise à l'influence inconsciente de son temps. Il ne serait pas juste de la réduire à l'expression de courants d'idées et d'idéologies pré-existantes, de la ramasser en un faisceau d'interactions puissantes où l'auteur n'aurait aucune prise. Autrement dit, il est possible de poser, ne serait-ce qu'à titre méthodologique, que tout auteur est aussi l'acteur principal de sa vie, et que c'est même dans cette liberté qu'il peut dépasser les conditions de son époque comme les circonstances profondes qui la déterminent pour créer une œuvre à la fois originale et universelle. Il nous semble important de souligner à cet endroit qu'un auteur peut toujours se prévaloir de bonnes raisons, subjectives, qui le détachent du contexte objectif de sa situation. Cette liberté de l'auteur peut certes se révéler un obstacle à la compréhension, du fait de la part d'imprévisibilité qu'elle implique, mais elle est également un allié pour qui veut bien s'appuyer sur les décisions conscientes des auteurs.

---

[37] *Ibid.*, p. 54.

[38] Carol A. Keene, « A Pluralistic Approach... », *op. cit.*, « Preface », p. vii.

C'est, nous semble t-il, particulièrement le cas en ce qui concerne Bradley, ne serait-ce que dans la position qu'il a tenue, en retrait du monde victorien qu'il habitait, au-dessus de la mêlée pourrait-on dire, dans la solitude de ses appartements à Merton College. C'est dans cet esprit que nous nous proposons de conduire notre étude. Mais pour préciser plus encore notre démarche, et la justifier en regard des travaux déjà effectués, il convient maintenant de donner un aperçu de la réception de Bradley en France.

Bradley en France : un auteur trop peu connu

De tous les ouvrages que Bradley a écrits, il n'en existe actuellement qu'un seul de disponible en langue française : son premier ouvrage, *Les Présupposés de l'Histoire critique*, que Bradley lui-même n'a jamais voulu rééditer, traduit par Pierre Fruchon dans une édition épuisée depuis longtemps[39] ! Le seul philosophe français sur lequel Bradley a pu exercer une influence remarquée est Gabriel Marcel, qui a émaillé son *Journal métaphysique* de remarques directes et indirectes à la philosophie de notre auteur, et même entretenu une correspondance avec lui[40].

Si les entrées consacrées à Bradley dans le *Journal métaphysique* sont certes limitées et parfois anecdotiques[41], Jean Wahl a toutefois montré à quel point la pensée de Bradley est séminale dans l'œuvre de Marcel, même si ce dernier a finalement tranché en faveur de Bergson quand il s'est demandé à quelle conception de l'absolu il lui fallait se rattacher[42]. Et alors que William James estimait que Bradley était « un auteur trop difficile pour avoir beaucoup

---

[39] *Les Présupposés de l'Histoire critique : étude et traduction*, Paris, Les Belles Lettres, 1965. Il faut également noter la traduction par le même auteur d'un manuscrit inédit de Bradley intitulé « Relativité », *Les études philosophiques* (n° 15, janvier-mars 1960, p. 3-22).

[40] Voir *Collected Works of F. H. Bradley*, « Selected Correspondence » (vol. 5), p. 243-249.

[41] « Au fond, Bradley m'aide de plus en plus », Gabriel Marcel, *Journal métaphysique* (1914-1923). Paris, Gallimard, 1927, p. 189. Voir les pages 10, 11, 41, 115 et 120 de cet ouvrage pour une présentation indirecte de la pensée de Bradley dans le contexte de l'intelligibilité, de la transmutation des apparences au sein du réel, et les pages 120, 161, 170 et 189 surtout pour des références directes.

[42] « C'est sans doute une des meilleures façons d'entrer en contact avec la pensée de Gabriel Marcel que de se la représenter comme dans le prolongement de la ligne qui va de Hegel à Bradley », Jean Wahl, *Vers le concret : études d'histoire de la philosophie contemporaine*, Paris, Vrin, 1932, p. 225. Voir notamment les pages 225-227.

de disciples »[43], le fait qu'Iris Murdoch ait considéré que Marcel était le disciple le plus remarquable de Bradley[44] mérite d'être souligné.

Malgré tout, Bradley n'est pas totalement inconnu : il a fait l'objet d'une attention particulière en France entre les deux guerres comme en témoignent quelques travaux, souvent liés à des analyses générales sur l'idéalisme, qui lui ont été consacrés à cette époque[45]. De fait, Bradley ne s'est fait reconnaître que tardivement auprès de la sphère philosophique française, après sa mort (1924) pourrait-on presque dire, et donc en dehors du contexte victorien dans lequel il a commencé à écrire ; et ce qui est marquant, dans ces premières études sur Bradley, c'est la quasi absence de commentaires de fond sur les travaux antérieurs aux *Principles of Logic* de 1883, et la focalisation sur ce qui est encore considéré comme son œuvre métaphysique majeure, *Appearance and Reality* (1893) : ce sont aussi les deux seuls ouvrages de l'auteur recensés en France[46]. C'est un trait caractéristique qui perdure jusqu'aux années 1950 et 1960, quand une nouvelle vague d'études sur la philosophie idéaliste anglaise et sur Bradley s'est amorcée[47].

---

[43] Cité par Jean Wahl, *ibid.*, p. 109.

[44] Iris Murdoch, *Existentialists and Mystics : Writings on Philosophy and Literature*, Harmondsworth, Penguin Books, 1997, p. 129. Voir aussi la note page 87, qui insiste sur l'importance de Bradley pour Marcel.

[45] Outre le *Journal métaphysique* de Marcel, il convient de mentionner la thèse de Jean Wahl (*Les philosophies pluralistes d'Angleterre et d'Amérique*, Paris, Alcan, 1920) qui contient un long chapitre sur Bradley ; l'appendice « La théorie de la volonté chez Bradley » de Jean Nabert dans *L'Expérience intérieure de la liberté* de 1924 (Paris, P. U. F., 1994, p. 231-239) ; la thèse de Stanley Victor Keeling (*La Nature de l'expérience chez Kant et chez Bradley*, Montpellier, 1925) ; et le long article d'Émile Duprat « La métaphysique de Bradley » (*Revue philosophique*, 101 [1926], p. 31-70).

[46] Georges Fonsegrive, « The Principles of Logic », in *Revue de métaphysique de la France et de l'étranger*, XX (1885), p. 540-551 ; J. E. McTaggart, *Appearance and Reality* de F. H. Bradley, in *Revue de métaphysique et de morale*, II (1894), p. 98-112. Fonsegrive ne fait aucun commentaire sur l'œuvre de Bradley antérieure à *Principles of Logic* ; McTaggart y consacre un très court paragraphe, signalant que le point de vue de Bradley est idéaliste « d'une manière générale », et que *Ethical Studies* critique la « vieille philosophie morale anglaise » et « les doctrines plus modernes de l'utilitarisme » (p. 99).

[47] *Cf.* La thèse de Jean Pucelle, *La Renaissance de l'idéalisme en Angleterre au XIXe siècle*, (Louvain, Nauvelaerts, 1950 ; publiée également sous le titre *L'Idéalisme en Angleterre, de Coleridge à Bradley*, Neuchâtel, La Baconnière, 1955) et ses ouvrages sur T. H. Green, *La Nature et l'esprit dans la philosophie de T. H. Green. La Renaissance de l'idéalisme en Angleterre au XIXe siècle* (Louvain, Nauwelaerts, 1960) *La Politique, la religion, Green et la tradition* (Louvain, Nauwelaerts, 1965) ; la thèse principale de Kia Tcheng (François) Houang, un étudiant de Jean Wahl, *Le Néo-hégélianisme en Angleterre : La philosophie de Bernard Bosanquet (1848-1923)*, Paris, Vrin, 1954, et sa thèse complémentaire, *De l'humanisme à l'absolutisme : l'évolution de la pensée*

C'est donc un intérêt presque exclusif pour sa métaphysique qui domine la réception française de l'œuvre de Bradley. À l'instar de Jean Nabert, qui avait travaillé sur la théorie de la volonté chez Bradley en faisant référence à des articles publiés dans *Mind* de 1902 à 1904, où l'auteur avait développé une phénoménologie de la volition[48], certaines remarques de Paul Ricoeur dans *La Philosophie de la volonté*[49] tendent à rapprocher Bradley de la phénoménologie husserlienne et de la philosophie réflexive française ; mais une fois encore les références aux écrits sur l'éthique sont très rares, si l'on excepte les notes d'Émile Duprat dans le *Bulletin de la société de philosophie de Bordeaux*[50], le début de l'étude de Jules de Marneffe sur l'idée d'absolu chez Bradley[51], cinq pages sur la soixantaine que compte le chapitre de Jean Pucelle sur Bradley dans son livre *L'Idéalisme en Angleterre, de Coleridge à Bradley,* et un court paragraphe dédié aux *Ethical Studies* à la fin de l'article de Jean Wahl pour l'*Encyclopedia Universalis.*

Enfin, on remarquera que l'intérêt pour la philosophie anglaise dans les années 1960 s'est dirigé vers la philosophie analytique après le colloque

---

religieuse du néo-hégélien anglais Bernard Bosanquet (Paris, Vrin, 1954), qui, bien que centrées sur Bosanquet, comportent également une évaluation et une critique de la philosophie de Bradley ; les articles de Jules de Marneffe, « La preuve de l'Absolu chez Bradley » in *Archives de philosophie*, France, 22, 1959 [I - Analyse et critique de la méthode, p. 78-89 ; II - La construction de l'argument, p. 227-249 ; III - La preuve de l'absolu dans *Appearance and reality*, p 566-604], (voir aussi la suite dans le numéro 23 de la même revue, 1960, p. 207-229), publiés par la suite sous la forme d'un livre, *La Preuve de l'absolu chez Bradley : analyse et critique de la méthode*, Paris, Beauchesne et ses fils, 1961 ; enfin les numéros spéciaux des *Archives de philosophie*, (France, 22, [1959] & 23 [1960]) et des *Études philosophiques* sur Bradley (vol. 15, janvier-mars 1960).

[48] Jean Nabert, *op. cit.*, p. 231.

[49] Paul Ricœur, *Philosophie de la volonté - I : le volontaire et l'involontaire*, Paris, Aubier, 1950/1988, voir p. 37-40, 58-59 et 146-147.

[50] « En marge des *Ethical Studies* », in *Bulletin de la société de philosophie de Bordeaux*,V (1950) n. 25, p. 33-39. Dans cet article, qui reprend le mouvement du livre de Bradley sur un mode descriptif, Duprat a insisté sur l'importance de Bradley dans la remise en cause des superficialités de la philosophie anglaise de l'époque (voir notamment p. 34 et la conclusion p. 39.) Malheureusement pour le lecteur non initié à la philosophie de Bradley, et ne connaissant pas les *Ethical Studies*, Duprat ne référence pas les citations de Bradley qu'il donne dans son article.

[51] Jules de Marneffe semble avoir été intéressé par la « genèse de la méthode » de Bradley, des *Présupposés de l'Histoire critique aux Ethical Studies*, et le mouvement de son étude est orienté vers la recherche systématique des éléments métaphysiques qui ont conduit Bradley à sa doctrine de l'absolu. Voir son premier article « La preuve de l'Absolu chez Bradley : I - Analyse et critique de la méthode », in *Archives de philosophie*, France, 22, 1959, p. 78-89.

organisé par Jean Wahl à Royaumont en 1958[52]. Le fait remarquable, c'est donc le désintérêt évident pour Bradley et sa philosophie depuis le milieu des années 1960[53] : une négligence pourrait-on dire en se souvenant du sort de son œuvre en Angleterre.

La méconnaissance considérable dont souffre l'œuvre de Bradley en France s'explique principalement par l'impossibilité de faire entrer Bradley dans le cadre des courants philosophiques existants selon les préjugés de la pensée française. En effet, soit cette dernière s'intéresse à la science, et la philosophie analytique et pragmatique mérite d'être étudiée en négligeant la philosophie continentale réputée comme jargonnante, obscure et confuse, soit elle choisit une philosophie rationaliste, idéaliste, plaçant la métaphysique au-dessus des sciences, qu'on négligera plus ou moins, et elle se tourne alors vers la philosophie allemande, par essence idéaliste.

Bradley a été intégré au mouvement dit néo-hégélien en Angleterre ; de ce fait deux conséquences s'ensuivent. D'une part, Hegel doit être préféré à ses simples épigones – pourquoi s'intéresser à un auteur hégélien en Angleterre en dehors de l'intérêt que peut présenter la connaissance de l'histoire des idées dans ce pays puisque la philosophie de Hegel est suffisamment puissante pour accaparer la réflexion des penseurs ? D'autre part, s'il s'avérait que Bradley ait pris ses distances par rapport à la philosophie hégélienne et soit parvenu à développer une philosophie originale, non réductible à ses rapports à l'hégélianisme, il deviendrait un monstre logique inimaginable pour la pensée française, qui ne pourrait donc tout simplement pas le voir. Même si elle est compréhensible et si tous les esprits n'y sont pas soumis, une alternative aussi sommaire est déplorable ; cependant, force est de constater que Bradley, jusqu'à présent, en a été la victime.

Toutefois, un récent colloque tenu en France sur l'idéalisme britannique[54] semble avoir relancé un certain intérêt pour son œuvre. L'idée essentielle de ses organisateurs est que l'étude des œuvres de Bradley est désormais à l'ordre du jour, non seulement parce qu'il est nécessaire aujourd'hui de revenir sur l'histoire de la philosophie analytique et sur la tradition idéaliste qui l'avait précédée et suscitée, mais aussi parce que certaines problématiques

---

[52] Cahiers de Royaumont, *La Philosophie analytique*, Paris, Minuit, 1962.

[53] Si on excepte l'article de François Duchesneau, « La philosophie anglo-saxonne de Bentham à William James – Francis Herbert Bradley : l'idéalisme absolu », in *La Philosophie*, sous la direction de François Châtelet, tome 3 « De Kant à Husserl », Paris, Hachette, 1973, p. 209-213.

[54] « Comment être idéaliste ? Bradley et Collingwood », colloque organisé par Sébastien Gandon et Matthieu Marion à l'université Blaise Pascal de Clermont-Ferrand (juin 2006). Sébastien Gandon et Matthieu Marion, « L'idéalisme britannique : histoire et actualité », in *Philosophiques*, Vol. 36 (*L'Idéalisme britannique*), numéro 1, printemps 2009, p. 3-34.

bradleyennes n'ont toujours pas été résolues[55]. Le texte de présentation de ce colloque insiste notamment sur le fait que le renouveau des études sur Bradley dans les pays anglo-saxons a montré que son œuvre avait été injustement discréditée, et qu'elle était aussi susceptible d'aider à la résolution des problèmes que rencontraient les philosophes analytiques actuellement.

Plan et perspective d'ensemble de l'ouvrage

Il n'existe pas de véritable biographie de Bradley, mais plutôt quelques articles qui tentent de donner une idée du personnage, ainsi que des remarques, souvent anecdotiques, disséminées dans la littérature critique sur l'auteur. Il nous a semblé important de commencer notre étude (chapitre I) par une synthèse de ce qu'il est possible de savoir sur sa vie et sa personnalité, tout en essayant de donner des éléments dégageant les grandes lignes de sa situation intellectuelle dans le siècle ainsi que des raisons susceptibles d'expliquer la façon dont il a pu lui-même déterminer le rôle qu'il avait à y jouer.

Sont examinés ensuite (chapitre II) un ensemble de dissertations et de notes de cours longtemps restées inédites mais publiées récemment, qui rend compte de ses débuts philosophiques et de son orientation progressive dans la pensée de son temps, à l'ombre d'un mouvement idéaliste qui, conscient de la lutte qu'il lui fallait engager contre la montée en puissance du matérialisme et de l'agnosticisme, s'était donné pour tâche de reconstruire une philosophie insulaire puissante grâce à l'impulsion déterminante de T. H. Green.

Les deux chapitres suivants analysent dans le détail à la fois son premier ouvrage, *Les Présupposés de l'Histoire critique* (chapitre III), passé inaperçu au moment de sa publication en 1874, et un ensemble de textes écrits dans le même temps que son opuscule sur l'histoire mais non publiés, « *Relativity* » et « *Progress* » (chapitre IV). Ces premiers travaux de Bradley témoignent de son intense activité philosophique, de la structuration progressive de sa pensée, et de choix doctrinaux qui, s'ils vont dans le sens du programme officieux du cénacle idéaliste dont il a fait partie, commencent pourtant à faire entendre une voix originale.

Les trois derniers chapitres sont consacrés à *Ethical Studies*, le premier de ses livres à rencontrer une certaine audience sur la scène philosophique de la période et à le désigner comme le porte-parole du mouvement néo-hégélien anglais. Le chapitre V aborde ce texte en contexte et tente de répondre à la question de son importance pour le mouvement idéaliste autant qu'à sa véritable place dans l'œuvre de Bradley. Il est suivi d'un commentaire critique des différents essais que nous avons divisé en deux moments : le chapitre VI analyse la partie de l'ouvrage où Bradley tente de définir ce en quoi consiste

---

[55] *Cf.* Stewart Candlish, *The Russell/Bradley Dispute and its Significance for Twentieth-Century Philosophy*, *op.cit.*, p. 184-185.

la moralité et où il attaque l'empirisme, l'utilitarisme et l'universalisme kantien au nom d'un hégélianisme qui a été reconnu comme caractéristique de la démarche dialectique d'ensemble de l'ouvrage. Enfin, le chapitre VII étudie, toujours en respectant la continuité de l'ouvrage, la façon dont Bradley revient sur la dialectique qui a abouti à son célèbre essai « Ma Condition et ses Devoirs » (*My Station and its Duties*) pour circonscrire le domaine de la moralité et le dépasser par la religion : c'est dans cette partie que, contre toute attente, il se rapproche implicitement d'un fond néo-platonicien qui relativise son recours à Hegel.

CHAPITRE I

ÉLÉMENTS POUR UNE BIOGRAPHIE INTELLECTUELLE

> Pour connaître un homme... il ne faut pas le détacher de son contexte. Il fait partie d'un peuple, il est né dans une famille, il vit dans une société particulière et dans un État particulier. Ce qu'il a à faire dépend de la place et de la fonction qu'il occupe, et tout cela provient de sa condition dans l'organisme.[1]

Tenter de connaître la vie de Bradley revient à retrouver dans le cadre familial, social et national de son existence concrète des éléments qui nous permettent de comprendre les choix par lesquels il a conduit sa vie et de mettre en évidence des aspects fondamentaux de sa personnalité[2]. Face aux déterminations objectives de sa condition et de ses devoirs dans la famille qui l'a vu naître, la société dans laquelle il a grandi et le pays où il s'est affirmé, il importe de déceler les éléments de rationalité subjective qui ont peu à peu construit son identité et qui lui ont valu d'être célébré à sa mort comme le philosophe anglais le plus éminent de son époque, et le plus brillant depuis David Hume.

---

[1] ES, p. 173.

[2] Il n'existe aucune biographie officielle de Bradley mais des éléments biographiques, émanant souvent de personnalités ayant connu l'auteur. Les principales sources utilisées pour l'écriture de ce chapitre sont les suivantes : A. E. Taylor, « F. H. Bradley », *Mind*, NS Vol. 34 (1925), p. 1-12. Brand Blanshard, « F. H. Bradley », *The Journal of Philosophy*, XXII, 1, janv. 1925, 5-15, et « Bradley : some Memories and Impressions », Richard Ingardia *Bradley : A Research Bibliography*, Bowling Green, The Philosophy Documentation Center, 1991, p. 7-14. G. R. G. Mure, « Francis Herbert Bradley », *Les études philosophiques*, vol. 15, jan-mars 1960, p. 75-89, et « F. H. Bradley : Towards a Portrait », *Encounter*, vol. 16 (1961), p. 28-35 (reproduit dans le vol. 6 de *The Collected Works of F. H. Bradley*). Carol A. Keene « Introduction », *The Collected Works of F. H. Bradley, op. cit.,* Vol. 1 p. ix-xxiv & « Introduction » Vol. 4 (*Selected Correspondance*), p. xii-xxxii.

Une enfance à l'ombre d'un évangélisme sectaire

Francis Herbert Bradley est né le 30 janvier 1846 à Clapham, dans le Surrey. Il est le quatrième enfant du Révérend Charles Bradley et de sa seconde femme Emma Linton.

Son père est issu d'une vieille famille du Yorkshire ; il a poursuivi des études universitaires à St Edmund Hall, à Oxford, avant de se marier à 21 ans avec Catherine Shephard qui lui a donné treize enfants. À la mort de sa première femme en 1831, il a eu huit enfants avec Emma Linton, sa seconde femme. Charles Bradley faisait partie de la frange évangélique de l'Église anglicane et est devenu Premier Titulaire (*First Incumbent*) de la St James Chapel à Clapham en 1829 après avoir été vicaire à High Wycombe (1812) et pasteur de la paroisse de Glasbury dans le Brecknockshire (1825). La Clapham Sect (appelée ainsi à cause de son influence la plus manifeste à Clapham, dans la banlieue de Londres) dont il était un membre actif, était politiquement conservatrice en règle générale, d'inspiration évangélique, et elle visait une action réformatrice dans la société de l'époque plus qu'elle ne cherchait à restaurer un semblant de moralité dans l'Église anglicane. Contrairement aux courants évangéliques non institutionnels, canalisés par la montée en puissance du méthodisme qui s'était répandu dans les nouvelles villes (alimentées par l'exode rural, troublées par les révolutions et où l'absence d'églises se faisait cruellement sentir), ce nouveau courant évangélique envisageait une action politique et sociale et estimait qu'il était possible d'améliorer la société par voie de réformes. Alors que les évangéliques de tendance non-conformiste se réunissaient lors de leurs célèbres *May Meetings* à Exeter Hall, ce mouvement évangélique anglican, composé de conservateurs et de libéraux ironiquement désignés comme les « *Saints* » au Parlement, s'est surtout fait connaître pour avoir été très actif dans le mouvement abolitionniste (grâce notamment à William Wilberforce, un de ses représentants les plus célèbres), pour avoir lutté contre le travail des jeunes enfants ainsi que pour l'accompagnement scolaire des plus démunis grâce à l'institution des *Sunday Schools*[3]. Les méthodistes

---

[3] Pour une analyse plus détaillée des mouvements évangéliques en Grande-Bretagne, nous renvoyons à l'ouvrage *Histoire religieuse de la Grande-Bretagne* (Hugh McLeod, Stuart Mews, Christiane D'Haussy [dir.]), Paris, Cerf, 1997, et notamment aux trois premiers articles (Dominic Aidan Bellenger, « 1789-1830 : une période d'expérimentation », surtout les pages de présentation de la Clapham Sect [p. 30-33] ; Edward Royle, « 1830-1850 : renouveau spirituel et réformes institutionnelles », en particulier les pages 74-79, pour le durcissement sectaire du mouvement du « réveil » ; et enfin Christiane D'Haussy, « 1850-1880 : essor religieux dans une nation prospère », pour la question de la « crise de la foi » des années 1850-60 et de la morale religieuse victorienne) et à la bibliographie en fin de volume. Pour des renseignements plus spécifiquement orientés sur le mouvement évangélique dans l'Église anglicane, voir Kenneth Hylson-Smith, *Evangelicals in the Church of England : 1734-1984*,

et autres non-conformistes étaient autant intéressés par les réformes que les anglicans évangéliques, mais ils n'avaient pas, avant 1928, suffisamment de pouvoir politique pour œuvrer dans le même sens que les évangéliques anglicans ; et même après, car provenant pour la plupart d'entre eux de classes sociales inférieures, ils ne pouvaient agir qu'en fonction de leurs possibilités. Par contre, les comités pour les améliorations dans les villes, etc., comptaient toujours beaucoup de non-conformistes parmi leurs membres.

Le courant évangélique, dans toute sa diversité, a crû dans l'ombre des révolutions et a su répondre à l'angoisse suscitée par le statut incertain et la précarité de nombreuses personnes ; il a aussi pu proposer un sens identitaire et communautaire, un standard de moralité dans un monde pris dans la tourmente du changement. C'est sur ce mouvement évangélique que la classe moyenne s'est élevée progressivement au cours de la période victorienne dans la mesure où ce n'était pas tant à un corps de doctrines qu'à un mode de vie qu'il appelait, et les croisades lancées contre le vice, l'intempérance et l'immoralité ont été un *vade-mecum* qui, du fait de la fonction et des convictions de son père, a nécessairement accompagné l'enfance de Francis Herbert.

Charles Bradley a publié une vingtaine de livres, principalement des sermons, qui ont connu un certain succès – tant en Grande-Bretagne qu'aux États-Unis – mais on peut émettre l'hypothèse que sa religiosité est apparue particulièrement oppressive à son fils d'autant plus que les difficultés liées à sa grande famille l'ont rendu très irritable et particulièrement sévère avec ses enfants. À en croire les commentateurs, Francis Herbert a été le seul enfant

---

Édimbourg, T. & T. Clark, 1988 (notamment le chapitre 5, pour la présentation des membres les plus éminents et des missions du groupe de Clapham, et le chapitre 6, « The Fathers of the Victorians », pour l'extension du mouvement). Mentionnons aussi les entrées « Anglicanisme » et « Méthodisme », avec leurs bibliographies, dans le *Dictionnaire critique de théologie* (Jean-Yves Lacoste, dir.), Paris, P. U. F., édition de 2007. L'analyse du courant évangélique par Melvin Richter dans le premier chapitre de son livre *The Politics of Conscience, T. H. Green and His Age* (Cambridge [Ma.], Harvard University Press, 1964) est aussi très utile dans la mesure où elle vise une meilleure compréhension non seulement de l'œuvre de Green mais aussi de la bonne fortune de l'idéalisme en Grande-Bretagne à partir des années 1860. Richter étudie notamment l'impact de l'Église Wesleyenne sur la relation entre l'*Establishment* anglican et les sectes puritaines, et sur son influence dans la reconstitution de ces dernières. Enfin, son orientation principale consiste à suivre les hypothèses de Ernst Troeltsch en montrant comment le courant évangélique est parvenu à s'imposer dans toutes les classes de la société anglaise, des plus pauvres aux classes intellectuelles, nonobstant des modifications de tendance, jusqu'à la crise de conscience intellectuelle de la société victorienne lors de la confrontation avec la montée en puissance de la pensée scientifique à partir des années 1860.

de la famille à s'opposer véritablement à son père et à sa religion[4], et on peut
lire, ici et là dans son œuvre et plus particulièrement dans un petit nombre de
textes centrés sur cette question, des jugements très durs sur les dégâts que
peut causer la religion aux individus et aux sociétés quand elle est poursuivie
aveuglément et sans ménagement, s'attaquant à des êtres qu'elle devait
protéger et consoler[5]. Bradley s'en est pris particulièrement aux apôtres d'une
lecture littérale de la Bible, en les accusant non seulement de dogmatisme mais
aussi d'immoralité du fait de leur dédain pour les liens familiaux, le sens de la
communauté et leur mépris pour la beauté et la connaissance :

> Si par « Christianisme » on entend suivre les Évangiles à la lettre, alors
> aucun d'entre nous n'est chrétien et quoi que l'on dise, nous savons
> tous qu'il doit en être ainsi. Si la morale grecque était unilatérale,
> celle du Nouveau Testament l'est encore plus, car elle implique que
> le développement de l'individu et de l'État est sans valeur. Ce n'est
> pas seulement qu'il raille la victoire sur les forces de la nature, qu'il se
> moque de la beauté et qu'il méprise la connaissance, mais il ne se trouve
> pas une seule de nos grandes institutions morales qu'il ne méconnaît ou
> qu'il ne condamne. Les droits à la propriété sont niés ou suspects, les
> liens familiaux sont rompus, il n'existe plus de nation ni de patriotisme,
> et l'union des sexes n'est guère qu'un palliatif contre le péché.[6]

Ce refus du fondamentalisme religieux prôné par les évangéliques est
particulièrement remarquable car sa virulence signifie que les racines de
son opposition sont profondes. Bradley semble donc avoir été marqué par
l'évangélisme de son père, par l'éducation qu'il a reçue et qui émanait du
monde évangélique dans lequel il a grandi, même si son père ne semble pas

---

[4] Voir à ce sujet les remarques de Melvin Richter (*The Politics of Conscience...*, *op.cit.*,
note en bas de la page 38) qui, tout en soulignant le fond évangélique familial commun
à Green et Bradley, insiste sur la situation conflictuelle entre Bradley et son père, qu'il
rend responsable de l'attitude d'opposition et de provocation dont Francis Herbert ne
s'est jamais départi. À l'inverse, les rapports paisibles dans l'environnement familial
de Green justifient qu'il ait défendu, par sa conception de l'éthique, les principes
évangéliques de l'action sociale au nom de la religion.

[5] Voir notamment « Some Remarks on Punishment » (CE, p. 149-164) ; « The Limits
of Individual and National Self-Sacrifice » (CE, p. 165-176) ; « On the Treatment of
Sexual Detail in Literature » (CE, p. 618-627) et « An Unpublished Note on Christian
Morality » (édité avec une introduction par Gordon Kendal, *Religious Studies*, Londres,
1983, vol. 19, n° 2, p. 175-183).

[6] « The Limits of Individual and National Self-Sacrifice », CE, p. 173. Dans « An
Unpublished Note on Christian Morality », *op. cit.,* Bradley reprend l'essentiel de ces
critiques sur un ton encore plus acerbe : voir p. 175.

avoir fait partie des évangéliques fondamentalistes[7]. Sa réponse n'a pas été la soumission mais la rébellion[8]. Une rébellion qui ne signifie pas un rejet total et définitif du christianisme et de la morale chrétienne mais qui l'a motivé à isoler et à condamner une théologie entendant fonder une morale sur la peur du jugement dernier, une théorie morale fondée sur le « fais ceci ou sois damné » qui non seulement est source d'irréligion mais ne dit rien sur ce qui est moralement satisfaisant dans ce monde et ne donne que des motifs égoïstes aux croyants qui se réfugient par peur dans l'obéissance[9]. Si sa condamnation de la mentalité chrétienne primitive apparaît bien comme un thème majeur dans sa pensée sur l'éthique[10], elle dénote aussi certains traits de caractère qui, à en croire tous ceux qui ont connu personnellement Bradley, ont toujours été dominants dans sa personnalité : une attitude rebelle, un sens de la lutte servi par une grande force de caractère, une constance assurée dans l'esprit de contradiction et un véritable don pour l'argumentation dialectique. Sa réputation à Oxford, alors qu'il n'était encore qu'étudiant, corrobore ces déterminants psychologiques car il a gardé de son enfance ce rôle de meneur et de rebelle, une véritable autorité naturelle et une indépendance d'esprit qui ne rechigne pas devant l'effort pour s'affirmer. Certains commentateurs ont remarqué que cette autorité, cette opiniâtreté et cette rare force de caractère est probablement un trait familial dans la mesure où elle est aussi présente chez quelques-uns de ses frères, dont George Granville Bradley, qui a été directeur (*Master*) de Marlborough College à Londres puis de University College à Oxford avant de devenir Doyen (*Dean*) de l'Abbaye de Westminster.

Bradley a revendiqué sa liberté dans un cadre évangélique, familial et social, contraignant : faut-il l'interpréter comme une conséquence de sa force morale et de son esprit rebelle ? C'est difficile à dire ; mais une chose est sûre,

---

[7] *Cf.* Richard Wollheim, *F. H. Bradley*, *op. cit.*, p. 13.

[8] « Bien sûr, en ce qui concerne la religion dans laquelle nous avons été élevés, mon sentiment était, est, et sera toujours celui d'un dégoût [...] », lettre du 24 janvier 1922 à sa soeur Marian, citée par T. L. S. Sprigge, *James and Bradley, American Truth and British Reality*, Chicago & La Salle, Open Court, 1993, p. 549 note 63.

[9] « Il existe une conception qui cherche à fonder la philosophie morale sur la théologie, une théologie d'un type assez grossier [...] On peut l'appeler la théorie morale du "fais ceci ou sois d---" [...] Comme telle, il nous semble qu'elle contienne l'essence même de l'irréligion [...] La peur des poursuites pour crime dans l'autre monde ne nous dit pas ce qui est moral dans ce monde. À ceux qui croient, elle ne donne qu'une motivation égoïste pour obéir, et elle laisse ceux qui ne croient pas avec une motivation moindre, si ce n'est l'absence totale de motivation », ES, p. 62 note 2.

[10] Dans son article « On the Treatment of Sexual Detail in Literature », qui attaque de front la conception évangélique de la sexualité, il écrit cette phrase qui résume parfaitement sa ligne de conduite intellectuelle : « Je contredirais tous les principes avec lesquels j'ai mené ma propre vie si je ne me tenais du côté de la liberté dans les sciences, dans la littérature ou dans les arts » (CE, p. 618).

c'est que son choix n'a pas été sans incidence et c'est pourquoi on retrouve ces traits de caractère dans son style même, dense, tendu, têtu, incantatoire parfois comme le remarquait T. S. Eliot[11], et jusque dans sa méthode, empirique et volontiers ratiocinante, qui ne préjuge pas de l'exagération :

> Car ce que nous voulons le plus, et spécialement ceux d'entre nous qui parlent le plus sur les faits, c'est de nous en tenir à *tous* les faits. Il est de notre devoir de les prendre en compte sans sélectionner ceux qui nous conviennent, de les expliquer, si nous en sommes capables, mais sans les justifier ; et de raisonner à partir d'eux, de trouver leur raison d'être mais de ne jamais penser que nous sommes rationnels quand, par le plus grand raccourci vers la raison qui soit, nous nous sommes trouvés une raison grâce à eux.[12]

Bien que farouchement opposé à l'idolâtrie du texte biblique, Bradley ne gardait pas moins un esprit profondément religieux, un aspect de sa personnalité probablement hérité de l'atmosphère dans laquelle il a vécu pendant son enfance, mais empreint du sentiment qu'il lui faut poursuivre une quête, qu'il doit obligatoirement découvrir un autre chemin sur la voie de la spiritualité. On pourrait dire que son refus d'une lecture évangélique de la morale lui confère cette responsabilité et justifie son engagement de toute une vie à trouver un sens à la moralité dans un pays traversé par le doute.

Il faut remarquer que si le mouvement évangélique a pu constituer un havre de sens dans un monde tourmenté au début du dix-neuvième siècle, et s'il a réussi à contenir les ardeurs radicales et même à empêcher une révolution sociale[13], la période victorienne se caractérise dans son ensemble par une sécularisation progressive de la société anglaise, et c'est un contexte culturel

---

[11] T. S. Eliot, « Francis Herbert Bradley », *Selected Prose of T.S. Eliot*, édité avec une introduction par Frank Kermode, Londres, Faber & Faber, 1975, p. 196-204.

[12] ES, p. 251.

[13] C'est la thèse d'Élie Halévy : à l'époque de la Révolution française, la masse ouvrière anglaise constituait une armée prête à se lancer dans la guerre civile pour peu qu'on l'y aide. Or, en étudiant la condition religieuse de l'Église anglicane, Halévy a remarqué qu'elle se trouvait dans un état d'anarchie et de désordre qui rappelait beaucoup l'état de la politique et de l'économie anglaise de la période. C'est justement cette situation qui allait sauver l'Angleterre d'une révolution car l'Église établie a laissé le champ libre au développement du zèle fanatique des sectes protestantes, renforcées par le mouvement méthodiste. Le renouveau évangélique de tendance non-conformiste a offert une issue au désespoir des masses laborieuses et, par son action silencieuse et pacifiste, a contribué à endiguer le développement des idées révolutionnaires. Voir Élie Halévy, *La Formation du radicalisme philosophique* (en trois volumes) : *La Jeunesse de Bentham, 1776-1789* ; *L'Évolution de la doctrine utilitaire de 1789 à 1815* ; *Le Radicalisme philosophique*, Paris, P. U. F., 1995.

susceptible de nous permettre de mieux appréhender la situation de Bradley et les devoirs qu'il a pensé être les siens.

En fait, le mouvement évangélique se distingue par sa diversité et laisse entrevoir sa fragmentation progressive : les évangéliques anglicans n'étaient qu'une portion de l'Église établie et les évangéliques non-conformistes un mouvement de conversion populaire très ancré socialement. Le Réveil Évangélique a donné lieu à la création de nombreuses sectes et ce mouvement ne pouvait que se fragmenter, même si sur le plan doctrinal tous gardaient en commun des thèmes comme la chute de l'homme, la mort rédemptrice du Christ, la grâce comme seule cause de salut et la justification par la foi seule. Les attitudes sociales et religieuses des premiers victoriens n'ont pas été uniformément conservatrices. Leur consensus relatif s'est de plus en plus morcelé avec le siècle, d'autant plus que la peur de Rome suscitée par l'émancipation des catholiques, le mouvement tractarien et la reviviscence catholique, mais aussi les tensions avec la théologie libérale et le développement de la critique biblique ont fortement instruit une crise d'identité du christianisme. Il ne faut pas oublier non plus le retrait progressif de l'État dans son soutien à l'Église établie : abolition des *Test and Corporation Acts* en 1828, acceptation de l'émancipation catholique mais aussi évolution en direction d'une plus grande neutralité de l'État par sa reconnaissance progressive du pluralisme religieux, etc. La fragmentation du mouvement évangélique est aussi due au fait que certains se sont maintenus dans une attitude pré-critique, rigide et fondamentaliste vis-à-vis de la Bible (Biblicisme) alors que d'autres ont adopté une théologie plus souple. Enfin, il faut aussi souligner une tension entre le rôle évangélique traditionnel et la croissance régulière de l'intervention de l'État dans l'action sociale et éducative à travers le siècle.

Les difficultés du mouvement ont été attisées par la critique biblique et le darwinisme et aggravées par la prise de position anti-démocratique de l'Église dans un siècle où progresse, précisément, l'idée de démocratie. Si le courant évangélique a sauvé l'Angleterre d'une révolution au début du dix-neuvième siècle, l'opposition, sur le long terme, de l'Église au changement dans un monde qui s'y adonnait de toutes ses forces a entamé son crédit. Face à l'éveil de l'esprit démocratique et à la lutte contre les structures traditionnelles de la société, face au triomphe du déisme et du matérialisme, on observe même une ré-affirmation de l'autorité de l'Église, les évêques s'étant opposés au *Reform Bill* de 1832[14]. Dans ces conditions, la position de Bradley va dans le sens du

---

[14] John Stuart Mill en était alors conscient, comme on peut le lire dans une de ses lettres à John Sterling : « Vous pouvez considérer que le sort de l'Église est scellé. Deux évêques seulement ont voté pour la loi [de réforme électorale], cinq se sont abstenus et le reste a voté contre [...] La première vague d'indignation générale s'est portée contre la Prélature » *The Letters of John Stuart Mill,* édité avec une introduction par Hugh S. R. Elliot, Vol. 1, Londres, Longmans, Green & Co, 1910, p. 4.

siècle et devient compréhensible, tout comme sa façon de trouver une issue et de répondre à l'évolution de la société victorienne.

Selon A. E. Taylor, Bradley était un homme très religieux, convaincu de la réalité de l'invisible et désireux de voir se dessiner un renouveau spirituel. Taylor contredit ainsi l'idée selon laquelle Bradley était hostile à la religion :

> La religion intime de Bradley était d'un type mystique très marqué, en fait d'un type spécifique commun à tous les mystiques chrétiens. Pour lui, comme pour Plotin ou pour Newman, la religion signifiait un contact direct et personnel avec le Principe Suprême et l'Ineffable, sans la médiation de quelque forme de prière, de cérémonie ou de rituel ; et comme tout mystique pour qui cette passion pour un accès direct au Divin n'est pas contrôlé par le culte organisé et habituel de la communauté, il était enclin à faire peu de cas de la dimension historique et institutionnelle des grandes religions.[15]

Bradley se déclare anglican, même s'il n'est pas pratiquant[16], et l'idée d'une amélioration personnelle et d'un réel sens du devoir est chez lui fréquemment associée à la religion[17]. En tout état de cause, son indifférence pour la dimension historique de la religion chrétienne[18], comme le remarque Taylor en différenciant sur ce point Bradley et Newman, ne consiste aucunement en une conception humanitariste et progressiste de la religion qui soustrairait l'homme à ses obligations et à ses responsabilités. À la fin de sa vie, Bradley remarquait que la doctrine protestante avait été trop souvent pervertie et que cela lui valait une disgrâce éternelle[19], confirmant ainsi l'origine et le développement de son propre point de vue à partir d'une opposition à la religion de son père. Dans ses prises de position sur la religion et la morale, Bradley a exprimé le fond culturel de son époque, et la rationalité subjective de sa quête intellectuelle et spirituelle est donc compréhensible, en adéquation avec l'esprit de son temps.

---

[15] A. E. Taylor, « F. H. Bradley », *op. cit.*, p. 10.

[16] « Ma religion est l'Anglicanisme […] Je n'ai pas "pratiqué" depuis de nombreuses années, mais je pratiquerais dès demain si je pensais que cela pourrait faire de moi un homme meilleur », cité par Taylor, *ibid.*, p. 9. Il affirme aussi, dans une lettre à William James du 14 mai 1909, que son christianisme est loin d'être orthodoxe (lettre citée par T. L. S. Sprigge, *James and Bradley...*, *op. cit.*, p. 549 note 63).

[17] « Mais qu'entendez-vous par Purgatoire ? Cela signifie-t-il que lorsque je mourrai, je serai rendu meilleur par la discipline ? Si c'est le cas, c'est ce que j'espère vraiment », *ibid.*, p. 10.

[18] « […] À ceux parmi nous qui ne pensent pas que la vocation du Christianisme soit de continuer à se draper dans "des vêtements hébraïques usés", tout ceci est entièrement du ressort de l'historien », ES, p. 317.

[19] ES, p. 325, note 1. Cette note a été ajoutée dans l'édition revue et corrigée de 1927.

Une éducation parfaitement classique

La famille de Bradley a été déterminante dans son « éducation ». Hormis l'influence de la religion sur son évolution personnelle – et il s'agissait comme nous venons de le voir d'une ouverture à un sens des responsabilités qui a justifié autant sa position subjective qu'une situation objective dans la société de son temps – son parcours pour une reconnaissance professionnelle ou institutionnelle dans la société victorienne a également été dans un premier temps favorisé par une culture des lettres dans sa famille, ainsi que par l'appartenance de certains frères plus âgés que lui au monde de l'institution scolaire, notamment George Granville Bradley, connu pour avoir fait de Marlborough College une des premières *Public Schools* d'Angleterre.

Public School et Oxford : sur le plan de l'éducation scolaire et universitaire, le parcours de Bradley est optimal dans la société de l'époque ; très classique et encore réservé à une minorité de la population au milieu du dix-neuvième siècle. Mais plus encore, sa scolarité a eu l'heur de débuter à un moment où l'élite intellectuelle commençait à se constituer sur la base d'une certaine homogénéité, et ce sont ces mutations dans les façons de concevoir l'institution universitaire – et l'enseignement de la philosophie en particulier – qui ont eu une incidence tout autant paradoxale que déterminante sur l'évolution de sa situation professionnelle, ainsi que sur ses propres choix intellectuels.

De grands changements avaient commencé à s'opérer dans le monde intellectuel victorien depuis le milieu du siècle, et il faut placer le développement intellectuel de Bradley puis poser la question de sa réussite dans un contexte marqué par le sentiment que l'Angleterre ne parvenait plus à soutenir la concurrence des autres pays européens. Dans les années 1860, J. R. Seeley en avait appelé à la constitution d'un professorat cultivé :

> [...] la constitution d'un professorat proprement cultivé qui conduirait « la recherche » au niveau élevé déjà atteint par d'autres pays (l'Allemagne, de toute évidence). Dans une matière comme la philosophie, remarquait Seeley, l'Angleterre se trouvait bien derrière les principales nations de l'Europe continentale ; mais il soulignait que les causes de cette situation étaient plus contingentes que nécessaires. « La stérilité des idées, le mépris des principes, tout ce philistinisme ambiant et caractéristique de l'Angleterre actuelle n'est pas un trait constant [...] Ce n'est donc pas que l'esprit anglais soit rétif à toute pensée : nous ne sommes pas ce peuple ordinaire et pragmatique dont parfois nous nous vantons d'être, et ce dont parfois nous rougissons ».[20]

---

[20] Stefan Collini, *Absent Minds : Intellectuals in Britain*, Oxford, O. U. P., 2006, p. 70.

Ce que disait Seeley de la situation de la philosophie est intéressant à plus
d'un titre. En effet, Bradley est resté dans les mémoires comme le philosophe
anglais qui est parvenu à changer cette situation en redonnant un nouvel élan
à la philosophie anglaise, intégrant au passage des éléments de la philosophie
allemande et restituant à la métaphysique anglaise un potentiel qui lui avait
fait défaut après la philosophie de Hume. Or, les conditions dans lesquelles
Bradley s'est imposé comme le philosophe le plus important de sa génération
sont ambiguës. Le moins que l'on puisse dire, c'est qu'il n'a pas brillé par sa
présence dans les cercles philosophiques et qu'il a même soigneusement évité
toute véritable relation publique :

> Il est difficile de communiquer à l'homme des années 1980 ce que
> Bradley a pu représenter à Oxford, au début des années 1920. Il dominait
> la scène philosophique. D'autres voix d'importance se faisaient
> entendre, comme Joseph, Joachim, Prichard, Ross et Collingwood. Mais
> Bradley était le *Mahatma* […] Que Bradley domine Oxford est d'autant
> plus remarquable qu'il y était lui-même invisible. Il était comme Duns
> Scot, que d'aucuns disaient avoir parfois aperçu le fantôme arpenter
> la bibliothèque de Merton College. Pour autant qu'on sache, Bradley
> n'a jamais fait de conférence, n'a jamais donné de cours particuliers et
> n'a jamais assisté aux réunions de la *Aristotelian Society* ni de la *Mind
> Association*, et il ne rencontrait que rarement ses collègues.[21]

Il y a là un mystère autant qu'un paradoxe. Compte tenu de la position sociale
de l'« intellectuel »[22] à l'époque, en pleine évolution, il est étonnant que
Bradley soit parvenu à se faire un nom ; et son refus de se conformer aux

---

[21] Brand Blanshard, « Bradley : some Memories and Impressions », *op. cit.*, p. 8-9.

[22] Observant que la notion d'« intellectuel » renvoie à une représentation suffisamment
large en Grande-Bretagne, Stefan Collini a estimé qu'il était possible de l'utiliser
pour rendre compte des grandes lignes de l'évolution des notions d'« élite cultivée »
(*cultured elite*), de « maîtres à penser » (*leading minds*) ou d'« hommes de lettres »
(*men of letters*) pendant le dix-neuvième siècle. Pour une présentation synthétique de
la conception du rôle de l'« intellectuel » en Grande-Bretagne, voir Stefan Collini,
Absent Minds : Intellectuals in Britain, op. cit., p. 52 : « Le rôle de l'intellectuel,
pourrait-on dire, implique toujours l'intersection de quatre éléments ou dimensions :
(1) l'élévation à un certain niveau de réussite dans une activité estimée pour les qualités
non-instrumentales, créatrices, analytiques ou d'érudition qu'elles impliquent ; (2)
l'accession à des moyens de communication ou à des filières qui touchent un public
différent de celui initialement visé par la "spécificité" de l'activité ; (3) l'expression de
conceptions, de thèmes ou de sujets qui s'articulent ou qui s'engagent avantageusement
avec quelques-unes des préoccupations principales de ce public ; (4) jouir de la
réputation d'être susceptible d'avoir des choses intéressantes et importantes à dire, de
vouloir et de pouvoir les dire de manière efficace par un moyen adéquat ». Ce modèle
de l'intellectuel britannique a fait l'objet de nombreuses réactions dans le monde anglo-

nouvelles règles de la vie intellectuelle en Angleterre rend obscures les raisons pour lesquelles il a décidé d'entrer à l'université et de poursuivre une carrière philosophique.

Dans un de ses livres sur l'évolution de la vie intellectuelle en Grande-Bretagne, Stefan Collini[23] a insisté sur le grand changement qui a affecté les modes de représentation de l'élite cultivée à partir des années 1850-1860. Le statut des « maîtres à penser » (*leading minds*) au début du dix-neuvième siècle dépendait pour l'essentiel du patronage et des liens de parenté[24], ainsi que de la réussite individuelle publiquement reconnue. Cette élite était plus métropolitaine que provinciale et se retrouvait souvent dans les clubs, le plus connu étant l'*Athenaeum* (fondé en 1824), ou la *Royal Society of Literature*. Mais à partir du milieu du siècle, la réduction des antagonismes sociaux et la montée en puissance des classes moyennes a contribué à une plus grande homogénéité du statut, et si les intellectuels indépendants constituaient encore la majeure partie de cette élite au début du siècle, la réussite intellectuelle a de plus en plus été gagée sur l'appartenance au monde universitaire.

Il faut dire que ce monde universitaire était en pleine effervescence. Dans son article sur la situation de la philosophie à Oxford, publié dans le premier numéro de *Mind* en 1876, Mark Pattison reprenait des suggestions qu'il avait déjà formulées (*Suggestions on Academical Organisation*, 1867) pour réorganiser l'enseignement en insistant sur le fait que la dominante classique en philosophie avait toujours été une des grandes forces de l'université, mais que le système des mentions et des prix excluait les étudiants attirés par la spéculation philosophique dans la mesure où ces derniers étaient les moins enclins à répéter mécaniquement l'enseignement orthodoxe qu'ils recevaient[25]. Il donnait en exemple le bon fonctionnement des universités allemandes en insistant sur le fait que l'émulation et la rivalité entre universités dynamisait la pensée et suscitait l'esprit d'invention, alors que le contrôle des connaissances habituelles et autorisées, en vigueur en Angleterre, profitait à un système

---

saxon : voir à ce sujet le numéro du *Journal of the History of Ideas* qui lui est consacré en partie (Vol. 68, n° 3, juillet 2007).

[23] Stefan Collini, *Public Moralists : Political Thought and Intellectual Life in Britain (1850-1930)*, Oxford, Clarendon Press, 1991.

[24] Les Arnold (Thomas Arnold et Matthew Arnold) et les Mill (James Mill et John Stuart Mill) en sont un exemple majeur ; il n'est pas interdit de penser que les Bradley pourraient constituer un exemple mineur (Charles Bradley père, George Granville Bradley, A. C. Bradley, et F. H. Bradley, les deux derniers étant avant tout des universitaires).

[25] Mark Pattison, « Philosophy at Oxford », in *Mind*, Vol. I – 1876, p. 82-97 ; voir notamment les pages 88 à 93. Voir aussi Lewis Campbell, *On the Nationalisation of the Old English Universities*, Londres, Chapman and Hall, 1901, p. 227 pour le contexte de la proposition de Pattison en faveur de la recherche (*Endowment of Research*) et p. 154, 177 & 268 pour celui de ses suggestions académiques.

carriériste excluant toute dérive. Il visait surtout l'enseignement de la philosophie contemporaine (*Literae Humaniores*) qui venait s'ajouter à celui des classiques (*Classical Moderations*) :

> Le premier principe de la philosophie, ou plutôt de l'entraînement intellectuel, c-à-d. que tout doit sortir de l'esprit de l'étudiant lui-même, est ici interverti ; son enseignant lui déverse tout ce qu'il y a [...] le maximum que l'étudiant puisse acquérir de ce système, c'est d'apprendre à écrire dans le nouveau style de pensée et de savoir manipuler les expressions du dernier traité en vogue.[26]

Ces remarques nous permettent de situer l'originalité de Bradley dans ce système. Ayant obtenu une excellente mention pour sa connaissance des classiques, Bradley avait obtenu une mention moindre en *Literae Humaniores*, ce qui l'avait écarté de la possibilité d'être nommé à University College (c'est Bernard Bosanquet qui a été élu). Selon les commentateurs, cette mauvaise mention lui aurait été attribuée à cause de son rejet de la philosophie de John Stuart Mill et de ses préférences avouées pour la philosophie allemande ; en outre, sa nomination un an plus tard à Merton College aurait été due à l'intervention de William Wallace, traducteur de Hegel et auteur d'ouvrages sur Kant et Hegel. Ces péripéties suggèrent que Bradley montrait avant tout un esprit spéculatif et indépendant ; et le contraste entre les deux conceptions de l'enseignement philosophique suggéré par Pattison pourrait être figuré par la différence souvent signalée entre Bradley et Bosanquet, le premier s'étant fait connaître grâce à sa puissance spéculative et à l'éclat de son style, le second étant surtout connu pour sa vaste érudition. Enfin, Pattison soulignait l'importance de l'enseignement de T. H. Green, qui renversait quelque peu les habitudes philosophiques de son temps et tentait d'institutionnaliser un mouvement de pensée idéaliste, qui commençait à se faire connaître et cherchait à instaurer un renouvellement spéculatif en Angleterre. C'est justement cette voie que Bradley a suivie et qui a été déterminante dans sa façon de concevoir sa mission au sein de l'institution universitaire.

Au début du dix-neuvième siècle, la nomination en tant que membre de l'université (*fellowship*) était réservée aux célibataires, et les charges comportaient peu d'astreintes d'enseignement. Dans le cadre d'une opération de sécularisation à Oxford et à Cambridge, les réformes des années 1860 et 1870 ont surtout porté sur la suppression de la clause de célibat et l'amélioration du statut d'enseignant à l'université (*Don*) :

> À Oxford en 1845, 325 membres (*Fellows*) des collèges étaient dans les Ordres, mais par la suite – et tout particulièrement, bien sûr, après

---

[26] Mark Pattison, *ibid.*, p. 93.

l'assouplissement des restrictions touchant au célibat à la fin des années 1860 et dans les années 1870 – le nombre d'ecclésiastiques (*clerics*) a diminué bien plus vite que le nombre de professeurs (*dons*) n'augmentait : en 1895, il ne restait que 61 membres dans les Ordres. Dans le même temps, la gamme des sujets enseignés dans les universités s'accroissait de manière encore plus spectaculaire.[27]

Bradley a en fait obtenu, à Merton College en décembre 1870, le dernier poste soumis à la règle semi-monastique à être octroyé à Oxford avant la nouvelle législation de 1871 (*University Test Act*), et supprimé en cas de mariage (*Life fellowship*). Il n'a donc pas fait partie des *university teachers* mais a bénéficié d'un statut qui, en décalage avec l'esprit du temps, lui a procuré néanmoins une véritable indépendance. Son identité primordiale s'est établie à travers son appartenance à l'université d'Oxford (non pas à un monde universitaire global ni à une élite intellectuelle qui s'y reportait de plus en plus) et à Merton College en particulier, ce qu'il n'a pas manqué de faire observer dès la publication de son premier ouvrage[28]. Cette indépendance, Bradley l'a aussi choisie en se gardant à l'écart des manipulations institutionnelles dans les cercles intellectuels et en s'opposant même à ceux qui en étaient les instigateurs.

Certaines personnalités, et notamment Henry Sidgwick, avaient tenté de professionnaliser les activités culturelles en confortant le sens de la réforme universitaire en cours : l'intention de Sidgwick et de quelques autres universitaires était de promouvoir les sciences morales, face au développement de la recherche « scientifique », et de présenter au niveau international l'état de la recherche britannique dans ce domaine. Sidgwick a en quelque sorte été l'âme du projet de création de la *British Academy for the Promotion of Historical, Philosophical, and Philological Studies*, qui n'a été officiellement

---

[27] Collini, *Public Moralists...*, *op. cit.*, p. 206 ; voir aussi le chapitre 6 de la quatrième partie de ce livre (« Their Titles to be heard : Professionalisation and its Discontents »). Pour la situation à Cambridge, voir Sheldon Rothblatt, *The Revolutions of the Dons : Cambridge and Society in Victorian England*, Cambridge, C. U. P., 1981 ainsi que Henry Sidgwick, « Philosophy at Cambridge », *Mind*, Vol. I – 1876, p. 235-245. Les suggestions de Pattison avaient été précédées par des réunions entre les réformateurs de l'université et les représentants des congrégations non-conformistes pour ouvrir les anciennes universités au pluralisme religieux en 1864, et par un début de refonte des organisations internes des universités pour mettre en valeur les projets de promotion de la recherche. Henry Sidgwick, alors professeur de philosophie morale à Cambridge, a joué un grand rôle dans cette campagne en œuvrant pour la mise en place d'un enseignement plus pratique et moins traditionnel, ainsi que pour l'idée de création d'un corps d'experts. Sidgwick a été un rival philosophique de Bradley.
[28] « Ma dette, je l'ai contractée à Oxford et je suis très loin de m'en être acquitté par le parti que j'en ai tiré ». PCH, p. 3 (trad. P. Fruchon, *Les Présupposés de l'Histoire critique*, *op. cit.*, p. 128).

reconnue qu'en 1901 mais qui avait commencé de fonctionner bien avant. Ce projet s'est constitué en rupture avec la *Royal Society of Literature* (institutionnalisée en 1825), non seulement sur le plan des statuts, mais aussi sur celui du recrutement de ses membres et sur le mode de représentation de l'élite intellectuelle en Grande-Bretagne. Composée en grande majorité d'universitaires[29] qui se connaissaient déjà bien depuis qu'ils avaient décidé de rompre avec la *Royal Society of Literature* et de tenir leurs réunions au British Museum, cette nouvelle académie recrutait sur réseaux, était notamment proche du monde libéral[30], et tranchait avec la représentation de l'élite cultivée qui transitait autrefois par l'*Athenaeum*.

Non seulement Bradley n'était pas un homme de réseau (il n'avait pas d'étudiants et trouvait stupide l'idée d'avoir des disciples) mais ses sympathies conservatrices (il haïssait Gladstone)[31] ainsi que sa position favorable à la pensée post-kantienne et son attaque en règle de l'éthique de Sidgwick[32] ne

---

[29] Stefan Collini rappelle que sur ses 48 membres au départ, 37 avaient été formés à Oxbridge et 29 étaient des titulaires de ces deux prestigieuses universités : *Public Moralists...*, *op. cit.*, voir p. 22-25 en particulier.

[30] *Cf.* Frederick G. Kenyon, *The British Academy : The First Fifty Years*, Londres, O. U. P., 1952 ; Christopher Harvie, *The Lights of Liberalism : University Liberals and the Challenge of Democracy (1860-1886)*, Londres, Allen Lane, 1976.

[31] Sur le conservatisme de Bradley, voir Peter Nicholson, « Bradley as a Political Philosopher », *The Philosophy of F. H. Bradley*, Anthony Manser & Guy Stock (dir.), Oxford, Clarendon Press, 1984, p. 117-130. Ces « sympathies » ne signifient pas qu'il faille le ranger aveuglément dans le camp conservateur sur tous les plans car certaines de ses positions sont progressistes - mais cela est aussi dû à une évolution intellectuelle de sa part au cours de sa vie. Il convient d'insister une fois encore sur son indépendance d'esprit, qui ne préjuge pas d'une tendance intellectuelle vers le conservatisme : « Même si l'on pouvait établir de façon certaine que les propres convictions politiques de Bradley correspondaient à un type particulier de conservatisme, il ne s'ensuivrait évidemment pas que sa *philosophie* politique en serait l'expression fidèle. En fait, ce n'est pas le cas. » (Peter Nicholson, *Ibid.*, p. 118). Voir également à ce sujet la mise au point plus récente de Peter Nicholson dans la section 8 (« The myth of Bradley's conservatism ») de son article « Bradley's Theory of Morality », *The Political Philosophy of the British Idealists*, Cambridge, C. U. P., 1990, p. 39-49). Ne pourrait-on pas dire que le conservatisme de Bradley, comme celui de Hume, présente des audaces qui empêchent de le classer de façon définitive dans le camp conservateur ; au sujet du conservatisme de Hume, voir la conclusion de Claude Gautier dans son livre *Hume et les savoirs de l'histoire*, Paris, Vrin/EHESS, 2005, p. 288.

[32] Dans son article sur la philosophie à Cambridge, Sidgwick avait très clairement condamné la philosophie post-kantienne en leur opposant l'influence de Spencer : « D'un autre côté, l'université de Newton a toujours répugné à admettre les thèses de Hegel et de Schelling [...] Et en dehors des offenses perpétrées par ces caprices scientifiques, les préférences en matière de formation traditionnelle à Cambridge pour l'exactitude de la méthode et l'exhaustivité conceptuelle sont naturellement défavorables vis-à-vis

pouvaient que contribuer à un isolement qu'il désirait de toute façon. Il faut aussi ajouter que la conception de l'élite intellectuelle que défendait Sidgwick, d'inspiration libérale et professionnelle, essentiellement associée à un système de réseau universitaire, tranche avec l'idée que pouvait s'en faire Bradley, plus conservatrice et plus proche de l'ancienne idée de *Clerisy* défendue par Coleridge et définie à la fin du chapitre cinq de *On the Constitution of the Church and State, According to the Idea of Each* (1829). De par sa grande diversité d'aspiration (non limitée aux seules sciences morales), de ses liens avec l'État et avec tout ce qui constitue la civilisation et l'âme d'une nation[33], cette conception de l'élite ne pouvait que trouver un écho favorable auprès de Bradley[34].

Contrairement, en apparence, à ses choix dans le domaine religieux, où sa position vis-à-vis de l'évangélisme épousait intuitivement les contours d'une évolution générale de la société de son époque, Bradley semble avoir vécu en contrepoint des modifications affectant le monde universitaire, et à l'écart du nouveau mode d'institutionnalisation du statut d'« intellectuel ». Mais, paradoxalement, il ne s'est pas inscrit à rebours de son époque en prenant un poste qui ne comprenait aucune charge d'enseignement et qui reposait sur une conception traditionnelle du statut de membre d'un collège à Oxford. On pourrait même avancer l'hypothèse qu'il s'est mis en avance de ce qu'une telle évolution comportait comme potentiel novateur. À l'instar de Nietzsche, qui vivait et écrivait à la même période, ou de Darwin, qui avait profondément marqué son temps une génération avant la sienne, il existe une dimension intempestive et inactuelle dans la vie et l'œuvre de Bradley.

Le métier de sage

Sa vie à l'écart des tribulations mondaines a contribué à façonner l'image d'un philosophe misanthrope, d'un ours solitaire qui se maintenait volontairement à l'écart des hommes et des choses de ce monde, n'acceptant vraiment que son chien comme compagnon. On trouve de très nombreuses anecdotes sur son excentricité[35], son humeur critique et son sens de la répartie

---

des constructions ambitieuses de la métaphysique post-kantienne », *Mind*, vol. I, 1876, p. 245.

[33] Cette idée de *clerisy*, que Coleridge assimile à une Église nationale, est composée de sages, de juristes, d'érudits de toute sorte qui déterminent le niveau de civilisation d'un pays. *Cf. Coleridge's Writings, Volume 1 : On Politics and Society* (John Morrow dir.), Princeton, Princeton University Press, 1991, p. 174-175.

[34] « [...] l'État n'est pas un assemblage, car il vit ; ce n'est ni une masse ni une machine ; quand un poète parle de l'âme d'une nation, ce ne sont pas de vaines élucubrations » ES, p. 184.

[35] « Bradley aimait aussi les oiseaux et, pour les défendre, il tirait au pistolet sur les chats ; il pratiquait le tir à la cible dans le grenier situé au-dessus de son appartement »,

acide[36], mais la plupart des commentateurs et surtout ceux qui l'ont vraiment
connu donnent une toute autre image de l'homme. Une fois encore, c'est
l'extraordinaire ascendant de Bradley sur ses interlocuteurs qui semble être
à l'origine de sa stigmatisation. Blanshard notait qu'il se dégageait une telle
force et une telle présence de son personnage qu'il n'est pas étonnant que
ses remarques aient été interprétées comme de la froideur ou du mépris, et
que le ton sec et net avec lequel il s'exprimait pouvait susciter une certaine
appréhension chez ceux qui s'étaient exposés à ses commentaires ; cette
disposition de caractère se retrouve dans son style oral comme écrit :

> [...] c'est alors qu'il prononçait un de ces paragraphes bien structurés
> que j'avais appris à connaître dans son écriture : des phrases courtes et
> pénétrantes, consécutives, et malgré tout prononcées comme si elles
> étaient irrévocables.[37]

Contrairement à ce qui a été souvent colporté, Bradley était d'un naturel plutôt
sociable et fréquentait quotidiennement les pièces communes de Merton où
il brillait par ses qualités de conversation et d'esprit, mais ce n'est jamais
délibérément qu'il décidait de rencontrer ses collègues ou d'autres personnalités.
En réalité, certaines explications permettent de réunir les éléments de ce puzzle
psychologique et de comprendre non seulement les causes de sa retraite et
sa décision de devenir philosophe, mais aussi les conséquences que cela
a entraîné, c'est-à-dire la capacité qu'il a eue de transcender l'esprit de son
temps et de fournir une sortie de la crise intellectuelle du victorianisme.

Comme cela a déjà été remarqué, l'excentricité de Bradley, son sens
des responsabilités, son individualisme notoire, son autorité naturelle, sa
forte présence intellectuelle et son grand sens de l'ironie ont été soulignés
par tous ceux qui l'ont connu. Compte tenu de ce portrait psychologique, la
question qui se pose naturellement est de savoir pourquoi il a emprunté la
voie philosophique alors que son ambition semble avoir été de devenir un
explorateur, alors qu'il était encore étudiant. Blanshard a apporté des éléments

---

G. R. G. Mure, « Francis Herbert Bradley », *Les études philosophiques, op. cit.*, p. 79.

[36] « Lorsque, en 1905, quelque soixante-dix philosophes britanniques firent part à
Bradley de leur intention de lui offrir son portrait, il déclara, certes en dehors de sa
réponse officielle où il donna pour excuse sa mauvaise santé : "qu'ai-je fait pour être
crucifié ?" », *ibid.* Cette anecdote rappelle l'épisode du portrait de Plotin : « Un de
ses élèves lui avait demandé d'accepter qu'on fît son portrait. Il refusa tout net et ne
consentit pas à poser. Et il s'expliqua : "N'est-ce pas assez de porter cette image dont
la nature nous a revêtus, fallait-il encore permettre de laisser derrière nous une image
de cette image, plus durable encore que la première, comme s'il s'agissait d'une œuvre
digne d'être vue ?" », Pierre Hadot, *Plotin ou la simplicité du regard*, Paris, Gallimard,
Folio-essais, 1997, p. 19.

[37] Brand Blanshard, « Bradley : some Memories and Impressions », *op. cit.*, p. 8.

de réponse qui semblent convaincants dans la mesure où ils sont très souvent corroborés par d'autres commentateurs de la vie de Bradley :

> Il n'était en rien un étudiant ordinaire ; « il était très profondément anglais, et possédait tous les instincts de sa race. À Oxford, selon la rumeur de l'époque, il était le leader attitré de toute opposition à l'autorité quand cette dernière se révélait inefficace », et il se disait qu'il songeait sérieusement à devenir un explorateur. Il y avait en lui une certaine rectitude, une franchise et un solide bon sens qui laissait penser qu'on entendrait parler de lui dans le monde de l'action. Mais en même temps, il manifestait une tendance à quelque chose de totalement autre : il y avait en lui un fond romantique ardent dont se détachaient des sentiments profondément religieux, y compris quelques touches de passion mystique. C'est en partie ce qui explique pourquoi il s'est tourné vers la vie spéculative, lorsque le fléau de la maladie s'est abattu sur lui.[38]

En juin 1871, peu après avoir été reçu à Merton, Bradley est tombé gravement malade à cause d'une inflammation des reins, le laissant avec une maladie chronique, la pyélite, qui l'a forcé à vivre en retrait afin de s'épargner la fatigue ou le stress, susceptibles de provoquer une crise. Carol Keene ajoute qu'il souffrait d'une autre infirmité singulière : une agnosie visuelle, qui l'obligeait à lire toutes les lettres d'un mot pour le reconstruire et le comprendre, couplée à une agnosie auditive qui peut expliquer pourquoi il ne participait que rarement aux réunions et aux conférences[39]. Ces difficultés d'ordre physique l'empêchaient de travailler pendant des mois et l'obligeaient souvent à quitter Oxford quand le climat n'était guère profitable à sa santé.

C'est d'ailleurs à l'occasion d'une croisière sur le Nil, de novembre 1880 à mai 1881, qu'il aurait rencontré la fille d'un ingénieur américain et envisagé un mariage, qui n'a finalement pas eu lieu. Une aura de mystère perdure autour de cette relation et la plupart des commentateurs en sont restés à des conjectures, mais toutes contredisent l'image détestable dont il a pu être affublé. Plus encore, il semblerait que les rapports de Bradley avec les femmes aient

---

[38] Blanshard, « F. H. Bradley », in *The Journal of Philosophy,* XXII, 1, janvier 1925, p. 6-7. Blanshard écrira aussi plus tard : « Sa force de caractère le destinait à quelque activité pratique : la carrière d'un officier, d'un leader politique, ou peut-être d'un explorateur. Mais en lui se trouvait aussi une très forte tendance à la spéculation [...] À Merton, il a découvert sa voie. Il n'était pas fait pour être un chercheur ou un enseignant, mais un pur philosophe, brûlant d'une passion ardente pour la connaissance », *op. cit.,* p. 10.

[39] Carol A. Keene, « Introduction », *The Collected Works of F. H. Bradley, op. cit.,* Vol. 5, p. xv-xvi.

toujours été excellents[40], et ses nombreux aphorismes sur l'amour[41] montrent plus volontiers un homme délicat, d'une grande finesse et d'une indéniable perspicacité psychologique, qu'un misanthrope psychologiquement rigide. Toujours est-il que ces éléments concourent à mettre en valeur un autre aspect de la personnalité de Bradley : sa maladie n'ayant été contractée qu'après sa nomination à Merton, il n'est guère possible de faire reposer sa décision d'entrer en philosophie sur des raisons médicales, et il semblerait bien que les prédispositions romantiques, religieuses et mystiques évoquées par Blanshard aient eu quelque incidence, d'autant plus que Bradley avait déjà commencé à s'intéresser à la poésie et à la philosophie allemande avant même d'entrer à University College. Mais il est également vraisemblable que la maladie a accusé ces prédispositions et qu'elle les a fait passer avant la vie d'action pour laquelle il semblait destiné.

Si les raisons médicales se révèlent importantes pour expliquer sa vie en retrait, il est aussi possible de dire qu'elles ont conditionné son rapport à la société de son temps, et peut-être même à la philosophie. Plus qu'un concours de circonstances, la maladie a accentué son inclination à l'indépendance et son goût pour les choses de l'esprit, des tendances déjà remarquées dans sa position sur la religion, et favorisées aussi par elle :

> Un philosophe qui a traversé et ne cesse de traverser plusieurs états de santé, a passé par autant de philosophies : *il ne saurait faire autrement que* transfigurer chacun de ses états en la forme et en l'horizon les plus spirituels ; – cet art de la transfiguration, voilà ce qu'est la philosophie [...] Et pour ce qui est de la maladie, est-il seulement possible, serions-nous tentés de demander, est-il seulement possible de nous en dispenser ?[42]

La maladie est cet autre particularité dans sa vie qui permet de le rapprocher de Nietzsche et de Darwin, dont la vie et l'œuvre ont souvent dépendu de leur état de santé. Sans qu'il soit nécessaire de recourir à des explications psychologiques ou médicales avancées pour évaluer l'impact des raisons psychosomatiques sur leur évolution personnelle[43], on peut remarquer que la vie en retrait favorise

---

[40] Voir notamment les pages que Mure consacre à cette question et plus particulièrement aux rapports entre Bradley et la romancière Elinor Glyn (« Francis Herbert Bradley », *Les études philosophiques, op. cit.*, p. 85-88).

[41] Un bon nombre de ces aphorismes ont été publiés : *The Presuppositions of Critical History and Aphorisms*, Bristol, Thoemmes Press, 1993.

[42] Friedrich Nietzsche, *Le gai savoir*, in *Œuvres philosophiques complètes*, tome V, édition Colli et Montinari, Paris, Gallimard, 1982, « Préface à la deuxième édition », p. 25.

[43] En ce qui concerne Nietzsche et Darwin, cet aspect a souvent été considéré comme fondamental. Nietzsche en a fait lui-même l'observation dans de nombreux passages

toujours l'observation, à une certaine distance des choses de ce monde, et une attitude que l'on pourrait globalement qualifier de sceptique[44]. On pourrait même ajouter que l'agnosie de Bradley, sa difficulté à restituer l'unité d'un mot ou d'un sens général peut expliquer, psychologiquement, l'ardeur qu'il a pu manifester pendant toute son œuvre, à rechercher, précisément, le sens et l'unité de l'« Absolu » : « En regard de l'unité de l'Absolu, nous savons que l'Absolu doit être un[45] ». Dans un monde en pleine évolution, Bradley s'est situé à une certaine distance pour reconstituer le sens et l'unité de l'univers[46] ; il s'est ménagé un poste d'observateur et n'a pas participé aux querelles partisanes, ne s'est investi dans aucune société particulière, et a ainsi pu transcender cette condition des sages victoriens, dont John Holloway a peint les principaux caractères :

> [...] Tous ont cherché (entre autres choses) à exprimer des notions concernant le monde, la place de l'homme, et comment nous devrions vivre. Leur œuvre reflète une façon de voir la vie, une façon de voir qui pour la plupart d'entre eux, sinon pour tous, a été en partie philosophique et en partie morale [...] En dépit de leur aveuglement et de leurs tabous, et en dépit de leur ferveur et de leur grossièreté parfois, les victoriens ont cherché à affirmer, à réorganiser et à approfondir leur culture d'une manière qui suscite la louange et la fascination quand on pense aux profonds changements dans le domaine de la connaissance, de la technique et de la société qui leur rendaient la tâche presque impossible. Ce furent ces changements qui conduisirent chacun des membres les plus doués de cette société à décider que les perspectives et les *credo* traditionnels étaient passés de mode ; et qu'il leur fallait prendre un nouveau départ, revenir aux fondements avec un regard neuf [...] Pour leur époque, ils ont exercé un métier qui tient une place durable dans la vie des hommes : le métier de ce que l'on pourrait nommer un sage.[47]

---

de ses livres. Pour ce qui est de Darwin, voir notamment la biographie de John Bowlby (*Charles Darwin, a New Biography*, Londres, Hutchinson, 1990) qui a entrepris une étude psychanalytique démontrant les origines profondes de sa mauvaise santé chronique, non réductible à la maladie de *Chagas* qu'il aurait contractée au Chili.

[44] Observateur se dit *skeptikos* en grec.

[45] AR, p. 556. Les occurrences de ce type sont innombrables, et c'est avec une étonnante fréquence que l'on rencontre les termes « unity » ou « whole », « wholeness », dans son œuvre.

[46] « Nous pouvons tomber d'accord, il me semble, en définissant la métaphysique comme une tentative visant à distinguer la réalité de la simple apparence, ou comme l'étude des principes premiers ou des vérités ultimes, ou encore comme l'effort pour saisir l'univers, non seulement comme morcelé et fragmenté, mais plutôt comme un tout ». AR, p. 1.

[47] John Holloway, *The Victorian Sage*, Londres, Archon Books, 1962, p. 1-2.

Les « sages » victoriens étudiés par Holloway (Carlyle, Disraeli, George Eliot, Newman, Matthew Arnold et Hardy) font partie de l'ancienne élite intellectuelle des « moralistes publics », pour reprendre l'expression de Stefan Collini, et non la frange professionnelle des universitaires plébiscitée par Henry Sidgwick[48]. Holloway n'évoque aucun philosophe professionnel et c'est comme si Bradley, en tant que tel, occupait une situation intermédiaire entre ces deux classes : ni un « intellectuel » professionnel, ni un « moraliste public », mais compte tenu des éléments entrant dans le portrait dressé par Holloway, un sage sans aucun doute.

Il est difficile de résumer le victorianisme en quelques mots et illusoire d'espérer circonscrire l'extraordinaire richesse de cette période autour de quelques paradigmes qui soient totalement satisfaisants, mais les expressions les plus couramment utilisées pour définir le dix-neuvième siècle anglais, « période de transition », « ère de révolutions » ou encore « âge du changement », mettent en évidence un flottement des certitudes et l'impossibilité de les stabiliser sous une unité métaphysique qui donne à la vérité un sens communément admis. Pour Holloway, le problème victorien réside dans l'interrogation interminable et mal assurée que les penseurs de cette époque ont menée sur le sens de la vérité. Bradley s'est trouvé confronté à cette difficulté et on ne peut s'empêcher de penser que l'absolutisme bradleyen, l'*emmendatio intellectus* qu'il a opérée sur toutes les catégories historiques, logiques, morales et métaphysiques dans son œuvre pour situer la vérité dans un absolu inaccessible est à la fois le symptôme et le terme de la logique du victorianisme. En ce sens, il est permis de dire qu'il a exprimé le mouvement de fond de son époque et qu'il a suggéré une issue possible qui a été reconnue en son temps, ne serait-ce que parce qu'il a rendu possible un véritable renouveau de la philosophie dans son pays, un des buts qu'il a par ailleurs poursuivi consciemment :

> La philosophie anglaise a principalement besoin, je pense, d'une étude sceptique des principes premiers, et je n'ai pas connaissance d'une seule œuvre qui semble s'acquitter convenablement de cette tâche. Par scepticisme, il ne faut pas comprendre doute ou incrédulité quant à telle ou telle doctrine. J'entends par là une démarche consistant à prendre conscience de toute idée préconçue et à la soumettre au crible du doute. Un tel scepticisme est le fruit du travail et de l'éducation seuls, mais c'est une formation que l'on ne peut négliger impunément. Et je ne

---

[48] Quand Monique Canto-Sperber constate que « les philosophes britanniques n'ont jamais considéré que les questions ayant trait à la vie des hommes en société ou aux aspects les plus concrets de l'expérience devraient rester en dehors de leur compétence » dans la préface du livre *La philosophie morale britannique* (Paris, P. U. F., 1994, p. ix) elle a sûrement en mémoire cette frange universitaire qui s'est définitivement imposée avec la philosophie analytique, véritablement professionnelle, et aux antipodes de l'esprit même des sages victoriens qui intéressent Holloway.

vois aucune raison pour laquelle l'esprit anglais, s'il consentait à se soumettre à pareille discipline, ne devrait pas produire aujourd'hui un système rationnel des principes premiers. Si je parviens à susciter un tel résultat, alors quelle que soit la forme qu'il pourra prendre, mon ambition sera satisfaite.[49]

Le désir de mettre de l'ordre dans la culture, de réaffirmer la valeur de l'héritage en usant de nouveaux *credo*, est patent chez les victoriens ; et il suffit de penser à Thomas Carlyle, à John Henry Newman, et à Matthew Arnold pour s'en convaincre. En même temps, on observe que ces auteurs ont tenté de formaliser, de synthétiser leur prise de conscience que le temps joue un rôle considérable dans le processus d'interprétation et de transmission de tout héritage, que ce soit dans la « philosophie des habits » de Carlyle dans *Sartor Resartus*, le développement de la doctrine chrétienne chez Newman ou dans le pessimisme culturel de *Culture and Anarchy* chez Arnold ; et que ce temps n'arrange rien à la situation, à l'exception notable de la vision positive qu'a Newman de son action dans la révélation du message chrétien dans *On the Development of Christian Doctrine*. Dans ce siècle où les évolutionnismes sont parvenus à s'imposer, la question importante est de savoir pourquoi Bradley a joui d'une réputation considérable de son vivant, de comprendre comment il est parvenu non seulement à exprimer le sens de son époque en dépit de circonstances qui le rendaient particulièrement difficile à appréhender, et comment il a réussi à sortir la philosophie anglaise de son insularité en émettant le souhait qu'elle perpétue en le renouvelant, l'âme de l'esprit philosophique anglais. La fin du premier essai des *Ethical Studies* nous fournit une indication :

> [...] Si nous ne sommes pas capables de nous en tenir à l'opinion commune, ni de donner de la voix dans la querelle opposant nos deux grandes écoles, il se pourrait bien qu'il nous soit profitable de nous souvenir que nous vivons sur une île, et qu'il se peut que notre esprit national, si nous ne l'élargissons pas, devienne également insulaire ; non loin de chez nous se trouve un monde de pensée qui, dans toute sa variété, ne ressemble ni à l'une ni à l'autre de nos deux philosophies, mais dont les batailles esquissent la bataille de la philosophie elle-même contre deux unilatéralités opposées et éternelles ; il s'agit d'une philosophie qui *pense* ce que l'opinion commune *croit* ; une philosophie, pour finir, que nous avons tous réfutée et que, maintenant que nous avons la conscience tranquille, quelques-uns d'entre nous pourraient entreprendre de comprendre.[50]

---

[49] AR, Preface p. xii.
[50] ES, p. 41.

En passant par la philosophie allemande ? Certes, elle a permis de renouveler le discours philosophique en Angleterre, mais cette piste avait déjà été suivie depuis le milieu du siècle, et comme l'écrit Bradley, elle avait rapidement été critiquée, y compris par T. H. Green peu avant sa mort. En amendant cette philosophie allemande pour lui conférer une tonalité plus proche de l'esprit anglais ? Sûrement, et Bradley a effectivement pris certaines libertés, notamment par rapport à la philosophie hégélienne, mais l'essentiel n'est pas là. Il réside dans cette indépendance de jugement et de situation que nous évoquions précédemment, et donc dans cette attitude sceptique consistant à prendre le point de vue de Sirius sur les principes mêmes et de donner, pour reprendre le mot de John Holloway, des explications sur le monde, sur la situation de l'homme dans ce monde et de suggérer une façon d'y vivre de la façon la plus harmonieuse possible.

Bradley et la « révolution des valeurs »

L'expression « crise des valeurs » a souvent été utilisée pour caractériser la situation culturelle de l'Europe à partir du dix-neuvième siècle. Elle signifie pour l'essentiel que se produisent alors un basculement et une modification des hiérarchies portant sur les valeurs intellectuelles, esthétiques, morales et spirituelles. L'expression est fortement associée à un sentiment de déclin, appelant par contrecoup une réaction, mais elle reste grevée par une connotation pessimiste qui obscurcit le processus en cours et ne garde que le sentiment d'une catastrophe de grande ampleur. C'est pourquoi il est préférable de parler de « révolution des valeurs » dans la mesure où l'expression est plus neutre et plus adaptée aux réalités de l'époque. Elle souligne en outre l'idée d'un foisonnement intellectuel et spéculatif au dix-neuvième siècle qui nécessite un retour aux premiers principes, ne serait-ce que pour faire la part des positions unilatéralement prises et suggérer une harmonisation ou un dépassement, ce qui a, précisément, été un des axes de développement de la pensée bradleyenne. Il est alors envisageable de procéder à l'analyse de la simultanéité, de la collision et de l'interaction de plusieurs visions du monde possibles, axées sur un sentiment de perte de repère, et fondées sur la recherche d'un sens sur fond de controverses religieuses, scientifiques et idéologiques.

Nous avons déjà signalé l'émergence pendant la période victorienne d'une société et d'un milieu intellectuel qui prennent leur distance avec la religion, ainsi que le transfert d'autorité de la tradition chrétienne dogmatique et orthodoxe vers une conception plus sécularisée, plus idéologique voire plus scientifique du monde. Du fait du divorce entre émotion et raison[51] provoqué

---

[51] René Gallet a étudié la dialectique de la Réforme et des Lumières à l'œuvre au dix-neuvième siècle dans deux ouvrages : *Romantisme et postromantisme de Coleridge à Hardy : Nature et surnature*, Paris, L'Harmattan, 1996 et *Romantisme et postromantisme de Wordsworth à Pater*, Paris, L'Harmattan, 2004 ; nous aurons l'occasion de revenir

par les évangéliques, le christianisme a peu à peu perdu le soutien spéculatif dont il avait besoin, et les notions de progrès et de développement se sont progressivement substituées à l'idée chrétienne du salut. La dérive apparaît déjà clairement au dix-huitième siècle chez Joseph Priestley et chez les radicaux, mais la popularité des évangéliques a tempéré la bonne fortune de ces radicaux, qui n'a repris de l'importance que plus tard, dans les années 1820 sous la forme du radicalisme philosophique. Plusieurs visions du monde possibles ont interagi : une conception dogmatique de la religion s'opposant à une conception libérale, un courant matérialiste et scientifique en conflit avec le courant romantique et idéaliste, pour engendrer finalement un sentiment de perte de repère, et en appeler à une recherche de sens sur fond de controverses religieuses, scientifiques et idéologiques. Ces interactions ont conduit à la montée en puissance du mouvement idéaliste anglais et plus particulièrement de sa composante néo-hégélienne, dont Bradley a constitué la figure de proue jusqu'au début du vingtième siècle. Mais pour mieux comprendre les grandes lignes de la genèse de ce mouvement idéaliste, il est nécessaire d'approfondir cette question de « révolution des valeurs » en remontant un peu plus loin dans le temps, pour mieux percevoir son mouvement général.

Un *nouveau paradigme de l'histoire des idées* s'est mis en place au dix-huitième siècle en Grande-Bretagne ; et il est parfaitement observable avant les Lumières anglaises, notamment depuis la Révolution Glorieuse de 1688 qui est venue clore les guerres civiles du dix-septième siècle. Son effet le plus visible en est la *polarisation politique,* l'apparition du bipartisme, de partis ou de factions politiques symboliquement nommés par l'adversaire (reconnaissance mutuelle d'une opposition) et dépositaires de principes globalement identifiables sur le plan religieux (anglicans contre non-conformistes) économique (propriétaires terriens aristocrates contre bourgeoisie d'affaires) et politique (souverainistes contre parlementaristes) voire littéraire et philosophique (les anciens contre les modernes)[52]. Les *Tories* et les *Whigs* ont incarné soit l'esprit d'un retour au modèle monarchique, terrien et anglo-(voire romano) catholique ; soit un modèle révolutionnaire et constitutionnaliste, axé sur le monde des affaires et fondamentalement protestant. En principe donc, un modèle traditionaliste et conservateur contre un autre modèle révolutionnaire et progressiste :

---

sur cette lecture de fond de la culture anglaise au dix-neuvième siècle quand nous évoquerons l'évolution philosophique de l'idéalisme anglais. Il s'agit pour l'instant de donner, dans les grandes lignes, la situation globale de « révolution des valeurs » dans ce siècle pour mieux situer le contexte culturel dans lequel s'est trouvé Bradley.

[52] Nous sommes conscients du fait que le modèle de cette polarisation simplifie grandement la réalité en n'en gardant que les traits les plus saillants, mais c'est pour mieux suivre le parcours du paradigme en question. Ce modèle doit beaucoup au livre de Bernard Cottret et de Marie-Madeleine Martinet, *Partis et factions dans l'Angleterre du premier XVIIIᵉ siècle*, Paris, Presses de l'université de Paris-Sorbonne, 1987, ainsi qu'aux lectures diverses qu'il a provoquées.

Chacun des partis est un système à plusieurs entrées, les Whigs comme
les Tories connaissent leurs extrémistes et leurs modérés [...] Ainsi
coexistent, sans se recouvrir pour autant, plusieurs variables : Parti de la
Cour/Parti du pays, Whigs/Tories, Église établie/dissidence religieuse
... En bref, cette indécision des termes, qui se prête aussi aisément à
la double accusation de corruption et de duplicité, constitue l'un des
thèmes majeurs de la vie politique anglaise en son siècle élémentaire.[53]

L'autonomie du politique, du religieux et de l'économique ne s'est construite
que lentement au cours des dix-huitième et dix-neuvième siècles. C'est
pourquoi la transformation des hiérarchies s'est exercée sur tous les plans
simultanément[54], si bien que la polarisation politique s'est développée en
une *polarisation axiologique*. L'esprit des Lumières a accusé le trait de cette
opposition paradigmatique, et le sens de l'évolution de la situation au dix-
huitième siècle est celui d'une *accentuation de la polarisation* entre les deux
modèles. Le modèle révolutionnaire progressiste et transformateur, débordé sur
sa gauche pourrait-on dire, s'est orienté en direction du radicalisme politique
et philosophique, tandis que le modèle conservateur s'est cristallisé avec le
réveil évangélique. L'impact des révolutions de la fin du dix-huitième siècle
(américaine, française et industrielle) est très net sur le modèle radical, et le
modèle conservateur et traditionaliste de la *Old and merry England*, appuyé
par les évangéliques et les rêveries mélancoliques des poètes romantiques, a eu
tendance à accentuer une lecture dogmatique, spiritualiste et fondamentaliste
du christianisme.

Concrètement, cette tension est provoquée par trois forces majeures qui
se sont opposées à l'ancienne vision chrétienne du monde, et qui ont tenté
d'imposer par à-coups une nouvelle vision, portée par l'esprit des Lumières :
le courant empiriste-utilitariste radical, qui s'est doté d'un organe de diffusion
en 1824 avec la création de la *Westminster Review* ; la critique biblique et
la publication très commentée de l'ouvrage *Essays and Reviews* en 1860 ; et
le courant évolutionniste et scientifique qui est devenu prépondérant après

---

[53] Bernard Cottret & Marie-Madeleine Martinet, *Partis et factions dans l'Angleterre du
premier XVIIIᵉ siècle, ibid.,* p. 11-12 ; voir également page 70 du même ouvrage pour
une réflexion sur cette logique dualiste.

[54] « La caractéristique essentielle de la vie politique moderne telle qu'elle émerge en
Angleterre, avec l'existence de partis concurrents qui se disputent les allées d'un pouvoir
de plus en plus identifié au Parlement, c'est bien son large degré d'autonomie, souligné
par Hume. En effet, la politique ne se confond plus avec la religion – comme elle avait
encore tendance à le faire au XVIIᵉ siècle. Elle n'épouse pas non plus les contours de
l'économie au sens strict [...] Ce divorce envahissant de la politique, de la religion
et de l'économie constitue bien la caractéristique essentielle de la culture savante
du XVIIIᵉ siècle britannique, son entrée dans la modernité, au sens anthropologique
dégagé par Louis Dumont ». *Ibid.,* p. 76.

la publication d'*Origin of Species* en 1859. Ces trois forces ont entamé puis bouleversé l'ancien creuset culturel britannique. Mais le contexte intellectuel de la période serait incomplet sans l'action de la tradition idéaliste.

Le signe de ce temps des incertitudes est manifeste chez les romantiques anglais Coleridge et Carlyle, initiateurs de l'idéalisme britannique au dix-neuvième siècle. Tous deux se sont opposés au matérialisme ainsi qu'à une apologétique chrétienne insuffisante et ils ont prôné une vision spiritualiste qui, si elle ne s'est pas résolue en une philosophie concrète et stable, n'en n'a pas moins esquissé les contours. *La tradition idéaliste a accompagné la « révolution des valeurs »* : elle a œuvré pour une résolution du conflit dialectique imposé par la polarisation axiologique, et elle est montée en puissance tout au long du dix-neuvième siècle[55]. En fait, même si cette tradition semble se ranger du côté du pôle conservateur en s'opposant dès le départ à la tradition matérialiste du courant utilitariste, elle n'a pas confirmé l'orthodoxie religieuse : elle l'a réinterprétée, et Bradley est celui qui a le mieux incarné cette ré-interprétation, qui s'est faite sur plusieurs générations et qui a connu en lui sa cristallisation et sa fin. C'est comme si l'idéalisme pouvait se concevoir comme une union du sacré et du profane, un surnaturalisme naturel, une lutte contre les deux composantes dogmatiques de la religion et des forces du progrès.

Ainsi l'Angleterre a-t-elle exposé au dix-neuvième siècle l'enjeu d'un affrontement dogmatique et d'une tentative de conciliation, comme on peut le voir dans la multiplication des mouvements, des sociétés et des clubs. Les tensions entre les deux tendances majeures dans cette « révolution des valeurs », et qui allaient être schématiquement symbolisées par le conflit entre la science et la religion, ont été très fréquentes, et elles ont animé toute la production intellectuelle de la période victorienne. Au réveil évangélique et au mouvement tractarien, qui tentaient de ré-affirmer les principes de l'inerrance biblique, de la tradition et de l'orthodoxie chrétienne, on peut opposer l'action prosélytique du *X-Club* qui, des années 1860 aux années 1890 a tenté d'imposer la science comme seule autorité intellectuelle possible. En parallèle, la *Metaphysical Society*, entre 1869 et 1880, a cherché à favoriser une réflexion commune et à travailler en direction d'une résolution des conflits en intégrant des personnalités de tous bords (catholiques et protestants, athées et agnostiques, conservateurs, libéraux et révolutionnaires), mais après 1880 le renversement des autorités est manifeste et la culture britannique dans l'ensemble a solidifié une position laïque, même si la philosophie idéaliste, dont l'influence est certaine au moins jusqu'à la première guerre mondiale, ne s'est jamais pleinement sécularisée du fait de son rapport intime à une certaine ambiance religieuse, à laquelle elle s'est efforcée de répondre en repensant les normes que la critique avait contribué à saper. La *Metaphysical Society*

---

[55] Cette thèse sera étudiée au chapitre suivant.

est devenue la *Aristotelian Society* à partir de 1880[56], et Bradley a entretenu avec nombre de ses adhérents et surtout de ses présidents (notamment Bernard Bosanquet et G. F. Stout) de profonds rapports d'amitié, des accointances révélatrices de ses préférences intellectuelles.

De par sa formation philosophique, Bradley s'est engagé dans une réflexion sur le sens, il a dénoncé le conflit des interprétations dès ses premières dissertations d'étudiant. Il a tenté d'y trouver un remède dans ses premières esquisses métaphysiques sur le statut de la connaissance, en réfléchissant sur la « relativité de la connaissance », en faisant le point sur ce que les écoles philosophiques de son temps pouvaient apporter comme certitudes, une fois débarrassées de leurs scories et de leur dogmatisme. Convoqué intellectuellement par la situation de crise qu'il a découvert, il a vécu le réveil évangélique de l'intérieur et est intervenu non pas dans mais sur le débat. Ne voulant rejoindre aucun camp servi par une dogmatique particulière, il a fait preuve de scepticisme quant à ces dogmatiques, les a dé-construites méticuleusement et a cherché à fonder une philosophie qui rétablisse du sens, sa philosophie de l'absolu.

Insuffisance d'une approche exclusivement biographique

Dans ce chapitre, nous avons mis en rapport la psychologie de Bradley avec les conditions objectives d'un monde en plein bouleversement. D'un point de vue purement biographique, il apparaît que Bradley manifeste une certaine indépendance. Son style, sa personnalité, sa situation professionnelle et l'identité philosophique qu'il constitue au fil de sa vie, rendent compte d'un authentique souci d'indépendance, érigé en règle fondamentale de vie, et révélateur d'une attitude tendant à la vérité en empruntant le chemin de la critique :

> Elle [la critique] va son chemin, indifférente aux avertissements, indifférente aux clameurs de ce qui, en dehors de son royaume, peut être ou se donner le titre de religion ou de philosophie ; elle met sa philosophie, sa religion dans sa réalisation et son accomplissement propres ; sa foi lui dit que, tant qu'elle reste fidèle à sa vérité, elle ne peut pas trouver une ennemie dans la vérité.[57]

Cette règle de vie signifie qu'il est nécessaire de sortir du conflit des interprétations et des théories pour donner à voir autre chose, peut-être de plus vrai ou de plus juste, et de ne pas s'insérer dans le relatif des connaissances. Observant les différents systèmes philosophiques en vogue, c'est toujours

---

[56] Son projet a également été repris par la création de la *Synthetic Society*, fondée par Arthur Balfour en 1896.

[57] PCH, p. 53.

cette indépendance psychologique qui l'a enjoint de partir de l'idée que chaque philosophie détenait une part de vérité, qu'il fallait s'inspirer de toutes et ne s'attacher à aucune en particulier : seul l'absolu est souverain, en tant qu'il se situe au-delà des contingences. C'est son indépendance, enfin, qui a engagé Bradley à dépasser la « révolution des valeurs », à exprimer les incertitudes de sa période et à poursuivre sa tâche en proposant de remettre de l'ordre dans la philosophie anglaise.

Mais en rapportant la psychologie de Bradley aux conditions de son milieu, qu'avons-nous fait ? N'en sommes-nous pas restés au simple niveau des représentations ? Certes, la vie d'un être vivant n'est en un sens qu'une confrontation entre une physiologie et un environnement, et la vie d'un être humain la confrontation d'un caractère avec un milieu socio-historique. Mais on confronte de la sorte deux essences figées, deux substances, comme s'il existait un individu en soi, et comme si le contexte était une chose. Il s'agit là d'une étape nécessaire, puisque comme observation, elle est un préalable à toute tentative intellectuelle de déchiffrement de la complexité du réel. Mais il faut bien lever ensuite, dans un second mouvement, l'obstacle épistémologique que constitue l'illusion substantialiste[58]. En effet, chacun des termes qui se confronte dans l'interaction se constitue concrètement dans et par l'interaction avec son autre. Il est donc nécessaire de transformer cette observation abstraite de la vie de Bradley en une compréhension concrète de la réalisation de son œuvre en examinant les textes par lesquels il a réagi dans le contexte objectif de son époque. L'état lacunaire des sources sur la vie personnelle de Bradley (lacunes dont le moins qu'on puisse dire est qu'il n'a pas cherché lui-même à les combler) n'est pas et ne doit pas être, de ce point de vue, un problème : l'essentiel réside dans les textes qu'il a laissés, dans la lente sédimentation de ses idées et dans les choix philosophiques qui ont orienté son œuvre.

Comme un miroir de son indépendance d'esprit, cette œuvre s'est construite sur un certain scepticisme méthodologique, consistant à ne s'engager pleinement dans aucune mode intellectuelle, et à révéler leurs présupposés tout en, dans le même temps, ne contribuant pas peu à modifier par ses écrits la physionomie intellectuelle de son temps. C'est cette interaction concrète

---

[58] *Cf.* Gaston Bachelard, « L'obstacle substantialiste », in *La formation de l'esprit scientifique*, Paris, Vrin, 1980, ainsi que « Le non-substantialisme, les prodromes d'une chimie non-lavoisienne », in *La philosophie du non*, Paris, P.U.F., 1940. L'épistémologie bachelardienne a introduit l'idée de progrès dialectique dans une histoire des sciences jusqu'alors trop simplement cumulative. Pour lui, la marche du savoir consiste dans un dépassement des étapes antérieures à l'aide d'un processus de négation qui nie, et lève ainsi des obstacles épistémologiques. L'illusion substantialiste, qui marque déjà un progrès par rapport à la sensation immédiate, constitue l'objet d'étude comme une chose-en-soi mystérieuse dotée de qualités substantielles destinées à fournir une explication. Selon cette illusion, par exemple, ce qui explique que l'opium soit un somnifère est son intrinsèque vertu dormitive : cette explication est évidemment fausse.

que le reste de cette étude va tenter d'établir en insistant sur l'organisation progressive de ses idées qui aboutit à la publication de *Ethical Studies,* ouvrage par lequel il s'est fait connaître de la scène philosophique en Angleterre.

CHAPITRE II

LES ANNÉES D'ÉTUDIANT : L'ENTRÉE EN IDÉALISME

Bradley entre à University College, à Oxford en 1865 : il a dix-neuf ans. En choisissant Oxford, et ce collège en particulier, Bradley s'est plié en quelque sorte à une tradition familiale : son demi-frère George Granville Bradley avait été nommé *Fellow* de University College en 1844, et auparavant, son père avait suivi des études à St Edmund Hall. Par ailleurs, Francis Herbert avait auparavant été élève à Marlborough College, la *Public School* où George Granville exerçait les fonctions de directeur : qu'il ait suivi le conseil de son frère pour entrer à University College apparaît donc tout à fait plausible. Peut-être même que sa nomination en 1870 comme *Fellow* de Merton a aussi pu dépendre de l'appui de George Granville Bradley, voire de l'influence de réseaux particuliers du fait de l'appartenance du père de Bradley au groupe de Clapham, et de sa notoriété dans le mouvement de la Haute Église anglicane (Samuel Wilberforce, né à Clapham et membre le plus éminent de la Haute Église dans les années 1860, était évêque d'Oxford), mais il nous faut admettre que ce ne sont là que des conjectures. Cependant, le fait que Bradley fasse ses études à cet endroit correspond à une logique conforme à l'éducation que se devait de poursuivre le fils d'une famille intégrée dans des réseaux influents de l'époque ; et c'est aussi à cette logique que son frère Andrew s'est conformé peu de temps après lui.

Il est difficile de dire quand Bradley a pris la décision de faire de la philosophie. Même s'il avait, selon les commentateurs, commencé à lire Kant dans le texte alors qu'il était encore à Cheltenham College (il a quitté ce collège pour Marlborough en 1861), nous disposons de trop peu de renseignements sur cette période de sa vie pour retracer un quelconque itinéraire philosophique avant son entrée à University College. Or, l'université d'Oxford, à l'époque, était encore dominée par un enseignement traditionnel, et l'étude de la philosophie ne s'effectuait vraiment que pendant les *Literae Humaniores* (*Greats*), après les *Classical Moderations* (*Mods*), centrés sur l'enseignement des auteurs antiques. Les travaux de Bradley dans cette période ont été par conséquent fortement influencés par la facture résolument classique des études

à Oxford, et ils n'ont véritablement pu s'ouvrir à la philosophie contemporaine
que grâce à la petite révolution opérée par T. H. Green au début des années
1860, qui a permis à la philosophie anglaise de commencer à se détacher de
son insularité et de son classicisme, même si la permission d'illustrer la pensée
des auteurs classiques par des auteurs modernes et contemporains avait été
accordée depuis les années 1830 :

> Le second changement important apporté en 1830 a été la permission
> de citer des auteurs modernes pour « illustrer » le sens des auteurs
> antiques, « si besoin est » [...] Le résultat le plus significatif de ce
> changement s'est fait sentir dans le domaine philosophique : il a signifié
> que l'enseignement philosophique des *Greats* pouvait finalement porter
> sur l'étude de questions philosophiques en tant que telles et non pas se
> réduire à l'étude textuelle et historique de ce que les auteurs antiques
> avaient à dire sur tel ou tel sujet.[1]

Un jeune homme de dix-neuf ans qui se destine à la philosophie à cette époque
se retrouve devant un certain nombre de possibilités quant à la direction que
ses études pourraient prendre. Il peut se diriger vers des études érudites, mais
un tel choix ne semble pas correspondre au caractère de Bradley. Il peut être
amené à choisir entre des courants dominants à l'époque, mais soit ils souffrent
d'une absence totale de reconnaissance sur la scène internationale, soit ils se
réduisent au courant matérialiste et scientiste illustré par le nom de Spencer, ou
l'utilitarisme empiriste de la psychologie de Bain et de la logique de Mill[2]. Ou
bien alors, il peut se tourner vers l'étoile montante d'un idéalisme enthousiaste
et vigoureux, incarné à l'époque par T. H. Green, et rendu manifeste grâce à son

---

[1] W. H. Walsh, « The Zenith of Greats », in Trevor Henry Aston (dir.) *The History of
the University of Oxford : The Nineteenth Century*, Oxford, O. U. P., Vol. VII Part 2,
2000, p. 312.

[2] Voir à ce sujet la présentation de la philosophie anglaise par William Wallace avant
l'introduction de Hegel dans les études philosophiques à l'université : « English
Philosophy and Hegel », *Prolegomena to the Study of Hegel's Philosophy and
Especially of his Logic*, Oxford, The Clarendon Press, 1894 (deuxième édition, revue
et augmentée) p. 22-23. Ces remarques avaient déjà été formulées dans l'introduction
(*Prolegomena*) de sa traduction de la petite logique de Hegel, datée de 1874, et leur
ton était plus critique encore : « À l'heure actuelle, en Angleterre, la philosophie est
soit ignorée, soit ramenée au niveau d'une branche spéciale de la science, quand elle
n'est pas réduite à un réceptacle des principes communs à toutes les sciences », *The
Logic of Hegel, Translated from the Encyclopedia of the Philosophical Sciences, with
Prolegomena*, Oxford, The Clarendon Press, 1874, p. xx. Rappelons que Wallace avait
été nommé *Fellow* de Merton College en 1867, et qu'il aurait suggéré que Merton
nomme Bradley comme *Fellow* en 1870 ; enfin, c'est Wallace qui a succédé à Green
comme Whyte's Professor of Moral Philosophy à Balliol College en 1882.

influence sur les étudiants de la génération de Bradley. C'est bien entendu dans cette troisième voie que Bradley a choisi d'inscrire sa réflexion et d'orienter sa pensée.

Des travaux marqués par une solide formation classique

De ses débuts philosophiques avant qu'il ne commence à écrire *Les Présupposés de l'Histoire critique*, certains textes ont été conservés et récemment publiés par La Thoemmes Press[3]. Il s'agit pour l'essentiel (car tous n'ont pas encore été édités[4]) de notes de cours, de listes de lectures et de vingt-deux dissertations écrites entre 1865 et 1869, pour la plupart en rapport avec l'enseignement de T. H. Green, dont Bradley a vraisemblablement suivi les cours de 1866 à 1867.

L'examen de la liste des livres et des auteurs dont on est sûr qu'il les a lus[5] révèle la nette tendance classique des études à Oxford. Outre Platon et Aristote, on trouve Eschyle, Aristophane, Démosthène, Hérodote, Thucydide, Tite-Live et Virgile, Lucrèce, Marc-Aurèle et Diogène Laërce. On dénombre également quelques œuvres d'auteurs modernes comme Descartes, Spinoza, Hobbes, Locke, Hume, Berkeley, Kant, Joseph Butler, ainsi que trois ouvrages de Hegel au moins (*Leçons sur la philosophie de l'histoire*, *Phénoménologie de l'esprit* et *Principes de la philosophie du droit*), et certaines œuvres d'auteurs plus contemporains, parmi lesquels on notera Bentham, Carlyle, Darwin, Mill, Paley, Spencer, Stirling et Whewell[6].

Carol Keene remarque que Bradley a aussi lu beaucoup de poésie anglaise dans cette période, avec une prédilection pour Shelley, et qu'il a entamé la

---

[3] Les textes auxquels nous nous rapportons dans cette étude sont les suivants : « Undergraduate Essays (1865-1869) », PAP, p. 1-56 ; « Notes on Green's Lectures on Moral and Political Philosophy (c. 1867) », PAP, p. 57-136.

[4] Certains textes ont été exclus de la sélection de Keene : « Quelques essais ont été exclus de cette édition : un essai historique sur les *Comices* à Rome, un essai sur les théories du plaisir dans l'*Éthique à Nicomaque* d'Aristote […] et quelques autres qui ne sont guère que des notes de lecture mises en forme pour ressembler à un essai, parmi lesquels on trouve une discussion de David Strauss sur Jésus [...] », PAP, p. 2.

[5] *Cf.* Carol Keene, PAP, p. 493. Voir aussi la liste donnée par W. A. Spooner (qui avait passé ses *Literae Humaniores* en 1866) dans son autobiographie, et reproduite par Walsh dans son article « The Zenith of Greats », *op. cit.*, p. 316. La liste de Spooner comporte aussi les noms de Mill, Hamilton, Mansel et Ferrier, les auteurs incontournables de la logique anglaise de l'époque.

[6] Voir PAP, p. 494-496 pour la liste complète des auteurs et des ouvrages. Melvin Richter, dans son livre *The Politics of Conscience : T. H. Green and his Age*, *op. cit.*, s'est de toute évidence trompé lorsqu'il a affirmé que Bradley avait rencontré la philosophie de Hegel pour la première fois à travers Baur, au début des années 1870, au moment où il travaillait sur les *Presuppositions of Critical History* (voir p. 36.)

traduction de nombreux poètes en anglais parmi lesquels on dénombre Goethe, Heine et Schiller, mais aussi Catulle, Lucrèce, Ovide, Virgile et Sophocle. Cette remarque en appelle une autre, formulée dans la préface à ce premier volume d'inédits de Bradley : Bradley a traduit de la poésie pendant toute sa vie, et cela a représenté au final une activité particulièrement substantielle en volume. La littérature, ou l'émotion artistique, a signifié beaucoup plus pour Bradley qu'un simple divertissement :

> Un certain nombre des frères Bradley ont eu en commun un amour de la poésie. Granville, un ami intime de Tennyson, clamait souvent des poèmes devant sa famille [...] Les frères Bradley – F. H., A. C., et John Hebert, ont témoigné de leur intérêt pour la poésie en traduisant des poèmes latins et allemands. Dans un cahier, compilé par A. C., on trouve environ une quarantaine de traductions, faites entre 1866 et 1868, contenant cinq traductions de A. C., une seule de John Hebert, du fait de son décès prématuré, et le reste effectuées par F. H. [...] Après la mort de Bradley, Mme de Glehn a offert le cahier des frères à H. W. Garrod, *fellow* de Merton, spécialiste en lettres classiques et auteur de plusieurs ouvrages sur les poètes anglais, et il a trouvé que les traductions de Bradley dénotaient une très grande sensibilité. Il a aussi révélé qu'il savait que Bradley avait continué ce type d'activité vers la fin de vie. Mais ces traductions, principalement de Goethe, Mme de Glehn a préféré les conserver.[7]

Bradley confirme l'importance de l'émotion esthétique en l'associant à la métaphysique dans l'introduction d'*Appearance and Reality* (« [...] lorsque le crépuscule n'aura plus de charme, alors la métaphysique sera sans valeur »)[8], et il est donc nécessaire de signaler, avant même d'aborder l'étude des travaux philosophiques de Bradley, que l'horizon esthétique ne doit pas être négligé dans son œuvre, même si l'ensemble de ses écrits se sont centrés sur la logique et la psychologie, l'histoire, la métaphysique et l'éthique. Outre sa qualité d'écriture et la précision de sa langue philosophique qui témoignent de son activité de traducteur et de son amour des lettres, c'est cet horizon qui explique également son insertion intuitive dans le siècle.

La liste des auteurs classiques qu'il étudie pendant ses premières années à Oxford est impressionnante. Même si ses notes sur les cours d'histoire de la philosophie grecque de Green n'ont pas (encore) été éditées, la lecture de ses textes disponibles montre qu'il possède une solide connaissance non seulement des auteurs classiques principaux, mais aussi des différentes écoles

---

[7] Carol A. Keene, « Preface », PAP, p. xvii-xviii.

[8] AR, p. 4. Voir également la fin de cette introduction pour une évocation du lieu de l'expérience hors du monde visible, comme l'écrit Bradley, où poésie, philosophie et mystique se rejoignent.

philosophiques de l'antiquité. On remarque aussi que Bradley s'est confronté directement aux textes grecs et latins, comme en témoignent les nombreuses citations grecques et latines qui parsèment ses travaux. Cela faisait bien entendu partie des pré-requis pour les *Literae Humaniores* que de maîtriser le grec et le latin[9], mais c'est aussi une constante que l'on observe chez Bradley que de lire directement les œuvres dans le texte, sans passer par les traductions. Cette habitude est importante dans la mesure où Bradley ne s'est pas contenté d'attendre que la traduction des auteurs allemands, si importants au dix-neuvième siècle, soient disponibles pour se mettre à les étudier de façon sérieuse (et il ne faut pas oublier qu'il était lui-même un traducteur de textes latins et allemands). C'est un point qui n'a été que trop peu soulevé par la critique et qui semble déterminant dans la suite de sa carrière.

On retrouve ainsi régulièrement Platon et Aristote dans ses travaux, mais aussi un très grand nombre d'autres auteurs antiques. Bradley a pu étudier leurs œuvres et reconstituer leur place dans l'histoire de la philosophie à travers sa lecture de Diogène Laërce, mais aussi (et surtout) grâce à la synthèse que T. H. Green avait établie en puisant généreusement dans la deuxième partie des *Leçons sur la philosophie de l'histoire* de Hegel, et présentée dans le cadre de ses cours de philosophie morale et politique. Il est probable que Bradley, qui avait suivi les cours de Green, n'en soit pas resté à la lecture de son professeur et ait aussi directement lu le texte hégélien, comme l'atteste la liste de lecture de Bradley donnée précédemment. Sans entrer dans le détail de tous les auteurs apparaissant dans ses dissertations et ses notes de cours, il semble que Bradley ait étudié les présocratiques à partir des dialogues de Platon et qu'il a acquis une certaine connaissance de la plupart des écoles de l'Antiquité, que ce soient les cyniques et les cyrénaïques, les épicuriens, les sceptiques, les stoïciens ou les néo-platoniciens. On peut en conclure qu'il n'a pas travaillé les textes des auteurs classiques comme des œuvres isolées uniquement, mais qu'il les a étudiés également dans l'histoire du développement de la pensée, et dans le cadre d'une philosophie de l'histoire. Cette façon de lire les auteurs classiques a contribué à assigner une importance singulière à la philosophie de Platon, mais aussi à intégrer une présentation inédite de l'histoire de la philosophie à l'époque, qui ne s'est imposée que très progressivement, grâce à l'influence de l'idéalisme en général et de Green en particulier. En effet, l'étude des auteurs classiques à Oxford a été de plus en plus orientée vers une appréhension proprement philosophique de leurs travaux, et cette étude a été associée à des conceptions philosophiques contemporaines. Cela semble s'être fait graduellement au cours du dix-neuvième siècle, et essentiellement sous l'effet de l'influence idéaliste[10].

---

[9] *Cf.* Walsh « The Zenith of Greats », *op. cit.*, p. 311.

[10] Walsh, *ibid.*, p. 316-317.

Des dissertations révélant la tendance classique à Oxford et la nécessité d'une ouverture au monde moderne

L'importance de la philosophie grecque dans l'enseignement philosophique à Oxford apparaît nettement dans les dissertations de Bradley : sur les vingt-deux qui ont été conservées, dix portent directement sur Platon et Aristote. Selon Carol A. Keene, les cinq premières ont été composées vraisemblablement en 1866, la sixième et la septième en 1867, et les trois dernières entre 1865 et 1869, sans qu'il soit possible de les dater de façon plus précise[11] :
- « Relations of Moral and Political Virtue according to Plato and Aristotle » (1866)
- « Compare the Views of Plato, Aristotle (and Butler) on the Conceptions of the Good » (1866)
- « Plato and Aristotle's Theory of Punishment » (1866)
- « Position of Opinion in the Ethical Systems of Plato and Aristotle » (1866)
- « Aristotle's Application of Metaphysical and Scientific Ideas to Ethics » (1866)
- « Aristotle's Conception of the Immortality of the Soul » (1867)
- « Plato and Aristotle in their Relation to the Lower Classes » (1867)
- « Connexion of the Logical and Metaphysical Views in Plato and Aristotle » (1865-9)
- « The Psychology of the *Republic* » (1865-9)
- « State and Compare the Views of Aristotle and Plato on the Sanctions of Morality and on the Moral Government of the World » (1865-9)

Quant aux douze autres dissertations, quatre d'entre elles font référence sinon à Platon et à Aristote, au moins à la philosophie grecque ancienne :
- « Is the opposition between Reason and Conscience real ? » (1866)
- « Ancient Approximations to the Political Theory of Hobbes » (1866)
- « Plato's Communism and Modern Communism » (1867)
- « Contrast Plato's views on the position of women and population with modern views on the same subject » (1867)

Enfin, huit échappent à la référence habituelle aux classiques : elles exposent en général une perspective idéaliste, d'inspiration parfois kantienne mais surtout hégélienne, et une opposition franche à l'empirisme et l'utilitarisme modernes :
- « The Contract as a Basis of Morality » (1867)
- « On the Right of the State to Enforce Conscription » (1867)
- « Influence of Forms of Government on Forms of Literature » (1867)
- « Connexion between Law and Philosophy » (1867)

---

[11] Sur ce point, voir les commentaires de Keene, PAP, p. 1-2.

- « A Revolution is a New Idea » (1867)
- « The Legitimate Use of Hypotheses in Science » (1865-9)
- « Nature of Progress Possible in Moral Science » (1865-9)
- « Utility as (1) an End or (2) Standard of Morality » (1865-9)

On constate, après lecture de ces dissertations, que nombre d'entre elles ont été élaborées sur la base d'une comparaison entre la civilisation antique et la civilisation moderne, et que les huit dernières ne sont donc pas isolées dans un ensemble de travaux principalement centré sur les textes classiques. L'intitulé de certaines de ses dissertations, et leur orientation globale, est le reflet d'une tendance générale au comparatisme, influencée favorablement par les idéalistes, comme nous l'avons entraperçu précédemment. Ce paradigme éducatif semble provenir d'une évolution de l'enseignement à Oxford, qui demandait aux étudiants un effort particulier pour mettre en évidence des rapports ou des contrastes entre la civilisation ancienne et le monde moderne[12]. Certaines dissertations de Bradley, comme « Ancient Approximations to the Political Theory of Hobbes », « Plato's Communism and Modern Communism » ou encore « Contrast Plato's views on the position of women and population with modern views on the same subject », par exemple, indiquent qu'il s'est bien plié à l'exercice. En réalité, il n'y a pas lieu d'être surpris du fait que Bradley établisse aussi des comparaisons entre la Grèce antique et le monde dans lequel il vit et pense, même quand les intitulés ne l'indiquent pas clairement (« Is the opposition between Reason and Conscience real ? », par exemple). La perspective comparatiste en histoire et en philosophie dans les études classiques à Oxford l'a forcément engagé à réfléchir sur la valeur du progrès, ainsi que sur les conditions mêmes de la pratique de l'histoire et de la pensée philosophique, d'autant plus que l'influence de Green et de son exposé laudatif de la philosophie hégélienne ne pouvait que contribuer à accentuer sa réflexion sur la marche de l'histoire.

Il est difficile de parler de ces dissertations sans commettre l'erreur de l'illusion rétrospective. Il est en effet bien tentant de mettre en évidence tel aspect, telle démonstration ou telle méthode de traitement des problèmes, qui résonne d'une importance singulière dans sa philosophie ultérieure : ne trouve-t-on pas des dissertations dont les arguments sont repris presque intégralement dans *Ethical Studies*[13] ? Ne décèle-t-on pas à l'état embryonnaire un style philosophique qui s'affirmera par la suite[14] ? Mais, outre le fait que Bradley ne connaissait pas son destin métaphysique à l'avance, une lecture rétrospective

---

[12] Walsh, « The Zenith of Greats », *op. cit.*, p. 316-317.

[13] C'est, entre autres, le cas de « State and Compare the Views of Aristotle and Plato on the Sanctions of Morality and on the Moral Government of the World », et de « Utility as (1) an End or (2) Standard of Morality ».

[14] Il s'agit notamment de sa tendance au soliloque digressif et de son jeu sur la connotation des mots. Voir les notes en bas de page de la dissertation « A Revolution is

de ses dissertations risquerait d'occulter certaines données importantes de sa gestation intellectuelle, sous-estimer l'influence de Green, et passer à côté de preuves sur l'engouement général pour l'idéalisme à Oxford à partir des années 1860.

Tout d'abord, il faut bien dire que la qualité de certaines dissertations (surtout les premières) est discutable, tant sur la forme que sur le fond : elles comportent de nombreux éléments descriptifs et sommaires des doctrines philosophiques antiques[15], elles n'interrogent pas les écrits les plus difficiles[16], et offrent un aperçu quelque peu scolaire et parfois embrouillé du sujet à traiter. Il est possible de dire que la qualité s'améliore avec le temps, que la réflexion se raffermit dans les dissertations ultérieures, mais il faut se rendre à l'évidence : ce n'est pas dans ces travaux qu'il est possible de découvrir les traces de l'œuvre d'un futur grand métaphysicien. Cela appelle tout de suite quelques remarques. En premier lieu, comme les distinctions qu'il obtient pour ses travaux laissent supposer qu'il était un des meilleurs étudiants de sa génération, sa piètre performance signifie que le niveau général des études philosophiques à Oxford n'était pas très élevé. On peut ensuite supposer que Bradley ait conçu assez rapidement qu'il lui serait nécessaire d'effectuer un travail considérable pour se hisser au niveau de la production extraordinaire des philosophes allemands : il avait commencé à les lire et il a sûrement comparé leurs œuvres à ce qui se produisait en Angleterre. Ce dernier point peut aussi aider à comprendre pourquoi il critique tant la philosophie de sa période, notamment l'utilitarisme, et dans quelle mesure l'exercice comparatiste auquel on le conviait lui a permis d'utiliser la philosophie grecque antique et la philosophie allemande contemporaine, deux moments d'intensité philosophique considérable, pour appuyer ses convictions. Enfin, ne pas se laisser aller à une explication à rebours de ses dissertations permet également de mettre en valeur la constance de certains thèmes, la récurrence de certaines observations et l'insistance sur quelques points de doctrine sans se référer autrement qu'à l'influence directe de l'enseignement classique et des acteurs de son époque.

---

a New Idea » qui expriment le mécontentement du correcteur de cette dissertation, PAP, p. 34 & p. 36. Carol Keene pense que ce correcteur était Green.

[15] Voir, par exemple, « Aristotle's Application of Metaphysical and Scientific Ideas to Ethics », où Bradley expose la théorie des quatre causes (matérielle, efficiente, formelle et finale) d'Aristote et sa distinction de la puissance et de l'acte ; ou encore, dans « Position of Opinion in the Ethical Systems of Plato and Aristotle », quand il évoque la notion de *doxa* chez Platon en la positionnant entre la connaissance du Bien et l'ignorance sans se référer à la notion de dialectique, etc.

[16] On ne trouve aucune référence au *Parménide* de Platon, par exemple, ni à la métaphysique d'Aristote.

L'importance de l'héritage grec comme horizon de la pensée

En dépit des oppositions réelles entre Platon et Aristote, qu'il commente dans de nombreuses dissertations, Bradley semble déterminé à souligner leur profonde identité de vue sur un plan fondamental. C'est cette identité, qu'il examine, qu'il compare à l'esprit moderne, et qu'il critique, qui représente à ses yeux la valeur de l'esprit philosophique grec.

Dans ses deux premières dissertations, par exemple, on remarque que Bradley oppose la vision des deux philosophes sur les questions de la moralité et du Bien, Platon estimant que la perfection morale se situe en-dehors de toute relation avec l'État, alors qu'elle ne se conçoit que par son implication dans le politique chez Aristote[17]. Bradley va jusqu'à ramasser en un paragraphe la métaphore solaire du mythe de la caverne (*La République*, 508-9) pour mettre en valeur la nature absolue du Bien chez Platon, et l'opposer à la conception relative qu'en avait Aristote. Essence substantielle absolue existant en soi et pour soi chez Platon, ou engagement dans la relation chez Aristote, le Bien est donc appréhendé de façon différente chez les deux philosophes[18]. Mais en fait, Bradley insiste surtout sur ce qui les rapproche, comme le montre l'étude sur la vertu comme finalité dans sa première dissertation, et son analyse de la conception grecque du bonheur dans la seconde. Que ce soit l'Idéal chez Platon ou le bien commun chez Aristote, la vertu est une finalité en soi, et elle est présentée chez les deux auteurs comme l'unité du particulier et de l'universel, une harmonie et une totalité qui se retrouvent autant dans l'idéal que chez l'individu vertueux. Et quant à leur conception du bonheur (*eudaimonia*) Bradley insiste sur ce qui les rapproche, sur l'idée de l'engagement de l'homme dans une activité (*praxis*) à la recherche de l'unification ultime :

> **Pour Platon comme pour Aristote**, les *Eudaimonia* humains consistent dans l'exercice de la fonction propre à l'âme ; **à l'un comme à l'autre**, la connaissance du bien fournit à la fois les normes régulant la vie, et les caractéristiques du but de nos activités ; **à l'un comme à l'autre**, le Bien pour l'homme consiste à ressembler à Dieu.[19]

Ce n'est pas non plus ce qui distingue Platon d'Aristote qui apparaît central dans « Plato and Aristotle's Theory of Punishment », sa troisième dissertation, mais plutôt le contraste entre la façon dont le mal et ses remèdes ont pu être abordés pendant l'Antiquité, et les conceptions modernes de la justice. La punition chez Platon et Aristote renvoie à une conception médicale du mal et

---

[17] PAP, p. 5 (« Relations of Moral and Political Virtue according to Plato and Aristotle »).

[18] *Ibid.*, p. 15 (« Compare the Views of Plato, Aristotle (and Butler) on the Conceptions of the Good »).

[19] *Ibid.*, p. 8. C'est nous qui soulignons.

des moyens de s'en débarrasser, non à une compensation ou à une revanche, comme c'est le cas dans la civilisation moderne : ainsi, ce n'est pas une amende, une peine donnée pour compenser un tort causé, que l'on découvre chez les penseurs grecs, mais une opération par laquelle les éléments malades sont soignés... ou éliminés. À l'opération chirurgicale directe et radicale chez Platon, Bradley oppose la prophylaxie aristotélicienne, qui élabore une pédagogie en corrigeant peu à peu les imperfections de la volonté humaine. Mais la véritable opposition réside plus dans le contraste entre la conception médicale et spiritualisée des penseurs antiques et la vision des sociétés modernes, qui accordent plus d'importance à la personne humaine[20].

Ne serait-ce que parce qu'il laisse paraître dans ses textes une certaine nostalgie pour l'idéal antique, on se rend compte que la valeur de l'héritage grec pour Bradley se manifeste fréquemment au détour d'une question portant sur la différence entre une conception antique de l'homme, axée sur une conception dynamique de la vie spirituelle, tournée nécessairement vers la vertu, et l'idée moderne de l'homme, plus matérialiste, qui insiste sur la volonté individuelle. Ainsi n'est-il pas surprenant de constater à quel point l'idée moderne de l'individu est relativisée à travers l'exposition des doctrines antiques. Dans « The Psychology of the *Republic* », par exemple, Bradley cherche à montrer que contrairement à la pensée moderne, qui achoppe sur la question de la personnalité, la question de l'unité de l'âme n'a jamais posé de difficulté dans la pensée grecque :

> Bien que le problème de la Personnalité nous soit difficile à appréhender, il est remarquable de voir à quel point nous tenons à cette doctrine en concentrant la personnalité dans la Volonté ; alors que la philosophie grecque ne considère pas que l'unité de l'âme ou la distinction entre le personnel et l'impersonnel fassent difficulté, ou si peu.[21]

L'idée moderne de l'individu est encore relativisée, voire dénigrée, dans « Plato's Communism and Modern Communism ». Bradley estime que le fondement de l'opposition entre les deux formes de communisme repose sur une différence d'objectif : il s'agit d'un égalitarisme réducteur dans le but d'améliorer la condition matérielle des individus chez les modernes, alors que Platon, ne croyant pas à l'égalité entre les hommes, valorise au contraire les aptitudes supérieures et vise l'élévation des individus hors du monde sensible. Enfin, Bradley analyse encore un thème proche, la recherche de l'universel en dehors de l'existence de l'individu particulier, dans sa dissertation « Aristotle's Conception of the Immortality of the Soul » : l'âme est la cause formelle du corps et à ce titre, elle n'est rien sans le corps. S'il faut trouver ce qui est universel,

---

[20] *Ibid.*, p. 13.
[21] *Ibid.*, p. 42.

ce qui est indépendant de l'existence particulière et qui survit dans le sujet, c'est dans l'esprit (*noûs*) qu'il faut le trouver. Seul l'esprit est immortel pour Aristote, et c'est pour Bradley le point qu'il faut souligner dans la philosophie aristotélicienne : aussi n'est-il pas surprenant de constater que Bradley appuie la défaveur de la matérialité auprès d'Aristote, de Platon, et des Hellènes en règle générale. Ainsi, dans « Plato and Aristotle in their Relation to the Lower Classes », il tente de montrer que les points de vue de Platon et d'Aristote sur cette question se ressemblent plus qu'ils ne diffèrent. En effet, les États platonicien et aristotélicien comportent tous les deux un idéal, transcendant chez Platon, et immanent chez Aristote ; et leur attitude vis-à-vis des classes inférieures en découle : quelles que soient leur conception de l'État, les classes inférieures sont soumises chez les deux philosophes à la vérité idéale qui les gouverne, et elles sont maintenues dans leur statut inférieur du fait qu'elles ne bénéficient pas de la formation intellectuelle et morale réservée à l'élite.

Même si Bradley peut parfois donner l'impression que la vision grecque de l'homme, de l'État et de la philosophie, est préférable à la vision moderne du fait de son aspiration à l'universalité et à l'élévation spirituelle, il n'en souligne pas moins l'impossibilité de leur application contemporaine, ne serait-ce que du fait de l'extraordinaire ascension de l'idée de liberté. La stigmatisation du travail manuel, la division de l'humanité en hommes civilisés et barbares, et éventuellement en esclaves, rend toute proposition politique de ces Hellènes impossible à transposer dans le monde moderne. Chez les Grecs, le soi était entièrement sacrifié à l'Idéal : dans « State and Compare the Views of Aristotle and Plato on the Sanctions of Morality and on the Moral Government of the World », Bradley souligne le fait qu'il n'existe pas chez les Grecs de libre-arbitre, que la volonté est soumise à la nature et n'est que le désir de la raison. Ainsi, le monde est-il gouverné par la morale chez Platon parce que le monde est le travail de la raison, et parce que sa loi et sa finalité est l'idée du Bien. Il en est de même pour Aristote : être moral c'est être en acte ce que l'on est en puissance et passer de la puissance à l'acte est précisément la loi de la nature. La dissertation pourrait donner l'impression de se contenter de valoriser une conception purement formelle des représentations de la vertu chez Platon et chez Aristote, si Bradley n'introduisait pas la perspective de l'homme moderne, qui centre sa compréhension de la moralité sur son interaction avec la volonté humaine. Le fait est que la question des contenus est devenue plus importante que la question purement formelle.

C'est ainsi que Bradley en vient à dénoncer l'illusion substantialiste de la pensée antique dans « Connexion of the Logical and Metaphysical Views in Plato and Aristotle ». Il y développe une analyse plus technique de l'épistémologie de la connaissance des penseurs grecs qu'il ne l'avait fait dans « Position of Opinion in the Ethical Systems of Plato and Aristotle » et « Aristotle's Application of Metaphysical and Scientific Ideas to Ethics ». Son premier but est de montrer qu'il n'existe pas de véritable différence entre la procédure socratique consistant à atteindre la vérité, et les méthodes plus élaborées (et de plus en plus techniques) préconisées par Platon tout d'abord, et par Aristote ensuite. Puis, Bradley s'applique à montrer leur erreur principale, qui consiste pour l'essentiel en une illusion substantialiste et une conception abstraite de la connaissance[22]. Bradley évoque des processus plus qu'une méthode proprement dite, et distingue deux mouvements en particulier : l'un ascendant, analytique, visant à travers son abstraction une détermination des universaux, et l'autre, descendant et synthétique, cherchant à appliquer, à substantialiser ces universaux. Il semble que Bradley ait surtout voulu défendre le principe de l'universel concret, absent des procédures socratique, platonicienne et aristotélicienne, qui consistent au contraire à séparer l'universel du particulier de façon abstraite :

> Mais en réalité, dans la vraie pensée l'analyse et la synthèse sont inséparables ; ce sont les deux aspects d'un même processus, car analyser consiste à déterminer le vague, ce qui ne peut être effectué qu'en le distinguant, et cela implique la synthèse, et inversement.[23]

En insistant sur l'importance des contenus et sur l'exigence d'universalité et de totalité, Bradley ne pouvait que se rapprocher de l'idéalisme allemand, contenant à la fois la critique kantienne de l'illusion substantialiste et la défense hégélienne de l'idée d'universel concret. C'est la deuxième grande direction de ces dissertations, et il importe de souligner le fait que l'idéalisme allemand n'est pas utilisé pour détruire ou minimiser l'héritage grec : Bradley l'utilise pour appuyer son opposition à une conception matérialiste et empiriste de la morale, de la raison, et du rôle de l'État, et pour rendre plus efficace la compréhension des questions de son époque à l'aide de l'enseignement de philosophes qui non seulement en sont plus proches, mais qui en sont également des acteurs.

L'aide stratégique de l'idéalisme allemand

Une première remarque s'impose : Bradley s'oppose de façon franche à deux conceptions qui ont porté et consacré le triomphe de l'esprit des Lumières, l'idée contractuelle de l'État et la conception matérialiste et empiriste de la moralité.

Bradley analyse la notion de contrat chez Hobbes dans « Ancient Approximations to the Political Theory of Hobbes ». Les principes de la philosophie politique de Hobbes ne sont pas originaux, explique Bradley, en ceci que les Sophistes avaient déjà commenté les idées de convention et de loi, et donné des raisons pour lesquelles elles avaient été établies. Ce qu'il

---

[22] *Ibid.*, p. 40.
[23] *Ibid.*, p. 41.

y a d'original chez Hobbes, et dans la conception moderne du droit, c'est la fondation de la loi sur l'idée de contrat. Bradley prend clairement position contre les déductions de Hobbes : sa doctrine est fausse, historiquement et théoriquement, et elle est absurde[24]. Comme pour Bradley la validité d'un contrat, d'une loi, provient de ce qu'elle est fondée sur un principe supérieur, il estime que le système de Hobbes ne peut reposer que sur la force.

L'idée de contrat est encore abordée dans « The Contract as a Basis of Morality », mais à partir de ses justifications dans la philosophie empiriste en général. Dans cette dissertation, Bradley remet en cause l'idée de contrat en ce qu'elle part du principe que la validité de certaines règles morales repose sur l'expérience. Il commence par faire remarquer qu'il n'est pas possible d'établir l'idée de contrat sur la base de fondements historiques, que l'idée d'une égalité des hommes à l'origine de la société est fausse, et que l'unité politique de base est la famille et non l'individu. Il étudie ensuite la cohérence de l'idée de contrat et estime qu'elle repose sur une contradiction puisqu'il est impossible de fonder une règle ou une loi universelle à partir d'une loi empirique. La critique de l'idée de contrat de Bradley se fait donc en parallèle avec une critique de l'empirisme.

Dans « Nature of Progress Possible in Moral Science », après avoir survolé diverses doctrines morales en cours à son époque pour montrer leurs insuffisances, notamment la théorie du sens moral et l'utilitarisme, Bradley suggère leur dépassement possible par la conception hégélienne, utile selon lui pour établir une finalité en science morale et insister sur la nécessité de l'État :

> On trouve une autre théorie, différente des précédentes, qui considère que la finalité n'est pas le Plaisir mais la Liberté, *c.-à-d.* que l'Activité obéit à sa propre loi. Ceci est réalisé par l'homme rationnel obéissant au Rationnel, et c'est tout simplement parce que ce n'est pas en lui-même en tant qu'individu que ce rationnel existe que cette théorie maintient que pour le développement complet de la Liberté, un État est nécessaire.[25]

Toute science morale de l'homme doit partir de son activité, et elle passe donc par une intégration de l'homme dans son substrat social[26]. On retrouve par là-même l'horizon de l'esprit grec, que l'idéalisme allemand s'efforçait de ressusciter au dix-neuvième siècle, et selon lequel l'humanité, soumise à la finalité de la loi morale, est spontanément organisée par la Raison. L'universalité de la morale, l'importance de la Raison, des thèmes plébiscités par la philosophie grecque, se retrouvent ainsi revivifiés par l'idéalisme allemand. On peut alors

---

[24] *Ibid.*, p. 40.

[25] *Ibid.*, p. 46.

[26] *Ibid.*

comprendre que Bradley ait jugé opportun, sinon stratégique, de remettre en question l'empirisme anglais au nom de ce dernier.

C'est dans cette logique que « Utility as (1) an End or (2) Standard of Morality » expose l'erreur de l'utilitarisme quand il se présente comme une finalité morale, et quand il revendique son pouvoir de fonder la loi morale. Bradley réduit la protestation des utilitaristes modernes, qui refusent qu'on les rapproche de l'utilitarisme ancien, arguant du fait que leur système n'est pas centré sur une conception égoïste de la personne, que le motif qui conduit à la vertu n'est pas selon eux le bonheur de l'agent individuel mais le plus grand bonheur du plus grand nombre. Il montre que ces deux systèmes utilitaristes sont fondés sur le principe du plaisir de l'individu (le seul déterminant de la volonté reste le sentiment subjectif, même s'il s'agit de se sacrifier pour le bonheur de tous), et qu'il ne peut y avoir de distinction qualitative des plaisirs (estimer qu'il existe des plaisirs plus nobles que d'autres, comme préférer la culture de l'esprit aux plaisirs corporels par exemple, c'est confondre le plaisir et ses représentations) ; en outre, ces systèmes sont contradictoires : comment affirmer que la débauche, qui peut être plaisante, est morale ? Bradley montre ensuite que l'utilitarisme repose sur la croyance en une morale *a posteriori*[27], ce qui est impossible. Pour Bradley, qui utilise ici Kant pour critiquer Mill, une règle morale est impérative, universelle, et catégorique :

> Une règle morale est Impérative universellement, donc objective, et elle est également catégorique, et s'oppose en cela aux maximes prudentes et aux préceptes pratiques, qui sont subjectifs et hypothétiques.[28]

Bradley stigmatise également l'idée de l'utilité comme norme morale parce qu'elle serait agréable à Dieu ; c'est-à-dire qu'une action pourrait être considérée comme utile car correspondant à la loi religieuse. Outre le fait que cette conception valorise l'égoïsme car les actions ne seraient entreprises qu'en vue d'un avantage *post-mortem* (et Bradley visait certainement les évangéliques), il existe également un problème dû au fait qu'il est difficile de savoir exactement ce que désire Dieu, et que toute interprétation peut se valoir dans la mesure où aucune n'est absolument certaine. En résumé, il est donc douteux que l'utilité puisse jamais donner un contenu à la loi morale formelle.

En critiquant clairement le matérialisme, l'empirisme et une certaine conception du christianisme dans ses dissertations, Bradley semble donc s'opposer résolument à des théories et des doctrines dont l'influence était encore déterminante en Angleterre à son époque. Il n'est pas moins net qu'il

---

[27] Bradley donne l'exemple de la métaphore que Mill élabore dans *Utilitarianism* à partir du carnet de bord des navigateurs, son « *Nautical Almanack* » : un guide moral qui se constitue peu à peu dans le voyage constamment changeant de la vie.

[28] PAP, p. 54.

utilise la pensée des idéalistes allemands pour le faire et pour suggérer parfois aussi une continuité avec la pensée antique. Deux idées particulières, déjà abordées, méritent que l'on en retrace les échos dans d'autres dissertations : l'importance de la Raison et le caractère fondamental de l'État.

Dans « Is the opposition between Reason and Conscience real ? », Bradley part de la conception intuitionniste qui oppose la conscience morale à la raison en mettant en évidence sous ses présupposés l'antithèse classique entre moralité spontanée et moralité réfléchie. Il distingue de ce fait une différence de questionnement entre le monde ancien, qui a tenté de réfléchir sur la forme (le *why*) de la moralité, et le monde moderne qui réfléchit sur son contenu (le *what*). Selon Bradley, la question du choix est déterminante dans le monde moderne dans la mesure où la conscience morale, qui accepte le devoir comme principe et reçoit les contenus de ce devoir de façon spontanée, fait son choix en dépit des critiques qui peuvent être formulées contre le principe, alors que le monde ancien opposait la volonté subjective réfléchie à la volonté objective incarnée par l'État en réfléchissant sur des contenus donnés par la nature et non pas reçus par une subjectivité libre. Pour comprendre l'importance de la raison dans le processus de la conscience morale et ne pas la reléguer à une simple forme de réflexion, pour résoudre l'opposition entre conscience morale et raison, Bradley propose une explication hégélienne de son rôle dans le monde :

> La Raison n'est pas seulement théorique mais elle est aussi pratique et créatrice. Le monde est l'œuvre de la Raison. La Nature a raison inconsciemment. Toutefois, dans la morale inconsciente il y a de la Raison pratique inconsciente. La Raison est l'énergie qui meut le monde vers soi comme finalité. Elle universalise le Désir et la Volonté dans la société et la morale individuelle dans un État [...] Ainsi, la Raison comme Devoir nous donne une forme qui est objectivement universelle et nécessaire, et dans le monde nous trouvons des universaux qui sont le fruit de cette même Raison [...] Si cela est correct, la Conscience en tant que non-réfléchie n'est pas opposée à la Raison mais est la Raison elle-même dans un état inconscient.[29]

Que la nature obéisse inconsciemment à la Raison est également le point sur lequel Bradley revient dans « Connexion between Law and Philosophy ». Un lien entre le Droit et la Raison ne peut se concevoir que si on envisage l'histoire comme croissance de la Raison :

---

[29] *Ibid.*, p. 7. *Cf.* Walsh, « The Zenith of Greats », *op. cit.*, p. 318 note 28, qui remarque la tonalité hégélienne de cette dissertation, ainsi que celle que nous étudions juste après, « Connexion between Law and Philosophy ».

> Mais le rapport entre les deux est visible si l'on regarde l'histoire du
> monde comme la croissance de la Raison, se manifestant par des étapes
> successives depuis la Nature inconsciente jusqu'à l'homme conscient :
> avec le droit comme incarnation de la Raison.[30]

L'hégélianisme est donc tout aussi manifeste dans cette dissertation que dans
« Is the opposition between Reason and Conscience real ? », comme s'il
s'agissait pour Bradley de résoudre les oppositions philosophiques auxquelles
il a été confronté pendant ses cours, et de trouver une solution à l'endiguement
de la volonté subjective grâce à l'apport de la philosophie hégélienne :

> En ceci, l'homme s'élève au-dessus de sa volonté subjective et,
> obéissant à la loi rationnelle en tant qu'elle est donnée ici sous une
> forme concrète, il fond sa volonté individuelle dans la volonté objective
> et devient ainsi pratiquement rationnel, et il est donc libre, en tant qu'il
> est le Rationnel obéissant à sa propre loi.[31]

L'hégélianisme est encore présent dans « A Revolution is a New Idea » mais
il est moins visible, comme si Bradley l'avait suffisamment intégré pour ne
plus se sentir obligé de citer des énoncés hégéliens complets. On le retrouve
en germe dans l'idée de progrès que défend Bradley dans sa dissertation :
le progrès n'est pas réductible à l'idée de révolution dans la mesure où il
implique que l'ancien a été absorbé et non annihilé, accompli et non aboli
(*Matthieu*, 5 :17). Bradley insiste même pour dire que le terme de révolution,
connoté négativement, consisterait en une dimension exclusivement négative
du progrès, qu'il serait uniquement destruction et négation de l'ancien, alors
que le terme de progrès, réunissant un aspect positif en plus de ce côté négatif,
lui serait de ce fait supérieur en l'englobant.

    L'État, enfin et surtout, est envisagé de façon hégélienne, comme dans
« On the Right of the State to Enforce Conscription », où le problème de la
conscription semble n'être qu'un prétexte pour revenir sur le statut de l'État.
Bradley insiste sur l'idée selon laquelle l'État est l'incarnation de la loi morale,
et que la question de la liberté, de ce fait, ne peut se poser que par son lien à
l'État. L'individu n'est libre qu'à travers son obéissance à l'État : la volonté de
l'individu et la volonté de l'État doivent coïncider. Ainsi, l'État qui s'oppose à
la loi est-il en contradiction et cesse d'être l'État : il ne lui reste que le pouvoir
de sa force pour obliger les volontés subjectives, et il est de ce fait en-dessous
de la volonté objective de l'homme moral. En ce cas, la liberté consiste à
résister, et à continuer éventuellement le combat jusqu'à la mort. En tant que le
but de tout gouvernement est d'améliorer le bien-être moral de la communauté,

---

[30] *Ibid.*, p. 32. *Ibid.* pour Walsh.
[31] *Ibid.*

l'État est en droit de requérir la conscription des citoyens si les intérêts moraux de la communauté en dépendent, comme par exemple dans le cas d'une action défensive. La situation devient discutable dans le cas d'une action colonisatrice ou d'une politique agressive. Mais pour Bradley, qui désire s'extraire de ces considérations trop contemporaines, le problème central réside à trouver une norme, un standard moral qui permette de juger de la moralité d'un État, et c'est une question difficile quand on s'en tient aux principes. Entre les écueils théoriques de l'État totalitaire et de l'anarchie (remise en cause radicale de l'existence d'un État), seule une règle pratique peut permettre de trouver une solution.

Enfin, dans « Influence of Forms of Government on Forms of Literature », Bradley tente de répondre à la question de la possibilité d'un rapport de causalité entre les formes institutionnelles et la littérature en commençant par dire que toute littérature authentique ne saurait être que le reflet de l'esprit d'une époque et d'une nation. Mais plus encore, le ressort qui permet d'expliquer l'émergence d'une littérature d'importance est l'action jouée par les États au niveau de l'individualité. C'est-à-dire qu'un État libérant une partie de la communauté des travaux pénibles, et libérant les individualités tout en maintenant un cadre suffisamment clair pour qu'il n'y ait pas de débordements intempestifs permet l'éclosion d'une véritable littérature. Rechercher l'influence des États sur les formes de littérature revient à étudier les conditions de production de cette littérature et donc les possibilités d'expression des individualités. La tyrannie de la majorité en Amérique (Bradley a lu Tocqueville dans cette période) ou la dictature monarchique des Égyptiens, en bridant la liberté des individus, ont tué dans l'œuf les possibilités de constitution d'une littérature parfaite et harmonieuse, comme cela a été le cas en Grèce.

L'esprit grec et la philosophie idéaliste allemande, particulièrement à l'honneur dans ces dissertations, coordonnent un message d'opposition au matérialisme ambiant et à l'utilitarisme de l'époque. Les thèmes que Bradley traite : la vertu comme une fin en soi, la loi morale universelle incarnée par l'État, la totalité et l'harmonie, et aussi une conception du progrès fondée sur le pouvoir de la raison, tous ces thèmes le situent à la marge de l'orthodoxie philosophique de l'époque. Or, cette orthodoxie, surtout représentée par Mill, avait commencé à se figer avec la publication, en 1863, de *Utilitarianism*. Après avoir été la philosophie dominante depuis la moitié du dix-neuvième siècle en rassemblant les traditions de l'empirisme et du réalisme du *Common Sense* avec le courant moral et politique de l'utilitarisme pour les cristalliser, elle commençait à se heurter à une opposition de plus en plus nette, qui allait prendre la forme de l'idéalisme, de tendance hégélienne plus particulièrement, à partir des années 1860. L'émergence de cette opposition idéaliste est assez paradoxale : elle semble avoir été une forme de pis-aller, choisie pour lutter contre l'action dévastatrice du positivisme et du matérialisme sur les formes orthodoxes de la croyance en Angleterre, alors que la grande majorité des personnalités anglicanes avaient instinctivement rejeté l'hégélianisme jusque dans les années 1850. Mais pour comprendre comment Hegel a été présenté, dans un premier temps tout au moins, comme le sauveur de la foi, et de quelle façon le mouvement idéaliste à partir des années 1860 a suscité un formidable engouement grâce à l'action de Green, il est nécessaire de revenir sur la genèse de l'idéalisme anglais au dix-neuvième siècle.

L'idéalisme britannique au dix-neuvième siècle entre passion grecque et stratégie allemande

Dès la première page de la préface de son livre sur les hégéliens britanniques, Peter Robbins rappelait l'importance de l'horizon grec dans l'idéalisme anglais d'origine, avant que l'idéalisme allemand ne vienne s'immiscer dans cette tradition insulaire après y avoir été invité par Coleridge[32]. Son idéalisme, Coleridge est allé le puiser chez les Platoniciens de Cambridge du dix-septième siècle et chez certains auteurs scolastiques, en revivifiant l'héritage grec platonicien et néo-platonicien[33] contre la tradition romaine des auteurs de l'« Âge Augustéen » (*The Augustan Age*) ; et il n'aurait incorporé les noms et les idées de Kant et de Schelling qu'après avoir construit les fondements de sa pensée philosophique personnelle. Mais au-delà de la question des plagiats de Coleridge ou de la prégnance d'une tradition platonicienne chez les idéalistes britanniques au dix-neuvième siècle, la coexistence d'une tradition platonicienne et de la philosophie idéaliste allemande dans l'idéalisme britannique mérite d'être examinée, ne serait-ce que pour mettre en évidence une tension entre ces deux sources dans sa constitution progressive, et

---

[32] Peter Robbins, *The British Hegelians (1875-1925)*, New York & Londres, Garland Publishing, 1982. Voir les pages 27-29 pour son argumentation sur la pensée de Coleridge. Il s'agit bien entendu de la thèse centrale de Muirhead que défend Robbins, contre celle de René Wellek, très critique vis-à-vis des emprunts de Coleridge aux philosophes allemands. (*Cf.* les ouvrages de John H. Muirhead, *The Platonic Tradition in Anglo-Saxon Philosophy : Studies in the History of Idealism in England and America*, Londres, George Allen and Unwin Ltd, 1931, et René Wellek, *Immanuel Kant in England 1793-1838,* Princeton, Princeton University Press, 1931).

[33] Pour une étude de l'importance de la théologie rationnelle des platoniciens de Cambridge et des auteurs scolastiques sur Coleridge, nous renvoyons à l'étude qu'en propose René Gallet dans le chapitre 2 (« Coleridge, la scolastique et l'idéalisme allemand ») de son livre *Romantisme et post-romantisme de Wordsworth à Pater*, *op. cit.*, (p. 31-42). Voir également le numéro spécial des *Archives de Philosophie* : « Une métaphysique pour la morale / Les Platoniciens de Cambridge : Henry More et Ralph Cudworth », n° 55/3, 1995 (sous la direction de Yves-Charles Zarka) ; ainsi que les travaux de G. A. Rogers, J. M. Vienne, et Y. C. Zarka (dir.), *The Cambridge Platonists in Philosophical Context*, Archives internationales d'histoire des idées, Springer, 2008.

comprendre pourquoi on en trouve une forme coordonnée dans les premiers écrits philosophiques de Bradley.

L'idéalisme britannique au dix-neuvième siècle a suivi les contours de la situation axiologique, et si Coleridge a fait le choix d'un retour à la tradition idéaliste platonicienne et néo-platonicienne en Angleterre tout en s'ouvrant à la philosophie idéaliste allemande, ce n'est pas uniquement parce qu'il s'opposait au classicisme de ses prédécesseurs et parce qu'il désirait raviver l'esprit de la civilisation grecque antique. En effet, on peut remarquer qu'un front positiviste-utilitariste-naturaliste existait des deux côtés de la Manche, luttant pour l'avènement de la religion de la science, et motivé dans ce choix par une reconnaissance et des échanges mutuels[34]. Or, après un moment d'enthousiasme, les romantiques anglais qui ont relancé la tradition idéaliste se sont opposés à ce front idéologique issu des Lumières, autant qu'à ce que représentait la France révolutionnaire : le jacobinisme iconoclaste de la Terreur, l'égalitarisme abstrait des droits de l'homme, la passion anti-religieuse et l'impérialisme napoléonien. Dès lors, il est possible de comprendre pourquoi leur pensée s'est exprimée en opposition à ce que la France représentait et qu'elle s'est tournée vers l'Allemagne, qui manifestait également un sentiment général anti-français. À ceci il faut ajouter que le *Sturm und Drang* et la révolution philosophique allemande du début du dix-neuvième siècle avaient également marqué les esprits, que le nationalisme fichtéen permettait d'appuyer les principes que Burke avait soulignés dans *Reflections on the Revolution in France*, et que la chose-en-soi kantienne arrangeait finalement ceux qui désiraient restaurer une transcendance en ces temps de chahut religieux. Par ailleurs, le souci allemand pour une connexion avec la Grèce antique, et l'ardeur métaphysique de ces mêmes allemands ne pouvaient pas longtemps rester inaperçus, dans un contexte de guerre d'indépendance de la Grèce et de philhellénisme exacerbé.

Il apparaît donc que tout un ensemble de raisons a contribué à faire se rejoindre un retour vers l'horizon grec et une utilisation stratégique de la pensée idéaliste allemande dès le début du dix-neuvième siècle. Mais compte tenu de la faiblesse philosophique de la Grande-Bretagne face à la puissance métaphysique de l'Allemagne, il n'est pas surprenant qu'une déviation se soit instituée à l'intérieur de l'idéalisme britannique, privilégiant l'apport de la philosophie allemande et faisant passer au second plan les lectures anglaises de la tradition platonicienne. Cette déviation s'est solidifiée en un modèle

---

[34] En Angleterre, on retrouve ce front dès le dix-huitième siècle, comme en témoigne par exemple la réaction d'Edmund Burke dans son célèbre ouvrage sur la révolution française. On le retrouve aussi parmi les signataires de la *Westminster Review*, de Jeremy Bentham à John Stuart Mill, en passant par James Mill, Harriet Martineau, George Eliot, Herbert Spencer, George Grote, Thomas Henry Huxley et George Henry Lewes, pour ne citer que les noms des plus connus.

idéaliste dominant, placé sous les auspices de la philosophie hégélienne, à Oxford au début des années 1860. On peut mettre en évidence une progression à l'intérieur de cette déviation, et présenter brièvement les conditions dans lesquelles les éléments philosophiques empruntés à l'idéalisme allemand, et à Hegel en particulier, ont été intégrés. Cela permet de compléter le découpage conventionnel de l'idéalisme britannique en plusieurs générations, découpage qui insiste sur l'idée de filiation mais masque les ruptures intellectuelles et la diversité de style et de pensée des différents auteurs du mouvement. En effet, l'idéalisme a été au départ cantonné à l'œuvre des non-philosophes avant de s'associer à certaines traditions philosophiques déjà existantes, et évoluer, à mesure qu'on avance dans le siècle, en direction d'une philosophie idéaliste à composante nettement germanique, et de plus en plus hégélienne. Qui plus est, il importe de signaler que ce mouvement d'intégration de la philosophie allemande ne s'est jamais départi d'un souci pour la tradition grecque, quand bien même elle a pu être réinterprétée à la lumière de l'apport philosophique hégélien.

Il est possible de partir de l'analyse de Jean Pucelle, qui a distingué cinq générations d'idéalistes en Grande-Bretagne[35]. Si l'on écarte la dernière génération de notre propos, puisqu'elle a désintégré les monismes de Bradley et de Bosanquet en des pluralismes et produit l'idéalisme personnaliste et le néo-réalisme (la forme anglaise du pragmatisme), et que l'on s'abstient de traiter pour l'instant la génération de Bradley, où l'influence de Hegel est prédominante, on trouve dans les trois premières générations des éléments

---

[35] On retrouve peu ou prou le même découpage en générations successives chez la plupart des commentateurs. Pour des renseignements plus détaillés sur l'histoire de l'idéalisme britannique, on consultera avec profit les ouvrages suivants, en plus de ceux de Muirhead, de Wellek, et de Robbins cités précédemment : Arthur Kenyon Rogers, *English and American Philosophy since 1800 : A Critical Survey,* New York, Macmillan, 1923 ; Rudolf Metz, *A Hundred Years of British Philosophy,* Londres, Allen & Unwin, 1938 ; la première partie de la thèse complémentaire de Kia Tcheng (François) Houang, *De l'humanisme à l'absolutisme : l'évolution de la pensée religieuse du néo-hégélien anglais Bernard Bosanquet.* Paris, Vrin, 1954 ; Jean Pucelle, *L'Idéalisme en Angleterre de Coleridge à Bradley,* Neuchâtel, éditions de la Baconnière, 1955 ; James Bradley, « Hegel in Britain : A Brief History of British Commentary and Attitudes », *The Heythrop* Journal, *op. cit.,* qui adopte une position parfois opposée aux thèses de Muirhead et de Pucelle ; John Skorupski, *English-Language Philosophy (1750-1945),* Oxford, O. U. P., 1993 ; et les deux premiers chapitres de James W. Allard, *The Logical Foundations of Bradley's Metaphysics,* Cambridge, Cambridge University Press, 2005. Enfin, signalons l'ouvrage d'Emmanuel Halais, *Individualité et valeur dans la philosophie morale anglaise,* Paris, P. U. F., 2006, surtout le deuxième chapitre, intitulé « L'idéalisme anglais et la réalisation de soi », et notamment les pages 49-53 pour une analyse de l'idéalisme anglais à partir de Coleridge, inspirée des travaux de Jean Pucelle et de John Passmore (*A Hundred Years of Philosophy,* Harmondsworth, Penguin Books, 1966).

qui permettent de reconstruire l'évolution de l'idéalisme jusqu'à l'entrée de Bradley sur la scène philosophique, et de percevoir les points de doctrine qui ont eu une influence sur sa propre pensée.

La première génération est celle des précurseurs, des poètes et des essayistes du mouvement romantique, surtout Coleridge et Carlyle, plus ou moins inspirés de Kant, Schelling et Fichte. Si leur aspiration spirituelle a présenté des affinités avec la philosophie idéaliste allemande, leur développement théorique est demeuré moindre et s'est surtout soldé par une révolte contre l'utilitarisme de leur période. Coleridge a adopté la distinction kantienne de la raison et de l'entendement et a valorisé la Raison comme lieu de contact avec la surnature, un point qui mérite d'être souligné dans la mesure où la conception initiale de Bradley de la raison, et son association à la moralité (*unreflective morality*) est un moment important dans ses débuts philosophiques[36]. De Carlyle on retient surtout qu'il a été un des premiers à introduire Hegel en Grande-Bretagne et qu'il a cherché à se dégager de l'orthodoxie doctrinale du christianisme de son époque ainsi que du matérialisme des utilitaristes, s'évertuant par son style hyperbolique à dépasser le conflit de la science et de la religion par un « surnaturalisme naturel »[37]. Bradley a aussi été sensible à l'influence de Carlyle, non seulement parce qu'il a fait sien le concept d'« *Everlasting Yea* »[38], mais aussi parce que la foi de Carlyle dans l'ordre moral du monde et sa vision spiritualiste selon laquelle il existe par la volonté (et la foi qui l'anime) un infini présent dans le moi fini sont au cœur des écrits de Green et de Bradley, au moins, pour ce qui nous concerne dans cette étude, de l'aspiration à la totalité et à l'universel de ses premières dissertations à la conclusion de *Ethical Studies*[39].

La seconde génération d'idéalistes (James Ferrier, John Grote, Benjamin Jowett, et James Hutchison Stirling), habituellement présentée comme une génération de transition, s'inspire partiellement de Kant, notamment à travers la philosophie hamiltonienne, et découvre Hegel peu à peu, non sans certaines ambiguïtés. Mais il est possible de remarquer que cette génération introduit une forme de rupture avec la génération précédente, car elle s'affirme, selon James Bradley, contre les prétentions théoriques de Coleridge et de la littérature romantique, ces philosophes estimant qu'il maîtrisent mieux les enjeux philosophiques du siècle :

> En fait, les idéalistes se voyaient comme les véritables héritiers théoriques de la tradition littéraire romantique ; l'utilisation constante

---

[36] Voir notamment la dissertation « Is the opposition between Reason and Conscience real ? » (PAP, p. 5-7).

[37] *Cf.* Le chapitre VIII (« Natural Supernaturalism ») de *Sartor Resartus.*

[38] « Utility as (1) an End or (2) Standard of Morality », PAP, p. 56.

[39] *Cf.* ES, « Concluding Remarks », p. 328-330.

de la poésie dans leurs œuvres n'est pas seulement une convention
stylistique mais elle fait partie d'une tentative plus importante tendant
à montrer que seule leur philosophie fournissait une base théorique
justifiant les intuitions sans méthode d'écrivains comme Wordsworth
et Browning.[40]

Ferrier s'est surtout distingué pour avoir été le premier idéaliste, au dix-
neuvième siècle et avant Bradley, à tenter d'instruire théoriquement une
métaphysique de l'absolu, dans une forme de kantisme qui rappelle quelquefois
la philosophie hamiltonienne. Mais il ne se réfère pas à Hegel, qu'il ne semble
pas avoir compris[41]. John Grote, frère de l'historien George Grote, est connu
pour son attachement à la pensée spéculative, pour ses thèses proches de celles
de Ferrier, et pour son hostilité vis-à-vis de l'hédonisme et du positivisme.
Quant à Jowett, il est resté dans les mémoires pour avoir demandé à ses
étudiants T. H. Green et Edward Caird de développer l'enseignement de la
philosophie idéaliste allemande, notamment celle de Hegel, à Oxford, tout en
recommandant un retour à l'œuvre de Platon. Enfin, alors que Ferrier et Grote
étaient demeurés peu influents dans l'évolution de l'idéalisme en direction de
l'hégélianisme, et que l'action de Jowett n'a jamais été qu'indirecte[42], c'est
plus souvent de Stirling qu'on se souvient, ne serait-ce que parce qu'il a
longtemps été considéré comme l'homme qui a véritablement introduit Hegel
en Angleterre, et comme le philosophe qui a présenté une version de l'idéalisme
allemand qui convenait particulièrement au contexte troublé de l'époque.

Pour James W. Allard, un des acteurs du « *Bradley revisionist movement* »,
l'œuvre de Stirling est capitale en ce que son succès démontre que l'idéalisme
a été favorablement reçu parce qu'il présentait une réponse à la « crise
victorienne de la foi » :

---

[40] James Bradley, « Hegel in Britain, ... », *op. cit.*, p. 17 note 39. Dans cette note, James
Bradley donne un grand nombre de références montrant l'insatisfaction des idéalistes
vis-à-vis des philosophies « littéraires » des romantiques. Cette conception contraste
avec la façon traditionnelle de présenter l'évolution presque continue des générations
d'idéalistes au dix-neuvième siècle ; elle est utile surtout pour montrer qu'il vaut mieux
parler d'un fond idéaliste sous-jacent dans la pensée anglaise, appelé à se réaliser sous
des formes variées, utilisant pour ce faire au dix-neuvième siècle des éléments de la
philosophie idéaliste allemande.

[41] Robbins rappelle une anecdote selon laquelle Ferrier, ne parvenant pas à comprendre
Hegel, avait essayé de le lire à l'envers (Robbins, *The British Hegelians*, *op. cit.*, p. 24
note 34.)

[42] « L'importance de Jowett a certainement été cruciale quand il a attiré l'attention de
ses élèves – les futurs meneurs du mouvement idéaliste britannique – sur la philosophie
Allemande et sur Hegel [...] En revanche, on ne peut pas dire qu'il ait eu une influence
particulière dans la façon dont les britanniques se sont approprié Hegel », James
Bradley, « Hegel in Britain,... », *op. cit.*, p. 20 note 45.

[...] L'idéalisme britannique a fourni une réponse à la crise victorienne de la foi, issue du conflit opposant le christianisme évangélique aux deux disciplines de la biologie évolutionniste et de l'étude critique des Écritures.[43]

Le livre principal de Stirling, *The Secret of Hegel* (1865), aurait contenu selon Allard une stratégie de défense de la foi, et présenté une réconciliation de la philosophie et du christianisme particulièrement utile compte tenu de la situation intellectuelle de la période victorienne. Allard met ainsi en évidence trois éléments dans le livre de Stirling susceptibles d'avoir conduit à une utilisation idéologique de l'idéalisme sous sa forme hégélienne, pressenti comme plus efficace que le kantisme pour combattre le mouvement de sécularisation :
- une situation de la pensée de Hegel dans l'histoire, montrant que Hegel achevait la pensée moderne de la même façon qu'Aristote avait achevé la pensée antique ;
- la réussite du projet hégélien là où Kant avait partiellement échoué (si Kant avait essayé de sauver Dieu, Hegel y est parvenu en réussissant à éliminer la chose-en-soi, le dernier rempart avant de convenir que la réalité était en accord avec la pensée rationnelle) ;
- la présentation de Hegel comme faisant l'apologie du christianisme : le monde est une matérialisation de la pensée rationnelle et cette pensée est la pensée de Dieu, donc aucune investigation ne peut se situer en dehors de la pensée de Dieu.

Allard considère que l'utilisation de Hegel a été frauduleuse compte tenu des affirmations souvent erronées ou trop simplistes de Stirling sur la philosophie hégélienne, mais elles auraient donc selon lui été accueillies favorablement pour des raisons idéologiques. Pour appuyer cette idée d'une utilisation idéologique de l'ouvrage de Stirling, il est possible de constater qu'il a pu y avoir, comme en Allemagne, deux lectures de Hegel, une « de gauche » et une « de droite », et que c'est celle de droite qui s'est imposée avec la publication du livre de Stirling. Cette lecture « de droite » s'est opposée à celle que l'on peut mettre en évidence à travers les traductions, par George Eliot (Mary Ann Evans) de la *Vie de Jésus* de Strauss (1846) et de *L'essence du Christianisme* de Ludwig Feuerbach (1854). C'est en effet par ces traductions que Hegel avait vraiment commencé d'être introduit en Angleterre, et leur lecture « de gauche » n'était guère susceptible de montrer un Hegel favorable à la cause de l'orthodoxie religieuse :

---

[43] James W. Allard, *The Logical Foundations of Bradley's Metaphysics, op. cit.*, p. x. La préface ne fait qu'exposer la thèse de la « crise victorienne de la foi » : elle n'est vraiment développée que dans le premier chapitre.

> Parce qu'elles constituaient des produits caractéristiques de
> l'hégélianisme de gauche et parce qu'elles remettaient sérieusement
> en question l'orthodoxie théologique dominante, ces œuvres, du fait
> de leur accumulation, ont fini par attirer l'attention sur la pensée et
> sur l'influence de Hegel. Effectivement, l'année suivante, une version
> anglaise d'une partie de la *Logique* paraissait, et en 1857 la *Bohn Library*
> éditait la *Philosophie de l'histoire*. Le traducteur était le Révérend John
> Sibree, un ami de George Eliot. Comme il le reconnaissait dans son
> introduction, sa principale motivation pour traduire l'Histoire provenait
> de ce qu'elle consistait en une introduction grand public au système de
> Hegel [...] Dès les années 1850 et en dépit de l'absence d'un fond réel
> d'intérêt pour son œuvre, Hegel entrait en Angleterre.[44]

S'il est possible de dire que l'introduction de Hegel en Grande-Bretagne a
suivi les contours de la « révolution des valeurs » qui s'y jouait, il faut ajouter
que l'enjeu de l'hégélianisme dépasse aussi la problématique de la « crise
victorienne de la foi ». Que l'idéalisme anglais « hégélianisé » se soit développé
à Oxford parce qu'il représentait un moyen de lutter contre la « crise victorienne
de la foi » est une interprétation très limitative de l'idéalisme britannique, et de
l'utilisation qui a été faite de l'œuvre de Hegel. En réalité, le livre de Stirling
n'a pas joué le rôle que lui prête Allard car ce n'est pas le Hegel de Stirling qui
s'est imposé, philosophiquement parlant. C'est d'autant plus vrai que Stirling
n'a jamais été intégré dans le monde universitaire. Il faut reconnaître que son
écriture enthousiaste et sa langue pittoresque demeurent souvent en-deçà de
ce qu'une étude proprement universitaire de la philosophie de Hegel était
censée réaliser. La première phrase du premier chapitre est très évocatrice, par
exemple, du ton et de la nature du travail présenté par Stirling, et elle permet de
comprendre pourquoi il n'a jamais totalement été pris au sérieux :

> On s'approche de Hegel pour la première fois – comme le veut
> la rumeur, ainsi que la teneur des sujets qu'il aborde – comme on
> s'approcherait de quelque palais enchanté tiré des *Contes Persans* [...]
> Mais en vérité, si la promesse est enchanteresse, la difficulté n'est en
> pas moins magique ; et on flâne dans son livre – tel Aboulfaouaris dans

---

[44] James Bradley, « Hegel in Britain,... », *op. cit.*, p. 9-10. L'utilisation de cette
distinction entre hégéliens « de droite » et hégéliens « de gauche » était présente à
l'époque, comme en témoignent les premières pages des *Prolegomena* de Wallace dans
sa traduction de la logique de Hegel. Il est notable que Wallace décide de ne prendre
aucun parti. Voir à ce sujet William Wallace, *The Logic of Hegel, Translated from the
Encyclopedia of the Philosophical Sciences, with Prolegomena*, Oxford, The Clarendon
Press, 1874, p. xiii-xiv.

un palais – *irrito*, sans succès, mais pas sans une bonne quantité de contrariétés.[45]

Robbins remarque que Stirling mélange en fait Kant et Hegel dans son livre et qu'il n'explique pas Hegel de façon correcte : c'est la raison pour laquelle il n'est pas possible de dire que c'est grâce à lui que Hegel s'impose définitivement en Angleterre ; son œuvre, en un mot, a été surévaluée[46]. À travers Stirling, qui fait de Hegel un champion de Dieu, une sorte de Herr Teufeldröck à peine édulcoré, persiste une vision carlyléenne, irréconciliable avec le sens mesuré d'un compte-rendu réellement philosophique[47]. Par ailleurs, Mark Pattison n'a pas évoqué Stirling quand il a interprété l'essor de l'idéalisme comme une réaction contre l'incapacité des différents mouvements théologiques à Oxford à contrecarrer la domination empiriste et utilitariste[48]. Il faut donc voir dans la thèse de l'idéalisme de la deuxième génération comme vecteur d'un combat pour restaurer la foi un élément certes intéressant mais incomplet pour expliquer l'importance de l'introduction de l'œuvre de Hegel.

---

[45] John H. Stirling, *The Secret of Hegel, Being the Hegelian System in Origin, Principle, Form and Matter*, Edinburgh, Oliver & Boyd, 1898 (Nouvelle édition revue et corrigée), p. 1. Il faut ajouter que J. S. Mill s'était opposé à la candidature de Stirling en 1868 à l'université d'Édimbourg sous le prétexte que l'étude de Hegel aurait une mauvaise influence sur les étudiants (source : Hiralal Haldar, *Neo-Hegelianism*, Londres, Heath Cranton, 1927, p. 4).

[46] Robbins, *The British Hegelians*, *op. cit.*, p. 38. « Stirling a écrit la première étude complète de Hegel en anglais. Mais son succès, si on devait le comparer à la compréhension plus profonde et plus imaginative de l'hégélianisme produite par la critique universitaire et aux nouveaux départs en philosophie, a été négligeable », *ibid.*, p. 40.

[47] *Ibid.*.

[48] Mark Pattison, « Philosophy at Oxford », *Mind, op. cit.* Voir les pages 83 à 85 : Pattison y distingue deux phases de la pensée à Oxford. Il présente la première étape de la pensée à Oxford dans les trente premières années du dix-neuvième siècle comme un mouvement de l'esprit (*movement of mind*) à Oriel College (Dickson Hampden, John Keble, Thomas Arnold, J. H. Newman, Blanco White et Richard Whately) qui s'était donné pour objectif une certaine originalité intellectuelle, mais qui ne pouvait qu'échouer compte tenu de la méconnaissance par ses acteurs principaux de la situation philosophique de l'époque, et de leur grande hétérogénéité théologique. La seconde phase (elle va jusqu'aux années 1850 et a été dominée par Newman), qui a repris l'intellectualisme vague de la première période pour se cristalliser avec le mouvement tractarien, a aussi connu l'échec du fait de sa focalisation sur des intrigues et des querelles politiques. Pattison constate que les deux premières phases sont responsables de la faiblesse spéculative à Oxford et espère un renouveau ; il est intéressant de voir qu'il place indirectement le courant idéaliste dans l'optique d'une nouvelle phase de la pensée à Oxford, grâce à l'effet des forces conjuguées de Jowett, de Green et de Wallace (voir à partir de la page 94).

Stirling n'a jamais obtenu de chaire de philosophie et il n'a pas pu ainsi imposer institutionnellement la philosophie de Hegel, même si le franc succès de son livre à l'époque lui a valu de confirmer définitivement la prégnance de la pensée hégélienne (« de droite ») en Angleterre[49], et notamment à Oxford, après son introduction à Balliol College par Jowett.

En fait, il en va tout autrement avec Jowett, et son importance a même été largement sous-estimée : non seulement parce que ce sont ses étudiants (William Wallace, T. H. Green et Edward Caird) qui sont à l'origine de l'introduction définitive de Hegel en Grande-Bretagne, mais aussi parce que son attitude vis-à-vis de Hegel incarne toutes les ambiguïtés de l'idéalisme anglais du dix-neuvième siècle.

Jowett a découvert Hegel en Allemagne même, lors d'un voyage en 1844, et son impression avait été si forte qu'il avait décidé de traduire la *Science de la logique*, avec Frederick Temple, avant d'abandonner ce projet quelques années plus tard. Alors que Hegel pâtissait d'une réputation exécrable parmi les théologiens depuis les années 1830, non seulement du fait de son intellectualisme exacerbé qui plaçait la philosophie au-dessus de la religion, mais aussi parce que les lectures « de gauche » qui en avaient été faites conduisaient à remettre en cause les principes mêmes de l'orthodoxie régnante, Jowett a estimé qu'il était extrêmement important d'introduire la philosophie hégélienne dans le cursus universitaire à Oxford, à commencer par Balliol College, ne serait-ce que parce qu'il la jugeait trop puissante pour être ignorée : se servir de la réflexion de Hegel était ainsi présenté comme essentiel pour élever le niveau philosophique. Mais si Jowett a lui-même utilisé Hegel dans ses réflexions sur la théorie platonicienne des idées, il ne s'est jamais départi d'une certaine réserve, voire d'une méfiance vis-à-vis de la systématicité hégélienne, ce qui l'a amené à critiquer l'action de Green, à qui il avait pourtant demandé de propager la philosophie hégélienne à Oxford :

> Les lettres et les carnets inédits de Jowett établissent clairement qu'il en était venu à considérer Hegel comme un homme « enivré par la métaphysique » et capable d'un fanatisme métaphysique plus pernicieux que son équivalent religieux plus familier [...] Jowett a été particulièrement déçu par Green, qu'il avait choisi au départ pour être le pourfendeur des philistins empiristes comme Bain et Spencer. Malheureusement, dans l'optique de Jowett, Green a infecté les autres avec sa propre scolastique.[50]

---

[49] *Cf.* James Bradley, « Hegel in Britain, ... », *op. cit.*, p. 18.
[50] Robbins, *The British Hegelians*, *op. cit.*, p. 44. Pour les commentaires de Robbins au sujet de Jowett, voir les pages 29-31 et 43-46.

On atteint, avec Stirling et Jowett, les limites de l'utilisation stratégique de l'idéalisme allemand. Si dans le premier cas, il pouvait s'agir d'une manœuvre visant à lutter contre l'inexorable déclin de l'orthodoxie religieuse, l'insertion de Hegel dans les programmes universitaires par Jowett pour lutter contre le matérialisme et l'empirisme de l'époque a en quelque sorte achevé d'ouvrir la boîte de Pandore du renouveau métaphysique. Alors que l'hégélianisme prenait de l'ampleur, contre son gré, Jowett est retourné à la tradition platonicienne, non seulement en travaillant à une traduction et une étude des dialogues de Platon, qui a pendant longtemps été tenue en haute estime, mais également en contribuant au maintien et même à l'accentuation du philhellénisme en Angleterre :

> [...] Dans la littérature critique et l'histoire de l'art de la période victorienne tardive, les Grecs ont pris l'avantage sur les Romains ; ceci est dû en partie à l'introduction du classicisme allemand par des universitaires influents comme Benjamin Jowett et par les hégéliens britanniques eux-mêmes.[51]

Si l'introduction de la pensée allemande et de Hegel en particulier a échappé au contrôle de Jowett et de ses prédécesseurs, il demeure que l'importance de la pensée grecque à Oxford a nécessairement joué un rôle en accompagnant l'hégélianisme, en l'empêchant par exemple de se substituer totalement à l'idéalisme anglais originel : il convient donc d'atténuer l'importance de Hegel dans ce qui a été appelé le néo-hégélianisme britannique. Dans le réveil philosophique porté par les idéalistes, il est préférable de voir une coordination des lectures anglaises de la tradition grecque et de l'idéalisme allemand plutôt que le triomphe absolu de l'idéalisme allemand à tendance hégélienne. Mais cela ne revient pas non plus à minimiser l'importance de l'introduction de Hegel dans le mouvement idéaliste, dans la décennie qui couvre le début de l'enseignement de Green à la publication de *Ethical Studies* de Bradley, ni à oublier l'impact du mouvement sur toute la vie culturelle de la Grande-Bretagne jusqu'à la première guerre mondiale :

> À Oxford même, l'idéalisme est resté dominant pendant presque une génération. Dans la décennie 1866-1876, la concentration d'idéalistes provenant des rangs de *Balliol College* a atteint son point culminant [...] Son influence à Oxford ne se restreignait pas à *Balliol College* : F. H. Bradley, à *University College*, et Sidney Ball, d'*Oriel College*, ont fait partie de ses sympathisants. Vers la fin du dix-neuvième siècle, les cercles politiques et sociaux à Oxford étaient dominés par les idéalistes [...] Mais l'influence de l'idéalisme n'a jamais été restreinte aux salles de cours ou aux clubs. Je m'oppose catégoriquement à l'idée selon

---

[51] *Ibid.*, p. 10.

laquelle l'idéalisme n'a jamais dépassé les murs de l'université ou que
son apport a plus constitué à répandre une atmosphère émotionnelle
qu'à produire une justification intellectuelle pour des réformes sociales.
L'idéalisme s'est fait sentir sous plusieurs formes à l'extérieur d'Oxford,
dans des sociétés et des cercles de discussion comme la *London Ethical
Society* ou la *Synthetic Society*. Qui plus est, les idées politiques issues
des doctrines de Green ont servi de fondement pour un grand nombre
de mouvements politiques et sociaux […] En plus, l'idéalisme a exercé
son influence au-delà du groupe d'individus dont nous avons déjà parlé.
En plus de ses figures tutélaires, des fonctionnaires comme Robert
Morant, Michael Sadler, des parlementaires comme Arthur Acland,
Lord Milner, Herbert Samuel et même des premiers ministres comme
Asquith : tous affirment devoir quelque chose à Green et à l'idéalisme.[52]

Le « Moment Greenien »[53] de l'idéalisme en Angleterre

À plusieurs reprises, Bradley a refusé l'idée de l'existence d'une école néo-
hégélienne en Grande-Bretagne dont il aurait fait partie et dont il aurait été
le fer de lance[54]. Mais il faut prendre ses remarques avec précaution et bien
comprendre ce qu'il a voulu dire. Il est possible de lui accorder raison sur le
fait que Hegel n'a pas fait école en Grande-Bretagne à son époque au sens où sa
philosophie n'a pas été traduite, lue et étudiée dans sa totalité, et où son système
philosophique même aurait été accepté entièrement et sans ambiguïté. On peut
aussi ajouter, sans pour cela trop anticiper sur l'explication du mouvement
de ses propres écrits philosophiques, que Bradley lui-même n'a pas consenti
à suivre Hegel jusqu'au bout, et qu'il n'a jamais eu d'autre volonté que de
constituer une philosophie anglaise authentique et non une simple transposition
de la philosophie hégélienne. Mais il faut bien reconnaître, comme tous les
commentateurs de cette période, y compris Matt Carter que nous avons cité à
la page précédente, qu'il y a eu incontestablement une très forte concentration
d'idéalistes, tout particulièrement inspirés par la philosophie hégélienne,
pendant les années 1860, au moment où Green enseignait à Balliol College.

L'idéalisme britannique du dix-neuvième siècle est passé, à travers ses
différentes générations, par plusieurs phases qui vont des réactions lyriques du

---

[52] Matt Carter, *T. H. Green and the Development of Ethical Socialism*, Exeter, Imprint
Academic, 2003, p. 11-14.

[53] Le titre de cette sous-partie est une référence au livre de Denys P. Leighton, *The
Greenian Moment : T. H. Green, Religion and Political Argument in Victorian Britain*,
Exeter, Imprint Academic, 2004.

[54] « Après tout, Bradley a pendant longtemps été considéré comme le symbole majeur
du néo-hégélianisme britannique, même s'il a lui-même ostensiblement répudié
l'étiquette néo-hégélienne, et s'il a nié avoir jamais connu une école néo-hégélienne en
Grande-Bretagne ». Gary Bedell, « Bradley and Hegel », *Idealistic Studies*, Vol. 7 n° 3,
Sept. 1977, p. 262.

romantisme contre la raison triomphante de l'esprit des Lumières à l'utilisation stratégique de certains éléments doctrinaux d'un idéalisme allemand pris souvent comme un bloc pour contrer l'avance du matérialisme et s'opposer à l'inquiétante montée de l'agnosticisme : il nous semble nécessaire d'avancer ici l'hypothèse que ce mouvement est parvenu à une conscience de soi à partir des années 1860, et qu'il a pris la mesure de la lutte qu'il fallait entreprendre à travers la personne de Green tout particulièrement.

C'est Green en effet qui, dans un article majeur, « Popular Philosophy in its Relation to Life »[55], rend manifeste, visible, ce que d'aucuns pensaient et sentaient dans des cercles plus confidentiels. Dans cet article, Green a établi un parallèle entre l'époque de Protagoras et l'*Aufklärung*[56], suggérant que la production philosophique du dix-neuvième siècle rappelait celle de la période des sophistes, quand la philosophie était devenue une philosophie populaire, réfractaire à la véritable spéculation et proposant à tout un chacun un « prêt-à-penser » qui esquivait toute critique de sa validité[57]. Voyant en Locke le père de cette philosophie[58] à l'époque moderne, Green avait proposé d'en reconstruire le modèle en analysant ses origines naturalistes, qui se retrouvaient dans l'application de la théorie démocritéenne de la nature aux notions du bien, du beau et du juste. En établissant un parallèle entre la période antique et l'évolution de la philosophie moderne de la nature depuis Bacon et Locke, jusqu'à sa prise en charge par Hume, Rousseau et Priestley au dix-huitième siècle[59], Green notait que Platon et Aristote avaient reconstruit la morale et l'éthique en opposition à une dérive naturaliste : parce qu'il a essayé d'analyser plus profondément la connaissance, Kant est présenté par Green comme un nouveau Platon, mais qui n'est pas parvenu à détruire l'*Aufklärung*, dont l'esprit est toujours présent. En bref, les théories de l'*Aufklärung*, pour Green, font partie de l'essence du monde moderne, au même titre que les idées de la Réforme et que les idées de 1789[60].

Green procède alors à une analyse détaillée de l'œuvre de certains auteurs comme Joseph Butler, Hume, Rousseau, et Kant pour en conclure que la « philosophie populaire » du dix-neuvième siècle en Angleterre, celle des intuitionnistes du « moral sense » et des utilitaristes, n'est pas un système

---

[55] « Popular Philosophy in its Relation to Life », in *Works of Thomas Hill Green. Vol. 3 : Miscellanies and Memoir*, edité par K. L. Nettelship, Londres, Longmans, Green and Co, 1888, p. 92-125.

[56] L'utilisation de ce terme est le fait de Green.

[57] « Elle prend certaines conceptions formelles pour argent comptant, sans critiquer leur origine ou leur validité », T. H. Green, « Popular Philosophy in its Relation to Life », p. 92.

[58] *Ibid.*, p. 93.

[59] *Ibid.*, p. 96.

[60] *Ibid.*, p. 93-94.

harmonieux et cohérent ; et il suggère qu'une reconstruction de l'éthique est pourtant à l'œuvre[61].

De la poésie de Wordsworth, qui selon Green a libéré la littérature de la philosophie naturaliste, à la philosophie de Hegel, par qui se termine l'article[62], le mouvement de réaction contre cette « philosophie populaire », présentée par Green comme indigente et destructrice, comporte un certain nombre d'éléments qui, à l'instar du Réveil évangélique et du renouveau contemplatif des Romantiques, exigent un Réveil philosophique : la philosophie, qui ne se réduit pas à un raffinement sophistiqué, ne saurait faire l'économie de sa tendance profondément spéculative[63]. Green a donc tenté de commenter les changements en cours en Angleterre et de promouvoir la philosophie hégélienne, la seule selon lui capable d'expliquer le mouvement général hors de la tendance nominaliste et de la psychologie de l'introspection individuelle, fondée sur l'intuitionnisme du « moral sense »[64]. Après avoir expliqué comment la littérature s'est extirpée du naturalisme, Green a insisté sur la lutte orchestrée par les évangéliques, retournant à l'esprit de la Réforme et à une lecture paulinienne[65], contre une philosophie perçue comme antagoniste, mais il a aussi insisté sur l'influence du rousseauisme dans la prise de conscience de l'identité nationale par opposition à l'égoïsme individuel. La conclusion de Green est que la philosophie, la religion, l'esprit national et les aspirations spirituelles ne peuvent se combiner dans le nouvel esprit qui se fait jour en Angleterre que par le biais d'une reconnaissance à la raison d'un pouvoir qui lui avait été peu à peu retiré depuis la fin du dix-septième siècle ; cette reconnaissance est de nature à susciter l'étude de la philosophie de Hegel[66].

Green a signalé qu'une convergence littéraire, religieuse et politique avait trouvé dans l'idéalisme allemand sa forme philosophique, une convergence aussi profondément marquée par l'esprit de la Réforme, comme l'avait remarqué H. Jaeger : « La Réforme s'achève dans la religion de l'idéalisme allemand, forme définitive du protestantisme »[67]. En fait, les thèses de Green cristallisent la pensée de ce que Jean Pucelle a appelé la troisième génération d'idéalistes.

Cette dernière, composée de personnalités de renom comme Edward et John Caird, William Wallace et T. H. Green lui-même, a approfondi et repensé

---

[61] *Ibid.*, p. 117.

[62] Voir pages 118 à 122.

[63] *Ibid.*, p. 109.

[64] *Ibid.*, p. 124.

[65] *Ibid.*, p. 122.

[66] *Ibid.*, p. 125.

[67] H. Jaeger, « La mystique protestante et anglicane », in *La Mystique et les mystiques*, dir. A. Ravier, Paris, D.D.B., 1965, p. 324, cité par René Gallet dans *Romantisme et Postromantisme de Coleridge à Hardy : Nature et surnature, op. cit.*, p. 130.

Kant à l'aide d'une lecture minutieuse et sérieuse de Hegel, et commencé à produire des œuvres où transpire la systématicité de l'entreprise hégélienne. Wallace, surtout connu pour ses traductions de Kant et de Hegel, a confirmé certaines thèses de Stirling, et a étendu la défense du christianisme en acceptant la doctrine de l'évolution, établissant en l'occurrence un parallèle entre la dialectique hégélienne et l'évolution de type darwinien en remplaçant les espèces par les concepts[68]. Un des points communs aux frères Caird et à Wallace est d'avoir produit de nombreux commentaires sur la philosophie de Hegel et d'être restés insatisfaits de sa philosophie de la nature[69], mais aucun n'est parvenu à synthétiser la position idéaliste, ce qui a été l'apport indéniable de Green, le premier à en avoir fait une force dans la philosophie britannique et à l'avoir construite autour de la défense hégélienne du christianisme[70].

Dans son article sur l'influence de Hegel en Grande-Bretagne, James Bradley estimait que trois raisons principales expliquaient la fortune du philosophe allemand : la fin d'une entente entre la science et la religion, l'importance grandissante de la question sociale et le déclin inexorable des traditions de la philosophie écossaise du *Common Sense* et de l'utilitarisme[71]. Dans ces trois cas de figure, Green apparaît comme celui qui a incarné la réaction d'un retour philosophique d'envergure et qui a posé les termes dans lesquels elle devait se développer. La première de ses raisons est peut-être la plus profonde, et elle mérite qu'on lui consacre quelques explications :

> La première provient de l'essor des études historiques et, plus particulièrement, de l'impact du darwinisme. Cette évolution a été justement présentée comme destructrice des rapports autrefois bons entre la science et la religion et comme un véritable défi lancé à la croyance religieuse : la nature et l'esprit, l'évolution et la morale, l'histoire et la valeur sont devenus des paires d'opposés apparemment inconciliables. On en conclut alors que Hegel, de ce fait, a été utilisé pour « défendre la religion » ; cependant, c'est davantage une réinterprétation du christianisme que sa défense qui caractérise l'action des idéalistes britanniques.[72]

---

[68] *Cf.* James Allard, *The Logical Foundations of Bradley's Metaphysics, op. cit.*, p. 12.

[69] Un autre point commun peut aussi se deviner derrière leur lecture non entièrement « de droite » de Hegel (*Cf.* James Bradley, « Hegel in Britain,... », *op. cit.*, p. 22-24).

[70] James Allard, *The Logical Foundations of Bradley's Metaphysics, op. cit.*, p. 13.

[71] James Bradley, « Hegel in Britain », *op. cit.*, voir le premier moment de sa deuxième partie : « The Usage and Critique of Hegel, 1865-1914 – British Idealism or Anglo-Hegelianism ? », p. 12-17.

[72] *Ibid.*, p. 12-13.

William Paley, et avec lui le projet d'une *Natural Theology* qui perdure avec les *Bridgewater Treatises,* incarnait encore un équilibre et un accord entre la science et la religion au début du dix-neuvième siècle ; dans sa perspective, les Écritures et le Livre de la Nature coordonnaient un *modus vivendi* relativement stable. Mais c'est le nouvel esprit scientifique propulsé par les Lumières, et dûment critiqué par Green, qui a remis en question cet équilibre : il est compréhensible que la libération du *Liber Naturae* de sa cause première et la focalisation sur les causes secondaires dans l'ordre de la nature se soit vu opposer un retour à la *Sola Scriptura* de la part des évangéliques.

Quand Green appuie l'idée selon laquelle il existe chez Wordsworth un ordre de la réalité au-dessus de la réalité naturelle[73], il signifie qu'un surnaturalisme vient s'opposer au naturalisme strict et limitatif selon lequel il ne saurait y avoir qu'une science naturelle de l'homme. L'idéalisme transcendantal de Kant avait déjà esquissé un point de vue en-dehors de la nature en réagissant contre Hume qui faisait de la raison humaine l'esclave des passions et la confinait à du raisonnement démonstratif, mais c'est vraiment chez Coleridge que l'on trouve en Angleterre une réflexion sur le naturalisme et sur son dépassement par un « surnaturalisme naturel » ; c'est cela qui allait traverser le siècle et trouver dans l'idéalisme son mode privilégié d'expression. Finalement, plutôt que de se contenter de défendre la religion contre la science, l'idéalisme prôné par Green ne fait pas autre chose que tenter une réconciliation, et il s'inscrit de ce point de vue dans la continuité du mouvement idéaliste ré-initié par Coleridge et Carlyle.

René Gallet a découvert une cohérence dans un grand nombre d'œuvres romantiques et postromantiques, où s'entremêlent « des enjeux philosophiques et théologiques, dits globalement métaphysiques, qui les débordent »[74]. Cette cohérence témoigne d'une tension constante qui, à travers le dix-neuvième siècle, a renouvelé les conditions d'apparition d'une christologie sur la base d'une réunion du Livre de la Révélation et du Livre de la Nature. Or, cette réunion de la nature et de la surnature n'est pas apparue comme si elle allait de soi ; elle a dû s'opposer à la fois à la focalisation de l'esprit des Lumières sur le *Liber Naturae* et celle des évangéliques sur les Écritures. Si l'idéalisme allemand a permis cette synthèse, il ne faut pas oublier que les Platoniciens de Cambridge, en effectuant un retour à la tradition patristique primitive, avant saint Augustin[75], avaient fait resurgir un fond platonicien autochtone assimilé par l'héritage humaniste toujours présent et qu'ils avaient donc constitué une tradition disponible, prise en compte par Coleridge. La conjonction de

---

[73] « Popular Philosophy and its Relation to Life », *op. cit.*, p. 110.

[74] René Gallet, *Romantisme et Postromantisme de Coleridge à Hardy : Nature et surnature, op. cit.*, p. 7.

[75] *Ibid.*, p. 129-131. Voir également, du même auteur, *Romantisme et postromantisme de Wordsworth à Pater, op. cit.*, p. 7-9.

cet idéalisme autochtone, profondément platonicien et néo-platonicien, et de l'idéalisme allemand, est finalement parvenu à prendre conscience de la nature de son enjeu à partir de Green. René Gallet a insisté sur le fait que « L'épisode romantique empêche donc d'identifier trop rapidement "modernité" et "sécularisation" »[76], et il semble que la montée en puissance de l'idéalisme au dix-neuvième siècle réponde précisément à cette tendance de fond dans l'histoire des idées en Grande-Bretagne, qui non seulement a visé à réaffirmer la puissance de la raison mais a aussi travaillé à restaurer une vie spirituelle plus harmonieuse qui, par-delà le chaos de l'expérience sensible, perçoit l'action d'un principe spirituel, l'*Eternal Spirit* de Green, dans le monde :

> Si l'on a besoin d'une philosophie, c'est à cause de la rupture de l'harmonie de la vie spirituelle, dont les différents facteurs ou éléments semblent agencés de sorte à s'opposer de façon irrémédiable ; la conscience religieuse, par exemple, la conscience de l'infini, lutte contre la conscience sécularisée, la conscience du fini ; ou bien encore, la conscience du soi s'oppose à la conscience du monde extérieur. On le voit bien quand on réfléchit sur la nature des controverses qui nous inquiètent tant de nos jours.[77]

Green fut tout le contraire d'un philosophe en chambre : c'est surtout à travers son enseignement que, dès les années 1865-1867, l'hégélianisme a été intégré aux problématiques spécifiques de la pensée britannique. C'est tout le sens du « moment greenien » des années 1860-1870 : la philosophie de Green a été le moment de réflexivité du mouvement idéaliste, un moment de conscience de soi qui a conduit à un regroupement idéaliste et à la constitution d'un programme officieux de travail à partir de thèmes clairement exposés par Green.

Il faut bien se rendre compte que professeurs autant qu'étudiants avaient l'impression de vivre, à cette époque, un moment important dans l'histoire de la philosophie anglaise, et que Green a été de ce point de vue le porte-parole d'une génération, fédérant sous son inspiration un cénacle idéaliste qui avait décidé de se mettre au niveau des philosophes allemands et de produire à son tour une véritable révolution philosophique :

> À cette époque, Green lui-même était prêt à produire sa propre version de l'hégélianisme, une version qui reflétait l'esprit de l'original mais qui était élaborée en des termes et des principes que Green avait créés pour lui-même en gardant à l'esprit la nécessité de critiquer les doctrines

---

[76] *Ibid.*, p. 9.
[77] Edward Caird, «The Problem of Philosophy at the Present Time», in *Essays on Literature and Philosophy*, Vol. 2, Glasgow, James MacLehose, 1892, p. 191-192.

nationales. Green était de loin l'enseignant de philosophie le plus influent à Oxford pendant la période victorienne ; sous son impulsion, la philosophie à l'université a non seulement connu un grand prestige mais elle a également pu acquérir son identité propre.[78]

Nous avons déjà souligné l'importance progressive accordée à l'œuvre de Hegel et son influence dans la structuration d'un programme de lutte contre les dérives intellectuelles du siècle : elle a en fait été constitutive dans la prise de conscience de l'idéalisme de sa force d'opposition. Dans une lettre datée de 1872, des étudiants (A. C. Bradley et F. H. Bradley faisaient partie des signataires) avaient demandé à Green de soutenir le projet d'une *Essay Society* dont le but était de faire véritablement de la philosophie, et de ne pas la réduire à une simple activité intellectuelle[79]. R. L. Nettleship, un des autres signataires de la lettre, a parfaitement retranscrit l'esprit dans lequel tous se trouvaient pendant ses cours :

> Même s'il éprouvait de grandes difficultés à s'exprimer à cette époque, ses cours étaient extrêmement populaires, et ce dès le début : et tous l'appréciaient énormément. La raison en était évidente. Tous se rendaient compte de ce que son travail comprenait comme valeur et comme originalité ; et le simple fait qu'il avait du mal à s'exprimer donnait le sentiment qu'il échafaudait un système bien plus qu'il ne répétait les idées ou les expressions d'autres personnes. Nous avons souvent plaisanté au sujet de la perplexité dans laquelle nous plongeait ces premiers cours, mais c'était toujours dans un esprit de confiance et d'affection vis à vis du conférencier. En fait, nous concevions tous une sorte de fierté à poursuivre le processus difficile auquel il nous conviait avant de nous éclairer, comme si cette clarification avait été le produit de notre action collective.[80]

---

[78] Walsh, « The Zenith of Greats », *op. cit.*, p. 318.

[79] « Nous ne représentons, ni ne voulons représenter, aucun principe philosophique précis, à moins que la croyance en la possibilité de la philosophie constitue un principe ». Cette lettre, reproduite par Melvin Richter dans *The Politics of Conscience : T. H. Green and his Age*, *op. cit.*, p. 160-161, se trouve dans le volume 4 des *Collected Works of F. H. Bradley : Selected Correspondance*, *op. cit.*, p. 1-2. Richter ajoute en bas de la page 161 que A. C. Bradley a refusé la suggestion de Marian de Glehn d'écrire en introduction à la seconde édition de *Ethical Studies* que le livre de Bradley était la première formulation idéaliste dans le domaine de l'éthique, sachant que Bradley avait été auparavant formé à l'école de Green.

[80] R. L. Nettleship, *A Memoir of Thomas Hill Green*, Londres, Longmans Green & Co., 1906, p. 91-92. Voir également page 97, au sujet de l'*Essay Society* : « L'enthousiasme n'avait pas été suscité dans le sens d'un projet prédéfini ou d'une idée préconçue, et les huit ou dix hommes qui s'étaient réunis n'avaient pas le dessein de propager aucune doctrine particulière de leur maître. Un bon mot les qualifiait de "société en quête de

Ce principe selon lequel il fallait faire de la philosophie, sans s'inféoder à aucune philosophie particulière, a aussi été souligné par Wallace dans la longue introduction à sa traduction de la petite logique de Hegel : et si la philosophie allemande ne peut pas, telle quelle, être importée en Angleterre[81], il n'est pas interdit de s'en inspirer et d'en tirer les leçons qui importent. En l'occurrence, écrit Wallace, il s'agit de faire de la philosophie, et de ne pas se limiter aux tâches que se sont données les philosophes anglais récents, dont J. S. Mill, qu'il cite en exemple[82].

Qui plus est, et cela nous rapproche de la formation philosophique de Bradley, Hegel a été associé à la redécouverte proprement philosophique des textes grecs grâce à l'influence de Benjamin Jowett. Or, le retour à Platon de Jowett, et sa critique régulière de l'hégélianisme, montre qu'il y a eu une véritable tension entre ce que nous avons appelé un horizon grec et une stratégie consistant à utiliser la philosophie idéaliste allemande pour repousser les traditions matérialistes et empiristes de l'époque. Il y a donc eu oscillation et équilibre instable entre ces deux traditions chez les idéalistes du dix-neuvième siècle, et Bradley, nourri d'études classiques et familier de l'œuvre de Platon, ne pouvait insister sur la nécessité de se mettre à l'école de la philosophie allemande pour relancer la spéculation philosophique anglaise, sans garder à l'esprit l'importance de la tradition platonicienne. Un autre enseignement des premiers travaux de Bradley est que le niveau philosophique de l'époque se situe encore bien en-deçà de ce que la philosophie hégélienne était capable de produire. Si l'alternative à cette situation consiste à choisir la voie de l'idéalisme, il reste que Bradley n'est pas encore en mesure de choisir entre Kant, Hegel et la tradition platonicienne, d'autant plus que tous les commentateurs de Hegel de l'époque soulignaient la difficulté de sa philosophie. C'est là, nous semble-t-il, que réside l'enjeu de l'orientation de Bradley dans la pensée au début de sa carrière de philosophe.

---

totalité", et peut-être que le lien principal qui les unissait était une aversion commune pour la superficialité. Si on leur avait demandé en quoi ils croyaient, il n'aurait pu répondre que "en la philosophie" ; mais cette croyance n'était pas moins réelle parce qu'elle demeurait vague, et sa diffusion progressive à Oxford a inspiré une renouveau et un plus grand sérieux dans de nombreux enseignements ».

[81] « Si la forme du régime politique de l'Allemagne n'est pas transférable de ce côté de la Manche, il ne saurait en être différent pour la philosophie allemande. Il est hors de question de procéder à une utilisation directe pour répondre à des buts anglais puisque le contexte est bien trop différent. Mais cela ne signifie nullement que l'étude des grandes œuvres de la pensée des autres pays soit inutile, pas plus que ne l'est l'étude des grandes réalisations des hommes d'État étrangers ». William Wallace, *The Logic of Hegel, op. cit.*, p. xix.

[82] *Ibid.*, p. xxii.

Bradley et le « programme idéaliste »

Les années d'étudiant de Bradley se déroulent donc dans un contexte tout à fait spécifique. Or, c'est bien à Green qu'il doit son entrée en idéalisme à cette époque. Nous avons déjà remarqué que ses dissertations tentaient de coordonner l'enseignement de la philosophie antique et l'apport de la philosophie idéaliste allemande, et que cette coordination est située dans l'histoire des idées de l'époque ; il est maintenant nécessaire d'insister sur le fait que leur perspective s'est orientée à travers l'idéalisme de Green.

W. H. Walsh s'est demandé si Green n'avait pas formé Bradley lors de cours particuliers, et c'est une question légitime car ses dissertations s'intègrent parfaitement dans l'esprit des conférences que Green donnait à Balliol[83]. En fait, depuis la publication des inédits de Bradley par Carol Keene en 1999, il est maintenant confirmé que certaines dissertations de Bradley ont effectivement été corrigées par Green, et qu'il a également suivi ses conférences sur la philosophie politique et morale. En plus du fait que ces conférences sont un véritable miroir des réflexions et des problématiques de ses dissertations, les notes prises par Bradley sont utiles à plus d'un titre pour comprendre ses débuts philosophiques et justifier son entrée en idéalisme[84]. Elles proposent des définitions de l'éthique, de la philosophie morale et de la métaphysique qui illustrent la nécessité d'un passage par une philosophie de l'histoire pour comprendre le problème éthique. Elles établissent également un parallèle entre les conditions philosophiques de l'époque antique et la situation philosophique contemporaine, un point que les dissertations de Bradley, écrites dans la même période, avaient largement reflété ; mais ces notes permettent de constater que cette comparaison comprenait la thèse forte de la nécessité de ressusciter un discours philosophique plus analytique, plus profond que ce qu'il était devenu au dix-neuvième siècle en Grande-Bretagne. Enfin, leur orientation formule clairement l'idée selon laquelle le temps est venu pour une philosophie idéaliste, hégélienne de surcroît.

Prenant le contrepied de la réduction de la question éthique à une opposition entre le vrai et le faux[85], présentée comme caractéristique de la période et faisant de la philosophie morale une « science » parmi d'autres, Green a considéré, d'après les notes prises par Bradley, que l'éthique se rapporte plutôt à la richesse et la subtilité de ce qui est proprement humain, ce qui lui fait remarquer qu'il est nécessaire de lier l'étude de l'éthique à une compréhension du développement

---

[83] Walsh, « The Zenith of Greats », *op. cit.*, p. 314-315.

[84] « Notes on Green's Lectures on Moral and Political Philosophy », PAP, p. 57-136.

[85] Il s'agit d'une référence à Sir James Mackintosh (*Dissertation on the Progress of Ethical Philosophy Chiefly during the Seventeenth and Eighteenth Centuries* [1832]), qui définit l'éthique à de nombreuses reprises comme « *the science of Right and Wrong* », *ibid.*, p. 61.

de la conscience historique. Mais avant d'entrer dans les détails de l'évolution politique et morale de la civilisation occidentale, et d'insister sur le lien fondamental de l'éthique et de la métaphysique, Green distingue trois écoles contemporaines reposant sur des présupposés métaphysiques différents pour établir l'enjeu de la question qui l'occupe. L'école de Joseph Butler, dominée par la théologie ; celle des matérialistes, enracinée chez les Sophistes grecs, représentée par une tradition anglaise qui part de Hobbes et va jusqu'à Mill, et aboutissant au concept contractualiste ; et les idéalistes enfin, qui font de la moralité un renforcement perpétuel de la Liberté, conduisant à la « machine étatique »[86].

Cependant, l'opposition philosophique véritable est située entre le courant matérialiste-utilitariste (que Green fait remonter à Protagoras) et le courant idéaliste, d'inspiration platonicienne (même si Green se réfère pour finir à Hegel)[87]. Au fil de ses conférences, et à travers l'analyse des moments clés de l'évolution morale et politique de la civilisation occidentale à partir des Grecs, qui reprend pour une bonne part les travaux de Hegel sur le monde grec dans les *Cours sur la philosophie de l'histoire*, Green établit en permanence des liens entre la philosophie antique et la philosophie moderne[88]. Ce faisant, Green en conclut que le temps est venu pour une nouvelle philosophie

---

[86] *Ibid.*, p. 62.

[87] « Donc, nous avons deux grandes divisions. On part du matérialisme et on finit dans un contrat et un État-machine », *ibid.*, p. 64.

[88] Green le fait à deux niveaux. *À un niveau individuel*, Hume et Swinburne sont rapprochés des philosophes cyrénaïques, le premier à cause de sa philosophie sensualiste, le second du fait de son insistance à exacerber les sentiments individuels (*Ibid.*, p. 77 & p. 80), Helvetius de l'épicurisme (p. 81 ; Helvetius a eu une grande influence sur Bentham : il est à l'origine de son utilitarisme), Carlyle du stoïcisme parce qu'il se réfère incessamment à l'idée d'énergie, et Matthew Arnold du stoïcisme tardif, satirique et négatif à cause de sa critique du philistinisme et de sa conception négative de la culture (p. 84-85). *À un niveau collectif*, Green estime que les formes de l'autorité théologique (personnifiée par Joseph Butler) renvoient aux conceptions présocratiques voire homériques, où le théologique et le philosophique n'étaient pas encore dissociés ; que les utilitaristes, ou l'école matérialiste qui englobe l'utilitarisme et comprend aussi les économistes politiques, Hobbes, Mill et Humboldt, les scientifiques et les positivistes (p. 105) sont de nouveaux sophistes, et que la philosophie moderne prépare l'avènement d'une nouvelle métaphysique puissante. Il estime en outre que le platonisme, le néo-platonisme et le christianisme ont finalement émergé à la faveur de la confusion philosophique de l'époque antique (p. 62 & p. 73 & p. 78). On peut ajouter que J. S. Mackenzie, dans un article publié en 1902 dans *Mind*, effectue des parallèles entre le monde grec et le monde moderne pour mettre en valeur l'importance de la philosophie hégélienne dans un esprit et une argumentation proches de celle de Green : « Je considère donc que l'importance de la façon hégélienne de penser dans le monde moderne est très similaire à ce qu'était la façon aristotélicienne de penser dans le monde antique », in « The Hegelian Point of View », *Mind*, NS vol. XI, 1902, p. 62.

idéaliste, car la multiplication des visions sceptiques, cyniques et stoïciennes du monde contemporain ont intensifié un conflit des interprétations qui justifie l'émergence d'un idéalisme les intégrant toutes dans une conception unifiée[89].

Après avoir étudié et critiqué l'utilitarisme, l'empirisme[90] et les différents mouvements qui lui sont associés, après sa condamnation de Butler, jugé limité et non-philosophique[91] et son refus de la position kantienne[92], Green présente sa préférence pour la philosophie hégélienne :

> La cause finale du monde est la réalisation de la liberté par l'Esprit [...]
> Nous ne devons pas adopter la philosophie morale de l'Angleterre qui
> provient soit de Hobbes, soit de Butler ; et nous devons abandonner
> les théories mécanistes du gouvernement et de l'éthique. L'État
> est un organisme, c.-à-d. un corps avec une âme, qui se manifeste
> progressivement.[93]

En fin de compte, le véritable problème de la philosophie morale est de trouver un critère, et le meilleur est celui de la marche de la raison dans l'histoire dans la mesure où ce critère permet de mettre en évidence la manifestation progressive de la raison et son intégration dans l'universel[94].

La philosophie de l'histoire ébauchée par ces conférences est symptomatique d'un désir de trouver des repères. Elle suggère aussi que

---

[89] « Le monachisme et l'hermétisme à l'époque moderne sont une réponse au Cynisme. Tous consistent à créer un petit monde idéal. Vous pouvez attribuer toute la spiritualité que vous voulez à un principe, il demeure qu'il est nécessaire de donner un contenu à votre idée [...] », PAP, p. 82.

[90] *Ibid.*, p. 109-114.

[91] « Butler est plus proche de la bonne façon de penser que ne le sont les partisans de l'associationnisme, mais il est limité et non-philosophique », *ibid.*, p. 119. Green se réfère à *The Analogy of Religion to the Constitution and Course of Nature* (1736, l'édition que Green a utilisée aurait été celle de Joseph Angus, de 1855) et à ses nombreux *Sermons*, contenus également dans l'édition d'Angus. Il est important de signaler que l'ouvrage de Butler représentait l'orthodoxie en matière de philosophie chrétienne à Oxford, et que les remarques de Green sont bien la preuve qu'il y avait eu un transfert d'importance au cours du dix-neuvième siècle, que la philosophie séculière de Mill, et notamment son livre *The System of Logic*, avait fini par l'emporter au milieu du dix-neuvième siècle, provoquant une situation de crise qui s'est cristallisée autour de la question de la « relativité de la connaissance » que nous aborderons dans le chapitre IV.

[92] « L'éthique de Kant semble impraticable ; c'est dû au fait qu'il se contente d'esquisser un schéma, de donner une forme : son éthique est entièrement abstraite et formelle, elle n'est pas concrète », *Ibid.*, p. 126.

[93] *Ibid.*, p. 135-136.

[94] *Ibid.*, p. 127.

l'enseignement philosophique classique en Angleterre doit être orienté, du fait de la situation de l'époque, de sorte à s'ouvrir à des philosophies continentales. Cette volonté de restituer un ordre et une rationalité, de faire le point sur les tendances contemporaines prises dans le filet de l'évolution philosophique de la civilisation occidentale, telle qu'elle a été comprise par Hegel et Green, est à l'origine de la réflexion de Bradley sur l'histoire et la métaphysique. Après la mise entre parenthèses de la position théologique orthodoxe de Butler, seule une philosophie idéaliste peut relever le défi d'une philosophie puissante permettant à la raison de recouvrir son pouvoir : cela permet de comprendre l'impulsion initiale des premiers travaux philosophiques de Bradley.

Cette influence indiscutable que Green a eue sur le jeune Bradley l'a profondément marqué, et elle insère donc notre auteur dans un groupe informel qui se retrouve sur un certain nombre de points dont nous pouvons maintenant faire le bilan et que nous qualifierons, avec toutes les précautions d'usage pour un mouvement qui n'a rien d'institutionnel, de « programme idéaliste ».

Dans l'introduction de son édition de textes idéalistes, David Boucher[95] a mis en évidence quelques thèmes principaux, discernables dans les écrits des philosophes idéalistes britanniques des années 1870 au début du vingtième siècle. Les textes sélectionnés, parmi lesquels figure le deuxième essai de *Ethical Studies*, accusent l'intérêt de l'éditeur pour la philosophie politique, mais cela ne l'empêche pas de discerner trois grandes perspectives dans les travaux des idéalistes : la question historique du progrès et de l'évolution, le souci politique et éthique, et une ré-interprétation philosophique du problème religieux ; des perspectives qui nous semblent correspondre aux préoccupations dessinées dans ce que nous avons choisi de présenter comme un programme officieux. En effet, derrière ce programme idéaliste se profilent les circonstances de la fin de l'entente entre science et religion, le déclin des philosophies qui avaient dominé dans la première moitié du siècle, et la lutte contre l'individualisme et l'égoïsme du *laissez-faire* libéral. On pourrait ajouter qu'apparaît aussi en filigrane le besoin de ces idéalistes anglais d'utiliser la systématicité de la pensée de Hegel pour parvenir à concrétiser en une philosophie puissante le sentiment qu'ils avaient de vivre, à Oxford dans les années 1860-70, un moment important sinon une petite révolution de la pensée.

Mais le niveau philosophique de départ des idéalistes de cette période n'est pas encore assez avancé pour donner lieu à des publications de première importance, et on peut concevoir que le groupe d'idéalistes de l'*Essay Society* se soit donné pour objectif de se faire connaître au plus tôt, moyennant un travail de titan pour se hisser à la hauteur de la philosophie hégélienne. C'est dans ces conditions, nous semble-t-il, qu'il faut comprendre l'activité intellectuelle de Bradley, qui traite ces trois grandes perspectives à sa façon

---

[95] David Boucher (dir.), *The British Idealists*, Cambridge, Cambridge University Press, 1997.

dans des travaux qu'il choisit de publier – c'est le cas de son opuscule sur l'histoire (*Les Présupposés de l'Histoire critique*) et de son ouvrage sur la philosophie morale (*Ethical Studies*) – ou bien de garder à l'état d'ébauche (« *Relativity* », « *Progress* »), le temps de gravir le chemin qui le mène à une meilleure compréhension de la philosophie hégélienne, pour mieux réaliser les objectifs du programme informel des idéalistes.

CHAPITRE III
LES PRÉSUPPOSÉS DE L'HISTOIRE CRITIQUE

*L*es *Présupposés de l'Histoire critique* (*The Presuppositions of Critical History*) est la première œuvre de Bradley. En apparence, il s'agit d'un travail sur l'histoire, comme son titre l'indique, mais contrairement à ce qu'on aurait pu imaginer, du fait de l'enthousiasme général issu des cours de Green et des thèmes ambitieux du cénacle idéaliste à Oxford, son sujet est en réalité restreint à la question de l'histoire des historiens, abordée à l'occasion d'une réflexion sur un problème encore d'actualité en Angleterre, celui des miracles. Dans un plan où se succèdent des difficultés et des objections, Bradley traite progressivement de la face subjective et objective de l'histoire critique, de la nature du fait, du témoignage, de la préjudication (une forme de pré-jugement chez l'historien), de la nature de l'inférence historique, et de la spécificité du travail de l'historien par rapport à la science en général.

Ses carnets prouvent qu'il a commencé à prendre des notes pour ce travail sur l'histoire critique vers 1872, soit une année après sa nomination à Merton College (décembre 1870), et après s'être remis d'une maladie des reins qui l'a immobilisé de juin à octobre 1871. L'écriture définitive du texte aurait commencé en 1873 et se serait achevée début 1874 ; le livre est paru chez James Parker (Oxford) la même année[1].

Comment l'ouvrage a-t-il été reçu ?

Cet opuscule d'une soixantaine de pages, pourtant novateur sur plus d'un point, a longtemps été ignoré, excepté une remarque en passant de Bernard Bosanquet dans *Knowledge and Reality*, qui estime que son traitement

---

[1] *Cf.* Keene, PAP, p. 137. Pendant très longtemps le livre est resté indisponible, Bradley ayant refusé sa réédition. Muirhead, qui en cite de longs passages dans les pages qu'il consacre à Bradley, justifie sa décision par le fait qu'il est devenu presque impossible de se le procurer (Muirhead, *The Platonic Tradition...*, *op. cit.*, p. 221 note 1), et il a fallu attendre la publication des *Collected Essays* de Bradley en 1935 pour pouvoir y accéder à nouveau ; puis sa réédition, grâce à Lionel Rubinoff, en 1968. Enfin, il faut aussi ajouter l'édition plus récente de Guy Stock en 1993, qui s'inscrit dans le travail de redécouverte de l'œuvre de Bradley que nous avons présenté en introduction.

du fonctionnement de la conscience y est optimal[2]. Il n'a finalement été
considéré comme relevant d'une importance capitale que bien après la mort
de Bradley, avec la critique presque dithyrambique de R. G. Collingwood
dans une publication posthume (en 1946)[3]. Collingwood a placé le texte de
Bradley dans le contexte des polémiques de la période sur la question des
miracles, et sur celles de l'opposition entre science et religion ; il l'a inséré en
particulier dans la continuité des écrits des membres de l'école de Tübingen
(David Strauss et Ferdinand Baur), dont la méthode critique avait contribué à
détruire la crédibilité des discours bibliques classiques mais aussi à répandre,
selon Collingwood, un esprit positiviste délétère[4]. Collingwood exagère sans
doute l'influence du positivisme, mais c'est pour donner plus de poids à
l'innovation de Bradley, à qui il attribue le rôle de meneur du mouvement de
révolte contre le positivisme, qui prétendait être le seul fondement possible
de la connaissance historique[5]. Collingwood considère donc que le concept
bradleyen d'histoire critique est d'une grande importance en tant qu'il
s'oppose aux conceptions classiques de l'histoire comme réception passive
des faits historiques purs, tout en analysant philosophiquement les méthodes et
les présupposés en histoire. Mais il estime que Bradley ne va pas assez loin, et
il le critique pour avoir exprimé un positivisme latent, qui a infecté sa pensée,
dans la mesure où sa conception de l'expérience ne renvoie pas encore à une
connaissance historique autonome mais maintient la connaissance historique
dans l'influence des sciences de la nature[6]. Collingwood pense en l'occurrence
que Bradley ne s'est pas encore émancipé de Mill, à qui il emprunte le concept
d'analogie dans son ouvrage[7]. Collingwood interprète d'ailleurs la philosophie
de Bradley postérieure à cet essai (telle qu'elle se développe dans *Principles
of Logic* et *Appearance and Reality*) comme une volonté de se détacher de
l'influence de Mill, d'éliminer toute trace d'épistémologie millienne tout
en se maintenant dans une perspective fondamentalement historienne[8]. En

---

[2] Bernard Bosanquet, *Knowledge and Reality : A Criticism of Mr. FH Bradley's
« Principles of Logic »*, Londres, Kegan Paul, 1885, p. 332 note 1.

[3] R. G. Collingwood, *The Idea of History* (*Lectures 1926-1928*) , Oxford, O. U. P.,
1994, p. 240.

[4] *Ibid.*, p. 135.

[5] *Ibid.*

[6] *Ibid.*, p. 139.

[7] *Ibid.* Colingwood a également formulé l'hypothèse selon laquelle c'est pour cette
raison que Bradley s'est opposé à la réédition de son livre (*Cf.* Keene, PAP, xix-xx).

[8] *Ibid.*, p. 140. En fait, Bradley est retourné à la question historique dans un essai,
« What is the Real Julius Caesar ? », publié dans *Essays on Truth and Reality* (1914)
et où il a répondu à l'article célèbre de Bertrand Russell sur la connaissance directe et
sur la connaissance par description (« Knowledge by Acquaintance and Knowledge
by Description », *Proceedings of the Aristotelian Society*, New Series v, XI, 1910-11,
p. 108-128).

somme, si pour Collingwood la connaissance de l'historien reste de l'ordre du probable, pour Bradley, selon Collingwood, elle viserait une certitude qui serait celle des sciences de la nature. Mais comme le remarquait Christopher Parker, un critique récent, bien que Bradley n'ait évoqué qu'une seule loi universelle, la loi causale, il n'a jamais suggéré que la connaissance historique soit autre que probable[9]. Cependant, quelles que soient les limites de la rapide lecture de Collingwood, elle a le mérite d'exister : on constate que les rares commentaires sur l'essai de Bradley se sont presque tous positionnés par rapport à cette interprétation.

C'est le cas de Lionel Rubinoff, qui a réédité *Les Présupposés de l'Histoire critique* en 1968[10]. Dans son introduction, s'opposant sur certains points à la lecture collingwoodienne, Rubinoff a présenté le texte comme la première réflexion philosophique sur l'histoire en langue anglaise, la première application de l'idéalisme britannique à des problèmes historiographiques, et a jugé que Bradley était le précurseur de la phénoménologie et du mouvement historiciste de Droysen à Collingwood *via* Dilthey et Croce. Enfin, il a vu en Bradley un Collingwood non accompli, une interprétation critiquée pour son anachronisme par de nombreux autres commentateurs, dont W. H. Walsh, qui n'en continue pas moins de situer son propre commentaire dans la même optique[11]. Dans un article plus récent[12], Rubinoff est revenu sur son point de vue en séparant plus nettement Bradley de Collingwood, tout en estimant que c'était Collingwood qui avait le dernier mot sur la question de la connaissance historique et en insistant sur ce qu'il estime être la mauvaise explication par Bradley du rapport entre la science et l'histoire, due à sa vision rationaliste de la nature humaine trahissant l'influence tardive des Lumières. Christopher Parker a toutefois remarqué que les explications les plus récentes, celle de Guy Stock dans son introduction à la réédition des *Présupposés de l'Histoire*

---

[9] Christopher Parker, « F. H. Bradley and the "Presuppositions of Critical History" », *The English Idea of History from Coleridge to Collingwood*, Aldershot, Ashgate, 2000, p. 121.

[10] F. H. Bradley, *The Presuppositions of Critical History*, édité avec une introduction par Lionel Rubinoff, Chicago, Quadrangle Books, 1968.

[11] W. H. Walsh, « Bradley and Critical History », *The Philosophy of F. H. Bradley*, A. Manser & G. Stock (dir.), *op. cit.*, p. 34. Voir aussi p. 42-44 où Walsh souligne la proximité de la position de Bradley et de celle des empiristes. Voir enfin l'article de Christopher Parker (références *supra*), qui fustige Rubinoff pour son anachronisme et sa récupération anti-behaviouriste et anti-néopositiviste en le plaçant dans la tradition historiciste au sens pré-poppérien du terme (p. 122).

[12] Lionel Rubinoff, « F. H. Bradley and *The Presuppositions of Critical History* », in Philip MacEwen, *Ethics, Metaphysics and Religion in the Thought of F. H. Bradley*, Lewiston, The Edwin Mellen Press, 1996, p. 179-221.

critique[13] et celle de David Holdcroft[14], sont critiques à l'endroit de la position de Collingwood, et tentent d'élucider autrement la position de Bradley concernant la science, notamment en examinant le rapport de Bradley à la philosophie idéaliste. Selon Parker, il s'agit de l'interprétation actuellement dominante de l'œuvre et il est notable que cette position, déjà évoquée dans le contexte d'une redécouverte de l'œuvre de Bradley et d'un renouveau d'intérêt pour l'idéalisme et la métaphysique, effectue en fait un retour vers une des toutes premières analyses de l'opuscule, celle de John H. Muirhead[15], qui date de 1931.

La lecture de Muirhead, si elle reste très proche de la construction progressive de l'argumentation bradleyenne, tire le texte du côté de la tradition kantienne du fait que Bradley, dans la philosophie de l'expérience qu'il tente de définir, oppose l'expérience individuelle et subjective à l'expérience « en général », objective, et attribue à cette dernière un critère de validité[16]. En tentant de reconstituer une logique globale dans l'œuvre de Bradley, Muirhead a présenté l'argument central de Bradley comme une réconciliation des deux aspects principaux de l'histoire : l'existence de « faits », d'événements *objectifs* dans le temps (la *Geschichte*), et le souvenir *subjectif* de ces faits (l'*historia*) grâce au critère de l'historien qui, en tant que tel (ni celui-ci ou celui-là), adopte une attitude critique *quasi* scientifique en faisant appel à l'analogie. Muirhead a ensuite estimé que le reste de l'ouvrage consiste à analyser la différence entre la science et l'histoire avant de présenter les notes de fin comme une illustration et une défense de l'argument central par l'utilisation de la notion de progrès.

Enfin, les travaux de Pierre Fruchon[17] sur Bradley dans les années 1960, hélas négligés par la critique anglo-saxonne[18], sont d'une toute autre importance, tant par l'ampleur de son étude que par le souci du détail qu'il y manifeste. Il discerne plusieurs niveaux de compréhension dans l'œuvre de Bradley et les insère dans les problématiques de l'époque en sélectionnant

---

[13] F. H. Bradley, *The Presuppositions of Critical History*, édité avec une introduction par Guy Stock, Bristol, The Thoemmes Press, 1993.

[14] David Holdcroft, « Bradley, Collingwood and *The Presuppositions of Critical History* », *Bradley Studies*, vol. 3, n° 1, 1997.

[15] Muirhead, *The Platonic Tradition in Anglo-Saxon Philosophy, op. cit.* Voir les pages 219 à 228.

[16] *Ibid.*, p. 225 et 228.

[17] Pierre Fruchon, « Premières ébauches d'une métaphysique », *Les études philosophiques*, 15 (1960), p. 63-74. *Francis Herbert Bradley : Les Présupposés de l'Histoire critique, étude et traduction*, Paris, Les Belles Lettres, 1965.

[18] W. H. Walsh évoque les travaux de Fruchon dans une note, juste pour dire qu'ils lui ont été utiles pour comprendre l'influence de l'école de Tübingen sur Bradley (« Bradley and Critical History », *The Philosophy of F. H. Bradley, op. cit.*, note 1 p. 51.)

quelques thèmes et en distinguant trois niveaux d'analyse différents : une pratique de l'histoire (qui se rapporte aux travaux exégétiques de l'école de Tübingen), une réflexion sur les critères de l'histoire (les présupposés que doit connaître l'historien, cohérence et perspective) et un traitement de la réalité de l'histoire (par opposition au savoir scientifique) qui pose le problème de l'expérience[19].

À la lecture de l'appareil critique existant, il nous semble acquis que la valeur de l'opuscule de Bradley est loin d'être négligeable. Il s'agit selon toute évidence d'une réflexion sur l'histoire qui dépasse les commentaires relativement sommaires de l'époque en Angleterre sur la pratique de l'histoire, et qui propose une thèse originale suivant laquelle la subjectivité de l'historien est moins un obstacle qu'un moyen pour comprendre les acteurs du passé. Cependant, au vu du peu de cas que Bradley lui-même fait de son ouvrage, et de son influence immédiate réduite, il convient de l'aborder simplement sans vouloir absolument y voir l'effet de la maîtrise d'un philosophe possédant un système lui permettant de jeter un regard surplombant sur toutes choses. À l'époque, Bradley a vingt-neuf ans, il se relève d'une grave crise de santé, et aborde un sujet que lui-même reconnaît comme limité[20]. En conséquence, il ne s'agit aucunement pour lui d'appliquer une théorie sur un exemple particulier mais au contraire de partir d'une réalité très concrète, le cas de l'historien, et de se demander en réfléchissant sur les présupposés de sa pratique, ce qui justifie la valeur de l'histoire comme connaissance. C'est dans cette perspective qu'il nous semble nécessaire de reprendre le fil de l'argumentation de Bradley dans *Les Présupposés de l'Histoire critique*, en prenant le soin de mettre en évidence les raisons immédiates de son analyse qui, bien qu'inscrites dans le conflit d'interprétations de son époque et situées dans la continuité du mouvement idéaliste dans lequel il s'est volontairement inséré, sont principalement guidées par le souci précis, presque naïf[21], de rendre compte de l'effectivité de la pratique de l'historien.

Les notes manuscrites et les termes du débat sur la question des miracles

Les notes manuscrites rédigées dans la période pendant laquelle Bradley travaille à son opuscule, son court essai « History and Miracles », son projet

---

[19] Pierre Fruchon, *Francis Herbert Bradley : Les Présupposés de l'Histoire critique, étude et traduction, op. cit.*, p. 14.

[20] « Bradley s'est orienté d'abord vers une réflexion sur... "l'histoire en général (ou l'histoire considérée dans son ensemble)"... », Pierre Fruchon, *ibid.*, p. 12.

[21] Bradley fait remarquer qu'il n'est ni historien ni homme de science, mais argue du fait que de nombreux penseurs non-scientifiques sont parvenus à écrire sur la méthode en science, et c'est la raison pour laquelle il considère comme justifié le fait qu'il propose à son tour une méthode en histoire (voir PAP, p. 149). Pour Carol Keene, Bradley fait allusion à l'arrière-plan comtiste et positiviste de la période et pense notamment à Herbert Spencer et G. H. Lewes (PAP, p. 149 note 5).

de préface et les notes qu'il prend sur des ouvrages concernant la question des miracles (l'essai de Hume « Of Miracles » dans *An Enquiry Concerning Human Understanding*, la réaction de William Paley sur le texte de Hume, examinée à partir d'une source secondaire, probablement un texte de Henry Mansel s'il faut en croire Keene[22]) permettent de comprendre non seulement dans quel esprit il a abordé la question de l'histoire mais aussi de mettre en évidence les articulations centrales de son texte sur fond du conflit d'interprétation majeur opposant l'exégèse biblique classique des miracles aux tenants de la méthode critique en histoire.

La question des miracles a engagé une problématique historique à l'époque en ce que l'histoire providentielle a cédé le pas à l'histoire critique : elle a cristallisé l'opposition entre les croyants et les auteurs soupçonnés d'athéisme (Hume en l'occurrence[23]) avant que la science ne soit admise comme critère d'autorité pour y mettre bon ordre. À partir de là, cette question s'est dramatisée en un conflit des dogmatismes, mettant face à face une conception nouvelle de la science, dégagée du déisme, et l'orthodoxie chrétienne classique, deux autorités en lutte pour la reconnaissance de leur supériorité.

Dans un projet de préface pour son opuscule, Bradley situe le point de départ de son travail dans un passage omis dans la préface définitive pour ne pas s'attirer, on peut le supposer, les foudres des deux parties engagées dans la controverse sur les miracles :

> Il y a quelque temps de cela, alors que j'étais plongé dans l'étude de Zeller sur Ferdinand Baur et que je méditais sur la misérable nature des arguments utilisés de part et d'autre au sujet de la controverse sur les miracles, je fus conduit à me demander si, avant même de se poser la question de savoir si tel ou tel événement supposé est historique ou non, il ne serait pas préférable de revenir à notre façon de concevoir l'histoire, et de voir s'il est possible d'en tirer quelque conclusion quant à la nature nécessaire de ce tout qu'on est amené à appeler une partie de l'histoire. J'ai pensé qu'il était possible de cette façon d'éviter de poser des questions métaphysiques et d'arriver néanmoins à des résultats positifs. Mais, comme j'ai pu m'en rendre compte, cela n'était qu'un vœu pieux ; car à chaque fois que l'on cherche à expliquer ce que l'on entend par histoire, on se trouve confronté aux pires problèmes, et sous leur forme la plus exaspérante.[24]

---

[22] *Ibid.*, (« Notes towards *The Presuppositions of Critical History* ») p. 156 note 12.

[23] « Un Miracle est une violation des Lois de la Nature ... », David Hume « Essay X : Of Miracles » *An Enquiry Concerning Human Understanding and Other Essays*, New York, Washington Square Press, 1963, p. 113.

[24] PAP, p. 147-148 .

Il explique également dans ce projet de préface pourquoi il n'a pas voulu citer la littérature apologétique dans son ouvrage dans un autre passage omis dans le texte définitif mais qui en dit long aussi sur ce que Bradley pensait du niveau de la controverse en cours[25]. Pierre Fruchon souligne que Bradley est intervenu non pas *dans* le débat mais *sur* le débat, car il explique dans la préface publiée que sa position personnelle est volontairement en dehors des polémiques de sa période, même s'il remarque qu'il déplore une telle situation[26].

Le principe même d'une exégèse critique de la Bible avait déjà commencé d'instruire un débat agité au tout début du dix-neuvième siècle, avec le *Earlier Oriel School Movement* à Oxford qui, suivant ses meneurs Richard Whately et Thomas Arnold, avait suggéré de soumettre certains dogmes chrétiens à l'examen de la raison humaine, voire de remettre en cause le principe de l'inerrance des Écritures[27]. Ce mouvement, resté dans l'orbe d'influence de la *Broad Church*, a culminé avec la publication d'*Essays and Reviews* en 1860, juste un an après celle de *L'origine des espèces* de Darwin. Mais l'école de critique historique biblique de Tübingen, connue en Angleterre par les travaux de Ferdinand Baur et surtout de David Strauss[28] a aussi eu une influence

---

[25] « Au début, j'avais pris en note dans ces pages d'autres remarques ridicules rencontrées au fil de mes lectures de la littérature apologétique de l'époque, enfin ce que j'avais réussi à en lire. Mais j'en ai même retiré les références […] Elles sont le produit d'une sophistique qui s'est épuisée à se vouloir stupide ». *Ibid.*, p. 151. Selon Rubinoff, il aurait lu l'ouvrage *Voices of the Church in Reply to David F. Strauss Comprising Essays in Defence of Christianity by Divines of Various Communions*, Rev. J. R. Beard (dir.), Londres, 1845.

[26] « [...] Je suis obligé, en conclusion, de dire un mot sur l'application de tout ce que j'ai écrit ici à des questions religieuses. De ce que j'ai dit, je suis responsable, je ne le suis pas de ce qu'un autre en voudrait conclure. Voici ce que j'avance : le point de vue présent de chacun doit déterminer sa croyance relative à *tous* les événements passés. Le terme de *cohérence* est le seul que j'aie voulu mettre en relief. Si l'on pense que les conclusions de cet essai ne sont compatibles qu'avec telle forme de croyance ou d'incroyance, je n'y peux rien. Je peux seulement dire d'avance que cette opinion n'est pas la mienne. Ces conclusions, je pense, excluent seulement une rupture entre les mondes du passé et du présent ; il ne m'appartenait pas de montrer où cette rupture existe et encore moins de me prononcer sur la vérité et la fausseté relatives des croyances religieuses existantes ». PCH, p. 2-3.

[27] *Cf.* Kia Tcheng (François) Houang, *De l'humanisme à l'absolutisme : l'évolution de la pensée religieuse du néo-hégélien anglais Bernard Bosanquet, op. cit.*, p. 11.

[28] En ce qui concerne l'école de Tübingen, nous nous référons ici à la nouvelle école évangélique fondée par Baur, et dont les membres les plus connus, Strauss et Zeller, ont eu une influence certaine en Angleterre, et notamment sur Bradley. Mais alors que la position de Strauss aboutissait à une remise en cause de la tradition chrétienne, quand il soulignait la dimension mythique des Évangiles, la plupart des autres membres estimaient qu'il était nécessaire de recourir à une conception de l'histoire critique qui implique une forte composante spéculative. De ce fait, l'école a incorporé des éléments

considérable dans l'évolution du conflit entre la science et la religion[29]. Baur a révolutionné l'exégèse biblique en appliquant les lois hégéliennes du développement historique aux Écritures et en critiquant le traditionalisme surnaturaliste tandis que Strauss, élève de Baur, est plutôt connu pour avoir poussé les principes de l'historiographie biblique jusqu'à une remise en cause de la religion chrétienne elle-même dans sa *Vie de Jésus* en 1835, dont le retentissement a été très important en Angleterre. La position de Strauss a consisté à mettre en valeur un point de vue « mythique » : la source principale de la croyance en la vérité de la Bible provient selon Strauss de sa mystique surnaturelle, ce qui explique pourquoi les croyants sont émotionnellement prédisposés à croire en la vérité historique de l'histoire biblique. Selon Strauss, il faut purger l'histoire de sa base mythique, et comme le christianisme repose sur un mythe et non sur des faits historiques, sa signification doit être ré-évaluée. Le Christ, dont Strauss nie la dimension surnaturelle, est avant tout un maître de morale. L'histoire doit donc être étudiée en se dégageant de toute présupposition dogmatique ou religieuse, en adoptant un point de vue critique scientifique et philosophique pur.

Cette nouvelle critique historique repose sur un certain nombre de lois : la loi de l'uniformité de la nature (un fait n'est pas historique s'il contredit les lois universelles connues : les miracles ne sont donc pas historiques) ; la loi de succession (l'ordre naturel de croissance et de décroissance s'applique aux choses humaines) ; et la loi psychologique (les êtres humains se comportent de façon globalement et psychologiquement prévisible). Enfin, Strauss évoque un principe de cohérence selon lequel aucun fait ne doit être contredit par un autre[30].

La critique biblique s'est inscrite dans un mouvement plus ample affectant l'historiographie générale, notamment avec l'apparition du mouvement critique

---

de la philosophie hégélienne. Pour plus de détails et pour une bibliographie sur cette question, nous renvoyons à l'entrée « Tübingen » du *Dictionnaire critique de théologie*, *op. cit.*

[29] Pour la relation de Bradley avec l'école de Tübingen, voir entre autres Muirhead *The Platonic Tradition in Anglo-Saxon Philosophy*, *op. cit.* ; l'introduction de Lionel Rubinoff à son édition de *The Presuppositions of Critical History*, *op. cit.*, p. 31-37 ; et surtout l'étude de Pierre Fruchon *Francis Herbert Bradley : Les Présupposés de l'Histoire critique, étude et traduction*, *op. cit.*, p. 15-34, qui offre le plus de détails, et dont nous nous sommes inspiré ici avec l'appui des remarques de Rubinoff sur l'épistémologie straussienne dans son article « F. H. Bradley and *The Presuppositions of Critical History* », *op. cit.*

[30] *Life of Jesus*, 4th ed. [1840], translated by George Eliot, in 3 vols., Londres, Chapman Bros., 1846, vol. 1, p. 91, cité par Rubinoff, *op. cit.*, p. 188. C'est cette édition (et non la deuxième version de l'ouvrage de Strauss [1864], traduite en anglais sous le titre de *A New Life of Jesus* en 1879) qu'a lue Bradley. C'est aussi cette version qui a connu un retentissement important dans l'histoire des idées en Angleterre.

en Angleterre. Traditionnellement, on fait commencer l'école critique anglaise avec la traduction du livre de Barthold Georg Niebuhr sur l'histoire de Rome (*Römische Geschichte*) par Connop Thirlwall et Julius Hare (la deuxième édition de cette traduction date de la fin des années 1820)[31]. La réception de cet ouvrage n'avait pas été bonne en Angleterre car il avait introduit de nouveaux principes dans la recherche historique, comme un esprit scientifique et une utilisation des règles de l'inférence à la place des discours traditionnels, et l'accusation de scepticisme qui lui a été portée est donc aussi révélatrice des enjeux de l'époque. L'échauffement des esprits et le degré de confusion en la matière justifient bien l'œuvre de Bradley comme réflexion sur l'histoire critique. Il s'est placé dans la perspective de trouver des critères permettant d'évaluer des témoignages contradictoires sur la question des miracles. Trouver une solution entre les écueils du positivisme (encore incarné à l'époque par l'œuvre de Thomas Buckle[32]) et du relativisme/scepticisme n'était pas aisé. En plus de la remise en cause de l'histoire officielle des débuts de l'histoire chrétienne et des croyances fondamentales qui y sont associées, la période était aussi perturbée par les doutes sur l'origine divine de l'homme du fait des travaux de Darwin ainsi que par la nouvelle conception de l'histoire de Marx et d'Engels qui réintroduisait un élément prophétique et messianique, même s'il était au service d'une doctrine athée.

Une interprétation kantienne de la connaissance historique

Pour comprendre ce qu'est l'histoire de l'historien, la méthode de Bradley consiste à découvrir les présupposés derrière les faits en réduisant ces derniers par soustraction de tout ce qu'il est possible de leur enlever jusqu'à parvenir

---

[31] Concernant cette question, voir l'article récent de Frédéric Slaby, « Présentation d'une controverse : les Écritures face à la critique biblique au XIXe siècle en Grande-Bretagne », *La Revue LISA / LISA e-journal* – Volume V, n° 4 / 2007, p. 15 *passim*, qui propose un « tour d'horizon » de la critique biblique en Grande-Bretagne en soulignant notamment l'importance de la critique allemande. Voir également l'introduction de J. R. Hale, *The Evolution of British Historiography from Bacon to Namier*, Londres, Macmillan, 1967, p. 9-79 ; Benedikt Stuchtey & Peter Wende (dir.), *British and German Historiography, 1750-1950,* Oxford, Oxford University Press, 2000, ainsi que le livre de Christopher Parker, mentionné *supra*.

[32] Henry Thomas Buckle, *History of Civilization in England*, 4 vols., avec une introduction d'Arthur Brisbane, New York, Hearst's International Library Co. Publishers, 1913. Il existe une traduction française : Henry Thomas Buckle, *Histoire de la civilisation en Angleterre* (trad A. Baillot) 5 tomes, Paris et Bruxelles, 1865. Pour une étude de l'œuvre de Buckle, nous renvoyons à notre article « Henry Thomas Buckle, ou l'Angleterre comme sens de l'Occident », in Jean-Paul Rosaye et Charles Coutel (dir.), *Les Sens de l'Occident*, Arras, Artois Presses Université, 2006, p. 169-185, et à sa bibliographie.

à ce qui les détermine vraiment[33]. En recherchant les présupposés de l'histoire critique, Bradley adopte ce qui est l'essence même du criticisme kantien. En effet, l'objet de la philosophie transcendantale est de remonter aux conditions de possibilité de l'expérience par exemple pour en dégager les sources : la connaissance, la science, n'est possible que lorsque chacune des sources contribue judicieusement selon son essence vraie à construire l'objet connu. Bradley pose d'emblée que l'histoire ne peut être que critique, c'est-à-dire qu'un pur réalisme, travers typique de l'attitude pré-critique, est impossible ; il y a nécessairement une action du sujet qu'est l'historien :

> Telle est la conception naturelle à l'esprit non-critique ; l'histoire n'a pas de présupposés et, en vérité, elle ne peut pas en avoir ; il lui appartient de rappeler, non de construire ; elle veut prendre la vérité telle qu'elle est, non la faire telle qu'elle devrait être.[34]

Mais bien entendu, le criticisme n'est pas un pur idéalisme puisqu'il admet le rôle indispensable de l'expérience comme source de donnée :

> Nous ne contestons nullement que l'histoire existe indépendamment de l'historien ; nous devons admettre inversement qu'il n'y a pas d'histoire purement subjective ou, en d'autres termes, que rien de ce que l'historien « crée » n'est pas à proprement parler histoire.[35]

En énonçant d'emblée la méthode dans la préface, Bradley expose du même coup ce sur quoi portera tout l'ouvrage[36] : les présupposés de l'histoire critique dépendent d'un seul critère qui permette de les définir, l'historien, et ils ne sont donc autres que l'expérience critique présente[37], qui se construit dans la conscience de l'historien. Si l'exposé de la méthode est fort clair, la difficulté

---

[33] « Cette méthode est tout simplement la suivante. Prenez pour une évidence (et vous devez y croire) un ensemble de faits, de croyances, ou tout ce que vous voudrez bien appeler par un nom de votre choix, et cherchez à voir, dans la mesure du possible, ce qu'ils impliquent, quelles sont leurs conditions ; c.-à-d. prenez vos faits, et après les avoir analysés, essayez de trouver ce qui en eux, quand on l'enlève, les réduit à l'état de *caput mortium* [sic], les annihile en tant que faits. En d'autres termes, essayez de découvrir à partir d'eux ce qu'ils présupposent. J'ai voulu appliquer cette méthode à l'histoire critique. À l'histoire *critique* car il me semble clair que toute histoire est plus ou moins critique... », PAP, p. 149. Nous tirons ce passage des notes manuscrites car elles sont plus développées que ses explications dans la préface de son opuscule.
[34] PCH, p. 9.
[35] *Ibid.*, p. 8.
[36] *Ibid.*, p. 2.
[37] Ceci avait déjà été noté par Jules de Marneffe « La preuve de l'Absolu chez Bradley » in *Archives de philosophie, op. cit.* : I- Analyse et critique de la méthode, p. 79.

consiste donc à comprendre comment cette expérience critique se réalise, et quelles sont les règles qui président à la construction de cette conscience : c'est le programme que se propose de suivre Bradley dans son ouvrage.

Reconstruire l'unité de l'ouvrage dans les différents moments de la soixantaine de pages qu'il contient n'est pas une tâche aisée. Le texte principal se double de cinq notes (représentant un tiers du volume de pages total) qui le reprennent sous des perspectives différentes, et Bradley donne l'impression d'avoir travaillé sur plusieurs questions épistémologiques en même temps, comme la nature de l'expérience, l'analogie, l'inférence, etc., qu'il passe au crible d'une critique serrée et constante. La progression est constamment émaillée voire arrêtée par des objections multiples, parfois successives, qu'il discute longuement avant de reprendre le fil initial de sa réflexion. La plupart des commentateurs ont souvent dû faire un choix pour essayer de reconstituer une logique globale, comme Muirhead, ou tenter de distinguer plusieurs niveaux de compréhension, comme Fruchon, quand ils ne se sont pas contentés d'inclure rapidement Bradley dans les problématiques de l'époque en sélectionnant quelques thèmes. Bradley était lui même insatisfait de sa tentative[38], et on peut comprendre qu'il ait ressenti comme un échec le fait de ne pas être parvenu à circonscrire totalement la question de l'histoire. En effet, il a estimé que son opuscule n'était pas une réussite, et si la mésestime de ses propres travaux est un trait fréquent chez lui, il est particulièrement sévère avec *Les Présupposés de l'Histoire critique*. Compte tenu de ces éléments, faut-il absolument chercher un plan serré, dialectique, construit et précis dans son travail ? Sa conception de l'histoire critique exposée en préface sert en fait de fil conducteur tout au long de l'ouvrage, et même si le lecteur se perd parfois dans certains méandres de digressions subtiles, le retour régulier à la problématique générale se fait aisément. Il convient ici de prendre la mesure de ce qui apparaît là peut-être comme un défaut de la pensée bradleyenne : c'est un trait récurrent, d'ores et déjà en place, que de procéder en cheminant de points précis en points précis qui peuvent, pour un lecteur pressé, apparaître comme des détails superflus[39]. Ce cheminement, quand il est maîtrisé, est chez Bradley le signe d'une rigueur qui vise à l'exhaustivité, et qui seul peut prétendre concrètement à ramener le divers du réel à son unité véritable.

Travaillant sur la construction de la connaissance historique dans et par la conscience de l'historien, Bradley ne peut logiquement manquer d'aborder les problèmes de l'outil dont doit disposer l'historien, du matériau sur lequel il travaille et qu'il a pour tâche d'organiser, de la difficile question de l'essence

---

[38] « Je sais bien que je ne peux pas livrer ces pages au public sans offrir d'excuses. Je le crains, leur contenu n'est pas satisfaisant et leur forme est pire... » (PCH, « Préface », p. 1).

[39] *Cf.* les remarques de Green au sujet du cheminement intellectuel de Bradley dans sa dissertation « A Revolution is a New Idea », PAP, p. 34 note 5.

de l'histoire, non pas en tant que connaissance mais comme réalité effective, c'est-à-dire comme milieu du déploiement de l'esprit humain. C'est dans ces trois directions qu'il nous faut aborder maintenant le corps de son texte.

Les outils de l'historien

La position idéaliste adoptée par Bradley implique que l'historien dispose d'outils épistémologiques pour construire l'objet de sa connaissance compte tenu de la spécificité de l'histoire, qui est la connaissance du passé humain.

Les acteurs de l'histoire s'inscrivent dans un monde naturel que la science comprend en la soumettant à l'explication causale, et c'est dans ce cadre que tout scientifique construit des lois permettant d'établir des régularités et de penser le cours stable du monde. Il faut noter ici que Bradley admet que la science est le cadre de référence de l'histoire, et il serait anachronique de voir dans les distinctions effectives qu'il opère une préfiguration de la distinction sciences de la nature / sciences de l'esprit, pensées comme deux sphères séparées. L'histoire a bien des spécificités qui interdisent l'approche scientifique normale, que Bradley conçoit, comme son époque, sur le modèle de la physique[40]. C'est donc toujours par comparaison avec la méthode et les résultats de la science en général que la méthode et les outils de l'histoire sont pensés, et ce de façon négative puisque l'histoire est incapable de procédure scientifique au sens dur du terme :

> Certes, nous sommes loin de penser que l'histoire et la science (toujours réduite, comme le veut en Angleterre le sens du terme, à la science physique) sont absolument identiques. À la différence de la plupart des domaines de la science, l'histoire ne peut pas instituer d'expérience et son objet (nous devons ici nous contenter de l'admettre) n'est pas le même que celui de la science.[41]

Cela explique tous les longs passages où Bradley distingue radicalement la vérité scientifique de la vérité historique, notamment lorsqu'il examine la question du caractère seulement probable de la vérité historique, ou lors qu'émettant la supposition que l'histoire devienne une science, il procède à une longue démonstration pour démontrer l'absurdité d'une telle idée[42]. La critique, comme toute connaissance phénoménale, doit donc son fondement à ce qui justifie l'inférence, laquelle n'a de sens que si l'on suppose l'uniformité

---

[40] Bradley sait bien que cette conception positiviste de la science est elle-même problématique, et qu'elle mériterait, dans un autre cadre, d'être réévaluée ; mais ici, il n'y a pas lieu de le faire puisque la position de l'histoire par rapport à l'attitude scientifique générale, même réévaluée, même mieux comprise, ne changerait pas.

[41] PCH, p. 23.

[42] Voir notamment la note C (*Ibid.*, p. 59-60) et p. 37 à 43.

essentielle de la nature et du cours des événements[43]. L'universalité des lois (*universality of law*), présupposé nécessaire de toute connaissance, représente la condition de possibilité de l'histoire : en ce sens on peut dire que les caractéristiques de l'histoire sont celles de la science[44], même si, ultimement, elles ne sont pas identiques. En effet, l'être humain possède comme particularité d'être libre, du moins est-ce ainsi qu'on s'accorde en général à analyser sa spécificité ; cependant, cette idée de liberté ne s'oppose pas à celle d'une nature humaine dans la mesure où l'homme agit librement en choisissant avec sa conscience et sa raison. Dans le cas contraire, l'idée de liberté conduirait à des comportements totalement aléatoires, totalement irrationnels, ce qui rendrait toute connaissance impossible :

> Si la liberté du vouloir doit signifier que les actions humaines ne sont soumises à aucune loi et qu'elles sont, en ce sens, irrationnelles, il faut concéder, à mon avis, que la possibilité de l'histoire disparaît et que le passé est livré à une incertitude presque totale. Car s'il est exclu que nous comptions sur la nature humaine, nous perdons nos prises sur la tradition et, avec elles, à peu près tout ce qui fonde pour nous le jugement historique.[45]

Cet historien, qui infère sur fond d'uniformité des lois, doit posséder des outils adaptés à son objet car il est un sujet pensant qui cherche à connaître l'action d'autres sujets pensants. L'inférence dans les sciences consiste à analyser l'objet de l'extérieur et à produire des preuves toujours d'un point de vue extérieur à l'objet, mais pour Bradley ceci est insuffisant en histoire. En effet, le problème n'est pas ici d'évaluer des preuves externes mais de s'approprier le témoignage des autres, de le comprendre et de le faire entrer dans notre expérience. Il est notable que Bradley ne semble concevoir le travail de l'historien que comme une analyse de témoignages, passant de surcroît par le médium de l'écrit, une idée qui nous semble aujourd'hui terriblement réductrice ; mais à l'époque elle ne l'était pas totalement. De plus, Bradley s'intéresse particulièrement dans cet ouvrage à la question des miracles, et ceux-ci, par définition, ne sont appréhendés qu'à travers des témoignages. Par ailleurs, notons que le témoignage peut s'entendre dans un sens supérieur où il change de statut : quels que soient les matériaux qu'un historien rassemble, ils

---

[43] « [...] l'inférence n'est justifiée que si l'on suppose l'uniformité essentielle de la nature et du cours des événements ». *Ibid.*, p. 21.

[44] « En un mot, l'universalité des lois et, sans donner à l'expression son sens strict, la connexion causale représentent la condition de possibilité de l'histoire ; bien qu'elle n'ait pas à la prouver, elle y trouve le principe qu'elle doit présupposer et faire valoir comme un acquis développé dans tout le champ de son activité. Jusque là les caractéristiques de l'histoire sont celles de la science (de la nature) ». *Ibid.*, p. 21.

[45] *Ibid.*, p. 23.

ne prendront de sens au bout du compte que lorsque nous les ferons témoigner, que lorsqu'à travers eux le passé nous parlera.

Comprendre le témoignage d'autrui implique une inférence opérée à partir de notre propre expérience, et cela entraîne un jugement d'un homme appartenant à une époque, le présent, sur des hommes appartenant à une autre époque, le passé. Cela ne revient-il pas à dire que la connaissance historique est impossible puisque ce sera toujours le présent qui juge le passé, puisque la conscience présente de l'historien, condamnée à l'illusion rétrospective, s'interpose entre lui et son objet ? C'est tout le contraire pour Bradley, au sens où l'expérience est précisément le *medium*, le moyen, le lien avec le passé. C'est cette opération que recouvre le mot de subsomption, clé de voûte de la méthode de l'historien selon lui. La subsomption est un terme kantien qui désigne dans l'activité de l'entendement le fait de rassembler une multiplicité donnée : on subsume le divers donné dans l'intuition à l'aide des catégories pour produire des concepts. En quoi précisément consiste donc cette synthèse au sens kantien qu'opère l'historien ?

Tout homme a une expérience du monde dans lequel il vit. Cette expérience immédiate n'est pas encore l'expérience critique ; et c'est à cette dernière que doit obligatoirement accéder l'historien dans une mise à distance de notre propre expérience du monde[46]. L'historien, en quelque sorte, doit « expérimenter » en un sens kantien « l'expérience de son monde ». Ce faisant, la conscience de l'historien a devant les yeux deux expériences du monde, la sienne propre et celle de l'homme du passé[47], transmise par exemple dans un témoignage. Opérer une synthèse de ces deux expériences du monde consiste dans le fait d'établir des identités, des différences, différences qui seront comprises toujours par cette mise en regard des deux mondes à l'aide d'analogies[48]. Bradley procède à un examen quasi exhaustif et minutieux de toutes les formes d'identité, de différence et d'analogie qui peuvent apparaître, des difficultés spécifiques engendrées par chacune, qu'il serait inutile de détailler ici, et on peut, pour conclure, dire que l'expérience critique de l'historien subsume deux expériences non critiques, la sienne propre en tant qu'elle est naturelle, et celle de son objet d'étude.

---

[46] « Bref, l'expérience destinée à fonder la critique historique doit être elle-même une expérience critique. » *Ibid.*, p. 26.

[47] « Pour lui rendre la vie, il faut pouvoir l'intégrer par subsomption au monde critique présent. » *Ibid.*, p. 27.

[48] « Répétons-le, chaque fois que le "fait" prétendu a été constitué par subsomption sous une vue du monde différente de la nôtre et que nous ne pouvons pas établir que le jugement reposait (consciemment ou inconsciemment) sur un système ordonné identique au nôtre, l'analogie est seule à pouvoir garantir l'affirmation du "fait" ». *Ibid.*, p. 31.

Le point essentiel ici est que l'analogie est le seul outil de l'historien pour établir ses connaissances : « [...] le non-analogue n'aura jamais droit de cité dans le domaine du témoignage historique[49] ». Cet outil rencontre des limites, lesquelles ne sont pas sans évoquer un certain rapport avec une analyse positiviste ; Bradley utilise d'ailleurs le terme analogie dans une expression développée récurrente, « avec le présent fourni par la science »[50], et c'est pour cette raison que Collingwood lui a adressé un reproche fondamental :

> Il estime que la connaissance scientifique de l'historien lui donne les moyens de distinguer entre ce qui peut et ce qui ne peut pas se produire ; et cette connaissance scientifique, il la conçoit à la manière des positivistes [...][51]

Si Collingwood n'est pas avare de compliments à l'endroit de Bradley malgré sa dissension de fond, c'est, nous semble-t-il, parce que Bradley était passé avec son idée d'identification des consciences très près du « re-enactment » collingwoodien[52]. Ce qui a permis la « libération » des sciences de l'esprit vis-à-vis des sciences de la nature, c'est l'idée que l'on retrouve chez Dilthey, Husserl et Bergson, d'une séparation entre la philosophie et la science, la première plus originaire et plus vraie, travaillant sur le sujet conscient et non sur ses productions, à savoir ses représentations du monde et la science. Ce sujet conscient, inaccessible à la science, est accessible au philosophe, à l'historien, par le biais d'une expérience toute autre que celle de la science. Il est donc possible, lorsque l'on se place de ce point de vue, de s'identifier avec la conscience de ces acteurs passés, et de comprendre ce que la science ne pourra jamais expliquer. Or, si Bradley évoque l'identification des consciences dans une analyse générale du témoignage[53] pour comprendre en quoi nous

---

[49] *Ibid.*, p. 43.

[50] « [...] le monde présent, le monde vérifiable, le monde d'aujourd'hui ou (autre application du terme) le monde de la science », *ibid.*, p. 38 ; « sans évoquer d'analogie avec le présent fourni par la science », p. 62 ; « [...] en l'absence d'aucune analogie avec le présent constitué par la science », p. 64.

[51] R. G. Collingwood, *The Idea of History, op. cit.*, p. 139.

[52] Collingwood admet que Bradley a raison de penser que la connaissance historique est plus une interprétation critique du témoignage que son acceptation passive, et que cela revient à faire sienne la pensée du témoin ; mais il estime que Bradley ne franchit pas l'étape supérieure consistant à reconnaître que l'historien re-joue *(re-enacts)* dans sa conscience non seulement la pensée du témoin mais aussi celle de l'agent dont l'action est rapportée par le témoin (« *the historian re-enacts in his own mind not only the thought of the witness but the thought of the agent whose action the witness reports* », *Cf. Ibid.*, p. 138.

[53] « Nous avons posé la question : "Pouvons-nous étendre notre connaissance et lui faire embrasser un monde de phénomènes nouveau ?" Nous répondons par l'affirmative.

sommes capables d'intégrer des éléments nouveaux qui n'ont pas d'analogie avec notre expérience dans notre monde vécu, il la refuse absolument dans le cas particulier de la connaissance historique :

> [...] Nous devons nous rappeler que le témoignage historique est non seulement témoignage rendu *à* l'histoire, mais qu'il est aussi *dans* l'histoire. Cette clause empêche l'identification de notre conscience à celle du témoin.[54]

C'est ce qu'il exprime d'une autre manière lorsqu'il écrit que l'histoire ne peut rien lorsqu'il n'y a pas d'analogie. Au nom de quoi Bradley, ultimement, récuse-t-il l'identification des consciences en histoire ? Ce n'est pas à notre avis parce qu'il était épistémologiquement encore prisonnier du modèle des sciences naturelles, mais parce qu'il est ontologiquement, philosophiquement, convaincu par l'idée hégélienne d'une marche de la raison dans l'histoire :

> [...] la conscience qu'une étape a d'elle-même n'est jamais celle qui correspond à un développement ultérieur. Comparée à une époque de réalisation plus intense, la connaissance qu'une étape a d'elle-même est partielle et fausse. Et quand nous réfléchissons que le sens de l'histoire est de porter ce développement à son comble, nous comprenons que le présent se condamne à la déception lorsqu'il espère trouver ses idées et ses croyances dans l'esprit du passé.[55]

Si nous ne pouvons pas nous identifier à un homme du passé, ce n'est pas parce qu'il lui manque des connaissances de détail que nous possédons, tout en ayant un esprit, une conscience, identiques aux nôtres ; c'est parce que son esprit appartient à un stade dépassé de l'histoire, et que par conséquent il nous est inaccessible comme un enfant est inaccessible à un adulte.

Certes, Bradley n'est pas historien de profession, mais il manifeste dans cette analyse une grande pertinence dans la compréhension de la pratique de l'historien. Avec la subsomption et l'analogie, il parvient d'une part à décrire ce qui, dans la réalité, distingue l'historien et du scientifique et du philosophe. Ce faisant, il perçoit toute la difficulté du métier d'historien : les scientifiques

---

Nous donnons le moyen de cette extension : l'observation rigoureuse dont nous sommes l'auteur. Nous nous sommes également demandé : "Le témoignage est-il pareillement en mesure d'élargir notre expérience lorsqu'il ne peut pas invoquer l'analogie ?" Nous répondons : "Oui, quand l'identification des consciences est possible ; jamais quand elle ne l'est pas" ». PCH, p. 31-32.

[54] *Ibid.*, p. 39.

[55] *Ibid.*, p. 40.

lui reprocheront toujours d'aboutir à des résultats insuffisants, les philosophes de s'en contenter.

Le matériau de l'historien

Ayant déterminé les outils méthodologiques dont l'historien dispose selon Bradley pour aborder l'objet singulier de l'histoire humaine, Il est nécessaire de se demander maintenant comment il analyse la manière dont l'historien informe son matériau.

Le sens commun voit volontiers l'historien comme un individu dont la tâche essentielle consiste à collecter des faits, des événements, qu'il met en ordre suivant la succession temporelle effective. N'est-ce pas au fond le rêve également de l'histoire objective qui pense la conscience de l'historien comme un miroir qui devrait refléter le passé pour nous le rendre « tel qu'il a véritablement eu lieu ». Bradley ne peut pas adhérer à une vision aussi simpliste. Il revient donc à la définition du fait historique pour s'opposer d'abord à la doctrine des sensations de l'empirisme classique qui se cache au fond derrière l'attitude incriminée : cette « philosophie de l'expérience » qui, par sa psychologie ordinaire de la simple reproduction donne une définition de la connaissance qui la condamne à poursuivre dans le fait « un fantôme pour toujours voué à disparaître dans nos étreintes, une ombre qui nous raille sans que nous puissions l'atteindre »[56]. Le fait pour Bradley n'est pas une chose mais une construction, un résultat qui comporte toujours des éléments subjectifs, et qu'il définit comme une totalité complexe. Du côté de l'acteur historique, il apparaît toujours comme un « événement enregistré » (*recorded event*) contenant un mouvement, une transition, des relations entre les éléments qui le composent, engendré par l'esprit mais indépendant et réel. Du côté de l'historien, en tant que le fait est objet de sa conscience critique, il atteste la présence de jugements résultant de la pratique de la subsomption, de l'analogie, de l'identification des consciences. Le fait est donc bien une théorie puisqu'il dépend d'une inférence dans sa réalité même d'objet de l'histoire :

> [...] Dans le champ de l'histoire, il est impossible de s'affranchir du raisonnement, et [...] ce que l'on appelle le fait est en réalité une théorie.[57]

Pour Bradley, les faits ne sont donc jamais une donnée originaire ; s'ils viennent jusqu'à nous, c'est fondamentalement à travers un témoignage qui nous les rapporte. Ce témoignage est pour lui la source primitive du matériau historique.

---

[56] *Ibid.*, p. 12.

[57] *Ibid.*, p. 17.

Nous avons soulevé précédemment l'idée que Bradley ne pouvait être ignorant au point qu'il ait méconnu le fait que le matériau de l'historien n'était pas constitué uniquement de témoignages écrits : c'eût été passer totalement à côté, par exemple, de l'existence de l'archéologie. Si Bradley s'en tient au témoignage, c'est qu'il s'inscrit dans la question de droit et non dans la question de fait. Ce statut bien spécifique est marqué dans *Les Présupposés de l'Histoire critique* par le développement sur le témoignage en général : il analyse celui-ci, avant même d'aborder la question du témoignage historique, à travers l'exemple type du témoin dans l'instruction d'une affaire judiciaire[58]. Le problème du juge est d'établir la vérité qu'il peut extraire des divers témoignages qui lui sont proposés : pour ce faire, il dispose bien sûr d'indices, d'éléments matériels, mais ceux-ci n'ont de sens qu'en tant qu'ils sont rapportés aux témoignages, nous renvoyant à la situation dans laquelle le crime ou le délit a été commis et subi par des sujets pensants. Il faut donc bien à un moment évaluer le témoin lui-même, la valeur de ses dires dépendant de la compréhension de sa manière de s'insérer, de vivre, de penser, de croire dans son monde vécu en sa totalité ; or, cela ne peut se faire, comme nous l'avons vu précédemment, que par une subsomption et tout ce qu'elle implique méthodologiquement. La spécificité du témoignage historique réside dans la distance entre l'expérience vécue des témoins que nous interrogeons et notre propre expérience vécue, et par définition, ces témoins n'appartiennent plus à notre monde : tout le travail de l'historien consiste, grâce à sa conscience critique, à établir des ponts entre ces deux mondes.

Toutefois, à ce point de l'analyse, il est nécessaire de soulever un problème de taille : le monde de l'historien et le monde des témoins sont-ils réellement deux mondes différents[59] ? D'un certain point de vue, non, puisque le monde présent est le résultat du monde passé, et à ce titre, s'inscrit dans la marche de l'esprit dans le temps[60]. Mais ce point de vue est celui de la *Weltgeschichte* conçu par Hegel, ce que Bradley n'ignore pas[61] – or cela implique un traitement philosophique métaphysique qui ne relève pas du travail de l'historien. Mais

---

[58] *Ibid.*, p. 15-17 & p. 49, où cet exemple type est à nouveau convoqué pour expliquer un problème historique spécifique à l'aide des conditions du témoignage en général.

[59] Bradley évoque (p. 26) l'apparence de l'existence de deux mondes séparés : « Critique, l'historien sépare bien le monde passé [...] du monde présent et connu ; mais cette démarche est illusoire [...] ».

[60] Cette continuité, cette intégration, cette totalité implique qu'en un certain sens rien d'humain n'est en droit hors de l'histoire. À propos des phénomènes qui posent un problème à l'historien, Bradley indique bien que : « [...] leur irréductibilité absolue, si nous la considérons comme il faut, elle ne nous apparaît rien moins qu'une *contradictio in terminis* », *ibid.*, p. 53.

[61] Il a suivi les cours de Green sur l'histoire de la politique et de la philosophie morale, et il a également lu les *Leçons sur l'histoire de la philosophie* de Hegel.

d'un autre point de vue ce sont bien deux mondes séparés : dans sa pratique, l'historien, situé dans l'histoire, ne surplombe pas totalement les deux mondes au point de les identifier, et il y a bien, pour lui, son monde présent et des mondes révolus. Ce monde mort que l'historien doit en quelque sorte faire revivre pour comprendre le témoin est indéniablement, en tant que tel, comme totalité absolue, hors de portée :

> Lorsqu'elle remplit son rôle critique, l'histoire envisage des contenus qui lui sont extérieurs bien qu'ils lui appartiennent et elle doit entreprendre une fois de plus de les embrasser. Or, la nature même de ces contenus représente un obstacle. Ce sont des documents et ils prétendent à un double titre d'être tenus pour des faits réels : ce sont d'abord des documents fournis par telle période et tel auteur, ensuite ils relatent des événements. Si l'on trouvait l'ensemble des documents complètement harmonisé, conforme à l'analogie et soumis aux conditions de l'expérience présente, si, en particulier, les documents fournissaient des événements cohérents, possibles et unis en une suite où les causes et les effets nous seraient dans une certaine mesure connus, si un enchaînement satisfaisant d'inférences assurait en outre de la localisation historique des auteurs et autorisait à leur faire confiance en tout, ... **alors** la critique n'aurait plus qu'à vérifier et à réaffirmer sous sa propre garantie un matériau qu'elle ne changerait pas, qu'elle conserverait sous sa forme primitive.
> **Mais il n'est pas besoin d'observer que cette hypothèse est bien éloignée de la réalité et qu'elle en diffère complètement. Elle n'est pas réalisée et la manière dont est produite la matière de l'histoire ne permet pas d'en envisager la possibilité.**[62]

Il y a ici comme une limite asymptotique dont l'historien peut se rapprocher à l'infini, mais qu'il ne dépassera jamais. C'est, semble-t-il, parce que Bradley en a parfaitement conscience qu'il s'intéresse ici à la question des miracles, certes encore un peu d'actualité à l'époque où il écrit. Mais cette question contient épistémologiquement l'essence de la limite de l'historien. Il est avec eux dans le domaine du tout autre : ne quitte-t-on pas, alors, le monde de l'expérience possible « [...] vers une région qui ne tient ni de la science, ni de l'histoire »[63] ? Il reste cependant un champ immense à explorer pour la

---

[62] PCH, p. 46 : c'est nous qui soulignons.

[63] « [...] vers une région qui ne tient ni de la science ni de l'histoire ». *Ibid.*, p. 37. Bradley évoque à ce titre le « matériau aliéné de la tradition » (*alienated material of tradition*, p. 50), qui se situe dans le non-analogue, et se trouve donc hors du champ de l'histoire. C'est aussi en ce sens qu'il revient dans sa note page 51 sur la critique historique de Baur : ce qui appartient, selon Baur, à une forme supérieure de la connaissance est tellement individuel qu'il ne peut y avoir d'analogie possible, comme par exemple les petits miracles que sont les œuvres d'art « [...] les éléments échappent

connaissance historique et il convient de réfléchir sur le degré de vérité auquel peut s'élever l'historien dans ses investigations.

À partir des témoignages qu'il examine, l'historien fournit lui-même un témoignage sur le passé. En l'accueillant avec les analogies de notre expérience dans notre propre monde, nous savons que certains de ses témoignages sont plus crédibles que d'autres. Ce faisant, nous manifestons un rapport à la vérité historique ; nous établissons une hiérarchie entre ses récits : et ce n'est pas le simple fait d'options idéologiques, mais le fait de la contrainte qu'opère sur nous la probabilité de certaines explications, supérieures à celles d'autres interprétations. La première distinction qu'opère Bradley pour différencier les sciences naturelles et l'histoire est de placer les premières dans l'ordre de la vérité certaine et prouvée, et la seconde dans le seul horizon du probable :

> Il faut maintenant nous demander si elles [les conclusions historiques] si elles sont jamais plus que probables.
>
> À cette question, nous répondons par la négative. Si elles étaient plus que probables, elles seraient nécessairement scientifiques ; elles égaleraient les résultats de notre observation critique ; ce qui requiert, nous l'avons vu, l'identification des points de vue et l'assurance, chez le témoin, d'une intégrité, comme d'un soin, suffisants.
>
> Or, la nature du témoignage historique s'oppose absolument à ce que ces conditions soient réunies.[64]

L'idée ne semble pas très originale : par exemple, l'histoire objective, l'histoire triviale du sens commun, aurait tendance à dire que comme tous les faits du passé ne seront pas tous connus, il y aura toujours des incertitudes. Ce n'est bien sûr pas dans ce sens que Bradley pense la notion de probable, qui ne relève pas d'un défaut de fait du contenu que travaille l'historien, mais de l'essence même de la connaissance historique. Si cette dernière ne peut pas prétendre au même degré de vérité que la science, cela est dû aux trois conséquences qu'implique la connaissance de l'objet particulier qui est le sien. Tout d'abord, le fait dont s'occupe l'historien est un fait singulier qui par définition ne se reproduit jamais :

à toute distinction parce que, dans certaines personnalités, ils sont indissolublement fondus par une flamme qui mêle la substance des éléments à la nature du vase qui les contient et qui est elle-même re-naissance d'une âme individuelle. Ce ne sont point, par conséquent, des croissances naturelles, mais des créations et rien n'empêche, si l'on y tient, de leur donner le nom de miracles ».

[64] *Ibid.*, p. 39.

> En histoire, le fait primitif est un événement qui périt au moment où il apparaît. Il meurt et on ne peut jamais le faire revivre. Il ne se reproduit pas et nous n'avons pas le pouvoir de le reproduire.[65]

Ensuite, l'événement historique est un événement imprévisible puisque la totalité historique dans laquelle il se produit interdit de l'isoler de telle façon qu'il rentre dans le cadre des attentes de lois abstraites, générales, universelles[66]. Enfin, le témoignage qu'il nous rapporte ne sera jamais l'objet d'un contre-interrogatoire possible, contrairement à ce qui se passe dans un tribunal, et contrairement à ce qui est possible dans un laboratoire où l'on peut à l'infini réitérer les vérifications (« [...] À l'exception possible des dépositions présentes, l'historien n'est pas en mesure de soumettre les témoins à un contre-interrogatoire »[67]). Il n'y a pas et il n'y peut pas y avoir de preuve scientifique en histoire par définition. Cela signifie-t-il que la connaissance historique nous interdit toute certitude, du fait qu'elle est cantonnée à la probabilité ?

Bradley ne le pense pas et il découpe à l'intérieur du probable deux ordres bien distincts. Le premier pourrait être appelé, suivant une formule dont il remarque lui-même le caractère paradoxal dans toute la note C (qui se débat avec ce difficile problème qu'il avait éludé dans le corps du texte principal) celui du probable certain. Qu'est-ce à dire ? Il y a dans le passé un nombre d'événements qu'il est possible de comprendre par analogie avec le présent. Ces événements, attendu qu'ils ne présentent aucune contradiction avec les lois générales de la nature, seront donc validés avec le type de certitude qui est celui de la connaissance historique. Bradley utilise le terme de certitude pratique par opposition à celui de certitude théorique[68], valable seulement dans le domaine scientifique au sens strict :

---

[65] *Ibid.*, p. 41-42.

[66] « En outre, nous ne pouvons pas nous préparer à sa venue. Il se peut que nous ignorions son approche ; si nous en étions prévenus, nous n'aurions pas nécessairement la possibilité de nous poster à l'endroit voulu ; même présents au moment et sur le lieu où il se produit, le fait resterait trop complexe pour que notre observation prétende à la certitude. Pour fixer, il faut isoler ; comment peut-on, alors, isoler ? Et à supposer que l'on puisse isoler et fixer, on ignore trop souvent l'essentiel. Le moment, qui décide de l'orientation d'une situation complexe, n'apparaît tel que plus tard lorsque la tendance a pris corps ; et notre connaissance du présent nous fait regretter trop tard notre ignorance passée ». *Ibid.*, p. 42.

[67] *Ibid.*

[68] « Pour la science, il y a preuve et il y a probabilité ; il y a des faits probables mais incertains, des hypothèses probables mais non vérifiées ; cependant, la science ne connaît absolument pas de *conclusions* probables. Les conclusions de la science ont, pour elle, valeur de certitudes et, tant que la science reste fidèle à elle-même, elle ne peut pas se dispenser d'en fournir la preuve complète. La science reconnaît la probabilité

> Les conclusions de l'histoire ne sont jamais prouvées ; ce sont, en premier lieu, des probabilités théoriques et, en second lieu, davantage, des certitudes morales. Les conclusions de l'histoire sont des certitudes morales ; mais comme l'histoire n'est point pratique, elle doit déboucher sur des acquisitions théoriques auxquelles, par conséquent, l'on accorde, bien qu'elles soient probables, la valeur de certitudes théoriques.[69]

Comment comprendre le fait qu'à du probable on accorde une valeur de certitude théorique, ce qui semble contradictoire ? Le cadre premier dans lequel Bradley élabore sa solution est bien celui du kantisme, qui distingue la vérité scientifique théorique qui s'attache au monde phénoménal et qui relève d'une connaissance, d'une certitude pratique que l'on peut penser dans le monde nouménal mais qui ne sera jamais connue. Dans ce cas, l'idée d'une science de l'homme est totalement exclue. Pourtant, d'un point de vue hégélien, cette distinction fondamentale, théorique, n'a plus cours, et la connaissance peut à nouveau s'emparer du monde « nouménal » puisque le fantôme de la chose-en-soi a été éliminé. Bradley ici mélange ces deux points de vue en maintenant la distinction théorique pratique et en affirmant dans son sein la possibilité d'une connaissance pratique à laquelle il confère un statut particulier. Comment peut-on s'y prendre pour donner à la probabilité historique un statut de certitude qui en fait une quasi vérité théorique ? C'est ici que l'analogie va jouer tout son rôle :

> En effet, si l'histoire toute entière est probable et si toute donnée probable ne repose que sur une preuve par analogie, la conclusion s'impose que la preuve par analogie *est la seule* qui soutienne l'objet du témoignage historique.[70]

Les événements historiques sont « [...] moralement certains, pourvu que l'analogie les garantisse »[71]. Il y a peut-être là une sorte de coup de force théorique, mais cette voie « [...] est donc la seule qui nous sauve du scepticisme historique et de la crédulité en science. Elle est la seule qui s'offre au praticien de la critique »[72].

Un bon historien est donc celui qui présente des événements moralement certains. Mais l'histoire n'est pas seulement une somme d'événements, elle est

---

théorique, non la probabilité morale ; et elle ne le peut pas, parce que la probabilité pratique peut avoir rang de certitude ». *Ibid.*, p. 61.

[69] *Ibid.*

[70] *Ibid.*, p. 34.

[71] *Ibid.*, p. 62.

[72] *Ibid.*, p. 63.

un récit d'événements. Ce récit n'existe pas avant que l'historien n'ait effectué son travail.

> Nous sommes en quête d'histoire, c'est-à-dire du simple récit des faits
> à l'état pur ; nous regardons et nous ne trouvons nulle part l'objet de
> notre recherche ; nous voyons à sa place une multitude discordante de
> témoins, un chaos de récits discontinus et contradictoires, sans pouvoir
> les estimer tous vrais, ni toutefois en rejeter aucun parce qu'il serait
> faux.[73]

Qu'est-ce qui fait que le récit de tel historien est plus vrai que le récit de tel autre[74] ? Le fait qu'il unifie au mieux la totalité qu'il étudie : on rencontre ici son deuxième ordre du probable, le critère fondamental de la cohérence. Par définition, le matériau de l'historien comprend des multiplicités de témoignages, d'événements, et les comprendre c'est les relier suivant un schéma causal qui donne un sens sans contredire ce qui relève d'une preuve scientifique. Il s'agit ici de bien comprendre ce sur quoi, en dernier ressort, porte la cohérence, car elle n'est pas pour Bradley un terme vide, général et abstrait. En fait, l'historien doit donner une cohérence critique à son propre monde sinon il risque de demeurer dans l'attitude naturelle, qui est insuffisante. Il doit également donner une cohérence au monde ancien s'il veut pouvoir comprendre et évaluer les témoignages divers et multiples, voire contradictoires, qu'il étudie. S'il ne le fait pas, tel témoignage restera totalement incompréhensible et par conséquent n'existera pas pour lui puisqu'il ne pourra rien en faire. Pour donner une cohérence au monde ancien, il peut s'appuyer sur l'analogie, le ramenant ainsi d'une certaine façon à son monde présent. Nous avons vu qu'il existe nécessairement des cas où cela n'est pas possible, et nous atteignons là, apparemment, la limite de la subsomption. Mais en fait, celle-ci qui dépasse la simple analogie sous-entend une unité d'un troisième monde, celui constitué

---

[73] *Ibid*, p. 9.

[74] La note B est une réflexion sur le canon lérinien (« *quod semper, quod ubique, quod ab omnibus, creditum est* / nous devons tenir ce qui a été cru partout, toujours et par tous »), établissant l'autorité du consentement général comme critère d'orthodoxie d'une doctrine. Bradley transforme légèrement la citation de saint Vincent de Lérins en « *quod ubique, quod ad omnibus, ...verum est* », et on peut supposer qu'il cite de mémoire. Bradley insiste sur le fait que l'assentiment général ne peut être un critère recevable tout en observant que ce qui fonde véritablement la force d'une croyance est « *la qualité de la base* de l'observation », p. 59). Bradley ne se prononce pas encore sur la validité de ce critère (« Nous ne voulons pas nous demander maintenant si l'on peut jamais tenir pour plus que probable ou scientifiquement valide cette espèce de preuve ». *Ibid.*) mais c'est une question qui deviendra centrale et sera finalement exposée sous la forme de la doctrine des degrés de vérité et de réalité (« Degrees of Truth and Reality ») dans *Appearance and Reality.*

par l'unité du monde présent et du monde ancien. D'un certain point de vue, l'historien critique est déjà dans ce troisième monde puisqu'il arrive à produire des vérités historiques qui peuvent être évaluées selon des degrés de vérité. Mais bien sûr, il ne s'y trouve pas totalement, car dans ce cas il serait celui qui donne un sens à toutes les contradictions présentes, à toutes les contradictions passées et à la contradiction entre l'ancien monde et le nouveau ; en d'autres termes, il serait l'esprit absolu, ce qu'il n'est pas selon toute évidence, en tant que simple historien. Par ailleurs, qu'il ne soit pas l'esprit absolu ne l'empêche nullement de mettre en place des vérités relatives qui ne sont que probables au vu d'une synthèse supérieure ; mais il n'empêche que cet esprit absolu, l'unification ultime de la totalité parfaitement cohérente, est bien l'horizon de la connaissance historique.

Cet horizon implique que la tâche de l'historien est une tâche infinie, et que jamais l'histoire n'en aura fini d'améliorer la compréhension du passé : elle est reprise et révision inlassable des interprétations précédentes. Bien sûr, des données nouvelles sont toujours possibles, et du passé peuvent toujours surgir des éléments nouveaux, mais l'histoire est reprise et révision également du fait même de l'évolution du monde présent. Tel événement, sans analogie dans le monde présent et par conséquent écarté du champ de la connaissance historique avérée, peut devenir compréhensible du fait, par exemple, de l'avancée de la connaissance scientifique. Dans la note D, Bradley montre comment des récits autrefois considérés comme non historiques, ont finalement reçu gain de cause plusieurs siècles après ; et ceci est particulièrement vrai des témoignages de stigmatisation[75].

De tous les éléments qui font que l'histoire est simplement probable, et sans que cette limitation ne déprécie la connaissance historique, le plus important est bien la question du degré de cohérence auquel peut prétendre l'historien, non pas du fait qu'il rende techniquement difficile l'activité de l'historien mais parce qu'il est sa limite absolue. Par définition, arriver à une cohérence parfaite impliquerait de rendre raison des contradictions entre les témoignages, dans les témoignages, c'est-à-dire des contradictions réelles qui causent les soubresauts dont le monde passé, comme le monde présent, est affecté. Mais il est évident que nous ne sommes plus ici dans le seul cadre de la pratique de l'historien, et que nous abordons la question de l'essence de l'histoire, non pas seulement comme connaissance, mais comme réalité temporelle habitée par une humanité qui manifeste le progrès de l'esprit.

Bradley, l'histoire, et le programme de l'idéalisme

À l'époque de Bradley, pour qui refusait de céder aux attraits de la science, du matérialisme et de l'utilitarisme, la notion de progrès, donc l'histoire,

---

[75] *Ibid.*, p. 63-64.

constituait un enjeu majeur. Si l'on avait bien conscience qu'il n'était plus possible de s'arc-bouter sur une lecture de la Bible *sub specie aeternitatis*, ignorante des avancées du temps en les contestant sans les intégrer, il n'y avait d'autre choix que de proposer une autre version du progrès : celle d'un progrès moral, celle d'une avancée de la vie de l'esprit qui ne devrait rien pour l'essentiel au progrès scientifique, et qui serait peut-être même de taille à le comprendre, au sens étymologique du terme.

Il n'est donc point étonnant que, outre les raisons spécifiques, circonstanciées, qui ont poussé Bradley à écrire cet opuscule, il y avait bien un motif d'intérêt général. Dans son analyse de l'histoire, Bradley a dessiné les contours d'un objet et d'un contenu dont jamais la science ne pourra légitimement s'emparer :

> L'intérêt de la science est orienté vers la découverte des lois de ce qui *est*, non pas vers des événements passés, présents ou futurs, ni même vers aucun événement, mais vers ce qui subsiste. L'intérêt de l'histoire concerne le rappel du cours des événements qui *ne sont pas*, qui n'existent pas et qui n'existeront pas, mais qui *ont existé*. L'une a pour objet « le permanent au milieu du changement » l'autre « les changements du permanent » ; les faits sont, pour l'une, des illustrations, pour l'autre des incarnations ; l'une limite les individus pour les abstraire, l'autre les incorpore pour les réaliser.[76]

Cette différence radicale de perspective et d'objet est à l'origine de la séparation théorique radicale entre le témoignage historique et le témoignage scientifique, ce dernier prenant bien place dans le passé sans pour autant n'être jamais dans l'histoire. Il est bien entendu que cette séparation historique des témoignages n'empêche pas un même objet d'exister sur les deux plans : Bradley donne l'exemple de la peste à Athènes qui intéresse à la fois l'épidémiologiste et l'historien sans que les plans n'interfèrent théoriquement[77]. Ce qui fait la spécificité du témoignage historique est :

> En premier lieu, le témoignage historique est, pour nous, *dans* l'histoire, c'est-à-dire limité au champ de la *tradition* humaine. Nous refusons de considérer comme proprement historiques les documents fournis par la géologie, la géographie, les fouilles et l'étude des langues parce qu'ils ne se situent pas essentiellement dans l'ère des récits humains ; la rédaction d'histoires doit ici représenter pour nous la limite de l'histoire critique.
> En second lieu, le témoignage historique est témoignage rendu *à* l'histoire. Les documents fournis par l'astronomie ou la météorologie,

---

[76] *Ibid.*, p. 36.
[77] *Ibid.*, p. 37.

l'ensemble des récits qui concernent des événements naturels n'appartiennent pas à l'histoire telle que nous la comprenons. Pour nous aussi, l'histoire est récit d'événements mais elle ne s'intéresse qu'à un champ unique, à ce qui transmet et raconte les actions et les souffrances *humaines*.[78]

Cette dernière phrase déprécie en quelque sorte l'intérêt de la connaissance scientifique, sans doute utile pour connaître la nature et pour la dominer ; mais d'une certaine façon, elle ne nous intéresse pas vraiment parce qu'elle ne nous parle pas de nous-mêmes, ne transmet ni ne raconte « les actions et les souffrances humaines ». La connaissance historique est l'objet d'un conflit : face aux prétentions de la science qui aurait bien voulu s'en emparer pour y découvrir des lois de type scientifique permettant par exemple d'établir des prévisions, Bradley défend les prérogatives de l'esprit en assignant la science dans des limites qu'elle ne pourra jamais dépasser[79]. Ce faisant, il arrache à cette dernière ce qui en réalité était l'objet de toutes ses convoitises, car n'y a-t-il pas que l'humain, finalement, qui intéresse l'homme ?

Reste maintenant à comprendre quelle est la nature de l'objet de l'histoire, objet qui justifie sa valeur exceptionnelle.

> L'intérêt que nous prenons au passé est le sentiment que nous avons de ne faire qu'un avec lui ; c'est l'intérêt que nous prenons à notre propre développement ; et comme, pour exister, cette nature humaine doit être individuelle, l'objet du document historique est le monde de l'individualité humaine et le cours de son développement dans le temps. L'homme se réduit à un exemple pour le témoignage scientifique, mais non pas pour le témoignage historique : il est une incarnation nouvelle de la même substance sentie, à son apogée peut-être, l'individualisation manifeste d'un monde (*stage*) en marche (mais sur ce point, nous ne voulons pas exprimer d'opinion). Le témoin historique ne cherche nullement l'universel *comme tel* ; tout au plus lui importe-t-il de le voir incarné dans ne personne unique ou dans l'esprit d'une nation.[80]

Si jusqu'à présent toutes les analyses bradleyennes relevaient, parfois au prix de quelques contorsions, d'une inspiration kantienne (et nous suivons Muirhead

---

[78] *Ibid.*, p. 35.

[79] Dans l'appendice B de son étude sur *Les Présupposés de l'Histoire critique*, (*op. cit.*, p. 114-119) Pierre Fruchon analyse de façon détaillée l'opposition de Bradley aux prétentions de Mill, qui voulait aligner les sciences humaines sur les sciences physiques comme seul modèle d'intelligibilité : l'histoire alors, rendue totalement scientifique, aurait eu pour mission de rendre possible des prévisions utiles pour la pédagogie et la politique.

[80] PCH, p. 36.

sur ce point), le doute n'est ici plus permis : nous sommes dans une conception parfaitement hégélienne de la réalité historique. Cette dernière est le lieu du déploiement d'un esprit absolu qui se révèle dans et par ses incarnations, et ce, dans un progrès qui n'est pas continu, cumulatif, mais qui procède par ruptures, révolutions, dépassements. Bradley le célèbre et l'expose dans des paragraphes dont l'orthodoxie hégélienne est indiscutable :

> [...] l'esprit est une unité qui, en elle-même, maintient une contradiction jusqu'à ce que les éléments désunis se soudent, se dissolvent et se mêlent de manière à constituer une autre conscience, un nouveau système, un nouveau monde... un monde qui est nouveau et dans lequel on retrouve l'ancien sous une autre forme.[81]

Ce progrès s'entend bien dans deux sens, à la fois un progrès moral, et un progrès dans l'ordre de la vérité :

> En effet, l'histoire (nous l'admettons) progresse, elle est progrès non seulement au sens de croissance quantitative, mais comme l'est ce qui se développe ou évolue de soi-même, ce qui reste essentiellement identique, à des stades de croissance qualitativement différents, plus dissemblables les uns que les autres que la fleur ne l'est au bourgeon et que le fruit ne l'est de la fleur.
> Si le bouton avait conscience de lui-même, il se connaîtrait, mais il ne se connaîtrait pas comme la fleur le connaît et encore moins comme le connaît le fruit ; et n'atteignant pas la vérité, sa connaissance serait fausse.
> Ainsi en est-il davantage encore de l'histoire.[82]

Le terme histoire dans ce passage renvoie évidemment à la réalité historique effective, mais, dira-t-on, où est passé l'historien ? Comprendre cette marche de l'esprit dans le temps nécessite une philosophie de l'histoire qui demande de toutes autres capacités que celle du praticien de la connaissance historique : c'est, nous semble-t-il, la limite fondamentale que rencontre l'opuscule de Bradley. On remarque tout d'abord que dans le corps du texte, ces moments d'inspiration hégélienne sont loin d'être aussi nombreux que l'on pourrait s'y attendre[83], et ils ne viennent que lorsque l'analyse de la connaissance historique rend ce recours nécessaire. C'est en fait la longue note E qui est la plus explicite quant à son hégélianisme : elle est destinée à ceux qui sont prêts

---

[81] *Ibid.*, p. 67.

[82] *Ibid.*, p. 39-40. *Cf.* Hegel, *Phénoménologie de l'esprit* (1807), « Préface », (trad. Jean-Pierre Lefebvre), Paris, Aubier, 1991, p. 28.

[83] Nous notons trois occurrences : la première, courte, p. 36, la deuxième p. 39-41, et la troisième dans la note E.

à dépasser le cadre de l'ouvrage et qui veulent chercher plus loin[84]. On peut se demander pourquoi Bradley fait preuve d'une telle prudence, si ce n'est de pusillanimité.

D'un certain point de vue, Bradley a parfaitement raison d'arrêter ses analyses au moment où l'on quitte le domaine de l'historien pour entrer dans celui du philosophe. Cependant, il faut tout d'abord noter qu'il est très difficile, sinon impossible, de tracer une limite : en fait, il n'y a pas d'autre moyen de l'arrêter que d'une façon arbitraire. Qui plus est, du point de vue de la philosophie de l'histoire hégélienne, y-a-t-il même une place pour l'historien ? Si celui-ci se borne à mettre en ordre des événements minuscules, à réaliser des unités partielles, en quoi son travail a-t-il vraiment plus d'intérêt pour celui qui le lit qu'un roman[85] ? Ce n'est vraiment que le philosophe qui peut rendre compte des contradictions qui sont le mouvement de l'histoire comprenant ce qui passe, ce qui meurt, ce qui survit et ce qui apparaît, le philosophe dont le jugement spéculatif peut rendre raison de la réalité effective du passé. Est-il si sûr que le métier d'historien, définitivement mis à l'abri des attaques de la science, gagne au change lorsqu'il passe dans l'orbe de la philosophie de l'histoire ? Il semble en effet plus prudent de ne pas trop développer cette dernière.

Ensuite il faut se demander à quelle satisfaction donnent droit les avancées de l'ouvrage. Comme nous l'avons constaté à plusieurs reprises, il est indéniable, et nous suivons Collingwood sur ce point, qu'elles sont réelles, indiscutablement en avance sur son temps, manifestant dans ses méandres une rigueur et une efficacité surprenantes. Pourquoi l'ouvrage a-t-il été si peu remarqué ? Que les historiens n'en aient fait aucun cas, cela n'est guère surprenant, ne serait-ce que pour des raisons institutionnelles : Bradley n'est pas un historien, comment pourrait-il arriver à dire quelque chose d'intéressant sur l'histoire ? Ajoutons que si, d'aventure, un historien s'était aventuré dans la lecture de l'opuscule, il aurait encouru le risque d'être bien vite arrêté par la technicité du texte. Ce qui est plus surprenant, c'est qu'il n'ait reçu aucun écho de la part de ceux dont il partageait les convictions et les aspirations. Certes, Bosanquet a écrit quelques lignes laudatives, mais Green n'a même pas jugé bon de répondre à l'envoi de l'ouvrage, et il n'est pas jusqu'à Bradley lui-même qui n'ait déprécié son propre travail. C'est, nous semble-t-il, que malgré ses mérites, *Les Présupposés de l'Histoire critique* est en-deçà des attentes du programme idéaliste dont Green avait jeté les grandes lignes, et que Bradley, avec d'autres condisciples, avait fait sien. Face à la tâche qu'il y avait à accomplir, comme par exemple développer une nouvelle philosophie de l'histoire, ou refonder la morale, une bonne mise au point sur le métier

---

[84] « Mais celui qui cherche voudra aller plus loin ». *Ibid.*, p. 64.
[85] *Ibid.*, p. 40.

d'historien ne pouvait suffire. Mais en retour, on peut également se demander s'il était possible d'en faire plus ?

Il faut remarquer que si Bradley n'en fait pas plus, c'est surtout parce qu'il ne le peut pas. Développer une philosophie de l'histoire n'est possible que lorsqu'on est en possession du système du savoir absolu, d'une métaphysique permettant de comprendre les enjeux ontologiques, éthiques, politiques qui sont à l'origine des passions humaines qui forcent la marche en avant de l'histoire. En réalité, Bradley n'est pas en possession de résultats lui conférant une telle assurance[86]. Il est en proie à des incertitudes, puisque visiblement il ne semble pas partager l'idée pourtant nécessaire d'un point de vue hégélien, d'une fin de l'histoire au sens où elle possède un but, un *télos* :

> Les faits essentiels sont l'élément qui détermine le mouvement, et les moyens qui acheminent vers une fin nouvelle ; or on ne peut pas saisir les moyens sans connaître la fin, connaître le mouvement essentiel sans avoir connaissance de la fin. Enfermés que nous sommes dans les limites d'une étape et privés de la vue des hauteurs qui nous dominent (ce que nous *sommes*, cela nous le savons), il ne nous reste plus qu'à nous emparer de la totalité des événements, ce qui est impossible [...][87]

Bradley ne maîtrise pas la question de la connaissance en général. Dans la note E, il mélange constamment deux plans, celui du jugement que porte une conscience finie sur le développement de l'histoire et celui du déroulement

---

[86] Le problème de l'histoire se pose évidemment à l'homme du commun de l'époque : c'est une grande banalité pour les sociétés européennes au dix-neuvième siècle que de constater les grands bouleversements du temps et et de s'interroger avec angoisse sur le sens que tout cela peut bien avoir. Mais avec l'idéalisme hégélien, cette question triviale conduit immédiatement au cœur de la métaphysique et de la théologie : l'absolu fait irruption dans l'histoire puisqu'il se manifeste *comme* histoire. L'intelligibilité de la doctrine hégélienne toute entière se joue alors sur la question du sens de l'histoire, du rapport entre le fini et l'infini, entre la dialectique et le système. Gérard Lebrun note que dès 1829, par la bouche d'un disciple certes dissident, Christian Weisse, Hegel est en quelque sorte sommé de choisir entre le progrès indéfini et la fermeture du système : « Weisse est conséquent : si la dialectique est bien une explicitation *illimitée*, il est certain qu'elle appelle l'idée de progrès sans fin, dont le système cyclique ne peut être que le blocage... Mais la dialectique est-elle bien cela ? Weisse ne commet-il pas une erreur de principe qui lui interdit de comprendre la compatibilité profonde du système et de l'histoire ? Par là nous revenons à notre indication initiale : la compréhension mobiliste de la dialectique n'est-elle pas une interprétation partiale – et, plus exactement, le résultat d'une lecture d'entendement ? ». Gérard Lebrun, *L'Envers de la dialectique. Hegel à la lumière de Nietzsche,* Paris, Seuil, 2004, p. 234. Cette difficulté majeure pour la pensée implique que la question de l'histoire, du progrès, doit nécessairement hanter Bradley jusqu'à tant qu'il ait élaboré une métaphysique satisfaisante.

[87] PCH, p. 44.

effectif de l'histoire, ce qui alors ne relève plus d'un jugement mais de l'esprit absolu lui-même, sans que l'on puisse véritablement distinguer les deux plans qui séparent pourtant une analyse de type kantien, transcendantal, et une analyse véritablement hégélienne. Alors que l'on pourrait attendre de l'antépénultième paragraphe de cette note E qu'il reprenne d'une façon ferme les résultats et les convictions de l'ouvrage, nous trouvons une expression parfaitement hégélienne rongée par l'incise réitérée d'un « semble-t-il » qui instille un doute de mauvais aloi :

> L'univers est, semble-t-il, un unique système ; c'est un organisme (semblerait-il) et même davantage. Il porte la marque du soi, de la personnalité à laquelle il est relatif et en dehors de laquelle il équivaut pour nous au néant. Ainsi, aucune portion de l'univers ne peut être par elle-même un système cohérent ; elle renvoie à la totalité de même qu'en elle la totalité est présente [...][88]

Au fondement de tous ces doutes, de ces imprécisions, voire de ces confusions, se dessine une difficulté épistémologique d'une toute autre ampleur. Elle fait l'objet, toujours dans cette même note E qui décidément concentre toutes les objections que Bradley se faisait à lui-même, de l'aveu suivant :

> Sous sa forme la plus aiguë, la difficulté revient à l'énigme ancienne : « toute connaissance implique une connaissance antérieure » ou « toute subsomption implique une subsomption antérieure » ; elle conteste la possibilité de tout commencement et, par conséquent, l'existence de toute connaissance.[89]

Face à cette aporie, il reconnaît : « Il est impossible que nous tentions ici d'envisager cette énigme »[90]. Certes, ce n'est en effet pas possible dans les limites de l'opuscule, mais ce n'est surtout pas possible pour Bradley, qui, en même temps qu'il écrit cet ouvrage, réfléchit par ailleurs au problème de la connaissance, sans succès d'ailleurs puisque les manuscrits que nous possédons sur la question sont inachevés et ne connaîtront aucune publication.

---

[88] *Ibid.*, p. 69-70.
[89] *Ibid.*, p. 65-66.
[90] *Ibid.*

CHAPITRE IV

« *RELATIVITY* » - « *PROGRESS* »

D ans les années qui séparent les travaux préparatoires des *Présupposés de l'Histoire critique* à la publication de *Ethical Studies*, nous disposons de nombreux éléments lacunaires et non achevés qui manifestent une intense activité intellectuelle. Bradley lit beaucoup[1], tant des ouvrages fondamentaux que des ouvrages mineurs liés à la vie intellectuelle de son époque, et il écrit quelques textes qui, bien que non publiés, témoignent de certaines décisions quant à l'orientation générale de sa réflexion. Même si nous ne possédons pas, comme c'est souvent le cas, d'éléments suffisants de sa biographie, il semble bien que Bradley se soit inscrit dans ce que l'on pourrait appeler le programme militant du cénacle idéaliste gravitant autour de Green. À cette époque, Bradley n'est pas encore un philosophe parvenu à maturité, ce qui lui conférerait la possibilité de choisir de façon absolument indépendante ce sur quoi faire porter son effort, et c'est pourquoi ses travaux sont globalement orientés en fonction des nouvelles directions de pensée suggérées par le mouvement. Cependant, on peut d'ores et déjà noter qu'il manifeste, dans le cadre même des centres d'intérêt implicitement déterminés par le programme néo-hégélien, une autonomie qui lui fait porter l'accent sur certains thèmes plutôt que sur d'autres. S'il se sent encore tenu, vis-à-vis tant de ses aînés et des autres jeunes gens prometteurs de sa génération que de lui-même, de faire ses preuves au sens où il lui faut publier des ouvrages qui fassent progresser la cause, il dispose d'assez de force intérieure et d'originalité pour accomplir son devoir, conforme à sa position, d'une manière qui n'appartient qu'à lui.

Jowett comme Green, face au positivisme scientiste et à sa capacité à capter pour lui seul les résultats du progrès scientifique et des avancées de la civilisation, concevaient l'urgence de présenter une version spiritualiste de ce que le siècle produisait dans l'histoire en mettant à l'abri la marche de l'esprit de toute tentative réductionniste. C'est en ce sens que Jowett, véritable maître d'œuvre à Balliol College, s'était servi de Green comme d'un instrument[2] pour

---

[1] *Cf.* PAP, « Selections from Bradley's Reading Notes », p. 365-488.
[2] *Cf.* Leighton, *The Greenian Moment*, *op. cit.*, p. 48.

donner à la spéculation philosophique ses chances de devenir une discipline autonome et non-assujettie à l'esprit positiviste et scientiste. Dans cette perspective, il fallait absolument investir le champ de l'histoire et proposer à la fois une interprétation et des outils conceptuels permettant de tenir la dragée haute à des ennemis dont on pourrait démontrer l'incompétence dans ces questions : nous avons vu précédemment que c'était dans ce cadre stratégique que le recours à Hegel s'était opéré.

Pour Bradley, qui fait son entrée en idéalisme sous les auspices de Green, l'urgence imposée par le conflit des interprétations s'est considérablement dissipée ; s'il a commencé par écrire un ouvrage sur l'histoire, outre l'actualité de la question qui suffirait sans doute à justifier à elle seule ce thème, c'est parce qu'il sentait, nous semble-t-il, que le problème était derrière lui. Sa capacité à analyser l'histoire et le travail de l'historien en adoptant une perspective technique et un ton dépassionné manifeste assez que l'approche critique est désormais acquise et qu'on ne reviendra plus là-dessus. En effet, d'une part le scientisme en la matière, victime de son propre triomphe, n'ayant plus vraiment d'adversaire à éliminer, se trouvait placé face à lui-même et à l'obligation d'approfondir ses analyses : comme à l'ordinaire c'est le moment où des contradictions internes apparaissent, où l'incapacité à expliquer certains faits restés jusqu'alors dans l'ombre se fait jour. D'autre part, le spiritualisme lui-même, notamment grâce à Green, avait engrangé des résultats qui lui donnaient véritablement droit de cité dans le débat.

Ce qui préoccupe beaucoup plus Bradley dans cette période est la question métaphysique, où se joue la capacité à produire la doctrine de l'un, de l'absolu et de la totalité, qui est l'horizon ultime et le fondement de toutes les ambitions du cénacle idéaliste. La pensée de Bradley à cette époque a en effet largement dépassé le cadre de la réflexion sur l'histoire qui constitue l'objet de son premier ouvrage publié. Déjà dans cet écrit affleure constamment la question du statut de la connaissance, qui relève d'une interrogation métaphysique en ce qu'elle concentre des dualismes contradictoires faisant peser une suspicion radicale sur les prétentions de l'idéalisme. On aurait pu penser que le positivisme, dans ses prétentions dogmatiques, similaires sur ce point à celle de l'idéalisme, se devait de réfuter l'idée que la connaissance humaine, donc la science, ne soit que relative. Pourtant, ce courant s'est fort bien accommodé du relativisme puisqu'il lui laissait le champ libre pour investir seul de façon légitime, le champ des phénomènes. En ce sens, une position de type kantien qui réserverait à la pensée un vague domaine inconnaissable où foi, croyance, et religion s'agiteraient dans un vague mysticisme sans jamais interférer avec la science n'était pas du tout gênante. En effet, le manque de résultat effectif obtenu par une telle position ne rend que plus éclatantes les avancées de la science qui, pour phénoménales qu'elle soient, demeurent les seules avancées possibles. Bradley a bien conscience, et il n'est pas le seul, que l'idéalisme est au pied du mur et que s'il ne parvient pas à produire au niveau métaphysique un système cohérent, solide, d'un excellent niveau technique, le risque est grand d'un éclatement, d'un échec puisque aucun courant ne peut tenir durablement sur la seule base de ses critiques, aussi légitimes qu'elles soient, face à des adversaires, même mal en point : il lui faut un fond positif qui, comme socle, puisse rassembler sur une force de proposition.

Ce tableau esquissé à grands traits de la situation des travaux de Bradley mérite maintenant d'être travaillé dans le contexte précis de la période et par l'étude attentive de ses textes. Pour commencer, il nous faut aborder l'essai majeur de l'époque, « *Relativity* », resté inachevé, en présentant au préalable l'état de la question au moment où Bradley s'en est emparé.

La querelle de la « relativité de la connaissance »

La question de la relativité de la connaissance, comme le remarquait Henry Longueville Mansel, est aussi vieille que la philosophie elle-même : le problème est inaugural dans la mesure où il s'incarne dans le conflit entre les sophistes et Platon[3]. Les premiers, dans la lignée héraclitéenne, s'accordant pour ne voir dans le réel qu'une diversité changeante dont la sensibilité humaine prend la mesure et le second, dépassant à la fois Parménide et Héraclite, affirmant la force du pouvoir de la raison qui, au-delà de la diversité sensible, accède aux idées, à la stabilité, et par la même dégage un ordre dans ce qui semble n'en avoir aucun de prime abord.

Sans remonter trop en arrière dans le temps, on peut considérer que John Locke a fixé le cadre dans lequel le débat doit s'inscrire pour la philosophie de langue anglaise. Il faut noter d'emblée que, comme souvent en Grande-Bretagne, ce débat comporte immédiatement des enjeux politiques et religieux. Pour Locke, la théorie de la connaissance doit fournir une conception qui, d'une part, ne débouche pas sur un relativisme qui conduirait à l'athéisme, et qui, d'autre part, ne conduise pas à un dogmatisme absolutiste qui rende caduque tout appel à la tolérance. Cette voie moyenne combine un certain nombre de traits, qui fixe le destin de la postérité philosophique anglaise dans la mesure où elle oriente toutes les critiques possibles qui se positionneront par rapport à la contestation d'un ou de plusieurs de ces éléments. Tout d'abord, cette philosophie est un empirisme : il n'y a pas de connaissance innée, de faculté spéciale qui nous donne directement le savoir, lequel se construit dans l'expérience. De cette façon la tolérance va de soi puisque nul ne pourra se targuer de la possession d'un absolu qui le place au-dessus de toute discussion. Mais cet empirisme n'est pas un sensualisme contrairement à ce qui était habituellement le cas dans la philosophie antique, et ce pour deux raisons : d'une part c'est un idéisme, c'est-à-dire que c'est l'idée et non la sensation qui

---

[3] *Cf.* Les premières pages de *The Philosophy of the Conditioned*, où Mansel pose le problème en partant de Platon.

constitue l'élément fondamental de la connaissance[4], d'autre part il n'y a pas que le monde extérieur qui nous fournisse des idées, puisqu'à côté des idées de la sensation, il y a des idées de la réflexion qui nous sont données par une expérience intérieure. Cela conduit à un réalisme puisque nous aboutissons à une connaissance du réel, certes plus assurée en ce qui concerne les sciences fondées sur le sens intérieur (les sciences idéelles, comme les mathématiques et le droit) qu'en ce qui concerne les sciences expérimentales, même si elles ne sont pas douteuses du fait de la reprise par Locke de la distinction cartésienne entre qualités secondes et qualités premières[5]. Nous ne sommes donc ni dans le scepticisme ni dans l'athéisme puisqu'une manière de preuve *a contingentia mundi* nous assure de l'existence de l'être suprême. Enfin c'est un naturalisme dans la mesure où la philosophie s'établit sans le recours spécial à une information d'origine surnaturelle. Cet ensemble, cohérent, bien argumenté, manifeste la valeur d'un véritable penseur dont la réputation et les effets ont débordé à juste titre le cadre étroit de la philosophie insulaire.

Mais pour cohérent qu'il se présente, cet ensemble, comme l'histoire l'a prouvé, n'a pas été à même de contenir les critiques qu'on lui a opposées, non plus que son évolution en d'autres doctrines, qui, par volonté de rectifier certaines erreurs, ont fini par lui devenir antagonistes. C'est le cas de la philosophie de Berkeley, qui, ne jugeant pas fondée la différence entre qualité première et qualité seconde, a construit un système idéaliste, immatérialiste[6], et paradoxalement sensualiste à travers le combat qu'il a mené, au nom de l'immédiat et du concret, contre les idées abstraites. C'est le cas de la philosophie de Hume qui, en inversant l'immatérialisme de Berkeley, a conduit l'empirisme jusqu'à sa conséquence radicale, le scepticisme : la connaissance n'est plus, comme chez Locke, dont il reprend nombre de distinctions, relativement relative, mais absolument relative, pourrions-nous dire sans craindre le paradoxe[7]. On peut donc dire qu'avec Hume est atteinte la forme achevée et quasiment parfaite d'un idéalisme empiriste, qui pourrait prétendre à la vérité de tout empirisme, et qui, en tant que tel, serait la vérité du scepticisme. La force des arguments et de la doctrine de Hume, comme de celle de Locke, a reçu une consécration continentale. Cela invalide l'idée fréquente sur le continent selon laquelle le monde britannique ne produit pas de véritable philosophe digne de ce nom, ne serait-ce que par le mérite insigne de Hume d'avoir réveillé Kant de son sommeil dogmatique, ce même Kant qui est à

---

[4] *Cf.* John Locke, *An Essay Concerning Human Understanding* [1693], Book II, « Of Ideas », Ch. VIII, § 8 (New York, Prometheus Books, 1995, p. 85).

[5] *Ibid.*, Book II, Ch. VIII, § 9-10.

[6] *Cf.* George Berkeley, *Principles of Human Knowledge* [1710], Part I, 9, (Oxford, O. U. P. « World's Classics », 1996, p. 27).

[7] *Cf.* David Hume, *A Treatise of Human Nature* [1739-1740] , Book I, Part IV, ch. 6 (New York, Dover, 2003, p. 187).

l'origine de toute la philosophie allemande et qui est apparue, au dix-neuvième
siècle en Grande-Bretagne, comme le passage obligé ou le recours de tous
ceux qui ont voulu redonner à la philosophie ses lettres de noblesse. Ainsi
l'ombre de Hume recouvre-t-elle à bon droit tous les débats dans la mesure
où cette gloire britannique impose que l'on s'affronte à elle, quelle que soit la
réflexion que l'on mène sur la question de la connaissance et de sa relativité.

La querelle connue au dix-neuvième siècle sous le nom de « relativité
de la connaissance » renvoie à un problème précis dans un contexte bien
délimité. Le texte séminal qui pose l'idée d'une relativité de la connaissance
indépassable est sans conteste l'article de Hamilton « On the Philosophy
of the Unconditioned » publié dans *The Edinburgh Review* en 1829. Son
disciple, Henry Mansel, en a repris les traits essentiels en donnant une version
spécifique dans *The Limits of Religious Thought* en 1858, puis Herbert
Spencer a adopté l'idée de Hamilton et de Mansel en l'accordant à sa propre
philosophie dans le chapitre IV de son livre *First Principles* en 1862. Mais
c'est l'ouvrage de Mill, *An Examination of Sir William Hamilton's Philosophy*
qui, par ses objections, a déclenché la polémique en 1865. Il a suscité dans un
premier temps la réaction de James Stirling (*Sir William Hamilton, Being the
Philosophy of Perception,* 1865), qui l'a attaqué au nom de l'idéalisme néo-
hégelien, puis celle de Mansel qui, dans *The Philosophy of the Conditioned*
(1866), a défendu la philosophie de Hamilton à la fois contre les objections de
Mill (*An Examination of Sir William Hamilton's Philosophy*, 1865) et contre
la remise en cause de la « chose-en-soi » kantienne par James Stirling par
l'entremise de la philosophie hégélienne dans *The Secret of Hegel*, également
publié en 1865. Enfin, c'est l'investissement de l'idéalisme néo-hegelien qui
a provoqué l'extinction de cette polémique spécifique en choisissant le terrain
sur lequel ces débats devaient s'instaurer[8]. Il s'agit donc d'examiner en détail
le déroulement de la controverse et ce qu'elle indique de l'évolution du rapport
entre les divers courants qui se sont partagé l'espace intellectuel de l'époque.

Il nous faut commencer ici par l'examen de la philosophie de Sir William
Hamilton, connu notamment pour avoir édité les œuvres complètes de Reid,
point important quand on sait que ce dernier a construit sa doctrine sur un refus
du scepticisme humien. Disciple de Berkeley jusqu'à ce qu'il lise Hume, Reid
avait décidé de critiquer l'empirisme depuis sa fondation classique chez Locke
en estimant que la théorie des idées lockienne, naturaliste et psychologiste,
était dépositaire d'une logique que Hume avait poussée jusqu'à aboutir à
un scepticisme, un point que Berkeley avait déjà pressenti dans l'œuvre de
Locke puisque son système d'idéalisme avait justement eu pour but de sauver
la religion des menaces du scepticisme et du matérialisme. Les principes du

---

[8] On consultera avec profit l'analyse d'Alan Ryan dans son introduction à l'ouvrage de
Mill («Introduction», *An Examination of Sir William Hamilton's Philosophy*, by John
Stuart Mill, Toronto, University of Toronto Press, 1979).

Common Sense de Reid ont prôné le réalisme direct du bon sens et établi le sens commun comme un phénomène naturel en le faisant reposer sur une croyance instinctive, différente de la raison. C'est comme si Dieu intervenait entre le sujet et l'objet : tout en admettant que la perception et la pensée impliquent un état mental, Reid a rejeté l'idée que les états mentaux sont des objets, des représentations de quelque chose qui leur est extérieur ; la perception est une relation entre le sujet et l'objet, et elle repose sur un instinct originel. En voulant montrer que le scepticisme était la conséquence logique de la théorie lockienne des idées, son naturalisme a consisté à affirmer que les premiers principes sont évidents par eux-mêmes en tant qu'ils sont originels, innés, l'inspiration de Dieu et non le produit de la raison[9]. D'un certain point de vue, Reid retrouvait le compromis atteint par la religion naturelle. Cependant la position gnoséologique de Reid ne semble pas fondée pour William Hamilton dont la philosophie combine d'une façon *a priori* étonnante une lecture de Reid et de Kant, compris en un sens assez particulier. C'est de fait avec Hamilton que la philosophie britannique universitaire a effectué sa première rencontre sérieuse avec la pensée allemande, et cela coïncide aussi avec la dissolution de l'école écossaise du *Common Sense* :

> C'est alors que, pour la première fois dans l'histoire de la philosophie britannique universitaire, les nouveaux penseurs allemands furent étudiés sérieusement, et c'est à ce moment que débuta la dissolution interne de l'École Écossaise et que s'effectua la transition en direction d'autres types de pensée [...] Hamilton accueillit Kant comme le destructeur de la métaphysique rationaliste en accentuant le côté négatif de sa pensée et en le traitant comme un phénoménaliste pur et comme un sceptique. Cette interprétation unilatérale [...] devait avoir d'importantes conséquences dans le développement ultérieur de la philosophie britannique. Tout d'abord, Hamilton fut conduit à accommoder Kant à ce qu'il considérait comme l'intuition centrale de l'École Écossaise ; l'impossibilité de jamais parvenir à résoudre philosophiquement les questions métaphysiques fondamentales – tout cela étant de l'ordre de la foi et non une question d'ontologie. Dans cette optique, bien sûr, la philosophie s'arrêtait au seuil de la théologie, mais

---

[9] John Skorupski (*English-Language Philosophy [1750-1945]*, Oxford, O. U. P., 1993) estime que la différence entre Hume et Reid n'est pas si importante que cela et que leur désaccord est plus de l'ordre d'une controverse interne entre naturalistes des Lumières écossaises qu'une opposition véritable dans la mesure où Reid a opposé le sens commun à la raison et en a appelé à la croyance, et que la philosophie de Hume peut aussi se concevoir comme construite autour de l'idée que la nature était dépositaire d'une autorité que l'homme ne pouvait défier (voir pages 12-13). Pour une analyse plus profonde de la philosophie de Reid, nous renvoyons le lecteur à l'étude de Patrick Chézaud, *La Philosophie de Thomas Reid, des Lumières au XIXe siècle*, Grenoble, Ellug, 2002.

comme sa position devait culminer dans l'agnosticisme de Spencer, elle finit par conduire à une réinterprétation de la tradition écossaise. Ensuite, sous l'influence de l'idée kantienne de critique, Hamilton rejeta l'appel dogmatique de Reid en faveur du bon sens fondamental de l'individu, sapant par là-même la base du réalisme naturel et retournant à ce subjectivisme et à ce scepticisme que la théorie du Sens Commun avait combattu à l'origine.[10]

Kant ne condamne pas la raison comme l'avaient fait Reid et Hume : s'il soumettait le pouvoir de la raison à la critique, il s'agissait pour lui de justifier l'œuvre de l'entendement au niveau théorique et celle de la raison au niveau pratique. Mais Hamilton a surtout gardé de Kant et de tout l'idéalisme transcendantal l'idée qu'il est impossible à l'esprit de connaître la chose-en-soi par le pouvoir de la raison, non distinguée d'ailleurs de l'entendement. Si dans son article sur la « philosophie de l'Inconditionné »[11], Hamilton a jeté les bases de la doctrine de la relativité de la connaissance humaine, c'est parce qu'il a posé l'Inconditionné comme ce qui transcende les lois de la pensée, affirmant qu'on ne peut le connaître : toute philosophie est une philosophie du conditionné. Pour établir cela, Hamilton avait décidé de ne pas séparer la raison et l'entendement de sorte à ne pas faire de la raison une faculté spécifique de la connaissance de l'absolu et pour ne pas reproduire les difficultés de la philosophie kantienne qui avaient permis l'essor de la pensée de Schelling et de Hegel[12]. La résolution de la philosophie hamiltonienne de la perception est dépendante, en fin de compte, du libre-arbitre, qui peut choisir de croire ce qu'il ne peut comprendre. Si le but de Reid avait été de sortir la philosophie du scepticisme de Hume, on assiste donc avec Hamilton à un renouveau sceptique quant au pouvoir de la raison. Mais si Hume avait en son temps été accusé d'athéisme, Hamilton affirme quant à lui seulement le caractère agnostique de sa philosophie, étant donné que l'Absolu demeure inconnaissable. Cela explique qu'un de ses élèves, Henry Mansel, n'ait eu guère de difficulté à

---

[10] James Bradley, « Hegel in Britain : A Brief History... », *op. cit.*, p. 4.

[11] C'est dans « On the Philosophy of the Unconditioned », prévu au départ pour être un compte-rendu de la philosophie éclectique de Victor Cousin, que Hamilton a présenté sa lecture de Kant, lecture qui a donné l'ancrage définitif de sa philosophie personnelle : l'absolu est indéfinissable par définition, l'Inconditionné est indéfinissable. Hamilton n'a vu chez Kant qu'une remise en cause du pouvoir de la raison et a construit sa philosophie sur un phénoménisme. Voir « On the Philosophy of the Unconditioned in Reference to Cousin's Infinito-Absolute », *Discussions on Philosophy, and Literature, Education and University* Reform, Londres, Longman, Brown, Green and Longmans, 1852, p. 1-37.

[12] Voir à ce sujet la note de Hamilton sur les philosophies de Schelling et de Hegel dans « On the Philosophy of the Unconditioned », *op. cit.*, p. 23-24, où il les critique en montrant comment elles s'opposent l'une à l'autre.

l'interpréter dans le sens de l'anglicanisme[13]. Selon Mansel, le mérite principal d'Hamilton consiste précisément dans cette modification de la doctrine de Kant que les kantiens tiennent pour une hérésie si ce n'est pour le signe d'une incompréhension totale du kantisme : refusant de séparer la raison et l'entendement, Hamilton coupe court aux errements du post-kantisme qui investit la raison d'un tel pouvoir qu'elle finit par devenir comme la faculté spéciale de l'Inconditionné chez Schelling et Hegel[14]. C'est en cela que la philosophie du Conditionné distingue « entre l'intelligence à l'intérieur du périmètre de son intervention légitime, impeccable, et l'intelligence au-delà de ce périmètre, qui s'autorise abusivement l'occasion de l'erreur »[15]. Cette interdiction pour la raison, l'intelligence, et au fond toute forme de faculté humaine, justifie que dans la sphère morale et religieuse, la foi seule reste de mise et justifie la soumission à la religion révélée.

Cette même notion de la relativité de la connaissance, qui sert l'agnosticisme de Hamilton et l'anglicanisme de Mansel, prend encore un autre sens dans la configuration de la pensée d'Herbert Spencer, qui introduit cette notion dans le chapitre IV de son livre *First Principles* (1862), précisément intitulé « *The Relativity of All Knowledge* »[16]. Il y présente les thèses majeures de la philosophie hamiltonienne, y compris son extension chez Henry Longueville Mansel[17], comme une des convictions dernières, négative essentiellement, à laquelle l'humanité est finalement parvenue, nonobstant quelques théoriciens allemands[18]. C'est effectivement une autre configuration : il ne s'agit pas

---

[13] Mansel va plus loin que Hamilton en transformant l'agnosticisme philosophique de ce dernier en une « foi philosophique » dans ses « Bampton Lectures », *The Limits of Religious Thought* (1858), et en suggérant de sauver la foi : voir pour cela son « Summary of the argument » (Henry Longueville Mansel, *The Limits of Religious Thought*, Londres, John Murray, 1867 (3rd ed.), p. vii & xix).

[14] Pour Mansel, qui reprend sur ce point les analyses de Reid, de Dugald Stewart et d'Hamilton, toute philosophie est une philosophie de la conscience, et cette conception s'oppose à toute ontologie qui tente d'aller au-delà, notamment celle que proposent « les philosophes ontologiques de l'Allemagne moderne », notamment Schelling et Hegel (*Cf.* Mansel, *Metaphysics, or the Philosophy of Concsiousness, Phenomenal and Real*, Edinburgh, Adam and Charles Black, 1860, « Introduction », p. 10-11 & p. 306-307).

[15] Hamilton, cité par Mansel dans *The Philosophy of the Conditioned*, Londres, Alexander Strahan, 1866, p. 69 (voir les pages 67 à 69 pour une explication de ce que Hamilton a emprunté à Kant et la façon dont il a modifié sa philosophie pour parer les objections de Schelling et de Hegel.)

[16] Herbert Spencer, *First Principles* (1862), New York, D. Appleton and Company, 1897, p. 70-99.

[17] Spencer cite abondamment les deux philosophes ; voir notamment p. 76-78 pour Hamilton et p. 78-81 pour Mansel, auteur que Spencer juge bien moins abstrait.

[18] *Ibid.*, p. 70-71.

seulement de mettre en place un compromis entre science et religion, mais de trouver une métaphysique pour la doctrine évolutionniste antérieurement élaborée. C'est une idée paradoxale, mais Spencer la défend en contestant le fait que la notion d'inconnaissable n'est que négative. Son propos sur les philosophies de Hamilton et de Mansel consiste en une remise en cause de ce qu'il estime être leur erreur principale, provenant pour l'essentiel du fait que l'Absolu y est conçu de façon négative, ce qui conduit à un scepticisme. Se plaçant sur un plan psychologique, il estime qu'il doit exister un résidu de la conscience constituant notre connaissance de l'absolu, qu'on ne peut se départir de la conscience qu'il existe quelque chose derrière les apparences. En somme, l'être, auquel toutes les caractéristiques positives sont ôtées, reste l'objet d'une conscience indéfinie, et l'intuition évidente de cela, tout en livrant le monde de l'évolution entièrement à la science, laisse place à un autre type d'appréhension, celle d'un fond des choses, de ce fameux Inconnaissable qui est la force dont l'évolution est une manifestation, comme si le mécanisme matérialiste de Spencer ne pouvait se passer de tout substrat. Sans examiner ici plus avant la cohérence de cette pensée, nous devons constater en manière de bilan que la relativité de la connaissance, quoiqu'il en reste de sa figure originale, est passée avec Spencer dans l'autre camp : celui d'une métaphysique de type scientiste, quand bien même elle ne s'avouerait pas purement et simplement comme telle, une telle attitude à l'époque préférant le terme prudent d'agnosticisme[19].

Nous avons signalé que c'était à Mill que revenait le mérite d'avoir élevé la question de la relativité de la connaissance au rang d'enjeu majeur d'une polémique violente, déterminante pour l'évolution de l'histoire des idées :

> La doctrine que l'on s'accorde à voir comme la caractéristique principale de la philosophie de Sir William Hamilton, et qui fait fond de son opposition au transcendantalisme des métaphysiciens français et allemands récents, est ce que lui et d'autres ont appelé la Relativité de la Connaissance. Elle forme le sujet principal de ce qu'il y a généralement de plus connu et de plus important dans ses écrits, et elle est ce qui a révélé pour la première fois aux anglais qui lisent des ouvrages de métaphysique qu'une nouvelle philosophie puissante avait vu le jour ; et cette doctrine, avec ses développements, compose la « Philosophie du Conditionné », philosophie qu'il a opposée aux philosophies françaises et allemandes de l'Absolu, et qui est considérée par la plupart de ses

---

[19] Mansel note bien, par ailleurs, à quel point la position de Spencer est aux antipodes de sa position et de celle d'Hamilton ; voir Mansel, *The Philosophy of the Conditioned*, *op. cit.*, p. 39-40 (note).

admirateurs comme son titre le plus prestigieux, lui valant une place permanente dans l'histoire de la pensée métaphysique.[20]

Il s'agit bien là en effet d'un point nodal : c'est la critique de la pensée de Mill par les idéalistes néo-hégéliens plus que le sauvetage de la pensée d'Hamilton qui a mis un terme pour un temps au débat sur la « relativité de la connaissance ». En ce sens, même si peut-être Mill s'est trompé d'ennemi en attaquant Hamilton, il a eu l'heur de comprendre qu'il y avait nécessité de croiser le fer sur ce point, suscitant par là, à titre posthume, des adversaires d'une toute autre mesure :

> L'intention de Mill de provoquer un « combat à outrance » fut un succès total. *The Examination* attira plus l'attention que son *System of Logic*. La longue recension de Mansel, *The Philosophy of the Conditioned* – qui ne portait que sur les premiers chapitres abordant le principe de la relativité de la connaissance et sur l'attaque visant ses *Bampton Lectures* – sortit dans les mois qui suivirent. James McCosh produisit un ouvrage, *In Defence of Fundamental Truth*, avec l'intention de défendre les parties de la philosophie de Hamilton qui étaient les plus caractéristiques de la philosophie écossaise du Sens Commun. Dans les deux années qui ont suivi, Mill en était déjà à préparer une troisième édition de *The Examination* où il répondait à ces attaques et à d'autres. L'effervescence perdura dans les années précédant la mort de Mill avec la parution de la biographie de John Veitch, *Memoir of Sir William Hamilton Bart.*, qui consistait en une défense dévote des opinions et de la vie de son ancien maître, sans oublier l'attaque supplémentaire de W. G. Ward contre l'associationnisme dans la *Dublin Review* en 1871. La majorité des commentaires produits était sans conteste hostile à Mill, moins en raison d'un enthousiasme général pour les doctrines de Sir William Hamilton que du fait d'une peur générale des conséquences que leur rejet entraînerait, et que McCosh avait résumée par l'expression « Humeanisme et Comtisme » [...] Il est difficile de dire quand l'intérêt pour la controverse entre Mill et Hamilton s'est dissipé. Il semblerait que l'intérêt pour *The Examination* s'est maintenu tant que l'ouvrage *System of Logic* a continué de remplir son bon office en modifiant les programmes de philosophie à Oxford et à Cambridge. Mais dans les années 1870, une nouvelle génération de philosophes, plus professionnelle sur bien des points, s'est imposée ; et elle avait pour ainsi dire absorbé de Mill ce dont elle avait besoin, tout en étant déterminée à se débarrasser de son influence intellectuelle. À Oxford en tous cas, ce furent T. H. Green et F. H. Bradley qui menèrent le train [...][21]

---

[20] J. S. Mill, *An Examination of Sir William Hamilton's Philosophy, and of the Principal Philosophical Questions Discussed in his Writings* (1865), Londres, Longmans, Green, Reader and Dyer, 1873 (3rd ed.), p. 5.

[21] Alan Ryan, « Introduction », *An Examination of Sir William Hamilton's Philosophy*, by John Stuart Mill, *op. cit.*, p. xiii-xiv.

Dans sa recension de l'ouvrage *An Examination of Sir William Hamilton's Philosophy* de Mill, George Grote a présenté, en 1868, l'opposition entre les deux philosophies de Mill et de Hamilton comme un moyen de parvenir à une compréhension du fond spéculatif de la philosophie anglaise de son époque[22]. Sur l'enjeu du rapport partiel ou total entre les choses connues (*things known*) et l'esprit connaissant (*knowing mind*) qui fonde la relativité de la connaissance, Grote a évoqué tour à tour les différentes positions de l'époque : les idéalismes (il cite Berkeley, Hume et Ferrier), Spencer et Comte, Kant et les associationnistes (Bain), etc. En quelques pages, il a brièvement exposé la critique de Mill avant d'entrer dans les détails : alors que Mill est en accord avec Hamilton lorsqu'il réfute l'argument de Victor Cousin selon lequel nous avons une intuition directe de l'absolu, il lui reproche de ne pas l'avoir fait pour les bonnes raisons, et d'en avoir choisi une qui était contradictoire avec la thèse même de la relativité de la connaissance qu'il désirait avancer. C'est-à-dire que Hamilton a réfuté l'idée d'une intuition directe de l'absolu en vertu du fait que l'homme ne présente aucune faculté le permettant ; l'agnosticisme d'Hamilton ne justifie que l'idée d'une relativité partielle et bornée de la connaissance alors que Mill était partisan d'une conception de la relativité totale de la connaissance, fondée, comme on le sait, sur le principe de l'induction (énumérative) dans *A System of Logic*. Le débat ne porte donc pas sur la relativité de la connaissance en elle-même, mais sur le sens à donner à cette dernière. C'est, pourrions-nous dire, un débat interne, qui n'en est pas moins d'importance puisqu'il s'agit au fond de savoir quel maître sert la relativité de la connaissance : pour faire bref et même schématique, il s'agit là d'une querelle de propriétaires entre d'une part les tenants d'une certaine conception de la religion et d'autre part les tenants d'un certain naturalisme scientifique.

C'est bien ainsi que le comprend Mansel, avec son esprit vif, clair et pénétrant, dans *The Philosophy of the Conditioned* : il défend la position d'Hamilton contre celle de Mill tout en proposant une synthèse très claire des différentes façons de concevoir la question de la relativité de la connaissance à son époque. En fait, il accuse Mill de ne pas voir ce sur quoi porte le débat : ce dernier serait naïvement empiriste et peu importe qu'il prenne son empirisme chez Locke, Hume ou dans la science. Il ne comprend pas que de l'intérieur

---

[22] George Grote, *Review of the Work of Mr John Stuart Mill entitled 'Examination of Sir William Hamilton's Philosophy'*, Londres, Trübner & Co., 1868, voir à partir de la page 2 pour la présentation de ces deux auteurs (« les deux représentants les plus remarquables de la pensée spéculative et moderne en Angleterre ») qui, comme le disait Sorley, ont tenté de renouveler le discours philosophique ; ainsi qu'à partir de la page 25 pour l'exposé de toutes les variantes de l'interprétation de la notion de relativité de la connaissance à l'époque. Grote est globalement en accord avec les remarques de Mill, mais il admire néanmoins Hamilton pour son effort et sa puissance philosophique.

de l'empirisme, comme de toute doctrine que l'on voudra, on rencontre aux limites même de toute pensée possible des contradictions indépassables. En somme, Mill pense que la question du relativisme est plus profonde que celle du conditionné, qui ne la pose que sous une forme partielle. Mansel prétend au contraire que la question du conditionné est plus profonde que celle du relativisme, lequel n'est qu'une conséquence du caractère inaccessible de l'inconditionné. Toute conscience se présente en effet sous la forme d'une relation entre deux parties, que Mansel décline sous ses différentes formes (« esprit/matière, personne/chose, sujet/objet, soi/non-soi, moi/non-moi »)[23]. Il explique que le problème de l'Inconditionné apparaît dès lors qu'une des deux parties est assumée comme la seule véritable : « le problème de l'inconditionné provient, pour le dire vite, de ce que ces deux parties en soient réduites à une seule »[24]. Il résume ensuite toutes les doctrines possibles à partir de cette réduction unilatérale : le matérialisme, où la seule réalité existante est la matière, l'idéalisme, qui considère en revanche que l'esprit est la seule réalité et l'« indifférentisme »[25], où sujet et objet sont fondus en quelque chose qui les dépasse. Et précisément, il n'est pas possible pour une conscience humaine de penser cette fusion car alors elle ne serait plus une conscience[26]. Pour Mansel, l'idéalisme et le matérialisme ont tenté en règle générale de fonder une philosophie de l'Inconditionné[27], ce qui revient selon lui à poser indirectement la question de l'existence et de la nature de Dieu dans les pays chrétiens. Et

---

[23] « *mind/matter, person/thing, subject/object, self/not-self, ego/non-ego* », Mansel, *The Philosophy of the Conditioned, op. cit.*, p. 2 et suivantes.

[24] *Ibid.*, p. 5.

[25] « D'où l'apparition d'une troisième forme de philosophie, que par manque de terme plus adéquat nous appellerons l'*Indifférentisme,* et qui consiste en un système où les différences de matière et d'esprit sont supposées disparaître dans la mesure où elles sont fondues en quelque chose qui les dépasse », *ibid.*, p. 8.

[26] Ceci est en opposition avec la conception idéaliste que Ferrier avait développée une dizaine d'années avant le début de la polémique, et qui s'exprimait notamment sous la forme d'une théorie de l'ignorance (*Agnoiology, or the Theory of ignorance*), où il estimait paradoxalement qu'il était possible de connaître l'inconnaissable : « Section II - Proposition III. La Loi de toute Ignorance. Nous ne pouvons ignorer que ce qui peut vraisemblablement être connu ; en d'autres termes, il ne peut y avoir d'ignorance que de ce dont il est possible d'avoir une connaissance ». James Frederick Ferrier, *Institutes of Metaphysics : The Theory of Knowing and Being*, Edinburgh, Blackwood and Sons, 1854 (réimpr. Elibron Classics, 2005), p. 412 (ce passage se trouve p. 404 de la première édition, datée de 1854). Cet « inconnaissable » pouvant être connu est conçu par Ferrier comme une synthèse, une union du sujet et de l'objet (*Cf.* Section II - Proposition VIII : The object of all ignorance, p. 432), une « existence absolue » (*absolute existence*) aussi définie comme l'union de l'universel et du particulier (Section III - Proposition X : What absolute existence is, p. 511).

[27] Mansel, *The Philosophy of the Conditioned, op. cit.*, p. 9.

alors que le point de vue de la philosophie de Hamilton a consisté à affirmer que l'Inconditionné était à la fois supposé et inconnu[28] et que c'était le libre-arbitre qui permettait de décider de l'existence de Dieu, la philosophie de Mill en revanche, « virtuellement » matérialiste et athée, a tenté de tout réduire à de la nécessité et d'évacuer la notion même d'Inconditionné[29], ce qui consiste en une incapacité à voir tout simplement le problème.

La critique de James Stirling ne relève plus de ce que l'on pourrait qualifier de débat interne. Dans *Sir William Hamilton, Being the Philosophy of Perception*, il estimait que l'apport de Hamilton avait été d'avoir retardé la philosophie britannique d'une génération[30], que sa philosophie était celle d'un « présentationniste », d'un phénoméniste et (il utilise l'expression de Mill) d'un « idéaliste cosmothétique »[31]. Il résume ainsi la position de Hamilton :

> Toute notre connaissance de l'esprit et de la matière est relative – conditionnée – relativement conditionnée. Des choses dans l'absolu ou en-soi, qu'elles soient extérieures, qu'elles soient intérieures, nous ne connaissons rien, ou nous ne les connaissons que comme inconnaissables ; et nous ne devenons conscients de leur existence incompréhensible uniquement du fait que cela nous est révélé indirectement et accidentellement, grâce à certaines qualités en rapport avec nos facultés de connaissance ; des qualités, une fois encore, que nous ne pouvons penser comme inconditionnées, irrélatives, existantes en elles-mêmes et d'elles-mêmes. Tout ce que nous savons est par conséquent phénoménal – phénoménal de l'inconnu. Le philosophe spéculant sur les mondes de la matière et de l'esprit n'est donc, d'une certaine manière, qu'un admirateur ignorant.[32]

---

[28] *Ibid.*, p. 87.

[29] *Ibid.*, p. 56-58.

[30] James H. Stirling, *Sir William Hamilton, Being the Philosophy of Perception*, Londres, Longmans, Green & Co, 1865, p. vii.

[31] « *The Hypothetical Realist [othervise called also the 'Representationist' or the Cosmothetic Idealist]* », *ibid.*, p. 4. Stirling insiste, à la page 5, sur le phénoménisme d'Hamilton en citant de nombreux passages tirés de ses ouvrages, par exemple : « Tout ce que nous connaissons n'est pas connu comme tel, mais uniquement comme il nous semble être (Meta. i. 146.) L'esprit et la matière n'existent pour nous qu'à travers leurs qualités : et ces qualités existent pour nous uniquement parce qu'elles nous sont connues, c.-à-d. comme phénomènes (Disc. p. 61.) L'univers et son contenu, tout cela nous est connu, non pas du fait qu'ils existent, mais en tant que notre esprit est capable de les connaître (Meta. i. 61.) ». Ces citations de Hamilton sont à rapprocher des remarques formulées par Bradley dans deux lettres écrites à son frère en 1873 (voir *infra*), où il lui fait part de son désir de connaître le monde « tel qu'il est » (*as it is*).

[32] *Ibid.*, p. 7-8.

Du point de vue de Stirling, peu importe au nom de quoi, pourquoi et comment l'on veut que la connaissance soit relative, elle ne l'est pas, et il balaie d'un revers de la main ceux qui continuent de l'ignorer. Il ouvre ainsi l'offensive idéaliste néo-hégelienne : le caractère enthousiaste mais non professionnel de ses écrits n'est certes peut-être pas de taille à résoudre définitivement le problème, mais il se pose ainsi en héraut d'une cause qu'il va falloir défendre, et que d'aucuns se préparent à relever le défi.

Le livre de Mill a donc donné lieu à des recensions, à la critique par Mansel de sa critique de la philosophie de Hamilton, et, dans les éditions de *An Examination of Sir William Hamilton's Philosophy* qui se sont succédées jusqu'à celle de 1873, l'année de sa mort, une critique de la critique de la critique, etc. C'est comme si la doctrine de la « relativité de la connaissance » avait cristallisé les querelles internes à la philosophie britannique et exposé ses difficultés depuis la réaction contre la philosophie de Hume, l'intégration de certaines thèses kantiennes, le rejet par Mill à la fois du « *self-evident* » de Reid, de l'*a priori* kantien, et de la « philosophie du conditionné » de Hamilton, ainsi que sa réhabilitation de Hume : tout ceci autour de l'année 1865, au moment même où Bradley commençait ses études à Oxford. Nul ne doit donc s'étonner que ce thème soit bien présent dans sa réflexion tout au long de la période qui nous occupe.

Bradley et la relativité de la connaissance

De 1872 à 1876, nous trouvons trace de l'intérêt bradleyen pour la question de la relativité de la connaissance en quatre endroits : tout d'abord dans *Les Présupposés de l'Histoire critique*, puis dans deux lettres à son frère Andrew, ensuite dans une note de bas de page dans *Ethical Studies*, enfin et surtout dans le manuscrit intitulé « *Relativity* », accompagné d'un résumé intitulé « *Relativity of Knowledge* »[33]. C'est sur ce manuscrit qu'il convient de se pencher, en utilisant les autres éléments pour éclairer notre reconstruction de la pensée bradleyenne.

Tout d'abord, la première remarque qu'il convient de faire est l'absence de tout caractère polémique de l'écrit en question. Il ne prend parti ni pour l'un ni pour l'autre des camps en présence : son propos est ailleurs tant il semble ambitieux. Il ne voit en effet pas dans ce débat un conflit à trancher, mais, pourrions nous dire, un symptôme à comprendre et à dépasser. Nous

---

[33] PAP, p. 165-189. Les traductions en français de « *Relativity* » (« Relativité ») sont de Pierre Fruchon. Celles de « *Relativity of Knowledge* » (le résumé) sont de l'auteur. Les références des citations sont données systématiquement dans l'édition anglaise des inédits de Bradley (PAP : *A Pluralistic Approach to Philosophy : 1865-1882* (Vol. 1 des *Collected Works of F. H. Bradley*, Bristol, Thoemmes Press, 1999, Carol A. Keene [dir.]) et dans le numéro des *Études philosophiques* (*Les études philosophiques*, n° 15, janvier-mars 1960, p. 3-22) quand les traductions sont celles de Pierre Fruchon.

pouvons remarquer d'emblée qu'il ne nomme pas le débat « relativité de la connaissance », mais « relativité de la connaissance et de l'être » (*Relativity of Knowledge and Being*) : c'est assez dire que la question n'est pas simplement épistémologique comme pour la plupart des acteurs du débat, mais ontologique, métaphysique, comme pour les meilleurs d'entre eux. C'est mieux dire encore que l'ambition ici, c'est de toucher à la question du système tout entier. Cette hauteur de vue se manifeste également par le fait qu'il ne conteste pas la relativité de la connaissance, mais seulement l'idée qu'elle *n'est que* relative. Son but consiste alors à trouver une solution, une « réconciliation » à la contradiction de l'entendement, le terme hégélien étant bien présent[34]. Dans ce texte, il n'est donc pas question ni de loin ni de près de la théorie de Hamilton : tout au plus fait-il référence à Mansel, non pas dans la dimension d'actualité de la controverse, mais parce que Mansel pose le problème au même niveau.

Bradley commence tout d'abord par la position qu'il qualifie de « réflexion commune » et qui indique le réalisme ; la deuxième est celle qu'il nomme « la théorie psychologique », qui correspondrait à un idéalisme de type kantien mal compris laissant en face du sujet une chose en soi inconnue ; la troisième, qu'il nomme « l'idéalisme subjectif », correspond à une position du type de celle de Berkeley ; la dernière enfin, qu'il ne nomme pas, humienne, est celle d'un scepticisme radical. Chacune de ces possibilités, inégalement développée, est critiquée de telle sorte qu'elle conduise insensiblement à la suivante. On reconnaît là une démarche caractéristique de la dialectique hégélienne, dont l'idéal voudrait que d'une position quelconque sourde l'antithèse qui appelle son dépassement. Le cadre général du manuscrit est d'ailleurs donné très précisément dans l'introduction à la *Phénoménologie de l'Esprit*, dans un passage qui, selon toute vraisemblance, a au moins inspiré Bradley :

> On peut sur le plan général, faire cette remarque préalable que l'exposition dans sa non-vérité de la conscience non véritable n'est pas un mouvement purement négatif. C'est là le genre de point de vue unilatéral qu'en a de manière générale la conscience naturelle ; et le savoir qui fait de cette unilatéralité sa propre essence est l'une des figures de la conscience inachevée, dont l'échéance est inscrite dans le courant même de cet itinéraire et qui s'y présentera. Cette figure, c'est en effet le scepticisme qui ne voit jamais dans le résultat que le *pur Rien*, et fait abstraction de ce que le néant est précisément le néant de *ce dont il résulte*. Mais seul le néant pris comme le néant de ce dont il provient est en réalité le résultat véritable ; et partant il est lui-même un néant *déterminé* et a un *contenu*.[35]

---

[34] « En disant que la connaissance est Relative, nous entendons qu'elle *n'est que* Relative. Absolu et Relatif, une contradiction de l'Entendement. De toute façon une contradiction, mais une contradiction *réconciliée* ». PAP, p. 166.

[35] Hegel, *Phénoménologie de l'esprit, op. cit.*, préface, p. 84-85.

Que chacune des positions ne soit pas face à l'autre, c'est ce qui est repris dans la partie 8 qui, récapitulant l'ensemble, montre que les positions qui s'opposent ne sont pas, en un certain sens, incompatibles. L'opuscule ne s'achevant pas, on peut certes constater un échec : mais le résumé intitulé « *Relativity of Knowledge* », qui ne correspond pas bien à « *Relativity* », donne des indications sur la « vraie doctrine » (*the true doctrine*). Celle-ci présente l'Absolu (*the Absolute*) comme la « contradiction Réconciliée » (*the Reconciliated contradiction*). Mais si dans la forme donc, il y a indéniablement une inspiration hégélienne, dans le contenu non plus que dans le style, on ne peut trouver d'inspiration directe et constante dans le détail précis. Bien au contraire, la réflexion conduite semble ne relever que d'un contexte britannique. Ce texte écrit entre 1873 et 1874 (il semblerait que Bradley l'ait terminé après avoir achevé *Les Présupposés de l'Histoire critique*) doit nous intéresser à trois titres. Tout d'abord, il nous donne des renseignements précieux sur une tentative de greffe d'une perspective hégélienne sur une souche philosophique indiscutablement britannique. Il nous renseigne aussi sur l'état des convictions bradleyennes : Pierre Fruchon nomme l'article qu'il consacre à cet essai « Premières ébauches d'une Métaphysique »[36], indiquant par là qu'il lui semble que certains acquis peuvent être d'ores et déjà enregistrés. Enfin, il nous demande de nous interroger sur les raisons de l'échec qu'il faut bien constater : ce n'est que dans *Principles of Logic* et plus encore dans *Appearance and Reality* (presque vingt ans après...) que l'on pourra considérer les problèmes ici posés comme résolus.

Parmi les quatre positions que Bradley étudie successivement, les deux premières demandent peu d'effort. Celle de la « réflexion commune » (*ordinary reflexion*) est celle dont les limites apparaissent le plus rapidement. Reprenant l'expression de Green (« *Popular Philosophy* ») qui, comme nous l'avons déjà observé, l'avait utilisée pour définir la philosophie moderne qui remettait en cause l'activité spéculative faite au nom du pouvoir de la Raison, il analyse la production philosophique qui sur ce point ne dépasse pas le sens commun. Cette attitude repose sur le truisme que la connaissance met en relation un sujet et un objet, chacun des deux, du point de vue de l'être, étant subsistants par eux-mêmes, réalité en soi. Cette conception correspond à celle du réalisme et n'est donc pas relativiste du tout : l'objet, quand la connaissance est vraie et non illusoire, est dans l'esprit tel qu'il existe en lui-même. Il est à remarquer ici que la question de la source de la connaissance n'est même pas posée : peu importe que l'objet soit connu dans l'expérience ou par la raison, peu importe ici que l'on soit, par exemple, lockien ou cartésien. Cette conception est presque immédiatement récusée. Elle ne comprend pas sa nature contradictoire : dès que la connaissance comme relation est admise – et comment ne le serait-elle

---

[36] « Premières ébauches d'une métaphysique », *Les Études philosophiques*, 15 (1960), p. 63-74.

pas ? – il est clair que l'objet ne peut être en soi mais seulement pour moi. Pourquoi cette réflexion est-elle qualifiée de « commune » ou d' « ordinaire » ? C'est que par rapport à la question qui nous occupe, elle ne réfléchit pas sur elle-même, elle n'opère pas sa propre critique : en bref, elle est pour Bradley « unilatérale », péché hégélien par excellence, en ce qu'elle accorde, sans s'en apercevoir, tout à l'objet dans la connaissance, objet qui en quelque sorte fait tout le travail :

> Vue unilatérale ; son *énoncé* suffit à la réfuter. Car lorsque nous envisageons ici cet énoncé, nous n'avons pas deux termes étrangers l'un à l'autre, dont l'un imprime sa marque à l'autre, mais une unité qui les domine tous les deux, pour laquelle ils sont, à laquelle ils sont relatifs et qui réfléchit sur chacun d'eux et sur les deux.[37]

On rencontre ici le paradoxe d'Alice qui se lève tôt le matin pour voir le jardin tel qu'il est quand personne ne le regarde. Si cette conception opère sa critique, si elle réfléchit, elle sera conduite nécessairement à une deuxième conception.

Celle-ci est nommée « théorie psychologique » (*psychological theory*), sans doute, en l'absence d'une expression consacrée de ce type[38], parce qu'elle se réfère explicitement à l'idée que la connaissance est pour une conscience, une psyché, et que donc la relation entre elle et l'objet n'est pas, comme dans la conception précédente, extérieure au sujet mais intérieure à lui. Nous sommes, du point de vue de l'être, comme dans la position précédente, dans l'idée que le sujet et l'objet sont bien subsistants par soi. Cette conception fait fort logiquement de l'objet de la connaissance, qui est cette fois bien relative, une chose en soi (« *thing in itself* ») inconnaissable : on aura ici reconnu la position kantienne, non pas en tant que telle bien entendu, mais dans la lecture que donne Mansel du kantisme. Nombre de commentateurs ont justement fait remarquer que ni Hamilton ni même Mansel n'ont véritablement rendu raison à Kant, même s'ils l'avaient compris. Notons cependant qu'une telle réduction de la pensée kantienne n'est pas non plus étrangère à une lecture hégélienne, qui se plaît à brocarder ce monstre logique qu'est la chose en soi. Bradley ne s'en prive pas non plus : il reste ici un résidu illogique de réalisme. En effet, la chose en soi, bien que posée comme inconnaissable, fait encore l'objet d'un jugement : elle est reconnue comme existante. Mais si elle est hors de toute relation, comment peut-on même encore affirmer cela ? Il faut s'interroger ici sur le statut de cette seconde position : est-elle une simple étape

---

[37] PAP, p. 169 (trad. Fruchon, « Relativité », *op. cit.*, p. 4.)
[38] Si l'on se réfère aux pages introductives de Mansel dans *Metaphysics, or the Philosophy of Consciousness, Phenomenal and Real*, *op. cit.*, p. 10-11, il semblerait que Bradley vise à cet endroit les philosophies de Reid, de Stewart mais aussi de D'Alembert.

intermédiaire entre la première et la seconde, ou est-elle plus une sorte de moyen terme qui opérerait un travail du négatif conduisant de l'unilatéralité de la première position qui accorde tout à l'objet à la troisième qui accorde tout au sujet ? Dans ce dernier cas nous serions en présence d'un mouvement fidèle à l'orthodoxie hégélienne. Il nous semble devoir prendre ce risque interprétatif, appuyé en cela par la note A dont le ton, la rhétorique et le vocabulaire sonnent parfaitement hégélien :

> Car (en général) la moindre réflexion montre que toute assertion qui prétend transcender la conscience se contredit implicitement ; et (en particulier) il faut se demander si ce connaissable est déterminé ou indéterminé. S'il est déterminé, toutes ses déterminations, parce qu'elles sont objets de connaissance, sont relatives à la conscience ; s'il est indéterminé, c'est un universel abstrait, une pensée et, à coup sûr, des pensées n'existent que dans l'esprit [...] Il est clair que la distinction se situe à l'intérieur de la conscience.[39]

Le basculement est donc inévitable quand on continue de réfléchir : d'abord un réalisme naïf, puis un réalisme de la chose en soi, puis enfin l'idéalisme.

Avec l'« idéalisme subjectif » (*subjective idealism*), les choses commencent à devenir plus sérieuses. Cette position est longuement analysée, la critique sans cesse reprise et approfondie. Suivant l'expression canonique, est désignée ici la position de Berkeley, et sans doute également dans l'esprit de Bradley, de Ferrier. Notons qu'elle désigne également dans le vocabulaire hégélien la position de Fichte. Ici, pour Bradley, nous sommes dans une position qui ne maintient plus comme précédemment deux absolus dans l'être ; la connaissance, tant bien que mal, de fait nécessairement plus mal que bien, faisant comme elle peut la relation entre les deux. L'objet est destitué : il n'est plus un absolu, seul le sujet est existant par soi. Remarquons en passant que pas plus que la première conception, celle-ci, dans la réalité effective de l'histoire de la philosophie, ne se présente comme une théorie de la relativité de la connaissance, car si chez Kant, par exemple, on peut admettre un relativisme puisque la connaissance n'est que la connaissance pour nous autres humains, il n'est pas question, pas plus pour Berkeley que pour Ferrier, d'un absolu inaccessible. Pourquoi ici les choses sont-elles plus sérieuses ? D'une part parce qu'on atteint une position qui n'est plus celle du sens commun : au contraire, elle révolte le sens commun, et il faut du temps et de la réflexion pour y parvenir. Mais d'autre part, surtout parce qu'elle présente une cohérence supérieure : elle prend en quelque sorte acte du fait que la connaissance est une relation, tant du point de vue du jugement de connaissance proprement dit (ce qu'est l'objet, il l'est pour moi), que du point de vue du jugement d'existence (que l'objet soit, cela signifie

---

[39] PAP, p. 170 (trad. Fruchon, p. 5).

qu'il est pour moi, et qu'il n'a donc pas d'indépendance ontologique). On voit bien que la charge critique de Bradley est moins forte que dans les analyses précédentes : l'idéalisme est une voie intéressante. Sa critique d'ailleurs porte moins sur le terme idéalisme que sur celui de subjectif. Par ailleurs, le reproche majeur porte sur le fait que cette position n'est pas stable et qu'elle conduit nécessairement à la quatrième. Qu'est-ce donc que cet idéalisme subjectif et quelle est sa généalogie ?

Il nous semble que pour Bradley, il consiste dans le fait de concevoir d'une certaine manière le rapport à soi, la nature de la conscience. Dans une conception comme celle-là, la conscience est pensée, à juste titre apparemment, comme plus originaire que l'objet qui est pour moi. Mais qu'est-ce que cette conscience ? Elle est nécessairement *ma* conscience (une conscience qui ne serait pas consciente d'elle-même n'est pas une conscience du tout), comme la connaissance est *ma* connaissance[40]. Mais qu'est-ce que le moi ? Qu'est-ce que le moi par rapport au je ? Cette question, fort classique dans l'histoire de la philosophie, porte sur les rapports entre la conscience spontanée et la conscience réfléchie. C'est Descartes qui a inauguré le débat en l'orientant d'une manière tout à fait déterminée, et il nous faut expliquer ici sa position, parce qu'elle a été reprise par l'idéalisme subjectif anglais que Bradley remet en cause ici. Le sens commun fait de la conscience spontanée la réalité première de la conscience : j'ai conscience d'un objet quelconque donné. La conscience réfléchie est seconde, puisque dans un deuxième temps je prends conscience de la présence dans ma conscience de cet objet et je réfléchis sur mon rapport à lui. Descartes fait remarquer que cette conception est absurde, qui différencie le « je pense », du « je pense que je pense ». Car dire que je pense sans « savoir » que je pense que je pense est une absurdité : ce ne serait pas une pensée du tout. Dans le fameux *cogito*, la conscience s'intuitionne elle-même : il n'y a aucune distance entre le « je » et le « moi ». Pour Bradley, il y a là une confusion entre le « je » et le « moi », ce « *this-me* », le sujet particulier que j'atteins dans un second temps. C'est cette erreur qui fait basculer l'idéalisme subjectif dans la quatrième position.

En effet, lorsque je réfléchis sur moi-même, je fais du moi un objet de ma conscience. Ce faisant, le moi, qui était sensé être l'absolu devient relatif à la connaissance que j'en ai, relativité qui, on l'a vu, porte tout aussi bien dans le jugement sur la connaissance de ce qu'est ce moi que sur le fait que ce moi est, le jugement d'existence ne pouvant être exempté de son caractère relatif. C'est une position en soi absurde puisque le « je » qui pense la relation est à la fois le tout et sa partie : Bradley fait remarquer que l'idéalisme subjectif à la fois affirme dans un premier temps, comme idéalisme, le sujet comme réalité absolue qui instaure la relation qui dépend de lui, et dans le même

---

[40] « La conscience est *ma* conscience, la connaissance est *ma* connaissance. Le "Je" est le substrat nécessaire de tous ses prédicats », *ibid.*, p. 171 (trad. Fruchon, p. 6.)

mouvement, comme subjectif, nie le sujet qu'il rabaisse au rang d'objet que je connais, ce fameux moi particulier (« *this me* »). Or ce faisant, il va soumettre ce moi particulier aux lois de la connaissance, ce qui produit nécessairement sa dissolution, puisqu'il devient un élément du monde, donc relatif à ce monde dont le moi fait partie, relatif au temps, déterminé comme ce moi-ci et non comme un autre moi, dans cet état particulier dans le temps et dans l'espace et non dans cet autre état particulier.

Mais avant d'examiner ce qu'est la quatrième position, un bilan de ce qui vient d'être accompli est nécessaire. La première question porte sur le caractère dialectique du dépassement de cette troisième position. Ici encore, il nous semble possible de le penser en ces termes hégéliens car il y a bien contradiction et travail du négatif, cette position sapant elle-même ses propres bases. La seconde question porte sur la valeur de cette négation : est-elle totale, pour ainsi dire sans résidu ni repentir ? Nous avions vu que la réflexion commune et la théorie psychologique étaient récusées comme vraiment naïves, et effectivement totalement récusées. Ici il n'en est pas de même : si l'idéalisme subjectif n'est pas sauvé, puisqu'il il conduit en effet à un relativisme absolu, est donnée en même temps que son erreur la solution de cette erreur. Si toute cette dernière tient à la confusion entre le sujet, que nous pourrions qualifier d'absolu et le « *this-me* », le sujet particulier, ne suffirait-il pas de refuser cette confusion et de penser la différence entre le sujet absolu et le « *this-me* » pour avoir la solution ? C'est en effet ce qu'il conviendrait de faire d'une progression dialectique. Or Bradley ne le fait pas. Il préfère examiner la quatrième position et on est en droit de se demander pourquoi. On pourrait dire que ce n'est pas le lieu ici puisque le propos est d'examiner la relativité de la connaissance, et non pas de parvenir à l'absolu. Cela semble peu plausible, du fait que la moitié du résumé est tout de même consacrée à « *The true Doctrine* ». Et par ailleurs, on ne peut pas dire que le propos de cet essai soit une pure critique d'un strict problème d'actualité : la hauteur de vue est telle que l'on examine ici la totalité de l'histoire de la pensée et non une doctrine circonstanciée. Il eût été plus logique de produire la solution, et si cela n'est pas fait, c'est sans doute bien que cela n'était pas possible. Mais réservons l'examen de l'échec de Bradley, et finissons d'examiner la dernière proposition.

Si celle-ci n'est pas nommée dans l'essai, elle reçoit dans le résumé la dénomination de relativité absolue : c'est la position sceptique, celle de Hume et de ses épigones, en l'occurrence Mill, ce qui s'accorde parfaitement avec l'affirmation classique que Hume n'a fait que tirer les conséquences de la doctrine de Berkeley. Cette position est vraiment relativiste puisqu'elle consiste en la dissolution des termes de la relation, et du point de vue de l'être et du point de vue de la connaissance. Si l'on examine en effet ce qu'est le moi particulier, il est impossible de s'arrêter à un *substratum* quelconque : le moi empirique n'est en effet rien d'autre qu'une succession d'états de conscience particuliers. Le sujet n'est plus qu'un nom commode pour désigner une collection d'états intérieurs et l'objet d'états extérieurs. Mais même parler d'un état de conscience particulier pose un problème : quelle est l'unité de cet état en ce lieu et à ce moment ? On rencontre ici les paradoxes du continu et de la divisibilité à l'infini. Bradley examine longuement les tentatives d'une telle position pour établir, avec l'examen de la valeur de la sensation et des lois de l'association, une connaissance digne de ce nom.

C'est presque avec délectation qu'il en constate l'échec. Il faut noter ici que c'est un trait constant de la pensée hégélienne que de valoriser le scepticisme : d'un certain point de vue, l'action dissolvante du scepticisme est la vérité, le seul problème du sceptique étant qu'il ne le sait pas, et qu'au lieu de se hisser à la connaissance spéculative, il conclut de son œuvre que rien n'est vrai et qu'il faut désespérer de la connaissance. Bradley avec ses termes propres et des images saisissantes fait le même constat. Poussant à son maximum, c'est-à-dire à sa vérité, la réduction de l'absolu au sujet particulier, le scepticisme, qui est la pointe extrême, même s'il s'ignore comme tel de la subjectivité et de l'individualisme[41], livre le monde au pouvoir de l'analyse (en langage hégélien l'on dira à la logique d'entendement, à la dialectique de l'entendement) et réussit absolument dans son entreprise : « Elle se connaît comme l'analyse qui s'approprie un monde étranger et, alors qu'elle divise et détruit, elle sent sa propre identité et elle est heureuse. Elle est l'analyse *victorieuse*. »[42] Et ce qui intéresse Bradley, comme Hegel, c'est que dans sa victoire même, l'entreprise sceptique connaît sa défaite :

> Mais, pour elle, la victoire n'est que défaite (*Cf.* Alexandre). Tout lui appartient et elle doit réfléchir sur elle-même. Elle découvre que tout lui appartient mais qu'elle n'est rien que ce qu'elle détruit. Le monde est le moi victorieux mais le moi se réduit au monde vaincu. Le moi est le flux ; le moi, en tant que flux, est l'objet contradictoire de la réflexion qui produit la souffrance.[43]

---

[41] Il n'est pas question de morale bien sûr dans ce texte. Pourtant nous devons noter une différence de ton entre l'analyse hégélienne et bradleyenne du scepticisme. Pour Hegel, le scepticisme est une figure de l'insatisfaction : « C'est pourquoi cette voie peut être considérée comme la voie du doute, ou à proprement parler, comme voie du désespoir » (Hegel, *Phénoménologie de l'esprit, op. cit.*, préface, p. 83). Le sceptique serait mû par un réel appétit philosophique, et son résultat le laisse dans une conscience malheureuse. Pour Bradley le sceptique est content : mais de quoi peut-il donc jouir, lui qui met fin à l'espoir de satisfaire l'appétit de connaître ? Il n'y a qu'une réponse possible : il jouit de lui-même, de sa pure subjectivité qui seule reste face à un monde que l'on hait. En ce sens, la figure du sceptique n'est-elle pas diabolique, n'est-elle pas l'affirmation du « moi seul », de celui qui s'est écrié une fois pour toutes « *non serviam !* » ?

[42] PAP, p. 186 (trad. Fruchon, p. 20.)

[43] *Ibid.*, p. 186-187 (trad. Fruchon, p. 20.)

Cette défaite est extrêmement positive car elle est en quelque sorte le signe de l'absolu. Au sens hégélien, le dogmatisme signifie qu'un discours n'a pas effectué le retour réflexif sur lui-même qui permette de rendre compte de tous ses présupposés : la plus belle expression de cette cécité est la constance avec laquelle Descartes, au nom des idées claires et distinctes, fustige tout ceux qui s'embarrassent stupidement de vouloir définir les mots qui désignent ces idées. Le scepticisme prend au sérieux les mots et, les analysant avec beaucoup de rigueur, en dissout toutes les significations. Il n'y a qu'une chose que le scepticisme n'examine pas : le fait que lui-même tient un discours sur le tout. Or ce faisant, il se réfute admirablement lui-même :

> Ici, la contradiction se trouve entre cette Relativité absolue et sa propre affirmation (dans la philosophie). L'absolu est ici la relativité du relatif conscient de lui-même, et de façon permanente. C'est une Objection fatale à Hume.[44]

Ainsi sur ce point le scepticisme est comme l'oracle de Delphes : il ne parle pas, il indique. Et ce qu'il indique est la présence de l'absolu, qu'il nie puisque l'absolu est le seul moyen de comprendre qu'il puisse énoncer ce qu'il énonce. On se trouve ici face à une contradiction performative : le sceptique qui conclut « rien n'est absolu » est comme un homme qui s'écrie « je suis mort ».

Ayant achevé la critique des positions erronées, il nous faut maintenant comprendre ce que Bradley énonce comme « *The true Doctrine* ». Sur ce point encore, il suit le programme de l'introduction de la *Phénoménologie de l'Esprit*, puisque le scepticisme est censé, ultimement mais certes pas de lui-même, se convertir en la vérité.[45]

Du point de vue ontologique, Bradley, en quelques lignes fort concises, donne plus l'impression d'esquisser un programme que de résumer un système. Il est néanmoins possible de déployer quelque peu l'implicite de ces quelques lignes.

> L'Absolu n'est pas Abstrait mais infiniment déterminé par des Relations. Il est lui-même, cependant, uniquement relaté à l'intérieur de

---

[44] *Ibid.*, p. 167.

[45] « Le scepticisme, qui s'achève par l'abstraction du néant et du vide, ne peut plus repartir plus loin en partant de celui-ci, mais doit attendre de voir si quelque chose, et quoi, se présente de nouveau à lui pour le précipiter dans ce même abîme vide ; mais dès lors qu'à l'inverse le résultat est appréhendé tel qu'il est en vérité, savoir, comme négation *déterminée*, une forme nouvelle a surgi, du coup, immédiatement, et dans la négation s'est accomplie la transition d'où résulte spontanément la poursuite du parcours de toute la série complète des figures de la conscience ». Hegel, *Phénoménologie de l'esprit, op. cit.*, p. 85.

lui-même et n'est donc pas seulement relatif. Il est la véritable totalité
des relations, infinie et auto-proclamée *(self-contended)*. De plus, il est
la Connaissance (le connaissant et le connu) en un.[46]

Comment se représenter ici l'absolu que Bradley pose ? À vrai dire, absolument
parlant, il pourrait être aussi bien l'Un plotinien dont toute chose émane, la
nature naturante spinoziste qui s'exprime en modes, un *intuitus originarius*
kantien qui crée ce qui pour notre intuition est seulement donné. La seule chose
qui est certaine, c'est, en termes hégéliens, qu'il n'est pas au-dessus, séparé
comme l'un tout seul parménidien, mais qu'il est « acte de se poser dans des
déterminations » : il n'est pas possible en effet ici de comprendre « *determined* »
comme un passif (car par quoi d'autre serait-il déterminé ?), mais comme un
résultat intemporel de sa propre activité immanente. Mais exprimée dans ces
termes spécifiques, la formule bradleyenne de l'absolu serait acceptée telle
quelle comme immédiatement correcte par tous les idéalistes post-kantiens, et
par eux seulement.

C'est en abordant le point de vue de la connaissance que l'on peut espérer
sortir du vague dans lequel nous sommes.

> [Relativité] De la Connaissance […] Toute vérité est *ma* vérité. Cela
> ne signifie pas que la vérité n'est relative qu'à moi. Le « moi » lui-
> même ne peut résister à l'analyse dissolvante, en tant que « mon
> moi ». La connaissance n'est pas relative à lui, mais il est relatif à la
> connaissance.[47]

L'introduction du moi particulier nous permet donc de rentrer dans le détail
de ces déterminations immanentes que l'absolu pose comme relations. Nous
avons ici les deux bouts de la chaîne, le moi et l'absolu ; il ne reste plus qu'à
comprendre les chaînons manquants. Pour ce faire, tentons une dialectique
ascendante. Qu'est-ce qui caractérise ce moi-ci en propre et dans quelles
relations s'insère-t-il ?

> Ce qui est simplement mien n'est pas de la pensée et n'est donc pas un
> fait ; c'est tout simplement du sentir sans réalité en soi, et dont l'essence
> est de n'être que pour moi, c'est-à-dire que c'est une apparence. Ma
> subjectivité comme pensée vide c'est le potentiel de l'univers qui est
> pensée.[48]

---

[46] PAP, p. 167.
[47] *Ibid.*
[48] *Ibid.*

Ce qui relève de ma pure subjectivité est donc, si nous lisons bien, la sensation : en tant que telle, elle n'est pas encore relation, elle est pure apparence. On reconnaît ici clairement l'analyse hégélienne de la sensation qui, en tant qu'immédiate, est la première station de la connaissance : c'est une pure abstraction que l'on doit dépasser. Cette subjectivité pure, abstraite, non existante, donc pas soi, est la manifestation négative d'une relation qui lui donne sa consistance ontologique : la connaissance, qui est relation entre la pensée et le fait (« *thought and so fact* »). Cette connaissance, qui est relation (« *Knowing and known in one* »), en tant que telle, relève de l'ontologie, de l'absolu lui-même, et non de l'épistémologie[49]. Lorsque je connais, ce n'est donc pas seulement moi qui connaît, mais en quelque sorte l'absolu, l'univers qui est pensée (« *Universe which is thought* »). La preuve de la vérité de ce qui est énoncé ici est donnée précisément par la compréhension de ce qui est pour moi la connaissance bien comprise (« *This is the only possible theory of perception* »). En effet ma connaissance est finie et relative et se connaît comme telle : ces deux faits ne sont possibles que parce que d'une part je ne suis pas l'absolu mais parce que d'autre part l'absolu est. Mais qu'est-ce que l'absolu pour moi ? C'est ma connaissance comprise comme relative. Je ne peux formuler cela que parce que la contradiction que je pense (faussement, car abstraitement, comme non réconciliée tant que je suis dans de fausses doctrines dont le scepticisme est le paradigme) est réconciliée par l'acceptation et la compréhension de sa relativité : « Le Relatif qui se connaît lui-même comme Relatif n'est plus Relatif. Il se tient au-dessus de sa condition finie et devient la contradiction Réconciliée ou l'Absolu »[50]. Cette conception présente indiscutablement un air de cohérence et ne semble pas en contradiction avec l'orthodoxie hégélienne. Nous disons un air de cohérence et semble s'accorder à l'hégélianisme non pas parce que nous prétendrions en avoir découvert les incohérences et les traits hérétiques, mais parce que tout simplement il n'y a là qu'un programme. On pourrait dire que la métaphysique est un art tout d'exécution : le programme donné, il reste à produire le système complet qui lui correspond, ce que Bradley ne fait pas. Compte tenu de l'intérêt que présenterait une telle œuvre, on peut affirmer que si Bradley ne le fait pas, c'est qu'il ne le peut pas. Deux raisons, non incompatibles et entre lesquelles nous ne pouvons pas encore choisir ici, peuvent être avancées pour expliquer cela. Tout d'abord il peut se faire que Bradley ait de sérieux doutes sur certains des éléments de ce programme, doute qu'il lui faudrait lever pour pouvoir l'accomplir. D'autre part, une telle tâche demande pour son accomplissement plus que quelques mois ou peut-être même quelques années de travail – pour un philosophe, c'est l'œuvre d'une vie de travail. Or la question de l'urgence

---

[49] « Elle [la connaissance] est absolument réelle, parce qu'elle est dans l'Absolu comme un moment nécessaire », *ibid.*, p. 167.

[50] *Ibid.*

se pose : convient-il d'écrire une œuvre de moindre d'ampleur mais publiable rapidement ? Ou le grand œuvre qui nécessitera infiniment plus de temps ? C'est là que le philosophe rencontre son temps et qu'il doit trancher dans le conflit de devoirs qui s'offre à lui dans la réalité concrète de sa condition.

Pour comprendre la réponse que Bradley a donnée à ce dilemme, il nous faut avoir une vue d'ensemble de l'état de sa réflexion à l'époque. Il nous reste donc à examiner le dernier essai inachevé, resté inédit et écrit dans la même période (1874), « *Progress* »[51].

« *Progress* », et le choix des termes du problème

Nous pourrions nous attendre, avec la lecture de « *Progress* », à une mise au point sur une question de civilisation d'importance. En effet, il y a bien un débat public et Bradley utilise même l'expression de « *savage controversy* » pour rendre compte de l'opposition entre optimistes et pessimistes sur la réalité du progrès : s'agit-il d'une régression ou d'une amélioration ? Ce clivage pourrait également être formulé à l'aide d'autres antagonismes (utilitaristes contre romantiques, positivistes et radicaux contre traditionalistes, libéraux contre conservateurs, etc.) signalant que l'idée d'une polarisation du débat sur l'évolution intellectuelle et sociale avait touché tous les milieux[52]. Quoi

---

[51] *Ibid.*, p. 191-198.

[52] La révolution industrielle a fait apparaître le problème du progrès dans toute son ampleur en tant qu'il a été possible de constater des changements évidents et concrets dans la société de l'époque, et pas uniquement dans le domaine industriel. Mais les apôtres du progrès, issus des Lumières et propageant leur message ont aussi rencontré une opposition farouche, et les thuriféraires du libéralisme politique comme économique autant que les positivistes se sont affrontés à ceux qui voyaient dans les événements depuis la révolution plus des raisons de souci et de crainte, soulignant que la civilisation était entrée dans une phase de décadence plutôt que dans une ère de bonheur et de perfection partagée par tous. La question du progrès est donc devenue cruciale et elle a été posée sur tous les plans : religieux, social, politique, culturel et donc évidemment philosophique. Il n'est que de voir par exemple la popularité des livres de Samuel Smiles dans la société victorienne, où la réussite sociale, plus qu'elle n'impliquait la respectabilité individuelle, a incarné l'esprit même du progrès de la civilisation. C'est particulièrement notable dans les biographies qu'il a écrites sur les ingénieurs de la société victorienne (Watt, Stephenson, Wedgwood, Boulton, etc.) non seulement pour ériger leur réussite en exemple mais aussi pour vanter l'idée de progrès. Et l'on constate, sur l'autre versant, l'influence souterraine du néo-gothique et des préraphaelites, d'inspiration réactionnaire et très critique de l'individualisme et du matérialisme victorien. Le dix-neuvième siècle est non seulement le siècle des révolutions, il est aussi celui où les termes de progrès, de développement, d'évolution ont fait l'objet d'une attention toute particulière et pour tout dire centrale. En réalité, si on accepte l'idée selon laquelle l'idée de progrès à partir des Lumières a sécularisé une conception téléologique de l'histoire et a remplacé l'idéal religieux du salut par celui

de plus naturel pour un idéaliste, pour un spiritualiste, que de construire une interprétation de ce thème et, surtout quand on dispose d'un vrai talent polémiste, d'entrer en lice et de s'imposer ? Bradley ne le fait pas : il se contente d'indiquer dans son introduction l'existence d'un conflit en termes de jugements de valeur, avant d'entrer dans un débat technique et apparemment abscons en opérant une reprise critique et épistémologique de la position spencérienne. Il nous semble qu'il s'agit là d'une manifestation très lucide et très consciente d'elle-même de ce que doit nécessairement être la stratégie de l'idéalisme britannique de cette époque. La première chose qu'un bon stratège doit savoir, c'est que l'on ne gagne des batailles que si l'on sait imposer à son adversaire le terrain de l'affrontement, et ce que veut Bradley, c'est qu'une question quelle qu'elle soit se discute dans les termes et au niveau qui lui convient. Ainsi, en ce qui concerne la question du progrès, il ne s'agit pas d'opposer des jugements de valeur à d'autres mais de disqualifier les outils épistémologiques de l'adversaire, de lui retirer toute légitimité : bref, de gagner le combat d'abord à un niveau épistémologique, la suite allant de soi. S'il s'en prend à Spencer sur ce point, ce n'est pas parce que cet auteur mérite plus qu'un autre que l'on croise le fer, mais parce qu'il représente le courant adversaire dont il est simplement un bon exemple type[53]. Ce n'est donc pas que Bradley ne « croit » pas au progrès : dans *Les Présupposés de l'Histoire critique*, il note bien une croissance de l'esprit critique[54], admet un développement de l'humanité selon un mode dialectique où les contradictions du monde ancien produisent un monde nouveau[55], et il peut même décrire ce développement historique en des termes qui ne choqueraient pas un spencérien :

> Dans le processus ininterrompu qui ne se différencie qu'en vue de constituer une totalité et qui ne constitue en totalité que pour atteindre

---

du bonheur, d'où son impact formidable sur les doctrines hédonistes et utilitaristes, on comprend que la notion soit devenue si importante au dix-neuvième siècle et qu'elle ait été instrumentale dans le conflit entre science et religion que nous avons déjà évoqué.

[53] Qu'il s'agisse bien de la figure de la science en général est prouvé par les références répétées à l'œuvre de Théodule Ribot, *La Psychologie anglaise contemporaine* (1870), où s'exprime la tentation contemporaine de séparer la psychologie de la philosophie en la faisant reposer sur la méthode des sciences naturelles.

[54] « Telle a été la croissance de l'esprit critique. Il a combattu au nom d'un autre et pas en son propre nom ; il a vaincu avant de s'engager lui-même dans la bataille ; c'est en établissant son royaume qu'il a commencé à saisir le secret de sa mission. Il a eu le sentiment de sa puissance avant la connaissance de son but et c'est le passage de la puissance à l'acte qui a commencé à lui découvrir sa propre nature. Mais la marche de son action a été graduelle ; sa conscience de lui-même est passée par une croissance égale et sa révélation peu pressée a suivi les pas d'un lent développement », PCH, p. 6.

[55] *Ibid.*, p. 67-70, et plus encore toute la note E.

à une différenciation plus pleine, la conscience qu'une étape a d'elle-même n'est jamais celle qui correspond à un développement ultérieur.[56]

Il est sur ce point en parfaite adéquation avec la doctrine greenienne et d'une manière générale, avec l'idéalisme britannique[57], mais cela, seul un idéaliste peut le dire, et personne d'autre – nous nous souvenons sur ce point de la vigueur avec laquelle Bradley avait refusé à la science toute légitimité en matière d'histoire[58]. Dans son introduction, très ironique, notre auteur pose le problème : la question du progrès, qui n'est pas définissable à partir de son étymologie uniquement, renvoie à une téléologie, à l'idée selon laquelle le mouvement impliqué par le terme est coordonné par rapport à un but (*goal*). C'est là un sens indiscutablement ancien du progrès, qui se rapporte au passé aristotélicien : comment oserait-on encore aujourd'hui se référer à de pareilles vieilleries ? Ne faut-il pas se mettre à la nouvelle école ?

> Ainsi – comme il appert à première vue que le progrès est téléologique et qu'il est non moins clair que la conception téléologique est annihilée – nous sommes assurément ravis d'apprendre d'un homme comme Spencer en quoi consiste le progrès.[59]

Il faut dire que la question du progrès avait franchi une nouvelle étape avec le darwinisme. Spencer, qui avait énoncé sa théorie de l'évolution dans *Principles of Psychology*, publiés de 1852 à 1857, donc avant la publication de l'*Origine des Espèces* en 1859, présente l'avantage de proposer une doctrine complète, dont aucun des qualificatifs n'aurait l'heur de plaire à Bradley : réaliste, relativiste, matérialiste, libéral, individualiste, scientiste, mécaniste, empiriste, utilitariste[60]. À l'énoncé de cette liste, on devinera que malgré la

---

[56] *Ibid.*, p. 40.

[57] Ceci est particulièrement notable chez Edward Caird dans la fréquence avec laquelle il utilise le concept hégélien de « réconciliation » pour rendre compte du principe même de l'évolution. Voir par exemple son livre *Hegel*, Édimbourg, Blackwood and Sons, 1896.

[58] *Cf. supra* notre chapitre III.

[59] PAP, p. 192.

[60] Spencer est souvent méconnu. S'il est aujourd'hui oublié, il n'a pas été pour rien dans l'existence du courant darwinien. Par exemple, c'est lui qui a créé l'expression de « survivance du plus apte » dans *The Principles of Biology* (1864), après avoir lu l'ouvrage de Darwin (*The Origin of* Species, 1859), qui allait adopter par ailleurs l'expression à partir de la cinquième édition de son ouvrage (1869). Et ce sont les textes d'application de la théorie de l'évolution spencérienne à l'éthique qui ont donné naissance à ce que l'on nomme darwinisme social (le terme *social Darwinism* n'apparaît qu'en 1879), qui allait engager un autre type de controverse dans les années 1880, marquées par le conflit entre les positions, pour simplifier, de Francis Galton

très large audience dont Spencer bénéficie à l'époque, sa pensée n'a pas été retenue par l'histoire de la philosophie comme un modèle de cohérence. Sa métaphysique, nous l'avons vu, pose l'existence dans l'univers d'une force inconnaissable, mais dont nous avons cependant une conscience indéfinie. Le principe se manifeste au travers de l'évolution. Cette dernière est déduite de la loi de conservation de la Force, à l'aide d'un modèle causal exclusivement mécaniste, sans recours officiel à la cause finale : un développement se constate du fait d'une dissipation de mouvement et une intégration concomitante de matière (sur le modèle du passage d'une nébuleuse gazeuse à un système planétaire), la matière passant alors d'une homogénéité indéfinie à une hétérogénéité définie et cohérente. On notera que les mêmes principes, quand on voudra penser un équilibre général menacé, pourront aussi expliquer l'effet inverse compensatoire, à savoir une dissolution, c'est-à-dire un passage de l'hétérogénéité à l'homogénéité. C'est dans ce cadre général que Spencer explique le Progrès, et ceci plus particulièrement dans « *Progress : Its Law and Cause* »[61], l'article que Bradley examine ici. Le texte comporte deux moments principaux : tout d'abord une analyse assez féroce des inconséquences spencériennes, ensuite une sorte de pastiche de dialogue platonicien tout à fait charmant, qui reprend les mêmes inconséquences sur un autre mode.

Dans l'examen de la doctrine de Spencer, Bradley développe trois types de reproche. Tout d'abord il montre que les termes ne sont définis ni en eux-mêmes, ni les uns par rapport aux autres. Ainsi, si l'on attend une définition de la causalité ou de l'évolution, on en sera pour ses frais (encore que Bradley ne se fasse sur ce point peu d'illusions, puisqu'il estime que les auteurs anglais n'examinent pour ainsi dire jamais les conceptions sur lesquels ils travaillent[62]). La solution consiste en effet en cas d'embarras à user de synonymes : cause ou condition, évolution, développement, progrès – mais cela ne fait bien sûr qu'ajouter à l'embarras puisqu'à la fin on ne sait plus de quoi l'on parle. Ensuite, Bradley décèle des erreurs manifestes de raisonnement, qu'il manque rarement de pourfendre d'autant plus impitoyablement qu'il le fait avec humour[63]. Prenons un premier exemple que nous qualifierons de réfutation

---

(*Eugenics* date de 1885) et celle de Thomas Henry Huxley, dont la *Romanes Lecture*, « Evolution and Ethics », date de 1893. Ce serait donc bien sûr un anachronisme que d'analyser le texte de Bradley au regard de ce débat postérieur.

[61] Cet essai de Spencer se trouve dans *Essays : Scientific, Political, and Speculative*, Londres, Williams and Norgate, 1863.

[62] PAP, p. 192.

[63] « À partir de là, nous voyons que chaque cause a plusieurs effets. En fait, comme la cause vient en premier et que l'effet vient après, il s'ensuit que l'état ultérieur du monde est toujours plus complexe que son état antérieur. C'est pourquoi je me risque à penser que cette idée est un des sophismes les plus manifestes qu'un homme de talent s'est jamais imposé à lui-même. Il me semblait si *handgreiflich* que j'hésite presque à dire ce que j'en pense ». *Ibid.*

de l'usage abusif de l'effet papillon mal compris. Spencer affirme que c'est l'essence de la causalité de produire de l'hétérogène : « l'effet est toujours simplement et infiniment plus hétérogène que la cause »[64]. C'est en un sens tout à fait vrai et c'est ce que fait n'importe quelle œuvre de fiction qui, partant d'un changement de détail dans la chaîne causale, fait s'ensuivre de ce changement de détail un monde totalement différent. Mais qui ne voit que l'erreur vient de l'isolement d'une cause (une petite partie de l'univers) dont on enregistre par la suite l'effet dans l'univers plus large ? C'est à un problème subjectif de découpage, et, en droit, si rien n'interdit dans une perspective comme celle-ci de penser qu'une prise de tabac a été la cause de la Révolution Française[65], rien n'interdirait non plus de faire l'opération en sens inverse et de montrer qu'un large ensemble de causes aboutit à un ridicule petit effet, puisqu'aussi bien la montagne pourrait accoucher d'une souris...[66] Le deuxième exemple consiste dans un raisonnement logique élémentaire : Spencer affirme que la causalité est ce qui produit l'évolution ou le progrès. Mais alors de deux choses l'une, soit la causalité est quelque chose de supérieur à l'évolution, soit elle lui est égale (la possibilité qu'elle soit moins que l'évolution, logiquement possible, n'a bien sûr aucun sens ici). Dans le premier cas, il existe alors des causes dont les effets ne sont pas l'évolution : mais alors on ne peut pas dire que l'essence de la cause est d'être progressive... Dans le second cas, puisque causalité et évolution sont strictement identiques, on peut en user comme de synonymes : il serait alors possible de disserter aussi bien sur l'effet désastreux du coup de marteau sur mon doigt que de l'évolution, du progrès de ce coup de marteau sur ce même doigt ? Comme le dit Bradley : « *This is too barbarous* »[67]. Enfin, pour en venir à un troisième ordre de critique, qui reste dans un registre extrêmement sévère voire méprisant, Bradley reproche à l'argumentation spencérienne de ne pas être « fair-play », de botter en touche. Chaque fois qu'un problème se fait jour, ou bien l'on se réfugie dans le nouménal, l'inconnaissable[68], ou bien l'on se réfugie dans la pure observation du fait que l'on affirme et tant pis si c'est irrationnel[69]. Cela ne revient-il pas à montrer que l'interlocuteur au vocabulaire

---

[64] *Ibid.*, p. 193.

[65] « […] *pinch of snuff cause of French revolution* », *ibid.*

[66] « Mais malheureusement, le même type d'argument prouve son contraire diamétralement opposé, car l'effet est un événement que vous n'avez absolument pas le droit d'isoler comme vous isolez la cause. Cet événement là est l'effet d'un état de l'univers précédent [et] il est donc infiniment *moins* complexe *que* sa cause ». *Ibid.*

[67] *Ibid.*, p. 194.

[68] « Ceci, je suppose, est une question "nouménale" » ! (« la cause du progrès est un mystère. Ribot) », *ibid.*, p. 195.

[69] « Si nous avons les faits, que pouvons nous désirer d'autre ? (Je passe cela. Spencer (Ribot) admet que ce n'est pas rationnel », *ibid.*

incertain et aux raisonnements spécieux, se révèle, au bout du compte, ne pas être un interlocuteur du tout puisqu'on ne peut même plus parler avec lui ?

Dans le second et dernier moment du texte, Bradley met en scène une sorte de dialogue socratique. L'auteur s'y présente, à l'instar du jeune Socrate du *Protagoras*, comme un tout jeune homme, non pas ici l'ami des idées, mais un adepte enthousiaste du développement, et un développement spencérien sans aucun doute, puisque défini comme « un processus de différenciation et d'intégration croissant en complexité »[70]. Fut-ce le cas du jeune Bradley ? On peut se plaire à le croire et peut-être à imaginer le « représentant patenté de l'école Anglaise »[71] sous les traits de ce maître *ès* platonisme que fut Jowett. Le maître s'étonnant de voir le mot de développement toujours à la bouche du bon jeune homme, lui demande avec une fausse naïveté de définir le terme. Le jeune homme reçoit alors cette leçon fondatrice dont tout apprenti philosophe se souvient avec émotion, celle qui le refroidit de son enthousiasme naïf et lui fait comprendre que si la philosophie est grande, c'est parce qu'elle peint gris sur gris dans la patience et la rigueur du concept. Les questions du Maître qui essaye de faire préciser sa pensée au jeune homme ou sans doute, ce qui serait un progrès, de lui montrer qu'il ne pense pas encore, font intervenir les couples de contraires platoniciens que sont le même et l'autre, l'un et le multiple, et implicitement, avec l'exemple de l'œuf et de la poule, le couple aristotélicien de l'acte et de la puissance, pour finir par l'opposition hégélienne de l'identité et de la différence :

> « Mon cher ami, dit-il, comme vous vous payez de mots. Le différent
> n'est-il pas l'opposé du même ?
> - Oui, répondis-je à contrecœur.
> - Croyez-vous donc à l'identité des opposés alors ?
> - Mon Dieu, bien sûr que non, dis-je.
> - Alors, comment pouvez-vous croire en l'évolution ?
> - Je ne sais pas quoi dire »[72]

Bradley revient alors au début de son texte : le refus de la téléologie implique l'impossibilité de rendre compte des concepts utilisés, pour pouvoir continuer de les utiliser il faut se résoudre à penser dans les termes de l'idéalisme. Mais hélas, l'état d'inachèvement du manuscrit n'indique pas ce que serait la doctrine positive qui aurait dû être élaborée après la démonstration de l'incapacité du scientisme de rendre compte de la notion de progrès ou d'évolution.

L'étude de « *Progress* », bien plus que celle de « *Relativity* », manifeste la volonté de Bradley de s'inscrire dans un courant qui est en prise constante

---

[70] *Ibid.*, p. 196.

[71] *Ibid.*

[72] *Ibid.*, p. 197, c'est nous qui rétablissons visuellement la forme dialoguée.

avec la pensée du temps. Et si cet essai, pas plus que « *Relativity* », n'aboutit, il convient de se demander pourquoi. Pour ce faire, il est nécessaire d'établir un bilan de l'état de la pensée bradleyenne en cette année 1874.

La métaphysique : ce que veut Bradley, ce dont il ne veut pas et ce qu'il peut

De tous les écrits dont nous disposons avant *Ethical Studies*, il n'est pas possible de dégager un système métaphysique, mais il est envisageable à ce stade de présenter un état des directions de sa pensée, directions qui pour certaines ne connaîtront pas de modification, et qui pour d'autres au contraire évolueront. Si les quatre premiers points proposés dans ce qui suit ne font que reprendre le résultat des analyses que nous venons de conduire, les deux derniers, parce qu'il manifestent les problèmes que rencontre Bradley à cette époque, méritent d'être plus développés.

1) La contradiction est un signe positif

Nombreux sont les auteurs qui ont remarqué la grande aisance dont Bradley fait preuve lorsqu'il s'agit de traquer, en général impitoyablement, l'erreur de raisonnement chez son adversaire. Il nous semble qu'il y a là plus qu'un trait de caractère individuel, plus qu'un trait d'esprit caractéristique d'un métaphysicien de race, mais bien l'indication d'une certitude philosophique qui est la sienne et qui ne l'abandonnera plus. Les philosophes dogmatiques, au sens de Hegel, haïssent ou craignent la contradiction, et à l'instar de Descartes, ils cherchent un point fixe qui leur garantirait une bonne fois pour toutes un discours où il suffirait d'être attentif pour ne jamais rencontrer le contradictoire. Les philosophes sceptiques, de même que les vrais philosophes au sens de Hegel, mais sans doute également les esprits religieux, ne reculent pas d'horreur devant la contradiction ; pour les deux derniers, et Bradley relève peut-être de ces deux types à la fois, la contradiction n'est pas un pur rien, elle est un signe qui mérite d'être suivi. D'un point de vue logique, ils ont indiscutablement raison : l'expression de cercle carré ne peut être équivalente au silence, elle dit bien quelque chose, en l'occurrence quelque chose d'absurde, et c'est un point sans doute intéressant qu'elle parvienne à le dire. S'il y a une communauté d'esprit entre Hegel et Bradley, elle se noue à notre sens sur cet accord, même s'il reste ensuite à déterminer de quoi la contradiction est le signe. Si Bradley et Hegel sont d'accord pour lier cela à un absolu qui ne nous est pas étranger, il s'agit ensuite d'en comprendre les modalités, et c'est sur ce point que des divergences peuvent apparaître.

2) L'absolu est, et est totalité

Le seul moyen pour Bradley de penser l'absolu est de le concevoir comme totalité. De ce point de vue, encore en accord avec Hegel, il récuse une solution de type parménidien qui reviendrait indiscutablement à un dogmatisme. Si l'absolu est séparé, nous ne pouvons pas le connaître, c'est-à-dire que nous ne pouvons même pas le poser comme existant, la solution de l'Inconnaissable étant particulièrement misérable. La totalité est le seul moyen de rendre compte de toutes les relations que nous observons et dont, par notre être même, nous manifestons la présence.

3) L'absolu est sujet

C'est ici l'accord le plus flagrant avec Green et avec l'hégélianisme tel qu'il est entendu à l'époque. Il se décline sous une forme canonique et dans des termes qui sont emprunts d'enthousiasme, et il faut le dire, d'une certaine approximation. En effet, si le *self-consciouness* greenien est le terme le plus fréquemment utilisé, Bradley peut aussi bien écrire, pour le désigner, le terme de *Mind*, de *Thought*. Toute autre solution que celle de l'absolu comme pensée ne pourrait rendre compte non pas seulement de ce que dit ou fait l'homme, mais aussi du fait qu'il puisse le faire et le dire. Le discours de la vérité est, comme le réel, uni-total, et rend compte et du monde et de son existence comme discours. Et qu'est-ce qu'un discours qui ne serait pas tenu par un sujet ? L'Absolu se présente donc bien sous la forme d'un Sujet Infini, et comme la relation ne peut être réduite à l'un de ses termes ni être extérieure à ses termes, elle est nécessairement intégrée au Sujet Infini :

> La critique bradleyenne ne cesse de dénoncer la réduction de la relation à ses termes ou du Moi Infini au moi fini. Elle implique une ébauche de doctrine dont il convient de définir la fonction. Bradley évoque au passage, et seulement pour l'exclure, la possibilité de « stades supérieurs de la pensée » que le langage ne serait pas en mesure d'exprimer : il considère uniquement ce qu'*Appearance and Reality* appellera le *relational way of thought* [...] ce qu'il importe de souligner, c'est que mon inadéquation à l'Absolu ne signifie pas encore pour Bradley que celui-ci se situe au-delà de la pensée relationnelle, qu'il consiste en une expérience où elle serait abolie.[73]

4) Le moi particulier n'a pas vraiment de consistance ontologique

Le sujet particulier, le « *this-me* », n'est pas auto-subsistant, auto-fondé, il ne s'explique que dans sa relation avec le sujet absolu. Cela semble être une évidence ontologique et épistémologique pour Bradley, mais cela doit être une conviction également morale. Il convient tout de même de remarquer ici que l'idéalisme britannique de l'époque est bien une réaction contre l'individualisme sous toutes ses formes, et que le moins que l'on puisse

---

[73] Pierre Fruchon, « Premières ébauches d'une métaphysique », *op. cit.*, p. 73-74.

attendre d'un philosophe, c'est qu'il justifie cette conviction morale sur des plans supérieurs.

5) Il faut cependant se méfier de la raison

C'est ici assez curieux dans la mesure où l'on pourrait penser que d'une part c'est contraire à tout l'hégélianisme dont les points précédents manifestent la présence. Or, s'il y a une chose qu'un hégélien admet nécessairement, dont il se réjouit et qui est la raison majeure de son adhésion à cette doctrine, c'est qu'elle restaure enfin la Raison totalement, exhaustivement, absolument dans ses droits, et qu'elle ne laisse rien subsister en dehors d'elle. C'est bien le sens de la fameuse formule provocatrice de la préface des *Principes de la Philosophie du Droit* : « ce qui est rationnel est réel ; et ce qui est réel est rationnel ». Dans une lettre du 12 février 1873 adressée à son frère Andrew, alors qu'il était encore en train d'écrire son opuscule sur l'histoire, après s'être avoué incompétent pour savoir si Hegel avait la réponse ou non aux question métaphysiques, Bradley s'exprimait en ces termes :

> Mais si Dieu est pensée, cela explique-t-il l'existence d'un monde comme le nôtre ? Non, bien sûr, pas dans les détails, mais nous en savons suffisamment pour dire que Dieu ou la pensée qui fait du monde un système est le fondement [*prius*] créateur de la matière des sens, si bien que rien n'est perdu à ceci près que le monde des sens est (en tant que totalité) beau et rationnel et que le rationnel n'en est que les os desséchés ?[74]

Dans toute la lettre se manifeste un souci que l'on peut qualifier de religieux de sauver ce monde-ci tel qu'il est, c'est-à-dire avec la beauté que l'on voit, la souffrance que l'on ressent, et que le prix à payer pour une compréhension certes désirable ne soit pas de se retrouver avec un squelette sans chair, une simple planche anatomique. On pourrait dire qu'il s'agit là d'une crainte normale et qu'au fond, c'est une question que tout être doté d'un minimum de sensibilité ne peut manquer de se poser devant les conséquences de la philosophie. Mais cette inquiétude nous semble être redoublée par les autres écrits que nous possédons. Par exemple, dans le manuscrit sur la relativité de la connaissance, il est remarquable que le terme de « Raison » n'apparaît jamais. Pourtant il s'agit d'un des gains majeurs de l'entrée en hégélianisme : la différence entre la raison et l'entendement est un concept opérateur qui engendre un sentiment de triomphe en ce qu'il explique et lève tant d'illusions et d'incompréhensions. Non seulement Bradley ne s'en délecte pas, mais il n'en fait même pas usage. Pire encore, alors que dans le résumé « *Relativity of Knowledge* » il range la

---

[74] Lettre du 12 février 1873, *The Collected Works of F. H. Bradley : Vol. 4, Selected Correspondance, op. cit.*, p. 4.

sensation au rang de ce qui, en langage hégélien, serait une abstraction, il fait porter sa réflexion de détail, dans le manuscrit développé, sur la question de la sensation à travers ses analyses sur les lois de l'association. On pourrait dire que c'est là le prix qu'il paye pour développer sa pensée dans le cadre de la philosophie britannique, dont on connaît le caractère empiriste. En fait, plus encore que la présence effective de dissonances réelles par rapport à une tonalité hégélienne – ce qui exprimerait une méfiance vis-à-vis de la raison liée à l'entreprise hégélienne en tant qu'elle est, pour l'heure, sa meilleure défense et illustration – c'est une absence que nous nous sentons obligés de prendre en compte : trop d'éléments caractéristiques de l'hégélianisme manquent pour des écrits si fortement imprégnés de cette philosophie. C'est-à-dire que l'hypothèse d'une incompétence, qu'il avoue par ailleurs, ne constitue pas une explication suffisante ; quels que soient les bénéfices que Bradley envisage du fait de l'adoption de tout ou partie du système hégélien, il en sent assez certains dangers pour rester circonspect, du moins pour le moment encore.

6) Il n'existe pas pour l'heure de doctrine métaphysique satisfaisante

Si nous ne pouvons pas trancher le point précédent, c'est que Bradley n'a pas l'impression, en 1874, de toucher au but. Son opuscule sur l'histoire, par le champ étroit qui est le sien, est en-deçà des attentes. Nombre de directions intéressantes touchant aux questions épistémologiques ou métaphysiques sont tout juste esquissées et ce non sous le prétexte simple qu'il ne s'agit pas ici du but de l'ouvrage, mais avec l'aveu que l'auteur ne dispose pas de la réponse. Ramassant l'essentiel des propositions principales qu'il avait analysées méticuleusement et progressivement dans son manuscrit sur la Relativité de la connaissance, Bradley ne peut faire mieux que d'espérer :

> Toutes ces propositions sont-elles fausses ? *Il se peut qu'*elles soient fausses, et c'est le cas si on les isole ; mais il ne fait aucun doute qu'elles ont aussi leur part de vérité. Mais les assembler comme autant d'éléments d'un système est une tâche ardue et c'est à la philosophie que revient cette mission. Un mot ou deux devraient être suffisants pour tenter d'établir comment *il se peut qu'*elles soient toutes vraies.[75]

En quoi consiste d'ailleurs son *credo* de l'époque ? La note E des *Présupposés de l'Histoire critique* nous le livre dans les deux dernières pages de l'ouvrage :

> [...] mais nous pouvons donner brièvement une réponse, celle qui paraît être la meilleure. L'univers est, semble-t-il, un unique système ; c'est

---

[75] PAP, p. 188-189. Dans un brouillon de ce manuscrit, Bradley avait écrit « Toutes ces propositions sont-elles fausses ? Non ! Nous pensons qu'elles sont toutes vraies dans le sens qu'elles sont des vérités partielles. Mais *en dehors* de la philosophie, elles ne peuvent être réconciliées » (p. 187 note 11).

un organisme (semblerait-il) et même davantage. Il porte la marque du soi, de la personnalité à laquelle il est relatif et en dehors de laquelle il équivaut pour nous au néant. Ainsi, aucune portion de l'univers ne peut être par elle-même un système cohérent ; elle renvoie à la totalité de même qu'en elle la totalité est présente ; elle est en puissance la totalité (puisqu'elle incarne ce qui est réellement la totalité) ; mais cherchant à se fixer dans son être propre, la portion ne réussit qu'à mettre en relief sa relativité ; elle est entraînée au-delà d'elle-même et se contredit. En termes plus brefs, l'évolution est nécessaire parce que l'esprit est, en acte, limité et virtuellement illimité ; l'objet vit de la vie de l'esprit et change avec lui.[76]

On peut être attentif ici à la tonalité hypothétique de l'ensemble, mais il est plus riche d'enseignement de se pencher sur la pauvreté de l'entreprise. Car enfin, c'est là tout ce que Bradley peut énoncer en matière de métaphysique ! Les quelques paragraphes de la véritable doctrine que propose le résumé de *Relativity* sont à peine plus développés et, s'il y manque les précautions oratoires, Bradley reste aussi vague et peu précis conceptuellement. Or notre auteur souffre de ne pas pouvoir faire mieux puisqu'il essaie de le faire. Cette souffrance aurait pu être aisément dépassée : il suffisait d'adopter tel quel le système hégélien. On a vu que Bradley ne le fait pas et qu'il essaie de suivre une voie propre qui pour le moment ne passe que par la critique de doctrines qu'il récuse. Il y a bien là une impasse. À ce stade, comment croire qu'en quelques années, il serait possible d'élaborer réellement une métaphysique ?[77] Pourtant il faut bien faire quelque chose puisque le monde attend de nous que nous ne soyons pas simplement les spectateurs de la marche de l'esprit...

---

[76] PCH, p. 69-70.

[77] Anticipant sur les chapitres suivants, nous pouvons ici faire remarquer que la note portant sur la relativité de la connaissance, dans *Ethical Studies* (ES, p. 323-324), reprend tels quels, en les simplifiant d'ailleurs, les résultats critiques obtenus dans les manuscrits que nous avons étudiés : malgré le travail fourni, malgré la progression intellectuelle opérée dans et par ce nouvel ouvrage, Bradley est toujours en attente quant à l'élaboration d'une ontologie et d'une épistémologie développées et satisfaisantes.

CHAPITRE V

ETHICAL STUDIES (I) : PRÉSENTATION ET CONTEXTUALISATION DE L'OUVRAGE

Compte tenu de ce que Bradley a pu écrire depuis qu'il est devenu *Fellow* à Merton College, le thème de l'éthique est assez surprenant. Bien entendu, ses dissertations d'étudiant et les cours de Green qu'il a pu suivre montrent qu'il était familier des questions morales telles qu'elles se posaient dans sa période et dans le camp qu'il avait choisi, et il avait lui-même développé quelques idées en la matière, mais la teneur de *Ethical Studies* tranche néanmoins avec les préoccupations qui étaient les siennes à cette époque, comme en témoignent à la fois sa correspondance avec son frère et son approche de la question de la relativité de la connaissance que nous avons étudiées dans le chapitre précédent. Il s'agit donc de comprendre avant toute chose les raisons qui l'ont amené à traiter un thème qui n'était pas dans le ton de ses propres recherches philosophiques.

Par ailleurs, on peut également remarquer que la question éthique avait déjà fait l'objet d'un traitement dans le courant idéaliste, que ce soit dans les écrits philosophico-littéraires de Coleridge, dans leur étude plus approfondie par Ferrier puis par John Grote, ou encore dans les cours de Green sur la philosophie politique et morale, cours que Bradley avait suivis et qui l'avaient précipité dans la cause idéaliste. Mais il est possible, à partir de ces travaux idéalistes sur l'éthique, de comprendre pourquoi Bradley s'est lancé dans une entreprise de synthèse et de clarification, et qu'il l'ait fait au nom des principes que s'était donné le cercle d'idéalistes, auquel il appartenait, dans son programme officieux.

En effet, ce que les idéalistes avaient écrit en matière d'éthique jusqu'alors était soit trop simpliste et dépassé, soit trop complexe ou trop fragmentaire. Les intuitions coleridgiennes, intéressantes en soi, en dépit de leur tonalité trop littéraire et pas assez philosophique, ne s'attaquaient qu'à une forme brutale d'utilitarisme (le Benthamisme), non encore transformée par la subtilité du discours de Mill, auquel il s'agissait de s'opposer. De plus, l'austérité de l'œuvre de Ferrier et le caractère confidentiel de celle de John Grote avaient rendu peu visible la position idéaliste sur l'éthique[1]. Quant à Green, qui poursuivait les efforts de Grote contre l'hédonisme et le positivisme[2], il n'avait pas encore écrit quoi que ce soit de définitif exposant la doctrine idéaliste en matière d'éthique.

Bradley semble avoir été conscient de cette situation, en écrivant dans la préface de *Ethical Studies* que même si les idées qui s'y trouvent ne sont en rien nouvelles, elles ont besoin d'être mieux connues et de montrer qu'elles sont susceptibles de résoudre les difficultés de la philosophie morale en Angleterre :

> Il [l'auteur] pense que les théories éthiques reposent finalement sur des préconceptions métaphysiques et psychologiques. Il estime que nombre d'idées fondamentales et courantes de nos jours, particulièrement en Angleterre, sont confuses et même fausses [...] Il se fait connaître non pas parce que ce qu'il a à dire est nouveau, mais parce que notre littérature nous force à croire que pour la plus grande partie de notre public philosophique, et même de nos philosophes, l'essentiel de ce qui doit être dit doit être à la fois nouveau et nécessaire.[3]

L'activité critique dont Bradley se prévaut dans sa préface constitue une continuité certaine avec *Les Présupposés de l'Histoire critique*, mais il ne faut pas perdre de vue que son livre consiste plus, à notre sens, en une sorte de manuel idéaliste sur l'éthique qu'une œuvre originale écrite avec un langage métaphysique spécifiquement bradleyen car, comme nous l'avons vu précédemment, notre auteur ne dispose pas encore d'une métaphysique personnelle satisfaisante. C'est aussi en ce sens que Muirhead comprenait l'importance de cet ouvrage, en tant qu'il effectuait ce qui était demandé par la mouvance idéaliste dans une stratégie d'ensemble liée aux conditions de l'époque[4]. On peut donc considérer que Bradley réalise une partie du programme officieux de son cénacle idéaliste en lui donnant l'occasion non seulement de promouvoir sa doctrine sur l'éthique mais aussi de s'emparer avec force de la question de la philosophie morale en attaquant les positions des camps adverses.

Cependant, il ne faut pas négliger le fait que la rédaction d'*Ethical Studies* a également permis à Bradley de poursuivre son programme

---

[1] « Si Ferrier a découragé les lecteurs par l'allure compacte de sa synthèse et par la hautaine assurance de sa déduction, à l'inverse, c'est plutôt par son allure fragmentaire et inachevée que l'œuvre de John Grote était condamnée à attirer peu de disciples », Jean Pucelle, *L'Idéalisme en Angleterre de Coleridge à Bradley*, op. cit., p. 75.

[2] *Ibid.*, p. 83.

[3] ES, p. viii-ix. Pucelle établit implicitement une tradition qui relie Coleridge, Ferrier, Grote, Green et Bradley sur la question de l'éthique (voir p. 82-83).

[4] Muirhead, *The Platonic Tradition...*, op. cit., p. 228-229.

d'approfondissement de la philosophie hégélienne, et d'élever par là-même son propre niveau philosophique. Il ne faut pas oublier qu'il était resté sur un sentiment d'insatisfaction après *Les Présupposés de l'Histoire critique* et ses ébauches sur la « relativité de la connaissance », et il a pu trouver, à travers son travail sur l'éthique, un moyen non seulement de mettre à profit ses prédispositions naturelles, et son talent véritable, à la critique point par point des positions philosophiques de son époque, mais aussi de poursuivre une étude de fond sur une philosophie indispensable en repoussant dans l'avenir le travail de constitution d'une métaphysique. Il est important ici de signaler que Bradley était parvenu, dans son opuscule sur l'histoire, à traiter de questions délicates à partir d'observations et de jugements qui lui semblaient plausibles, et sans entrer dans des considérations métaphysiques trop avancées : avant même d'étudier le détail de son texte et d'observer notamment comment il commente le fait de ne pas proposer de système métaphysique, il est nécessaire de remarquer que son travail sur l'éthique s'intègre dans une intention et une perspective initiale qui semble avoir été de trouver le moyen de reconstruire progressivement un tel système en Angleterre, et si cette perspective vise le courant idéaliste, elle justifie *a fortiori* qu'il effectue ce travail pour lui-même. Dans ses notes préparatoires à *Ethical Studies*, Bradley explique comment le passage par la métaphysique est impossible en Angleterre à son époque sans une étude de la philosophie hégélienne :

> Toutes nos théories morales fonctionnent avec des préconceptions qu'elles ne comprennent pas entièrement, qu'elles n'ont jamais analysées. Nous n'avons pas de métaphysique en Angleterre et nous pensons ne pas en avoir besoin [...] Nous avons des synthèses valables et des observations qui accroissent notre connaissance. Mais les données à partir desquelles nous fonctionnons, consciemment ou inconsciemment, n'ont jamais été analysées. Prenez la table des matières de la *Logique* de Hegel. Ces conceptions abstraites, on doit les utiliser : on ne les suit aveuglément que jusqu'à ce qu'on les maîtrise. Existe-t-il un seul ouvrage écrit en anglais qui ait jamais tenté de les maîtriser ?[5]

---

[5] PAP, p. 231. Il semble qu'il faut entendre par ce terme de « logique » ce que Hegel y mettait lui-même, c'est-à-dire plus que la logique traditionnelle et donc surtout la métaphysique. Bradley poursuit ici le dessein de Green, qui désirait « saturer » les anglais avec des idées venues d'Allemagne : « Il estimait qu'il était primordial de saturer les anglais avec des idées allemandes – de tenir bon sur les qualités solides et essentielles de l'esprit anglais en matière de politique et de piété, mais de leur imprimer aussi une vigueur et une intensité renouvelée, de les adapter à une *Begriffsphilosophie* » (lettre de J. A. Symonds à Mme Green, datée du 10 octobre 1882, citée par Melvin Richter dans *The Politics of Conscience, T. H. Green and His* Age, *op. cit.*, p. 91).

Bradley reconnaît avoir tenté de reconstruire une philosophie morale en associant une analyse des concepts hégéliens aux synthèses et aux observations disponibles dans la tradition de philosophie morale anglaise. Par ces notes, que l'on ne retrouve pas dans le texte publié de *Ethical Studies*[6], on comprend que Bradley ait choisi de déterminer une position « plausible » à mi-chemin entre une philosophie morale fondée dans un système métaphysique total et l'utilisation de données et de concepts comme des fictions, sans savoir à quoi ils se réfèrent véritablement.

De fait, on peut considérer que l'objectif que Bradley se fixe avec *Ethical Studies* est atteint : c'est son premier ouvrage important, en ce sens que les essais qui le composent ont eu une influence déterminante sur la philosophie morale de langue anglaise de son temps. Telle est l'interprétation la plus courante de l'impact de son livre.

Un ouvrage qui s'impose comme la référence en matière d'éthique pour le mouvement néo-hégélien britannique

L'idée selon laquelle Bradley a été perçu comme le porte-parole du mouvement idéaliste anglais de tendance hégélienne, le critique patenté de l'utilitarisme à partir de la publication de cet ouvrage[7] nécessite un examen plus approfondi pour déterminer la véritable place de *Ethical Studies*. La thèse forte d'une influence aussi directe de Bradley dans le débat philosophique

---

[6] Ce que l'on retrouve en revanche dans la préface de *Ethical Studies* (ES, p. viii-ix) est une version plus circonstanciée, même si, une fois ces notes à l'esprit, on comprend que l'essentiel y a été retenu : la référence à la philosophie de Hegel : « [...] des conceptions vieilles de plus d'un demi-siècle et dont la négligence compte pour beaucoup, il [l'auteur de la préface] en est convaincu, dans l'impossibilité de trouver une solution » ; le jugement selon lequel la philosophie morale en Angleterre n'est pas à un niveau satisfaisant : « [...] nombre d'idées fondamentales désormais en vogue à l'heure actuelle en Angleterre sont confuses et même fausses » ; et le rôle d'éducateur qu'il entend assumer : « [...] s'ils [les essais] apportent quelque élément nouveau dans le chaos de notre littérature philosophique, ils seront de quelque utilité pour ceux qui étudient ».

[7] *Cf.* ces remarques de J. S. Mackenzie dans sa recension de la seconde édition de *Ethical Studies* : « Il est presque sûr que ceux qui manifestent quelque intérêt pour la philosophie l'ont lu ou l'auront lu. Il est bien connu, au moins, que ce livre a été le premier dans lequel la conception hégélienne de la vie morale a été présentée au public anglais sous une forme claire et intéressante, et où les conceptions anglaises courantes ont été critiquées à partir de cette perspective. Il était généralement admis que les précédents écrits de Hutchison Stirling manquaient de lucidité et d'envergure, et les travaux importants de Green en matière d'éthique n'avaient pas encore été publiés » ; (*Mind*, NS Vol. 37, n° 146, avril 1928, p. 233). Peter Nicholson insiste aussi sur l'importance de *Ethical Studies* pour comprendre toute la philosophie politique des idéalistes britanniques (« Bradley's Theory of Morality », *The Political Philosophy of the British Idealists*, op. cit., p. 6).

anglais peu de temps (cinq ans) après son élection comme *Fellow* de Merton College est somme toute assez surprenante, d'autant plus que la publication des *Présupposés de l'Histoire critique* était passée quasiment inaperçue deux ans auparavant, et qu'il n'était pas encore prêt à l'époque à assumer un système métaphysique suffisamment stable et cohérent pour appuyer ses choix philosophiques personnels. Trois raisons principales semblent présider à la fortune de l'ouvrage.

La première raison, si triviale qu'elle ne mérite pas un long développement, tient tout simplement dans le fait que Bradley a été le premier à écrire et à publier un texte synthétique et clair sur le thème de l'éthique. Pour exposer rapidement cela, replaçons-nous dans la perspective de la montée en puissance du mouvement idéaliste, et du programme que le cénacle des étudiants de Green s'étaient donné dans les années 1860-70. Certes, les attaques de Green contre l'empirisme et l'utilitarisme avaient été publiées en 1874 sous la forme d'une introduction substantielle à la ré-édition de l'œuvre majeure de Hume, *A Treatise of Human Nature*. Ses attaques auraient pu être complétées par un ouvrage plus positif : de fait, avec *Prolegomena to Ethics*, Green offrait une vision complète de l'éthique ; mais ce livre n'a été publié, et à titre posthume, que sept ans après *Ethical Studies*, et on peut se demander si l'ouvrage de Bradley n'a pas rendu inutile dans l'immédiat pour Green la composition d'un tel ouvrage. William Wallace, qui publie ses Prolégomènes précédant la traduction de la petite logique de Hegel en 1874 aurait sans aucun doute été à même de fournir une morale, mais son idiosyncrasie le disposait plutôt à être un commentateur qu'à s'essayer à une synthèse originale et polémique. C'est Bradley, de fait, dans une période où nombre d'ouvrages importants se succèdent, qui produit cette synthèse : il n'est donc pas étonnant qu'il ait été considéré comme le porte-parole du mouvement avant même qu'il ne commence à produire le système métaphysique tant attendu avec la publication de *Principles of Logic* en 1883, la même année que celle des *Prolegomena* de Green.

La deuxième raison tient à la polémique que l'œuvre de Bradley a le bonheur de susciter immédiatement, ce qui lui confère une visibilité notoire. Jean Pucelle a remarqué que *Ethical Studies* n'avait pas rencontré un accueil chaleureux dans la mesure où ses essais heurtaient de front toutes les idées en vogue à l'époque[8]. Leur recension très critique de Henry Sidgwick dans *Mind*[9] en 1876 a contribué paradoxalement à leur succès, d'autant que cette critique était ambivalente puisque Sidgwick reconnaissait à la fin de sa recension que c'était justement leur antagonisme qui justifiait leur intérêt :

---

[8] Jean Pucelle, *L'Idéalisme en Angleterre de Coleridge à Bradley, op. cit.*, p. 243.
[9] Henry Sidgwick, « A Critical Notice of F. H. Bradley, *Ethical Studies* », *Mind*, OS 1/4, 1876, p. 545-549.

> Dans l'ensemble, ce livre, bien que schématique et immature, est sans
> aucun doute intéressant et suggestif : peut-être surtout du fait de son
> opposition marquée vis-à-vis des opinions philosophiques en cours.[10]

Richard Wollheim, qui cite cette phrase de Sidgwick dans son introduction
à l'édition de 1962 de *Ethical Studies*, remarque que l'hétérodoxie du livre
lors de sa parution est d'autant plus étonnante qu'elle a suscité une tradition
de lecture qui y a vu la marque de l'influence idéaliste à Oxford, alors que le
triomphe de ces mêmes idéalistes n'est finalement venu que plus tard[11]. Nous
étudierons la réalité précise de cette réception agitée dans l'analyse générale
de l'influence directe de l'ouvrage : nous avons voulu simplement la noter ici
parce qu'elle est un facteur déterminant qui explique le fait que l'œuvre de
Bradley s'est imposée à un public.

La troisième raison du succès durable de l'ouvrage et de la place importante
qu'il occupe dans les représentations mérite d'être développée ici. Elle tient
pour l'essentiel au fait que l'éthique de Bradley a été plus représentative
du mouvement idéaliste dans sa dimension néo-hégélienne que la version
greenienne, telle qu'elle s'exprimait dans ses cours à Balliol College et que
l'on retrouve dans les *Prolegomena to Ethics* de 1883[12].

Il semble que Green et Bradley aient tenu des rôles différents dans ce
mouvement. Compte tenu des activités politiques de Green, de son engagement
dans la société de son époque, et du retrait de Bradley de la vie publique pour
des raisons qui tiennent en grande partie à sa santé précaire, c'est comme si
les idéalistes avaient reconnu dans leurs deux figures de proue deux attitudes
complémentaires pour défendre leurs principes, une personnalité charismatique
en Green et un esprit profondément théorique en Bradley. Cependant, les deux
hommes se distinguent également sur le plan politique et théorique : Green est
demeuré libéral (même si sa conception du libéralisme, conventionnellement
appelé *New Liberalism*, comporte des différences notables sur l'importance
du rôle de l'État avec le *Old Liberalism* d'inspiration plus utilitariste) tandis
que Bradley est resté profondément conservateur ; mais plus encore, c'est une

---

[10] *Ibid.*, p. 549.

[11] Richard Wollheim, « Introduction », ES, p. xiii-xiv.

[12] En fait, *Prolegomena to Ethics* est la publication posthume (Green meurt en 1882)
des conférences de Green à Oxford en 1877, un an après la publication de l'ouvrage de
Bradley (*Cf.* MacKillop, *The British Ethical Societies, op. cit.*, p. 3). Une fois encore,
leur publication tardive explique l'importance de *Ethical Studies*, qui a donc été **le
premier livre des idéalistes sur la question éthique**. On ajoutera que Green avait
lu le manuscrit de *Ethical Studies* et qu'il en avait admiré la teneur dans une lettre
adressée à Bosanquet en juillet 1876 (*Cf.* David O. Brink, « Introduction », T. H. Green,
Prolegomena to Ethics, édité par David O. Brink, Oxford, O. U. P., 2003, p. xciii, note
62).

différence d'inspiration, plus kantienne chez Green et plus hégélienne chez Bradley, qui doit être tenue pour responsable de la consécration de Bradley comme représentant du mouvement néo-hégélien dans son ensemble. Cette distinction entre Green et Bradley est importante sur un plan tactique pour l'ensemble du mouvement idéaliste, et il est nécessaire de l'approfondir quelque peu.

Dans l'introduction à son édition des *Prolegomena to Ethics* de T. H. Green[13], David O. Brink estimait que les points de vue de Green et de Bradley en matière d'éthique étaient proches, qu'ils défendaient une éthique de la réalisation de soi (*self-realization*) en s'attaquant aux positions empiristes et hédonistes, mais que la vivacité du style et le ton polémique de Bradley dans *Ethical Studies* avaient été préférés à l'approche plus érudite et plus traditionnelle de Green, et que c'est Bradley qui s'était finalement imposé comme le véritable pourfendeur de l'approche naturaliste et utilitariste dans la philosophie morale de l'époque, même si la popularité de Green et son engagement politique, qui avaient fait de lui une personnalité très en vue dans la société de son époque, auraient dû lui valoir une certaine préséance intellectuelle. En fait, les différences entre *Prolegomena to Ethics* et *Ethical Studies* peuvent permettre de comprendre pourquoi c'est finalement le livre de Bradley qui a été choisi pour représenter le mouvement dans son ensemble. Le projet de Green dans son livre peut se résumer assez brièvement. Green a utilisé Kant pour attaquer l'empirisme, en se fondant sur l'unité synthétique de l'aperception dans l'analytique transcendantale de la *Critique de la raison pure*[14], et même s'il a rejeté le dualisme kantien des apparences et de la chose en soi[15], il n'en a pas moins posé le principe d'une conscience nouménale, unique et transhistorique, pour fonder son idéalisme absolu[16]. Plus encore, son concept « perfectionniste » de réalisation de soi est une forme d'impératif catégorique, cette réalisation de soi impliquant que le bien de chacun contient

---

[13] *Ibid.*, voir pages xciii-xcvi. David O. Brink est revenu sur ce qui opposait Green et Bradley dans un article plus récent (« Self-Realization and the Common Good : Themes in T. H. Green », in William Mander & Maria Dimova-Cookson (dir.), *T. H. Green : Ethics, Metaphysics, and Political Philosophy*, Oxford, Clarendon Press, 2006). Il estime que la position de Green concernant l'égoïsme psychologique est plus claire et plus critique que celle de Bradley (note 7 p. 22), que Green a emprunté à Bradley le thème central de « My Station and its Duties » (p. 36), et que Bradley a mieux développé que Green la question des éléments personnels et non sociaux de la réalisation de soi (p. 39 note 24). Pour une autre étude des points communs et des différences entre Green et Bradley, voir la conclusion de l'article de Peter Nicholson « Bradley's Theory of Morality », *The Political Philosophy of the British Idealists*, *op. cit.*, p. 49-51.

[14] *Prolegomena to Ethics*, *op. cit.*, § 11-12 (p. 15-17).

[15] *Ibid.*, § 30-34 (p. 34-39).

[16] *Ibid.*, § 67-72 (p. 76-83). Pour la doctrine de l'« *eternal mind* », voir les § 174-178.

en partie le bien des autres et tenant son universalité de ce principe[17]. Au fond, même si Green reprend de Hegel l'idée d'un progrès de la liberté et signifie que le but de la réalisation de soi est un idéal moral et politique qui trouve dans l'histoire de la civilisation occidentale le sens de sa progression, il est évident que l'influence de Hegel est indirecte et que c'est surtout chez Kant (et Aristote) qu'il faut trouver l'inspiration principale de Green :

> Il n'est pas rare de voir les lecteurs de Green insister sur sa dimension hégélienne. Mais en dépit de la sympathie de Green pour un certain nombre de positions hégéliennes – en particulier l'idéalisme, une vision progressiste de l'histoire, la conception organiciste de la société, et l'importance suprême de la valeur morale et politique de la liberté – sa version personnelle de ces positions et sa façon de les défendre montrent que l'influence directe de Hegel est minime. De plus, plusieurs éléments principaux du perfectionnisme greenien – en particulier son éthique de la réalisation de soi, et le fait qu'elle soit fondée en tant que principe rationnel et comme souci pour le bien commun – révèlent des traces de l'influence d'Aristote et de Kant. Il est peut-être raisonnable de suivre Sidgwick, qui estimait que Green était principalement kantien ou, encore mieux, de se ranger à l'avis de l'étudiant de Green, D. G. Ritchie, qui suggérait que le moins faux était de dire que Green « avait corrigé Kant à l'aide d'Aristote, et Aristote à l'aide de Kant ».[18]

Green ayant adopté un point de vue plus kantien et moins hégélien que Bradley, et son idée de la réalisation de soi étant plus universelle et moins centrée sur la communauté que ne l'était l'approche bradleyenne, il est possible d'expliquer que Bradley ait été préféré à Green comme le théoricien principal du mouvement idéaliste, étant donné que ce mouvement s'est consolidé sur les bases d'un hégélianisme plutôt que sur l'œuvre de Kant. C'est par ailleurs ce même néo-hégélianisme qu'évoquait Pierre Dubois dans *Le problème moral dans la philosophie anglaise de 1900 à 1950* pour expliquer que la rupture avec la tradition empiriste s'était faite grâce aux *Ethical Studies*, et pour insister sur le fait que c'est la philosophie de Bradley, profondément hégélienne dans cet ouvrage, qui doit servir d'étalon pour mesurer les évolutions de la philosophie morale en Angleterre[19].

---

[17] *Ibid.*, § 232 (p. 271-273).

[18] *Ibid.*, p. lxxviii-lxxix. J. S. Mackenzie a aussi souligné les limites de l'hégélianisme de Green dans son article « The Hegelian point of View » (*Mind*, NS vol. XI, 1902, p. 57). De même, James Bradley a insisté sur le fait que la métaphysique de Green devait plus à Kant et à Fichte qu'à Hegel, voir « Hegel in Britain, ... », *op. cit.*, p. 13.

[19] Pierre Dubois, *Le Problème moral dans la philosophie anglaise de 1900 à 1950*, Paris, Vrin, 1967. Voir notamment l'avant-propos et l'introduction, les remarques

L'influence directe de *Ethical Studies* au moment de sa parution

On considère habituellement que *Ethical Studies* a entraîné une révolution dans le domaine de la philosophie morale et instauré la domination idéaliste et néo-hégélienne dès sa publication, offrant à Bradley le prestige d'une reconnaissance précoce dans son rôle de porte-parole du mouvement néo-hégélien britannique. Cette inscription dans le néo-hégélianisme semble une évidence pour tous, tant la facture de l'ouvrage reprendrait et les concepts centraux de Hegel et sa méthode dialectique. Ces deux points si répandus dans la vulgate bradleyenne doivent être examinés : d'une part, il semble que *Ethical Studies*, lors de sa parution, n'a pas été aussi influent que ses interprètes ont pu le penser[20], et d'autre part que la qualité « hégélienne » de l'ouvrage et le fait que Bradley ait été un hégélien confirmé mérite d'être nuancé.

L'examen des références à cette œuvre dans *Mind* dès les premières années suivant sa parution ne confirme pas la thèse forte de l'influence de *Ethical Studies* dès sa parution. En effet, on ne trouve que la recension de Sidgwick du livre de Bradley dans le dernier numéro de *Mind* de 1876 ; et en-dehors de la réplique de Bradley à la recension de Sidgwick suivie de la réponse de ce dernier, seul Sidgwick a évoqué l'œuvre de Bradley dans le numéro suivant[21]. Un seul auteur évoque le pamphlet de Bradley, *Mr. Sidgwick's Hedonism*[22] dans le deuxième numéro de *Mind*[23] en 1877 et il faut ensuite attendre la publication de *Principles of Logic* en 1883 pour voir réapparaître des références à Bradley dans *Mind*. Il est donc possible que l'ouvrage de Bradley ait fait l'objet de discussions fréquentes dans la période qui a suivi sa publication, et qu'il ait permis de consolider la position des idéalistes qui se retrouvaient dans son attaque hégélienne de l'hédonisme utilitariste, mais la reconnaissance académique de son influence n'est pas attestée comme on aurait pu s'y attendre, si tant est que l'on maintienne la thèse forte de son influence déterminante dès 1876. Paradoxalement, on pourrait même alléguer

---

sur l'œuvre de Bradley étant disséminées dans le reste de sa thèse de doctorat et se rapportant essentiellement à ce qui est écrit en introduction.

[20] C'est notamment ce que Damian Ilodigwe a cherché à montrer dans les premières pages de son livre *Bradley and the Problematic Status of Metaphysics : In Search of an Adequate Ontology of Appearance*, *op. cit.*, p. xvi-xvii. L'influence de *Ethical Studies* est patente à partir des années 1890, comme on peut le constater au vu de la place faite à l'éthique de Bradley dans les manuels de philosophie morale de l'époque (celui de Muirhead, *Elements of Ethics* [1892], et de MacKenzie, *Manual of Ethics* [1893], ont connu de nombreuses éditions).

[21] F. H. Bradley, « Notes and Discussions : Mr. Sidgwick on *Ethical Studies* », *Mind*, OS 2/5, 1877, p. 122-126 ; « Hedonism and the Ultimate Good », *ibid.*, p. 27-38.

[22] F. H. Bradley, *Mr. Sidgwick's Hedonism : An examination of the main argument of* The Methods of Ethics, Londres, Henry S. King, 1877, réédité dans les CE, p. 71-128.

[23] Alfred Barratt, « The "Suppression" of Egoism », *Mind*, OS 2/6, 1877, p. 167-186.

l'idée que c'est Sidgwick qui lui a permis de se faire connaître de la scène philosophique de l'époque.

En l'occurrence, la publication de *The Methods of Ethics* en 1874 avait été très remarquée et elle avait suscité de nombreuses réactions : les travaux de Bradley, en tant qu'ils représentaient une opposition philosophique avérée contre l'empirisme hédoniste, ont donc pu bénéficier d'une forme de reconnaissance particulière. On peut donc convenir que c'est justement cette opposition à Sidgwick qui a valu à Bradley et au mouvement néo-hégélien d'être reconnus par le public philosophique comme une force d'opposition novatrice, surtout après l'échange d'arguments entre les deux philosophes et la publication de *Mr. Sidgwick's Hedonism* en 1877. George Croom Robertson, alors rédacteur en chef de *Mind* notait, dans sa présentation d'un énième article sur le livre de Sidgwick :

> En dépit du fait que beaucoup d'espace a déjà été consacré dans *Mind* à la critique de l'ouvrage de M. Sidgwick, je n'ai aucune hésitation à produire l'article suivant dans la mesure où il apporte un point de vue original. L'intérêt que continue de susciter *The Methods of Ethics*, démontré encore récemment par la parution de l'opuscule de M. F. H. Bradley (*Mr. Sidgwick's Hedonism*, King & Co.), est un fait notable de la philosophie anglaise actuelle, et il est important que ce fait soit consigné comme il se doit dans les pages de cette revue.[24]

Alfred Barratt, l'auteur de l'article en question, a laissé une note sur le problème de l'égoïsme, qui distinguait (et rapprochait) son propre point de vue de celui de Bradley. Il suggérait que si Sidgwick avait élaboré une suite d'arguments qui, pour finir, justifiaient l'égoïsme (c'est-à-dire que l'hédonisme était au final une défense de l'égoïsme), Bradley en avait conclu que c'était justement l'égoïsme qui discréditait l'hédonisme de Sidgwick, et l'hédonisme tout court, quelles que soient ses métamorphoses ou ses interprétations[25]. Compte tenu de l'antipathie grandissante contre l'égoïsme du *laissez-faire* qui se jouait dans la civilisation victorienne à l'époque, il est possible de justifier *a posteriori* l'influence de la position de Bradley et de son point de vue philosophique dans les années qui ont suivi[26].

---

[24] *Ibid.*, p. 167 (note).

[25] *Ibid.*, p. 186.

[26] Voir Stefan Collini, *Public Moralists : Political Thought and Intellectual Life in Britain (1850-1930)*, *op. cit.*, p. 65 et suivantes. Il est à noter que Collini remarque que l'opposition à toute forme d'égoïsme est une tradition philosophique qui remonte à Hobbes et qui s'est développée à l'aune du mouvement évangélique pour connaître un caractère obsessionnel à partir de la période victorienne tardive.

Après avoir analysé le premier point concernant la lecture rétrospective de l'ouvrage, et qui avait trait à l'importance de son influence au moment de sa parution, il est nécessaire de se tourner vers la lecture qui a interprété ce texte comme un ouvrage profondément hégélien.

En fait, la préface de *Principles of Logic* (1883) nous permet de comprendre que l'importance attribuée à l'hégélianisme de *Ethical Studies* est vraisemblablement due à une lecture rétrospective. En outre, cette préface signale une tension perceptible dans le livre de Bradley ; elle reconnaît sa dette envers Hegel[27] et donc indirectement son insertion dans le mouvement néo-hégélien qui triomphe dans les années 1880, même si Bradley reste circonspect quant à l'existence d'une « école hégélienne » en Angleterre[28], mais elle laisse aussi entendre qu'il avait commencé à s'émanciper de la philosophie hégélienne[29], ce que son œuvre ultérieure réalise précisément, en parfaite connaissance de cause ; c'est aussi l'avis de R. Mackintosh, qui écrivait au début du vingtième siècle :

> La seule remarque préliminaire que l'on ait besoin de faire, c'est que l'hégélianisme britannique n'est pas un phénomène statique mais un mouvement de pensée vivant, et que plusieurs de ses représentants font preuve d'une transformation si ce n'est d'une dissolution de leurs doctrines hégéliennes originelles. C'est très net chez un des plus forts d'entre-eux, F. H. Bradley. M. Bradley a longtemps protesté de l'existence d'une école hégélienne chez nous. Selon notre acception de ce mouvement, elle existe, et M. Bradley a été un de ses champions ; mais il cesse – s'il n'a pas tout à fait cessé – de figurer dans ce cadre, quand bien même sa pensée révèle un développement d'un grand intérêt sur des questions fondamentales de la métaphysique.[30]

Damian Ilodigwe[31] a défendu l'idée selon laquelle l'éthique de Bradley dans *Ethical Studies* et ses travaux sur la logique dans *Principles of Logic* expriment

---

[27] « Je n'ai aucune intention de cacher ce que je dois à ses écrits ; mais je laisse à ceux qui seront meilleurs juges que moi le soin de fixer les limites dans lesquelles j'ai pu le suivre ». PL, p. x.

[28] « Quant à l'"École hégélienne" dont on parle dans nos revues, je ne connais personne qui l'ait rencontrée ailleurs que dans celles-ci ». *Ibid.*

[29] « Je ne pouvais pas accepter ce qui semblait être son principe central, ou au moins une partie de son principe ». *Ibid.*

[30] R. Mackintosh, *Hegel and Hegelianism*, Edinburgh, T&T Clark, 1903, p. 88-89. Il ajoute (note 2 p. 88) que *Ethical Studies* est d'inspiration nettement hégélienne, et dans les pages suivantes que c'est surtout à partir des *Principles of Logic* que Bradley s'est vraiment émancipé de la pensée hégélienne.

[31] Damian Ilodigwe, *Bradley and the Problematic Status of Metaphysics : In Search of an Adequate Ontology of Appearance*, *op. cit.* Ilodigwe reprend la thèse de Rudolf

les principes préliminaires et implicites de sa métaphysique de l'absolu,
qu'il défend de façon explicite dans *Appearance and Reality*. Il explique
que Bradley, dans sa préface à *Principles of Logic*, avait émis l'intention de
continuer son œuvre de refondation de la philosophie anglaise en proposant
de renouveler le discours philosophique en Angleterre, en s'opposant à la
philosophie dominante qui y règne par une réflexion et un travail de fond
intégrant la pensée d'auteurs non-anglais (allemands en l'occurrence)[32],
reprenant par là-même sur le plan de la logique le travail qu'il avait entrepris
dans *Ethical Studies*, et commenté à la fin de son premier essai[33]. C'est donc
comme si *Principles of Logic* consistait en une continuation du projet dans

---

Kagey (*The Growth of F. H. Bradley's Logic*, New York, s.e., 1931) selon laquelle la
métaphysique de Bradley était déjà développée dans *Ethical Studies*, et même abordée
dans *Les Présupposés de l'Histoire critique*. Il est nécessaire d'ajouter que l'implicite
n'est pas l'explicite, comme le remarque Ilodigwe ; et il existe des différences dans
l'approche bradleyenne de l'absolu entre ces premiers écrits et *Appearance and Reality*,
que nous avons discutées dans les chapitres précédents : elles sont dues pour l'essentiel
au fait que Bradley ne pouvait, dans ses premières œuvres, disposer des connaissances
et de la maîtrise technique dont témoignent ses œuvres ultérieures.

[32] « Ce que nous voulons à présent, c'est déblayer le terrain : de telle sorte que la
philosophie anglaise, si elle devait prendre son essor, n'étouffe pas sous les préjugés
[…] Et cette étude ne pourra que tourner court si nous négligeons ces conceptions qui,
parce qu'elles sont étrangères, nous semblent si différentes des nôtres... ». PL, p. x.

[33] « [...] Si nous ne sommes pas capables de nous en tenir à l'opinion commune, ni de
donner de la voix dans la querelle opposant nos deux grandes écoles, il se pourrait bien
qu'il nous soit profitable de nous souvenir que nous vivons sur une île, et qu'il se peut
que notre esprit national, si nous ne l'élargissons pas, devienne également insulaire ;
non loin de chez nous se trouve un monde de pensée qui, dans toute sa variété, ne
ressemble ni à l'une ni à l'autre de nos deux philosophies, mais dont les batailles
esquissent la bataille de la philosophie elle-même contre deux unilatéralités opposées
et éternelles ; il s'agit d'une philosophie qui *pense* ce que l'opinion commune *croit* ;
une philosophie, pour finir, que nous avons tous réfutée et que, maintenant que nous
avons la conscience tranquille, quelques-uns d'entre nous pourraient entreprendre de
comprendre ». ES, p. 41. On ajoutera que ce travail, qui fonde comme nous l'avons
vu sa rationalité subjective depuis sa décision de se vouer à l'étude philosophique
est donc aussi manifeste depuis *Les Présupposés de l'Histoire critique* et ses écrits
sur la « relativité de la connaissance » ; mais compte tenu du fait qu'il ne commence
véritablement à se faire connaître de la scène philosophique de son époque qu'avec la
publication d'*Ethical Studies*, il est logique que l'on accorde plus d'importance ici à la
continuité de son travail depuis ce dernier ouvrage jusqu'à *Principles of Logic*. En outre,
et c'est un point sur lequel il est nécessaire d'insister, Bradley a constamment critiqué
l'attitude généralement anti-spéculative de son époque ; en l'occurence, et il est bien
possible que le passage que nous venons de citer s'y réfère indirectement, G. H. Lewes
avait dénigré la philosophie de Hegel, tout particulièrement dans la troisième édition
de son livre *The History of Philosophy from Thales to Comte* (1870), que Bradley a lu
vraisemblablement en 1873-74.

lequel s'inscrit *Ethical Studies*[34] en le portant sur le terrain de la logique. Ilodigwe (mais aussi de nombreux autres commentateurs avant lui) a estimé que les principes de cette opposition à la philosophie orthodoxe de l'époque et de l'orientation générale de ses propres choix en direction d'une conception orientée par l'idéalisme allemand (et notamment hégélien) consistaient en un socle intellectuel à partir duquel Bradley aurait conçu les développements de sa propre philosophie, avant qu'il ne les énonce clairement dans *Appearance and Reality*. Il est donc possible d'établir qu'une reconstruction rétrospective de son apport à la philosophie de son temps ait été menée par ses laudateurs, au vu de la fortune ultérieure de ses écrits métaphysiques, plus construits et plus denses que *Ethical Studies*.

L'enjeu d'une surestimation de l'influence hégélienne dans *Ethical Studies* due à une illusion rétrospective est bien de déterminer l'originalité réelle de Bradley dès les débuts de son activité philosophique. C'est un des points fondamentaux qu'il nous faudra examiner dans la lecture suivie du texte de notre auteur. Cette surestimation possible est encore renforcée par l'attention majeure qui a été portée au cinquième de ses essais, « My Station and its Duties », et qu'il nous faut examiner maintenant.

L'importance démesurée attribuée à l'essai « *My Station and its Duties* »

Dans *Ethical Studies*, Bradley n'entend pas seulement comprendre et exposer la nature de la moralité, il déborde aussi de son sujet en établissant les bases d'une réflexion sur le rapport entre la moralité, la philosophie et la religion. En réfléchissant sur l'être de la moralité, Bradley pose des questions qui engagent une interrogation sur la nature de la réalité[35] : ce sont des aspects de son livre qui ont été régulièrement abordés par la critique. Par exemple, un point souvent étudié est la conception du sentir (*feeling*) que Bradley développe déjà pour effectuer une critique générale de la notion d'expérience et du soi (*self*), centrales dans ses écrits métaphysiques ultérieurs[36]. Cependant,

---

[34] Pour souligner la continuité de son œuvre de *Ethical Studies* à *Principles of Logic*, on remarquera que les articles qu'il écrit dans la période qui sépare ces deux ouvrages ont pour objet l'éthique et non encore la logique ou la métaphysique : « Is Self-Sacrifice an Enigma ? », *Mind*, OS 8/30, 1883, p. 258-260 ; « Is there such a Thing as Pure Malevolence ? », *Mind*, OS 8/31, 1883, p. 415-418 ; « Sympathy and Interest », *Mind*, OS 8/32, 1883, p. 573-575.

[35] Ilodigwe fait le point sur cette question dans un appendice consacré à *Ethical Studies*, « The Dialectical Structure of "Ethical Studies" », *Bradley and the Problematic Status of Metaphysics, op. cit.*, p. 437-473.

[36] Voir notamment, parce que son article est souvent cité, David Crossley, « Feeling in Bradley's *Ethical Studies* », in Philip MacEwen (dir.) *Ethics, Metaphysics and Religion in the Thought of F. H. Bradley*, Queenston, The Edwin Mellen Press, 1996, p. 122-178 ; mais aussi cet ouvrage en entier, consacré à la philosophie morale de Bradley,

pour des raisons de contexte, quelques essais ont été mis en valeur pour ce qu'ils contenaient philosophiquement parlant, et certains passages ont connu un réel écho politique et social quelques années après la publication de l'ouvrage, suggérant l'idée d'un Bradley conservateur. C'est notamment le cas de sa position concernant la conception organique de l'État et la problématique du conformisme communautariste dans l'essai intitulé « My Station and its Duties », considéré comme si central dans le livre qu'il esquisserait la position définitive de Bradley en matière d'éthique. Cette interprétation remonte à la lecture que Sidgwick avait faite du livre dans sa recension et qui, finalement, ne s'est pas contentée de présenter Bradley au public, mais aussi de l'enfermer dans une interprétation très limitée en l'accusant de dogmatisme et de propagande[37].

---

ainsi qu'au livre qui a ressuscité l'intérêt des chercheurs sur cette philosophie morale : Don MacNiven, *Bradley's Moral Psychology*, Queenston, The Edwin Mellen Press, 1987.

[37] Henry Sidgwick, « Critical Notices : *Ethical Studies*. By F. H. Bradley », *op. cit.*, p. 545. Sidgwick a contribué sans le vouloir à faire reconnaître l'importance de la philosophie de Bradley, mais il ne faut pas oublier qu'il l'a considéré comme un adversaire et que sa recension, dont les termes sont parfois violents et peu amènes, a tenté de le discréditer dès le départ auprès de la scène philosophique anglaise. On remarquera que Sidgwick a gardé en mémoire la polémique qui l'a opposé à Bradley et a continué à critiquer sa philosophie indirectement, même s'il n'a pas daigné répondre à l'opuscule de Bradley *Mr. Sidgwick's Hedonism* lors de sa parution. Dans un discours devant les membres de la *London Ethical Society*, dont il était président, Sidgwick a insisté sur la nécessité d'ouvrir le travail des sociétés éthiques à des non-experts en philosophie morale, arguant du fait que les hommes ordinaires n'avaient pas besoin des sophismes de certains philosophes qui ne faisaient qu'entretenir la confusion, mais qu'ils avaient par contre besoin de l'avis d'experts en psychologie, en logique, en sociologie, etc. de véritables philosophes donc, s'investissant plus dans la société de leur temps que dans la vaine spéculation. En bref, il fallait selon lui revenir à la moralité du sens commun (*the Morality of Common Sense*) du fait que l'homme ordinaire avait une bonne connaissance des devoirs qui lui incombaient compte tenu de sa situation sociale. On ne peut s'empêcher de penser que Sidgwick pensait à Bradley en évoquant l'image du philosophe sophiste et embrouillé, et qu'il s'attaquait notamment à l'hégélianisme de l'Essai V de *Ethical Studies*, « My Station and its Duties », dans ce discours, justement intitulé « My Station and its Duties » (*International Journal of Ethics*, Vol. IV, n° 1, Oct. 1893, p. 1-17 : voir notamment les pages 9 à 11). En réalité, Sidgwick donnait du philosophe une image à laquelle Bradley ne pouvait souscrire : voir à ce sujet les remarques de MacKillop sur cette conférence (MacKillop, *The British Ethical Societies*, *op. cit.*, p. 6). En revanche, Sidgwick est resté en très bons termes avec Green, pourtant un idéaliste très critique de l'hédonisme et de l'empirisme ; le fait qu'ils aient fait leurs études en même temps à Rugby, et qu'ils aient été tous les deux des membres du parti libéral peut permettre de comprendre leur respect mutuel.

Pour le résumer simplement, le modèle dialectique construit par Bradley dans *Ethical Studies* tel qu'il a souvent été présenté consisterait, en introduction, à observer les conceptions ordinaires de la morale de son temps et à voir comment les positions philosophiques orthodoxes en vogue ont choisi de répondre à la question de la responsabilité, fondamentale pour la philosophie morale (Essai I : « The Vulgar Notion of Responsibility in Connexion with the Theories of Free-will and Necessity »), puis à montrer que le problème de la moralité nécessite de partir du principe qu'elle dépend de la notion de réalisation de soi (Essai II : « Why Should I be Moral ? »). Bradley examinerait ensuite, pour prouver que ces conceptions sont partielles, partiales et inadéquates en l'état (*one-sided, non-consistent*), l'utilitarisme hédoniste (Essai III : « Pleasure for Pleasure's Sake ») et l'idéalisme kantien (Essai IV : « Duty of Duty's Sake ») pour les dépasser et résoudre dialectiquement le problème de la réalisation de soi en une synthèse finale (Essai V : « My Station and its Duties »), typiquement hégélienne, qui articulerait son propre point de vue sur l'éthique. Il est particulièrement révélateur que les essais suivants (Essai VI : « Ideal Morality », Essai VII : « Selfishness and Self-Sacrifice ») et la conclusion (« Concluding Remarks ») n'ont été que très rarement intégrés dans la démarche dialectique de Bradley et qu'ils ont été généralement présentés comme une réflexion sur une conception génétique du soi (*self*)[38] et sur l'idée que la moralité ne peut se résoudre que dans la religion.

Une telle présentation de la philosophie morale de Bradley dans *Ethical Studies* ne rend pas justice à la dialectique de l'ouvrage dans sa totalité, et Richard Wollheim remarquait déjà au début des années 1960 que cette réflexion dialectique ne s'arrêtait pas avec le cinquième essai mais continuait de fonctionner jusqu'au bout de l'ouvrage, contrairement à ce que la lecture Sidgwickienne de l'œuvre de Bradley avait suggéré[39]. En réalité, la position arrêtée dans « My Station and its Duties », où le point de vue hégélien est

---

[38] C'est particulièrement le cas du livre de Don MacNiven, *Bradley's Moral Psychology, op. cit.*, qui considère que les quatre stades de développement moral de l'individu (*egotistical hedonism, institutionalism, personalism, religious-mystical*) sont le modèle principal de *Ethical Studies* (voir sa classification résumée en appendice, pages 246-248). Voir également l'article de James Bradley « Process and Historical Crisis in F. H. Bradley's Ethics of Feeling », in Philip MacEwen, *Ethics, Metaphysics and Religion in the Thought of F. H. Bradley, op. cit.*, p. 53-90, qui insiste sur l'importance du concept de processus dans la constitution du soi.

[39] Richard Wollheim, « Introduction », ES, p. xv. Il faut remarquer que Sidgwick avait également insisté dans sa recension (« A Critical Notice of F. H. Bradley, *Ethical Studies* », *op. cit.*, p. 548) sur le fait que Bradley énonce, à partir de l'Essai VI (« Ideal Morality »), des idées qui minimisent la position de l'Essai V (« My Station and its Duties ») ; mais ce point semble être passé inaperçu, à moins que l'on ne considère, comme Stewart Candlish, que Wollheim a mis en évidence l'insistance de Sidgwick sur l'Essai V en arguant du fait que la dialectique de Bradley continue au-delà de cet

indubitable (et souligné comme tel sans réserve par tous les commentateurs), n'est pas jugée entièrement satisfaisante[40] par Bradley qui, dès le chapitre suivant sur la moralité idéale, commence à se défaire de l'emprise hégélienne en mettant en place une réflexion sur le *feeling* et sur la genèse du soi où percent des dissonances, et en émettant l'idée qu'il est impossible de résoudre les contradictions de la moralité autrement que dans la sphère religieuse, par l'union du divin et de l'humain[41]. La suite de *Ethical Studies*, à partir de « Ideal Morality », élabore ainsi un point de vue où Bradley prend ses distances par rapport à Hegel, qui n'attribuait pas à la religion la place que lui accorde Bradley et qui, au contraire, conférait une importance à la philosophie pour déterminer l'Absolu que Bradley n'a jamais pu accepter.

La question du rapport de Bradley à la philosophie hégélienne est alors moins ambiguë, et il convient dès lors de considérer que la thèse de son hégélianisme doit être remise en question dans la mesure où il commence dès *Ethical Studies* à développer une position personnelle qui s'en démarque : si Bradley emprunte à Hegel des éléments essentiels de sa philosophie, il n'est donc pas possible d'affirmer pour autant qu'il est entièrement hégélien dans la mesure où la composition de son ouvrage opère précisément un dépassement original de la position hégélienne, pour changer de perspective, en direction d'un point de vue qui cherche à se construire.

Cette question est importante et Damian Ilodigwe a fort justement insisté sur la nécessité de restituer à Bradley l'espace qui est le sien dans sa lecture de Hegel, et qui ne peut se réduire, malgré ses nombreux emprunts, à une transposition de Hegel en langue anglaise. En fait, on remarque que Bradley, outre son utilisation de la méthode dialectique, réutilise de nombreux développements hégéliens comme ceux que l'on trouve dans l'exposé que fait Hegel de la philosophie de l'esprit, dans la troisième partie de l'*Encyclopédie des sciences philosophiques en abrégé*[42], où est expliqué le passage de l'esprit subjectif à l'esprit absolu, *via* l'esprit objectif, dont les paragraphes concernant la vie éthique (« les bonnes mœurs ») ont si fortement imprimé leur marque

---

essai, ce en quoi il aurait eu tort. *Cf.* Stewart Candlish, « Bradley on My Station and its Duties », *Australasian Journal of Philosophy*, Vol. 56, n° 2, août 1978, p. 155-156.

[40] « Dans notre critique du point de vue développé dans l'essai V, nous avons vu – bien que la doctrine principale de cet essai demeure vraie – qu'elle n'est pas suffisante pour répondre à la question "Qu'est-ce que la moralité ?" Guidés donc par cet échec partiel, nous devons tenter de trouver une solution moins unilatérale », ES, p. 214.

[41] Pour une analyse de détail des caractéristiques de la métaphysique à venir de Bradley à partir de *Ethical Studies*, voir Ilodigwe, « The Dialectical Structure of "Ethical Studies" », *op. cit.*

[42] « Troisième partie : Philosophie de l'esprit », in Hegel, *Encyclopédie des sciences philosophiques en abrégé*, Paris, Gallimard (trad. Maurice Gandillac), coll. Bibliothèque de philosophie, 1970.

dans « My Station and its Duties ». Or, Ilodigwe insiste sur l'importance cruciale de l'Essai VI (« Ideal Morality ») et des « Concluding Remarks » dans la constitution d'une ontologie bradléenne authentique qui, contrairement à la philosophie hégélienne, n'accorde pas à la philosophie une priorité sur la religion pour déterminer l'Absolu. Ce faisant, Ilodigwe a sérieusement attaqué de nombreux commentateurs de l'œuvre de Bradley, qui ont volontairement laissé ces essais de côté pour se focaliser sur « My Station and its Duties », et déployer ainsi leurs interprétations de la philosophie de Bradley pour servir leurs propres desseins philosophiques[43]. Qui plus est, Ilodigwe a aussi stigmatisé la tradition de lecture analytique et néo-positiviste de la philosophie de Bradley, qui s'est contentée de le rejeter en même temps que Hegel lorsqu'il s'est agi de décrier les prétentions de la métaphysique, ainsi qu'une tradition hégélienne continentale qui, ne jurant que par Hegel, n'a jamais considéré Bradley que comme un sous-Hegel[44]. Il existe effectivement une unité de l'œuvre de Bradley, non-réductible à des lectures orientées et simplificatrices, et *Ethical Studies* en est un point nodal.

Ethical Studies dans l'œuvre de Bradley

Il importe en outre de signaler deux points importants pour tempérer toute lecture qui insisterait sur le holisme social de Bradley, ou qui chercherait à mettre exclusivement en évidence les motifs métaphysiques de *Ethical Studies* appelés à une postérité métaphysique d'envergure dans ses ouvrages ultérieurs. Tout d'abord, son objectif est purement spéculatif et non pratique :

> Tout ce que la philosophie se doit de faire, c'est de « comprendre ce qui est » ; et la philosophie morale doit comprendre la morale existante, non pas la concevoir ou donner des indications pour en créer une.[45]

Ensuite, Bradley n'est pas seulement conscient de ne pas faire reposer son éthique sur une métaphysique totalement constituée, il revendique également la possibilité de réfléchir à la question de la moralité sans recourir, précisément, à une métaphysique :

> Comment peut-on prouver que la réalisation de soi est la finalité ? Il n'y a qu'une seule façon de le faire. Cela consiste à savoir ce que l'on entend

---

[43] Une édition abrégée de *Ethical Studies*, excluant les essais II, VI et VII a même été publiée : Ralph G. Ross (dir.), *Ethical Studies : Selected Essays*, New York, Liberal Arts Press, 1951.

[44] Voir la conclusion de son appendice « The Dialectical Structure of "Ethical Studies" », in *Bradley and the Problematic Status of Metaphysics, op. cit.*, surtout les pages 472-473.

[45] ES, p. 193.

par « soi », « réel », « réaliser », et « fin » ; et à avoir quelque chose comme un système métaphysique pour dire que cela revient à exposer ce système. Au lieu de faire remarquer, donc, que nous manquons de place pour développer nos vues, commençons par avouer franchement que, à proprement parler, nous n'avons pas de telles vues à développer, et que nous ne pouvons donc pas prouver notre thèse. Tout ce que nous pouvons faire, c'est expliquer en partie, et chercher à être plausible. C'est une formule que nos essais successifs satisferont d'une certaine manière, et que nous recommandons ici par avance au lecteur.[46]

Afin de recentrer l'étude du livre sur sa continuité dans le projet philosophique initial de Bradley, pour rendre justice à la construction de l'ouvrage, pour en démontrer les mécanismes et connaître l'insertion de son projet à la fois dans le contexte intérieur de la rationalité subjective de Bradley et dans les circonstances de son époque, il faut revenir sur les étapes de sa conception et sur la procédure qu'a suivie Bradley pour réfléchir sur la nature de la moralité sans essayer nécessairement de faire le lien avec sa philosophie future, même si cette question est aussi importante[47]. Or, ce recentrage est capital car il montre que si Bradley tente de clarifier des notions qui lui importaient dans ses premiers écrits, il suit un cheminement qui ne se satisfait pas de résultats simples l'amenant à une position stable mais cherche en permanence à comprendre la finalité des choses.

À cet effet, il est utile de passer par les propres jugements de Bradley sur *Ethical Studies* pour montrer que son attitude générale est commandée par une authentique quête de la vérité, alliée à un certain perfectionnisme. Bradley a presque toujours été très critique vis-à-vis de ses propres travaux, et *Ethical Studies* ne déroge pas à cette règle ; il est donc nécessaire de reprendre la chronologie de ses réactions connues concernant l'éventualité de procéder à une réédition de l'ouvrage pour tenter de comprendre son attitude.

En 1881, il expliquait à sa sœur, Marian de Glehn, qu'il ne concevait que dégoût pour son ouvrage et qu'il devrait écrire un autre livre si on lui demandait de préparer une nouvelle édition[48], et en 1886 qu'il ne répudiait pas le livre ni

---

[46] *Ibid.*, p. 65. C'est aussi en ce sens qu'il avait conçu son travail dans *Les Présupposés de l'Histoire critique*. Bien entendu, on peut aussi lire cette remarque comme l'annonce d'un programme de travail que se serait fixé Bradley.

[47] Ce point a été, nous semble-t-il, suffisamment analysé par Ilodigwe dans son ouvrage. On se reportera aussi à ces articles, qui soulignent l'importance métaphysique de *Ethical Studies* : David Bell, « The Insufficiency of Ethics », *The Philosophy of F. H. Bradley*, Anthony Manser & Guy Stock (dir.), Oxford, Clarendon Press, 1984, p. 53-76 ; David Crossley, « Self-Realization as Perfection in Bradley's *Ethical Studies* », *Idealistic Studies*, Vol. 7, n° 3, sept. 1977, p. 199-220.

[48] Carol A. Keene, *The Collected Works of F. H. Bradley*, *op. cit.*, Vol. 4 « Selected Correspondance », p. xxiii.

ne s'opposait à une réédition mais pensait encore qu'il lui fallait le ré-écrire totalement[49]. Pourtant, dans *Appearance and Reality* (1893), il estimait que le livre continuait d'exprimer son opinion :

> Mes *Ethical Studies* de 1876, un livre qui continue globalement d'exprimer mes opinions, contient une discussion complémentaire sur plusieurs points. Concernant mes idées sur la nature du plaisir, du désir et de la volition, je me dois de renvoyer au numéro 49 de *Mind*. Mon précédent volume aurait pu être réédité, si je n'avais exprimé le désir de le réécrire. Mais j'estime que la parution d'autres ouvrages, ainsi que le déclin de ces superstitions contre lesquelles il était essentiellement dirigé, m'ont laissé libre de choisir ou non de le reprendre.[50]

Mais il rejette à nouveau une requête pour une réédition de *Ethical Studies* en 1901 :

> J'ai écrit un livre sur l'éthique il y a longtemps & mon éditeur me demande de le re-publier, avec ou sans révisions. Cette idée me rend malade. J'ai voulu répondre : suis-je donc un chien qui ré-ingurgite son vomi ? Mais j'ai juste répondu que je ne pouvais pas.[51]

Enfin, dans la préface de *Essays on Truth and Reality* (1914), il signale son intention de re-publier ses premiers ouvrages et regrette en 1920 que *Ethical Studies* soit épuisé, vu le rôle historique qu'il a pu jouer, et réitère son intention de le faire réimprimer en y intégrant quelques notes[52], ce qui sera finalement fait, après sa mort (survenue en 1924), grâce à l'activité éditoriale de Marian de Glehn et de Harold Joachim (en 1927).

Que penser de cette série de volte-faces apparentes, et des réticences de Bradley à préparer une seconde édition à son volume, sachant qu'il a promptement travaillé à une réédition de *Appearance and Reality* et que la seconde édition de *Principles of Logic* a fait l'objet d'un travail considérable qu'il a mené pendant de très longues années, signe qu'il ne s'opposait pas par principe à retravailler sur ses œuvres, et qu'il mettait même un point d'honneur à fournir des explications détaillées sur sa propre philosophie ?

---

[49] *Ibid.*

[50] AR, p. 402, note 1. L'article auquel Bradley fait référence est « On Pleasure, Pain, Desire and Volition », *Mind*, OS 13/49, 1888, p. 1-36. Voir aussi le chapitre XXV (« Goodness ») en entier, où il laisse entendre que l'ouvrage continue de représenter son opinion concernant son opposition à l'hédonisme.

[51] Lettre à G. F. Stout du 24 mai 1901, in Carol A. Keene, *The Collected Works of F. H. Bradley, op. cit.*, Vol. 4 « Selected Correspondance », p. 197.

[52] *Ibid.*, p. xxiv.

Il semble que Bradley se soit principalement intéressé à mettre en place un système des premiers principes, à fonder une métaphysique donc, avec la publication de *Principles of Logic*. On pourrait penser qu'il fait preuve de modestie et qu'il s'estime insatisfait de son œuvre de jeunesse, qu'il pense qu'elle est immature du fait qu'elle n'intègre pas encore de système métaphysique, et que produire une œuvre sur l'éthique qui soit entièrement satisfaisante nécessite un travail de fond qui n'est pas encore achevé. Mais on peut ajouter que la tâche de Bradley pour y parvenir était immense au vu de la situation à la fois de la métaphysique et de la philosophie morale en Angleterre à son époque, et qu'il est compréhensible qu'il ne se soit pas senti totalement satisfait par ses premiers travaux, en ce qu'ils étaient des étapes, posant des jalons importants certes dans sa philosophie ultérieure, mais des étapes malgré tout, pendant lesquelles il lui a été nécessaire d'emprunter à des systèmes philosophiques différents et non authentiquement britanniques pour construire progressivement une philosophie originale répondant aux défis de son temps.

Comment devient-on philosophe ? Dans *Les Présupposés de l'Histoire critique* et « *Relativity* », Bradley s'est interrogé sur les présupposés des débats intellectuels de son époque car il jugeait qu'il n'existait encore aucune métaphysique stable et cohérente, aucun système de pensée harmonieux qui aurait permis de donner un sens aux conflits philosophiques qui s'y jouaient, et donc de lui fournir une direction de pensée dans laquelle réfléchir à son tour. Étant donné son constat de l'incapacité de la pensée anglaise de son temps à ordonner les événements et les débats apparaissant dans un contexte de révolution des valeurs, Bradley s'est senti obligé d'entreprendre une réflexion philosophique radicale. Ce sentiment d'obligation, cette vocation ne se fait jamais jour sous la forme d'une décision brutale, formulée d'un coup en termes parfaitement rationnels à la suite d'une délibération clairement consciente. Nous n'avons pratiquement pas d'éléments biographiques sur le cheminement psychologique de Bradley, mais il nous semble possible, au vu des œuvres produites, des remarques éparses de l'auteur lui-même, de quelques lettres et de rares témoignages, de reconstruire l'hypothèse suivante.

Certes, dans ses études Bradley est reconnu, passe pour un étudiant prometteur : lui-même est pris par le tourbillon enthousiaste d'un mouvement informel qui pense que son heure est venue puisqu'il se sent seul en possession des moyens de résoudre les problèmes de son temps. Il a à cœur de produire des œuvres qui feront avancer la cause qui est la sienne : mais il ne peut savoir si ce qu'il produit sera de qualité, si l'appétit qui est le sien, si les intuitions qu'il ressent feront de lui un excellent commentateur, ou peut-être un métaphysicien de la taille de ceux qu'il étudie et dont il se met à l'école tout en éprouvant qu'ils ne donnent pas, malgré leur grandeur, toute satisfaction quant aux problèmes du temps. Lorsque l'on écrit des œuvres dans ce contexte, on attend de son propre travail tant le fait qu'il soit utile à la progression des idées dans le débat que celui qu'il nous fournisse des confirmations sur son propre niveau, des informations sur sa capacité à résoudre les problèmes qui se posent. Bradley est déçu par ses *Présupposés de l'Histoire critique* : il constate sans doute qu'il manifeste une capacité à produire des analyses nouvelles, et son entourage lui fait peut-être quelque compliment en ce sens. Mais de toute évidence cela manque d'ampleur, cela ne répond pas au exigences du moment. Il entreprend en même temps des travaux sur des projet plus ambitieux, comme celui portant sur la relativité de la connaissance, mais il est clair que l'ambition ici dépasse ses moyens actuels.

Avec *Ethical Studies*, sans aller jusqu'à dire qu'il réussit un coup de maître, du moins atteint-il un point qui justifie une foi en soi-même et l'autorise à se consacrer à plus difficile, même si cela demande du temps. Car tout de même, sept ans séparent cet ouvrage de *Principles of Logic*, sept années de travail où il ne produit rien d'important, où l'on attend sa participation. La réussite de *Ethical Studies* était indispensable pour s'autoriser moralement ce long temps de latence : par la valeur de ce texte, le *Fellow* qu'il était avait justifié de son devoir et légitimé le fait que pour faire mieux encore, pour aller plus loin, il fallait prendre le temps. Cela explique son attitude vis-à-vis de ce premier ouvrage. De toute évidence, il est insuffisant. Si par rapport aux œuvres futures, il présente déjà des avancées, c'est en quelque sorte en creux, par les directions qu'il dessine, par celles qu'il refuse. Mais d'un autre coté, il est possible d'éprouver pour ce premier essai réussi une certaine tendresse. Devant l'absence d'une métaphysique satisfaisante, devant le simplisme de la « philosophie populaire », il avait été conduit à définir de façon temporaire des théories, plausibles pour reprendre le terme qu'il employait. Sans pour autant qu'il ne s'y soit limité et qu'il l'ait suivi à la lettre, son choix méthodologique de suivre Green dans ses premiers travaux en demandant à la philosophie idéaliste allemande de fournir les outils intellectuels qui manquaient avait donné des résultats. *Ethical Studies* représente de ce point de vue un aboutissement de sa première période, en même temps qu'il propose une ouverture vers des travaux plus intensément dirigés vers la métaphysique, en sympathie avec l'hégélianisme mais cherchant aussi à s'en distinguer pour se réaliser dans une philosophie originale. Le fait qu'il soit devenu sceptique quant à l'utilité d'une réflexion sur la moralité comme réalisation de soi, tant il pensait que « la réalisation par l'individu de son idée du bien ou de la perfection » était une idée ambiguë[53], et qu'il se soit concentré sur les recherches en psychologie et en logique quand il s'est mis à travailler sur *Principles of Logic* est bien l'indice de sa séparation progressive de l'hégélianisme et de la démarche en quelque sorte sceptique qui allait se renforcer par la suite.

Il nous faut noter ici que le détachement qui s'opère en Bradley vis-à-vis de cette première œuvre, et qui va parfois jusqu'à l'expression d'un dégoût,

---

[53] *The Collected Works of F. H. Bradley, op. cit.*, Vol. 3, p. 127. Voir aussi Carol A. Keene, dans le Vol. 4, p. xxiv.

aura été facilité par ce que le débat de l'époque aura fait de ces thèses. Par la controverse, la polémique suscitée, on peut avancer que l'esprit du temps aura en quelque sorte confisqué l'ouvrage à l'auteur, l'insérant dans une vie de l'esprit où *Ethical Studies* a presque suivi une carrière autonome, échappant à son créateur qui le laisse d'autant mieux s'échapper qu'il s'intéresse moins à lui, ce qui est patent puisque le thème de l'éthique n'est plus central par la suite pour Bradley, s'il l'a même jamais été. C'est cette vie de l'ouvrage dans le contexte de l'époque qu'il nous faut examiner maintenant.

Une « époque éthique »

Pour Stefan Collini, la constitution d'une identité culturelle autour de la question de la moralité a été cruciale dans la période victorienne tardive, et elle s'est construite sur la base d'un rejet des doctrines fondées sur l'individualisme et grâce à l'influence croisée de l'idéalisme et de la pensée évolutionniste[54]. La bibliographie pléthorique qu'il donne est l'indice que la réflexion sur la moralité dans cette période est prise au sérieux, peut-être même plus que les autres domaines de la philosophie, ce qui pourrait être de nature à fournir une justification supplémentaire au fait que Bradley ait écrit un livre sur les problèmes de l'éthique avant de s'atteler à ses travaux métaphysiques. Le problème moral est directement lié au déclin des morales traditionnelles, et un courant de critique récent mis en valeur par le « *Bradley revisionist movement* » a estimé que l'idéalisme a joué un rôle essentiel comme mouvement de réaction contre ce que James Allard a appelé la « crise de foi victorienne ». Mais il semble bien que cette influence n'ait été qu'un aspect de la formidable agitation intellectuelle de cette période, car les réponses à cette crise ont débordé l'influence exclusive des idéalistes pour régénérer la croyance religieuse.

La création de « sociétés éthiques »[55] est aussi contemporaine de ce déclin, et l'extension de ce mouvement a contribué à renforcer la situation de conflit des interprétations dans le contexte de « révolution des valeurs ».

---

[54] Stefan Collini, *Public Moralists, op. cit.*, p. 324-325. Voir notamment les chapitres 2 (« The Culture of Altruism ») et 8 (« From Dangerous Partisan to National Possession : John Stuart Mill in English Culture »).

[55] Voir à ce sujet le livre de Ian Mackillop, *The British Ethical Societies, op. cit.* En préface de son livre, MacKillop regrette de n'avoir pu insister sur l'influence de Bradley, une véritable source d'inspiration pour les idéalistes du mouvement éthique (voir p. vii), même s'il donne un ensemble d'indications utiles pour comprendre les voies par lesquelles ses idées sur l'éthique ont pu avoir une incidence sur le développement de la *London Ethical Society* en particulier. En l'occurrence, on apprend que la cheville ouvrière de cette société, Muirhead, a appuyé ses convictions idéalistes conservatrices sur l'essai V de *Ethical Studies* (p. 86), et que Bosanquet, un des piliers de la société à ses débuts, s'est précisément engagé dans l'action sociale concrète après avoir lu

Leur but a été de rechercher de nouvelles théories du bien moral différentes de la morale chrétienne traditionnelle, voire de jeter les bases d'un ordre moral qui s'imposerait au monde entier, où morale ne rimerait pas avec religion ; un idéal moral séculier donc, en connivence avec les idéaux positivistes du dix-neuvième siècle, et globalement en accord avec l'idée comtienne d'une Religion de l'Humanité[56]. Comme l'expliquait Henry Sidgwick dans un discours que nous avons déjà évoqué, un des objectifs de ces sociétés était de rechercher une alternative à la doctrine chrétienne orthodoxe (« [...] pour libérer l'idéal actuel sur ce qui est bien de tout ce qui n'est que traditionnel et auto-contradictoire, et ainsi de l'élargir et de le perfectionner »[57]) pour réintroduire le facteur moral à tous les niveaux de la société et préserver l'ordre social. En 1906, les sociétés éthiques anglaises étaient au nombre de 46 ; leur influence n'a commencé à décliner qu'après la première guerre mondiale, et elles ont cherché en particulier à instaurer un ordre collectif dominé par une morale générale renouvelée, même si leur connotation libérale implicite continuait d'attirer l'attention sur le développement moral individuel et non sur des mesures collectivistes de réforme sociale.

La « déferlante éthique » de l'époque est donc minée par un conflit de théories qui, par ses enjeux sociaux et politiques débordant le cadre limité d'une réflexion sur la foi, a réclamé une résolution à laquelle la philosophie

---

l'ouvrage de Bradley et décidé qu'il ne pourrait rien écrire de mieux dans ce domaine (p. 91).

[56] On peut bien entendu tempérer cet idéal par les tonalités idéalistes conservatrices et anti-socialistes de la *London Ethical Society*, qui s'est de ce fait opposée aux autres sociétés éthiques de la période ; mais la dominante de cette société semble être restée dans les limites du libéralisme (*Cf.* MacKillop, *The British Ethical Societies*, *op. cit.*, p. 92), même si le projet était de lui insuffler une nouvelle vitalité en puisant dans les traditions de pensée anglaise autant que dans l'ouverture intellectuelle pratiquée par l'introduction de Hegel dans les universités. C'est d'ailleurs pour relater l'âme de cette aventure intellectuelle que Muirhead a écrit son livre sur la tradition platonicienne dans la philosophie anglo-saxonne (*The Platonic Tradition in Anglo-Saxon Philosophy*, *op. cit.*) et pour insister sur le fait que l'impact de Hegel dans la société anglaise de l'époque avait surtout été le fait de l'action des universitaires : sur ces deux points, voir MacKillop, pages 95 et 82 respectivement.

[57] Henry Sidgwick, « My Station and its Duties », *op. cit.*, p. 5. On peut considérer Sidgwick comme une des personnalités marquantes de ce mouvement de sociétés éthiques en Grande-Bretagne (voir surtout son livre *Practical Ethics : A Collection of Addresses and Essays*, Londres, Swan Sonnenschein and Co, 1898 pour la présentation de ces sociétés, œuvrant pour « l'élévation et la purification de la vie sociale » [Préface, p. 5]). La lecture de ces discours permet de mieux comprendre à quel point Bradley, dans sa conception organiciste de l'État, dans l'importance qu'il accordait à la religion révélée, et surtout dans l'idée purement spéculative qu'il se faisait de la philosophie morale, ne pouvait que s'opposer aux conceptions éthiques, sociales et philosophiques de Sidgwick.

morale ne pouvait que difficilement parvenir. L'idée selon laquelle la moralité est un processus de réalisation de soi qui implique une attitude visant entre autres un certain conformisme moral, une idée que Bradley a partiellement défendue dans *Ethical Studies*, et qui allait devenir un des axes majeurs de la réflexion éthique dans les années 1880, n'en était encore qu'au stade de gestation dans les esprits en Angleterre. Précisément, l'horizon axiologique de ce que Ian Mackillop a appelé l'« époque éthique » (*ethical epoch*)[58] s'est constitué sur la base d'un développement du concept de nation, où la reconfiguration de l'idée de moralité est passée par une attention accrue pour la notion d'une unité de la collectivité, renforcée à tous les échelons de la société, à commencer par l'institution progressive d'un système éducatif national[59]. On conçoit donc mieux dans quelle mesure la philosophie éthique de Bradley a pu exprimer le sens de son époque ; qu'il est, de ce point de vue, compréhensible historiquement parlant, et cela permet aussi de justifier l'importance que *Ethical Studies* a pu avoir pour toute une génération de philosophes.

Il est conventionnel d'évoquer l'apparition d'un « Tournant Social » dans « l'imagination morale des victoriens »[60], qui aurait débuté vers 1875 ; cela coïncide avec la publication du livre de Bradley, qui est donc bien, avec d'autres, à l'initiative de ce tournant qui s'amplifie à partir des années 1880. Cette expression a été utilisée pour rendre compte de la prise de conscience générale de l'importance de la moralité dans une société qui peinait à s'adapter aux transformations profondes des structures physiques, institutionnelles et intellectuelles d'un monde agricole vers un monde industriel. Le résultat principal de ce tournant a consisté en une remise en cause du libéralisme du

---

[58] MacKillop, *The British Ethical Societies*, *op. cit.* : il s'agit du premier chapitre « Ethical Epoch », p. 3-40. Voir aussi les pages 84-92 pour comprendre comment la conception organiciste de la société centrée sur l'État-nation plutôt que sur l'individu s'est imposée grâce aux idéalistes, contre la pensée utilitariste dans ce domaine (notamment *The Science of Ethics* de Leslie Stephen [1882] et *The Man versus the State* de Spencer [1884]), et les penseurs de la *Fabian Society* (voir p. 31).

[59] Le *Elementary (Forster) Education Act* date de 1870. Il convient de préciser que l'influence de Green, notamment de son texte « Lectures on Political Obligation », publié en 1885, a accompagné la montée en puissance de l'intervention étatique, et de ce qui a été appelé le « socialisme éthique » dans le Nouveau Libéralisme anglais. Voir à ce sujet le livre de Matt Carter, *T. H. Green and the Development of Ethical Socialism*, Exeter, Imprint Academic, Green Studies vol.1, 2003, qui reprend et confirme la thèse de l'influence de Green, non seulement sur le socialisme chrétien mais aussi sur le socialisme britannique dans son ensemble, et celui de Maurice Chrétien (dir.), *Le Nouveau libéralisme anglais,* Economica, 1999, qui étudie aussi les œuvres de Leonard Trelawny Hobhouse et de John Atkinson Hobson dans ce contexte.

[60] *Cf.* « The Social Gospel and Radicalism », in Denys Leighton, *The Greenian Moment : T. H. Green, Religion and Political Argument in Victorian Britain, op. cit.*, p. 229 *passim*.

laissez-faire, une opposition à l'utilitarisme et notamment à l'éthique de la réalisation personnelle qui s'exprimait dans *Self-Help* (1859), le célèbre livre de Samuel Smiles :

> L'intervention de l'État était alors devenue un fait accepté ; le vrai problème, c'était la transition du capitalisme libéral au capitalisme de monopole qui se mettait alors en place. Face à une croissance urbaine et institutionnelle sans précédent, qui semblait avoir bouleversé les structures précédentes de cohésion sociale, Bosanquet a tenté de prouver qu'il existait une réelle « logique spirituelle » sous-jacente, garantissant l'unité sociale et la communauté de son idéal moral.[61]

Si l'accroissement de la législation dans le domaine social et industriel est un des indices directement observables de ce tournant, sur le plan moral il a aussi signifié une antipathie obsessionnelle grandissante à l'encontre de l'égoïsme, et une préoccupation pour la façon d'engendrer des motivations morales adéquates chez les individus. Structurée au départ par la dualité égoïsme / altruisme chez les positivistes, la jonction de la question morale et de l'importance de la collectivité a été favorisée par les nouvelles modes intellectuelles qu'étaient le darwinisme social et l'idéalisme philosophique[62].

Pour mettre en évidence une singularité « collectiviste » dans cette période, indexée sur la montée en puissance de l'idée d'État-nation, et insister sur la crise rencontrée par la conception individualiste de la morale, Collini a utilisé la division globale, par A.V. Dicey, de l'histoire des idées politiques en trois grandes périodes (« *Old Toryism* » jusqu'aux années 1830, « *Benthamism* » jusqu'en 1870, et « *Collectivism* » ensuite)[63] et il a appuyé l'idée selon laquelle la domination de l'utilitarisme sur la pensée politique anglaise avait marqué le pas à la mort de J. S. Mill (1873), que les prémisses de la critique individualiste de l'État telles qu'elles avaient été établies dans *On Liberty* (1859) avaient commencé d'être discréditées. Il y a comme un paradoxe dans le fait que Mill ait fini par être traité comme un libéral passé de mode à partir des années 1880[64], puisqu'il avait lui-même été un farouche opposant à l'égoïsme. En l'occurrence, Mill avait estimé, dans *Utilitarianism* (1861), que c'était l'égoïsme qui était responsable des difficultés rencontrées par la société britannique, que l'avenir appartenait à une humanité qui avait le sens des intérêts collectifs[65] et qui devait faire disparaître ses sentiments égoïstes derrière ses sentiments sociaux. De fait, Mill ne faisait que reproduire ce que

---

[61] James Bradley, « Hegel in Britain », *op. cit.*, p. 15.
[62] Stefan Collini, *Public Moralists, op. cit.*, p. 64-65.
[63] *Ibid.*, p. 326.
[64] *Ibid.*, p. 324.
[65] *Ibid.*, p. 68-69.

Collini appelle « le problème Adam Smith »[66], lequel avait écrit à la fois un livre qui justifiait l'égoïsme et la maximisation de l'intérêt individuel (*Wealth of Nations*) et un autre qui louait la compassion humaine (*Theory of Moral Sentiments*). En réalité, l'insistance de Mill sur la liberté individuelle, et le fait qu'il se soit attribué le rôle de champion de l'individualisme[67] a contribué à ce que la réaction contre l'égoïsme se soit attaquée aux idées qu'il défendait.

Paradoxe ? Contradiction ? Il reste que Mill a été la cible privilégiée de Bradley, et derrière l'œuvre de Mill se profilent la position hédoniste et les difficultés de la philosophie morale à trouver une solution aux conflits d'interprétation de la période. On peut avancer l'hypothèse que l'orthodoxie utilitariste, encore puissante quand *Ethical Studies* a été publié, avait commencé à souffrir d'une remise en cause progressive, juste avant que Bradley n'introduise sa réflexion sur la nécessité de penser la moralité sur le plan du collectif et n'infléchisse le cours de ses essais en direction d'une réhabilitation du sens religieux dans l'existence. C'est en ce sens que l'on peut dire, ayant à l'esprit que l'évolution de la société de l'époque allait se faire en direction d'un engouement pour l'action collective et pour l'idée d'État, que l'œuvre de Bradley a anticipé le renouveau de la réflexion morale, et n'a pas maigrement contribué, contre la philosophie empiriste et utilitariste, à la refondation de la philosophie morale, sur des bases idéalistes, et hégéliennes.

Notre perspective dans l'analyse des premières œuvres de Bradley était de comprendre, grâce à l'étude d'un auteur particulier, pourquoi et comment une philosophie étrangère (l'hégélianisme particulièrement, et plus généralement l'idéalisme allemand du début du dix-neuvième siècle) était apparue comme le recours nécessaire pour que la philosophie britannique, un demi-siècle plus tard, sorte d'une impasse. La double réussite de *Ethical Studies*, – d'une part c'est son premier ouvrage achevé qui travaille longuement, exhaustivement, sur plus de trois cents pages, sur un thème fondamental, d'autre part c'est un ouvrage qui connaît un succès réel dont les effets dépassent dans la durée celui de la controverse ponctuelle qu'il suscite – justifie l'analyse détaillée que nous proposons de conduire maintenant afin de voir ce qu'il en est précisément de ce recours à une métaphysique, certes importante, mais datée et qui en Allemagne même avait perdu de son influence au profit d'un retour au kantisme.

---

[66] *Ibid.*, p. 67.
[67] *Ibid.*, p. 68.

CHAPITRE VI

ETHICAL STUDIES (II) :
LE RECOURS À HEGEL

Au moment d'écrire *Ethical Studies*, Bradley dispose incontestablement d'une grande masse de connaissances. D'une part ses études et ses travaux antérieurs lui ont permis de prendre la mesure du contexte philosophique anglais puisqu'il possède tant les grands classiques que les développements récents, d'autre part ses lectures en matière de philosophie hégélienne, rappelons ici qu'il lit l'allemand, lui permettent de se référer à cet auteur avec une certaine assurance. Son objectif est de s'emparer des termes du débat dans lequel le néo-hégélianisme de sa génération s'est institué comme la force philosophique capable de résoudre les conflits théoriques. Il s'agit donc pour lui d'être à la hauteur des enjeux de civilisation, de contrer à la fois l'avancée du naturalisme, qui suscite sinon un athéisme avéré au moins un agnosticisme de précaution, et de lutter contre les tentatives de forme kantienne, comme celle de Mansel, qui tendent à fonder dans l'Inconnaissable les éléments orthodoxes de la religion.

Dans les différents essais composant *Ethical Studies*, il est possible d'observer plusieurs moments. Dans les deux premiers essais, Bradley commence par encadrer le débat éthique en définissant un sujet de l'éthique (Essai I : « La notion vulgaire de responsabilité en rapport avec les théories du libre-arbitre et de la nécessité ») et un objet de l'éthique (Essai II : « Pourquoi devrais-je être moral ? »), ce qui lui permet non seulement de couvrir méthodologiquement la question dans toute son ampleur mais de le faire aussi à l'aide d'un vocabulaire qui, à travers la mise en valeur de la notion de « réalisation de soi », instruit les données du problème dans une orientation d'inspiration hégélienne. Les trois essais qui suivent (Essai III : « Le plaisir pour le plaisir », Essai IV : « le devoir pour le devoir », et Essai V : « ma condition et ses devoirs ») composent les trois moments d'une dialectique qui s'effectue par un dépassement des antinomies présentes tout à tour dans l'individualisme de la position hédoniste et utilitariste et dans l'universalisme abstrait kantien pour se résoudre ultimement dans l'universel concret de la vie éthique.

Ethical Studies aurait pu s'arrêter là, en ce sens que le cinquième essai présente la réalisation de soi en parfait accord avec la moralité définie dans le cadre des devoirs et des libertés institués et reconnus par un État moderne souverain. Il est alors évident que le texte de Bradley est de facture hégélienne et que son orthodoxie par rapport à l'auteur allemand ne saurait être véritablement mise en cause. De plus, ayant intégré et dépassé les éléments théoriques des différentes composantes philosophiques de son époque à l'intérieur de sa progression, il semble bien que la réfutation de ses thèses allait demander de la part de ses contradicteurs un travail énorme pour être crédible, s'il ne devait se contenter de critiques ponctuelles qui ne sauraient remettre en cause l'ensemble de sa démonstration. Autrement dit, il était difficile, en Angleterre et à l'extérieur du camp hégélien, de percevoir comment repousser la position à laquelle il était parvenu dans son cinquième essai.

En fait, si l'on réfléchit au travail accompli, le plus beau succès ne serait-il pas de constater que ce n'est précisément plus qu'à l'intérieur de ce camp néo-hégélien que la remise en cause pouvait se faire ? Bradley a estimé lui-même qu'il n'était pas possible d'en rester là car tout, loin s'en faut, n'était pas véritablement réglé. Les deux essais par lesquels continue l'ouvrage (Essai VI : « La moralité idéale » et Essai VII « Égoïsme et sacrifice de soi »), et les « Remarques conclusives » qui apportent leur touche finale, instruisent un débat qui revient sur la place de la philosophie hégélienne dans le cadre possible d'une métaphysique anglaise qui aurait prise sur son temps et qui intégrerait la question religieuse dans sa dimension si spécifiquement britannique.

Il est donc possible de distinguer deux moments dans *Ethical Studies*. Si le premier est de toute évidence celui qui impose la doctrine idéaliste en Grande-Bretagne sur la question de l'éthique, en conformité avec son orientation néo-hégélienne, le second est d'ores et déjà plus nuancé sur la place qu'il convient de laisser à la philosophie de Hegel dans la constitution d'une métaphysique authentiquement britannique, qui ne peut se départir d'une inspiration platonicienne. Dans ce chapitre, nous commencerons donc par analyser les modalités d'usage par Bradley de la doctrine hégélienne, adaptée aux nécessités du temps, tout en reconnaissant par avance le caractère orienté et donc réducteur de notre analyse, puisqu'il n'est pas possible ici de suivre Bradley dans les méandres subtiles et nombreux d'une pensée dont la richesse a été soulignée par tous ses lecteurs avertis[1].

Le sujet éthique : la responsabilité, la liberté, la volonté

Étudier l'éthique, c'est commencer par s'interroger sur le sujet auquel elle s'adresse, qui à la différence de l'animal n'est pas seulement à l'origine de

---

[1] Selon Bernard Bosanquet, le livre de Bradley souffrait d'une concentration de pensée et d'expérience trop importante (*excess of thought and experience*), chacune de ses pages pouvant être diluée (*dilute*) en une centaine ; cité par Harold Joachim dans la préface à la seconde édition de *Ethical Studies* (ES, p. v).

l'action, mais également le responsable de l'action. Cette spécificité, l'homme de la rue (*the vulgar*) en a bien conscience, lui qui pratique l'action morale au quotidien, et qui pour ce faire n'a pas attendu les lumières des philosophes. Bradley insiste dès le début de son premier essai sur la valeur du bon sens populaire dans l'action : il ne s'agit pas pour le philosophe de lui donner des leçons de morale, mais de rendre compte de cette action telle qu'elle est concrètement effectuée par tous. En ce sens, le but ici n'est pas d'instaurer une nouvelle morale, mais de contester toutes les doctrines philosophiques qui, parce qu'elles sont unilatérales, se sont approprié la morale sans parvenir à rendre compte de ce que chacun sait dans son for intérieur sans bien sûr réussir à l'expliciter en termes techniques : réduire ces fausses doctrines est nécessaire si l'on veut parvenir à rendre compte en termes corrects de ce qu'est et de ce que fait le sujet moral. On notera que sur ce point de départ il suit parfaitement l'attitude hégélienne qui, contre les doctrines abstraites de son temps, n'avait de cesse de les replacer face à ce sens commun plus juste qu'elles, et qu'elles ne pouvaient même pas éclairer.

Bradley commence donc son essai en délimitant l'objet de son étude et en précisant la nature de son examen de l'opinion commune concernant la responsabilité : il ne s'agit ni de recourir à l'abstraction métaphysique, ni de se référer à un traitement juridique de la question. Comme on le découvre progressivement dans l'essai, son but a été d'étudier cette question en mettant en évidence les incompatibilités entre les représentations communes et les réflexions philosophiques anglaises de son époque, pour montrer ensuite que la philosophie hégélienne était en mesure d'offrir une solution avantageuse en restant malgré tout dans une perspective britannique.

Son approche de la notion commune de la responsabilité se fait conformément à une méthode « critique » qu'il a eu l'occasion d'éprouver dans ses écrits précédents. Il faut entendre par ce terme de critique une recherche des présupposés de ce qui est pensé habituellement, ce qui tant en langage kantien que hégélien signifie une attaque de l'attitude dogmatique, prise dans un sens péjoratif donc. Ainsi, il décrit cette notion (être moralement responsable, c'est répondre de ce qui a été fait, négligé, ou non fait ; et la responsabilité implique la possibilité d'une punition) afin d'examiner ensuite ce sur quoi elle se fonde nécessairement. Qui dit responsabilité présuppose l'imputabilité, laquelle présuppose à son tour le fait de rester soi-même [*self-sameness*] ; l'acte responsable doit provenir d'une volonté non contrainte et implique que l'auteur de l'acte est un agent moral, c'est-à-dire qu'il connaît la portée de ses actes. C'est dire, en d'autres termes, que le sujet moral est un sujet libre : la liberté est la notion centrale de cet essai puisqu'elle est la qualité qui fait la possibilité pour un sujet d'être un agent moral.

On se souvient qu'un des buts principaux de Bradley, dans *The Presuppositions of Critical History*, avait été de démontrer l'impossibilité pour la science de s'emparer avec succès de l'histoire humaine, et que sa critique essentielle portait alors sur la tentative millienne. Il en va de même ici, et ce premier essai fait porter l'essentiel de l'effort sur la réfutation de la doctrine de Mill en matière morale. Bradley se propose, conformément au titre qu'il a choisi, d'étudier la notion de responsabilité telle qu'elle est perçue par l'opinion commune, dans le souci de la confronter aux « doctrines de la Liberté et de la Nécessité ». Ces deux doctrines, qu'il estime courantes à son époque, Bradley en emprunte la dénomination à John Stuart Mill, qui les avait définies et en avait présenté une analyse rapide dans les deux premiers chapitres de la section consacrée aux sciences morales, « On the Logic of the Moral Sciences », de *System of Logic*[2]. Il y a là une sorte d'hommage à la pensée de Mill (et de Hume) puisque Bradley lui reconnaît ainsi une position dominante, même si c'est pour lui contester cette domination : le débat de l'époque n'a pas lieu entre deux adversaires de même valeur, par exemple entre un naturalisme et un humanisme, mais bien entre un adversaire qui décide des termes du débat et occupe majoritairement ce champ, et des contradicteurs qui le contestent du mieux qu'ils peuvent sans parvenir à détruire sa suprématie au moins de fait si ce n'est de droit.

Pour comprendre donc ce que cherche à faire Bradley dans son premier chapitre, il faut retracer la démarche de Mill, qui consiste à relier ces deux doctrines aux théories naturalistes développées dans *System of Logic*. Le chapitre introductif de la section « On the Logic of the Natural Sciences » insiste sur l'empirisme fondamental de la méthode scientifique qui a été présentée dans tout l'ouvrage. Issue de l'observation de régularités dans la nature et fondée sur les lois de l'association, la méthode des sciences de la nature peut-elle s'appliquer aux nouvelles sciences de l'homme, nommément la psychologie et la sociologie ? Ou, s'il n'est pas possible de faire dériver les sciences de l'homme directement des sciences de la nature, dans quelle mesure est-il possible de les y adapter ? Pour Mill, le problème essentiel revient à se demander s'il est possible d'appliquer la loi de causalité aux actions humaines, et il commente de ce fait dans son deuxième chapitre (« De la liberté et de la Nécessité ») la controverse sur la question du libre-arbitre, dont il fait

---

[2] John Stuart Mill, « On the Logic of the Moral Sciences », in *System of Logic Ratiocinative and Inductive, Being a Connecting View of Evidence and the Methods of Scientific Investigation* (1843), Londres, Longmans, Green, and Co, « the People's Edition » (8ᵉ ed.), 1886 ; les chapitres I (« Introductory Remarks ») et II (« Of Liberty and Necessity »), se trouvent p. 545-552. En réalité, Mill reprend cette distinction de Hume (*Cf.* la section VIII, « Of Liberty and Necessity », de *An Enquiry Concerning Human Understanding*). Traditionnellement, les historiens de la philosophie britannique (voir par exemple William Sorley, *A History of English Philosophy* et Rudolf Metz, *A Hundred Years of British Philosophy*) présentent cette opposition sous la forme d'un conflit entre l'intuitionnisme et l'utilitarisme, les deux écoles de philosophie morale dominantes de la période... avant que ne s'affirme, précisément, l'influence de l'idéalisme grâce aux cours de Green et à *Ethical Studies* de Bradley.

remonter l'origine à Pélage, et dont nous pouvons donner une figure moderne avec Hamilton que Mill critique si vigoureusement dans *An Examination of Sir William Hamilton's Philosophy*, pour justifier une solution qui décide de la légitimité du naturalisme :

> L'opinion affirmative est communément appelée la doctrine de la Nécessité : elle soutient que la volition et les actions humaines sont nécessaires et inévitables. L'opinion négative maintient que la volonté n'est pas déterminée – comme les autres phénomènes – par des antécédents, mais qu'elle se détermine elle-même ; que nos volitions ne sont pas, à proprement parler, les effets de certaines causes, à tout le moins, elles n'ont pas de causes auxquelles elles obéiraient uniformément et implicitement.[3]

Mill ne cache pas sa préférence pour la première doctrine mais reconnaît qu'elle a été mal exprimée et qu'elle a heurté de ce fait la conscience commune en lui donnant l'impression de contredire la conscience instinctive que l'homme peut avoir de sa liberté, d'humilier la fierté humaine et de dégrader l'idée d'une nature humaine morale. Pour Mill, la doctrine de la Nécessité renvoie à une « prédiction rationnelle »[4] qui, à partir des motivations et du caractère d'un individu, peut prédire sa conduite[5]. Cette doctrine a été mal comprise, explique Mill, à la fois par ses adversaires mais aussi par ceux qui étaient censés la soutenir du fait de la tendance consistant à supposer que derrière la doctrine de la causalité se cache l'idée d'un lien mystérieux entre la cause et l'effet, entre la volonté et ses causes. Ceci est lié à une connotation malheureuse du mot « nécessité » qui, pour certains « nécessitariens » (les fatalistes), a le sens absolu de l'irrésistible et de l'irrémédiable, trahissant et pervertissant ainsi le véritable sens d'une prédiction rationnelle. Les « *Owenites* », écrit Mill, présupposent ainsi que la volonté et le caractère d'un homme sont formés *pour*

---

[3] *Ibid.*, p. 547. Si Mill s'affirme du côté des déterministes (*Necessitarians*), du côté des indéterministes (*Libertarians*) on retrouve donc Hamilton, mais aussi Reid et Mansel. Comme c'est souvent le cas, Bradley cite rarement, et ne référence presque jamais ses sources : son but n'est pas de faire l'histoire de la controverse mais, comme le remarque Peter Nicholson (« Bradley's Theory of Morality », in *The Political Philosophy of the British Idealists, op. cit.*, p. 8), pour argumenter dialectiquement sur les présupposés de ces doctrines.

[4] Ce n'est pas Mill qui emploie cette expression, mais Bradley (voir ES, p. 18, où l'expression est définie sans référence à Mill, comme par ailleurs la plupart des concepts qu'il utilise [*Cf.* celui de « Destin » (*Fate*)], et qui renvoient directement à leur traitement par Mill).

[5] « [...] nous pourrions prédire son comportement avec la même certitude que nous pouvons prédire tout phénomène physique », John Stuart Mill, « On the Logic of the Moral Sciences », *op. cit.*, p. 547.

lui et non *par* lui, mais il s'agit là d'une illusion car l'homme est toujours, selon Mill, capable de changer sa volonté et son caractère. La doctrine fataliste est déprimante, et fausse également en ce qu'elle contredit ce sentiment dont nous sommes conscients et selon lequel nous pouvons modifier notre caractère si nous le désirons. Ainsi, commente Mill, la véritable doctrine de la nécessité ne s'oppose pas à l'idée de liberté mais se contente de soutenir l'idée selon laquelle il est possible de prédire rationnellement le comportement humain. Par ailleurs, seules les personnes capables de se maîtriser réellement sont capables de changer leur caractère, et ce sont les personnes vertueuses : « Et il peut donc être affirmé en toute vérité que seule une personne dont la vertu est assurée est totalement libre »[6]. La doctrine de la causalité des actions humaines doit donc se libérer de cette confusion et de cette incompréhension dans laquelle l'usage du mot « nécessité » l'a plongée, ce qui a aussi eu pour effet néfaste de faciliter l'accréditation de la thèse de ses adversaires. Qui plus est, les motifs déterminant notre volonté sont souvent considérés comme des anticipations du plaisir ou de la douleur auxquels conduisent nos actions. Mais, selon Mill, le véritable caractère s'est affranchi, dans les buts qu'il poursuit, de ces notions. Après avoir montré dans le chapitre III qu'il peut y avoir une science de la nature humaine et dans le chapitre IV que des lois de l'esprit humain peuvent servir de fondement pour une psychologie, Mill étudie donc ensuite dans son chapitre V la science de la formation du caractère, qu'il appelle « Éthologie ».

Tels sont les termes qu'utilise Mill, et que Bradley reprend pour les discuter dans son essai. Si notre auteur cite Hegel dans les pages où il attaque les conceptions milliennes de la prédiction rationnelle et de l'éthologie, tout en s'excusant de donner une interprétation personnelle de la philosophie hégélienne, qui sert avant tout les besoins de sa propre démonstration (« Le lecteur pourra ici se reporter au texte éclairant de Hegel, *Phänom. d. G. Werke, ii, 218-24 (1841)*, mais Hegel ne doit pas être tenu responsable de tout ce que je dis »[7]) c'est bien parce qu'il considère que Hegel, qui « *pense* ce que l'opinion commune *croit* »[8], est le seul philosophe sur lequel s'appuyer en la matière pour contrer efficacement Mill. En effet, à l'aide de la conception hégélienne, on peut renvoyer dos-à-dos comme abstractions et la théorie d'un sujet disposant par sa volonté d'une liberté absolue et celle du déterminisme qui dissout le sujet et sa volonté puisque nous n'avons qu'une résultante ponctuelle et éphémère de mécanismes internes et externes.

Analysant dans un premier temps la doctrine du libre-arbitre (*free-will doctrine*), Bradley parvient à son rejet, comme Mill, mais pour des raisons quelque peu différentes. Certes cette théorie a le mérite, en accord avec les attentes du sens commun, de sauver la liberté sans laquelle il ne peut pas y

---

[6] *Ibid.*, p. 551.

[7] ES, p. 23.

[8] *Ibid.*, p. 41.

avoir de responsabilité dans un choix moral. Mais elle le fait en payant un prix exorbitant qui ne saurait que stupéfier ce même sens commun. En effet, la responsabilité n'est sauvée qu'au prix de ses conditions d'exercice : s'appuyant sur la *Phénoménologie de l'esprit* et sur les paragraphes 97 à 104 des *Principes de la philosophie du droit*, Bradley démontre qu'avec cette théorie la volonté libérée de toute détermination de contenu devient une pure liberté formelle, une liberté « qui ne veut *rien* ». C'est en fait bien plutôt une conception de la contingence-arbitre, que Bradley récuse[9] dans des termes qui se rapprochent du paragraphe 15 des *Principes de la philosophie du droit*, puisque sa conséquence nécessaire est qu'aucune action ne peut être prédite, la liberté s'inversant dialectiquement en pur hasard. La responsabilité est alors inassignable, à moins de conduire à l'idée absurde d'une responsabilité totale et absolue pour tout acte, en toutes circonstances et portant sur toutes les conséquences.

La doctrine de Mill, qui évite cet écueil, relève elle de la seconde doctrine erronée, celle de la nécessité. Mill s'était bien défendu de l'assimilation du nécessitarisme au fatalisme, montrant que ce dernier seul heurtait l'évidence, et que sa pensée à lui autorisait cette observation commune que l'être humain dispose d'une marge de manœuvre, personne n'étant le pur jouet des circonstances que rencontrait son caractère déterminé une bonne fois pour toutes. Au contraire, ce caractère pouvait être modifié par l'agent lui-même, et ce d'autant qu'il était moral et vertueux. Une telle défense est un sophisme : on est reconduit au même problème puisqu'il faut se demander quelle nécessité préside au changement de son propre caractère par le sujet moral, et on rencontre alors l'argument du troisième homme, qui nous fait régresser à l'infini. Pour sophistiqué qu'il soit, le nécessitarisme millien est un déterminisme, comme le montrent les résultats auxquels conduit la doctrine de la prévision rationnelle : pour un être possédant tous les éléments de connaissance nécessaire, toutes les actions humaines seraient parfaitement prévisibles. Ici, la volonté qui certes est déterminée par des contenus, n'est elle-même plus que cela, et devient « une volonté qui ne *veut* rien ». Là encore le sens commun est heurté : s'il acceptait bien sûr que certaines actions soient déterminées, il ne peut accepter que toutes le soient.

Quelle est alors la doctrine positive de Bradley ? Force est de constater qu'elle ne se laisse pas aisément déterminer. S'il consacre beaucoup de temps à renvoyer dos à dos les déterministes et les indéterministes[10], incompatibles

---

[9] « On peut l'interpréter comme on veut, le *libertas arbitrii* n'est finalement rien d'autre qu'un *contingentia arbitrii* », *ibid.*, p. 11.

[10] *Ibid.*, p. 12. Bradley cite Johann Eduard Erdmann en note : « La doctrine du déterminisme est une volonté qui ne *veut* rien, à qui il manque la forme de la volonté ; la doctrine de l'indéterminisme est une volonté qui ne veut *rien*, une volonté sans contenu ».

avec la notion commune de la responsabilité, dans des développements très proches de la dialectique hégélienne sur la liberté exposée aux paragraphes 4 à 7 des *Principes de la Philosophie du Droit*, il semble beaucoup plus embarrassé pour exposer la vérité de la responsabilité. C'est que comprendre cette dernière nécessite que soient bien compris les termes de volonté, de caractère, la dialectique de leurs rapports complexes avec les circonstances, que l'on sache faire la différence entre une contrainte et une obligation, que l'on prenne la mesure et l'étendue de chacune. Et c'est loin d'être facile : par exemple, dans la note A de l'essai, qui porte sur la contrainte et la responsabilité, Bradley examine la question de savoir si la volonté peut être forcée. Faisant allusion au paragraphe 128 des *Principes de la philosophie du droit*, il commence par contester l'idée hégélienne que la volonté ne peut l'être, en s'appuyant sur des avancées de la psychologie et sur la complexité de la constitution d'une décision, où se mêlent tant nos connaissances en matière de morale et d'appréciation des circonstances, ce qui nous influence à des titres divers dans un écheveau où notre capacité d'analyse ne peut manquer de se perdre. Mais au bout du compte, semble-t-il, Bradley finit par admettre que, toutes les précautions étant prises, on pourrait avancer que personne ne peut être tenté si ce n'est par sa propre volonté. De fait pour parvenir à résoudre ce problème, il faudrait avoir élaboré métaphysiquement une définition du soi que Bradley avoue ne pas posséder.

> Après réflexion, on se rend compte que ce que l'on appelle liberté est à la fois quelque chose de positif et de négatif. Deux questions se posent alors : *Que* suis-je libre d'affirmer ? Et *de quoi* suis-je censé être libéré ? On y répond par la réponse à la seule question : *qu'est*-ce que mon véritable soi ?[11]

La question reste ici en suspens attendant une reprise plus efficace dans l'essai suivant.

Si Bradley fait fond sur la philosophie hégélienne, c'est bien pour insister sur l'ignorance des philosophes anglais devant l'évolution des mœurs, qui s'est faite contre les idéaux des Lumières, contre les sophismes et le sentimentalisme qu'ils continuent malgré tout de défendre :

> Effectivement, malgré l'opposition de la sophistique, du sentimentalisme, et de la presque totalité de nos soi-disant lumières, notre peuple continue de croire à ce jour que l'on inflige une punition dans le but de punir ; bien qu'ils ne sachent pas, pas plus que nos

---

[11] *Ibid.*, p. 57.

philosophes eux-mêmes, que du côté des gens qui ne pensent pas se
tiennent les deux noms les plus connus de la philosophie moderne.[12]

En fait, Bradley montre dans cet essai qu'il existe un écart entre la situation de la
réflexion philosophique anglaise sur la question de la responsabilité et la réalité
de l'opinion anglaise, que non seulement la philosophie morale en Angleterre
est détachée de l'évolution des mœurs, mais que cette dernière exprime sans
le savoir, et de façon non savante, les thèses que les philosophes idéalistes
allemands ont commencé de défendre[13]. C'est pour Bradley une double
justification de son travail, à la fois comme interprète de cette philosophie
idéaliste allemande, et notamment de Hegel, et comme « éducateur » sur
la scène philosophique anglaise ; c'est-à-dire que son ambition, telle qu'on
arrive à la deviner derrière cet essai, consiste non pas à imposer la philosophie
hégélienne en tant que telle, mais à trouver les moyens de développer en
Angleterre une philosophie authentiquement britannique qui prenne acte de
l'évolution de la société anglaise[14]. Ceci est d'autant plus notable que Bradley

---

[12] *Ibid.*, p. 28 (ce passage renvoie à une note qui consiste en deux longues citations de
Kant et de Hegel).

[13] Bradley évoque « une philosophie qui *pense* ce que l'homme ordinaire *croit* » (ES,
p. 41) et la plupart des commentateurs s'accordent à dire que Bradley pense à Hegel
dans ce passage, à la fin du premier essai. Compte tenu des références à Kant, à Fichte,
à Vatke, etc. dans *Ethical Studies*, il nous paraît plus prudent de parler de la philosophie
idéaliste allemande, même si c'est vers Hegel, bien entendu, que vont les préférences
de Bradley.

[14] Sans donner de référence précise, Peter Nicholson fait allusion à un rapport éventuel
avec la philosophie de Berkeley sur la question de l'opposition entre la philosophie qui
pense et l'homme ordinaire qui croit (« Bradley's Theory of Morality », in *The Political
Philosophy of the British Idealists*, *op. cit.*, p. 232 note 9). On retrouve effectivement ce
souci chez Berkeley dans *Three Dialogues* (voir le tout début des premier et deuxième
dialogues, mais surtout la fin du deuxième : « Je pensais que les philosophes étaient
censés parler de façon plus précise que les hommes ordinaires », Berkeley, *Principles
of Human Knowledge – Three Dialogues*, *op. cit.*, p. 167, et le début du troisième :
« [...] les hommes ordinaires conservent leurs erreurs, mais malgré cela, ils se sortent
du mieux qu'ils peuvent des choses de la vie. Mais les philosophes ont une meilleure
connaissance des choses », *ibid.*, p. 170) ; et il semble même que l'on puisse dire que
le projet bradleyen se trouve dans le sillage de Berkeley au vu de la conclusion de ces
dialogues entre Hylas et Philonous : « Je ne prétends pas être le créateur de *nouvelles
notions*. Tout ce que j'ai tenté de faire, c'est de réunir et de mettre en évidence cette
vérité, partagée autrefois par les philosophes et les hommes ordinaires » (*ibid.*, p. 208).
Ce projet de mettre à jour une philosophie qui outre son opposition ne se tient ni du
côté des déterministes, ni de celui des indéterministes ou encore de l'opinion commune
partagée par les hommes ordinaires, mais qui prend acte de la nécessité de dépasser
toutes ces unilatéralités et de proposer une doctrine acceptable par tous ne serait donc
pas ainsi uniquement imputable à une utilisation intempestive de la philosophie idéaliste

n'expose pas la philosophie de Hegel *in extenso*, ni n'applique le système hégélien dans toute son ampleur en utilisant notamment sa terminologie, mais qu'il reste dans les apories de l'esprit anglais pour tenter de le sortir de ses contradictions par touches ponctuelles, pourrait-on dire, de morceaux choisis dans la philosophie de Hegel. Dans un article sur l'hégélianisme en Angleterre écrit au début du vingtième siècle, James Mackenzie avait émis l'idée selon laquelle la philosophie britannique avait été « hégélianisée », mais que c'était un « point de vue » hégélien qui primait, donc un ensemble d'idées et de méthodes, non le système en tant que tel ; et que la reconstruction (*remodelling*) de la philosophie en Grande-Bretagne avait été accomplie grâce à l'influence déterminante de Bradley[15]. L'essai présente donc bien un « souci de civilisation » puisque Bradley revient trop souvent sur l'idée que la philosophie morale de son époque est coupée de la culture conventionnelle pour que l'on se contente de dire que cette thèse est d'importance secondaire :

> Et nous devons en conclure qu'aucun de nos « deux grands courants de pensée philosophique », si excellents soient-ils en tant que philosophies (ou l'inverse), chacun par soi et contre l'autre, n'exprime théoriquement les notions morales de l'opinion ordinaire et commune, ou manque de leur apporter une contradiction totale sur certains points.[16]

Et Bradley insiste sur le fait que son objectif n'est pas tant de critiquer le fond épistémologique ou métaphysique des philosophies qu'il a convoquées dans son essai (dans le monde de la philosophie, déterminisme et indéterminisme peuvent bien former des conclusions correctes[17]) que de montrer qu'elles ont cessé d'être en contact avec les représentations usuelles :

> Et nous devons en conclure que, en ce qui concerne les « deux grandes écoles » qui divisent notre philosophie, l'une comme l'autre sont séparées de la moralité ordinaire ; et que pour toutes les deux, la responsabilité (à laquelle nous croyons) est un terme complètement dépourvu de signification et impossible à expliquer.[18]

Cet essai essentiellement critique laisse le lecteur dans l'attente : le sujet de l'action morale, si difficile à définir véritablement, peut-il au moins se former

---

allemande en général et de Hegel en particulier mais plongerait aussi ses racines dans une attitude issue du fonds philosophique britannique.

[15] Mackenzie, « The Hegelian Point of View », in *Mind, op. cit.*, p. 55 & 59.

[16] ES, p. 33.

[17] *Ibid.*, p. 36.

[18] *Ibid.*, p. 40-41.

une idée claire de son devoir, et peut-être par là en apprendre plus sur sa véritable nature ?

L'objet de l'éthique : la bonne réponse à une mauvaise question

De la même façon que le champ de la réflexion sur la nature du sujet moral était déterminé par une perspective millienne rendant impossible toute analyse sensée de la responsabilité, la question du but de la moralité, se dessinant sur fond d'utilitarisme dominant, est aussi nécessairement aporétique. Là encore, il nous semble que Bradley reconnaît, dans son deuxième essai (« Why Should I be Moral ? »), que ses adversaires ont la main haute sur les termes du débat, puisque leur rhétorique réduit par avance toute critique et repose sur une doctrine qui n'est pas sans solidité. Bradley admet en quelque sorte que toute réflexion sur l'éthique doit partir du principe que l'utilitarisme, quelles que soient les écoles qui en ont donné une formulation particulière (Mill, Bentham, mais aussi les sophistes de l'antiquité), constitue une interprétation toujours possible de la moralité, énonçant une idée dogmatique déjà sous-jacente dans la question du but de la moralité[19], mais qu'il est nécessaire de l'étudier pour la confondre dans la mesure où elle s'est imposée dans l'espace idéologique anglais. Il nous semble que Bradley analyse la situation de la façon suivante. L'utilitarisme a une bonne fois pour toutes formulé le problème en imposant la question fondamentale : « Pourquoi devrais-je être moral ? ». Cette question semble évidente et pleine de bon sens, car l'action humaine est une action qui vise des valeurs et il est donc normal que la raison philosophique pose la question du pourquoi. La différence entre l'homme sain, sensé, et le fou, est que le premier agit pour une raison dont il peut rendre compte, et que seul le second agit « pour rien » ou s'avère incapable de répondre à celui qui lui demande pourquoi il agit.

Mais accepter une telle question, c'est donner, *a priori*, raison à l'utilitariste. Car elle implique que l'on agit moralement pour quelque chose, et que par conséquent, tôt ou tard, il faudra démontrer que la morale est utile, qu'elle sert à quelque chose, et finalement qu'elle produit un avantage qui est une forme de plaisir plus ou moins différé. C'est ce que n'a pas compris une certaine orthodoxie religieuse et peut-être aussi Kant lui-même[20]. Dire que l'action morale n'a pas comme but le bonheur, ou même le plaisir, mais le salut dans un

---

[19] *Ibid.*, p. 61 note 1. Bradley cite le livre de James Fitzjames Stephen (*Liberty, Equality, Fraternity*, 1874), un anti-millien notoire, pour insister sur le fait qu'une telle doctrine, sous sa forme la plus stable et la plus aboutie, ne peut être qu'utilitariste.

[20] *Ibid.*, p. 62, note 1 et 2. La vertu comme moyen d'obtenir quelque chose s'oppose directement à la conscience morale, observe Bradley. La vertu pour elle-même, c'est vertueux ; pour autre chose, c'est la marque du vice, et il remarque que deux points de vue répondent à une telle dérive immorale : l'utilitarisme, qui confond la motivation et le stimulus psychique du plaisir et de la douleur, et le puritanisme théologique du « fais

autre monde ne constitue pas une réelle opposition : la foi en Dieu, nécessaire si l'on veut, n'est finalement que la croyance en un juge suprême qui rétribuera les bons et les méchants et fera enfin coïncider pour les premiers le devoir et le bonheur. Bradley fait remarquer que le bon sens résiste à l'assimilation utilitariste et sait bien, comme l'utilitariste lui-même, s'il était honnête, qu'il n'y a pas simplement une différence quantitative entre la question « pourquoi devrais-je aller chez le dentiste ? » et la question « pourquoi devrais-je porter assistance à cet inconnu en danger ? » Qui ne sait qu'il y a une misérable sophistique dans la réponse utilitariste : si je vais chez le dentiste, c'est que je calcule que la douleur immédiate que j'encours me permettra d'éviter des douleurs plus grandes dans l'avenir ; si j'aide mon prochain, c'est que je subodore que dans le futur, il aura à me rendre la pareille ? Pour l'acteur moral ordinaire, il y a bien une différence qualitative entre les deux questions, mais il est réduit au silence par l'utilitariste, et s'il veut continuer à suivre son irrépressible intuition morale, il n'a rien à faire d'autre qu'à hausser les épaules et s'obstiner en silence dans sa conviction.

Face à ce problème Bradley justifie le refus de répondre par la démonstration de l'absurdité de la question utilitariste. Sans entrer ici dans le détail du jeu complexe entre la fin et les moyens qu'il analyse fort minutieusement, nous pensons pouvoir résumer la réfutation bradleyenne par sa découverte, dans les propos de l'utilitarisme, d'un paradoxe logique au sens russellien du terme. En réalité, la question utilitariste commet l'erreur de la *self-reference*. En effet, lorsqu'il demande « Quelle est la valeur de la valeur ? », l'utilitariste se place dans la position du barbier qui rase dans son village tous les hommes qui ne se rasent pas eux-mêmes. Il se retrouve en pleine absurdité, ce que Bradley démontre en tirant les conséquences absurdes d'une telle absurdité. Il éprouve ici la vigueur de l'argumentaire sceptique qu'il avait utilisé avec bonheur dans « *Relativity* » : au lieu de l'attaque frontale, il vaut mieux épouser les positions de l'adversaire et pousser logiquement ses dires jusqu'à ce qu'ils se résolvent d'eux-mêmes en contradiction. Ainsi la solution ne consiste pas dans une bonne réponse qu'on donnerait enfin à l'utilitariste, mais dans le refus légitime de la question qu'il pose. C'est le premier travail du philosophe, puisqu'avant de découvrir les solutions, il se doit de découvrir les vrais problèmes. Ainsi, dans le domaine moral la fausse question « Pourquoi devrais-je être moral ? » doit être abandonnée au profit de celle qui seule est légitime : « Quelle est la vraie valeur morale ? »

À ce stade de l'ouvrage, Bradley reconnaît que l'essai est terminé et que le lecteur peut en droit passer au chapitre suivant où l'auteur commence à répondre à la vraie question. Cependant, peut-être par tendresse pour un lecteur quelque peu épuisé par les méandres complexes d'une pensée exigeante et

---

ceci ou sois damné », qu'il estime être source d'irréligion en tant que dépositaire d'une théorie morale qui donne une motivation égoïste aux croyants.

quelque peu déçu par l'absence de réponse claire, puisque jusqu'à présent il ne
s'est agi que de contester la présentation fausse des problèmes dans le champ
d'une philosophie britannique exsangue du fait même de son incapacité à poser
les vraies questions, Bradley ose une rupture de plan et donne d'emblée la
solution avant même de passer à sa démonstration. Pour commencer, il avoue
une faiblesse qui est notée par tous les commentateurs et qui est la sienne
depuis ses premiers travaux : il ne dispose pas de métaphysique, et donc ne peut
ultimement établir, et absolument, le sens des mots « soi », « réel », « réaliser »,
ou encore « finalité » dans une définition de la moralité qui les maintienne
ensemble de manière harmonieuse[21]. Mais cela ne doit pas empêcher d'arriver
au moins à des conclusions partielles plausibles[22], et de formuler le vrai but de
la morale comme réalisation de soi (*self-realization*).

Une telle formule a de quoi surprendre. Ne pourrait-elle pas être interprétée
en termes parfaitement utilitaristes ? Le but de mon action, n'est-ce pas de
m'épanouir moi-même, dans toutes mes petites particularités, ce qui se marque
toujours par le plaisir que je ressens à la suite de mon action ? Sans anticiper
trop sur les développements futurs, il est possible d'expliquer ici les caractères
de la *self-realization* qui en font une fin originale et vraie puisque Bradley lui-
même, dans cette seconde partie de l'essai, se livre à quelques explications[23].

---

[21] *Ibid.*, p. 65.

[22] « Tout ce que nous pouvons faire, c'est de l'expliquer en partie, et de tenter de rendre
l'explication plausible », *ibid.*

[23] David J. Crossley, dans un article sur la *self-realization* bradleyenne (« Self-
Realization as Perfection in Bradley's *Ethical Studies* », *Idealistic Studies*, Vol. 7,
n° 3, sept. 1977, p. 199-220) remonte à Aristote pour situer l'origine de la notion de
réalisation de soi, avant de remarquer que l'interprétation aristotélicienne ne convient
pas à la façon dont Bradley en use (*Cf.* p. 201), et pointe un certain nombre d'ambiguïtés
qui appartiennent à son ancrage dans l'espace intellectuel anglais. Emmanuel Halais
(*Individualité et valeur dans la philosophie morale anglaise, op. cit.*, p. 56) note que
l'on trouve déjà chez Coleridge l'ambiguïté de la notion de réalisation de soi : « Le
« Je » s'affirme dans la volonté (liberté métaphysique, religieuse, politique) ; en même
temps cette volonté est subordonnée à la volonté divine, elle y est absorbée. C'est
l'ambiguïté fondamentale de la notion de *self-realization* telle qu'on la trouve dans
l'idéalisme anglais – peut-être de toute philosophie qui essaie de penser l'individu. »
En page 74 du même ouvrage, Halais affirme que c'est Bradley qui a « popularisé
l'usage de l'expression *self-realization* ». Toutefois, le terme « *self-realization* », selon
l'*Oxford English Dictionary*, est apparu pour la première fois en 1874 dans un livre de
William Wallace (*The Logic of Hegel*), puis en 1876, dans *Ethical Studies* précisément.
T. H. Green lui-même utilise l'expression dans *Prolegomena to Ethics* (*op. cit.*, p. 85,
93, 199, 203, 205, 208-209, 212) – dans les chapitres et sous-chapitres sur la liberté de
la volonté, la nature intrinsèque du bien moral et le caractère personnel du bien moral.
Green l'évoque pour signifier la reproduction du principe divin dans la conscience
humaine, ce qui correspond aux réflexions de Bradley sur la réalisation parfaite du
soi dans les « Concluding Remarks » de *Ethical Studies*, où il renvoie à la notion

Tout d'abord remarquons que l'action morale est une action qui réalise quelque chose : c'est un truisme certes, mais il mérite d'être énoncé puisqu'il oblige ensuite à se demander ce que l'on est censé réaliser. Contre ceux qui par défiance de la particularité et par amour d'un certain universel refuseraient que la moralité soit liée à un soi, Bradley constate qu'on ne peut rien réaliser d'autre que le soi dans la moralité. Car ou bien l'on réalise quelque chose à l'extérieur de soi (un objet valant pour lui-même dans l'art, un objet ayant une valeur d'usage dans la technique) ou bien ce que l'on réalise est à l'intérieur de soi (et on notera que si le soi n'était pas concerné, on ne voit pas pourquoi il se sentirait ne serait-ce que motivé par la question morale) et c'est donc le soi que l'on modifie, que l'on réalise : ce doit être nécessairement le cas de l'action morale. Mais là où la formule se détache de tout utilitarisme, c'est dans l'analyse de ce soi que la morale est censée réaliser. Les empiristes et les utilitaristes, Bradley l'avait déjà démontré dans « *Relativity* », passent toujours à coté du soi car ils ne peuvent voir dans l'individu qu'une collection d'états, qu'une série d'éléments associés. Or la *self-realization* est bien réalisation d'une personne, d'un sujet qui unifie les éléments qui le constituent, car il n'est pas un tas, mais un tout. C'est l'aspect sur lequel Bradley insiste tout particulièrement, car notre volonté nous pousse à désirer un état de réalisation de soi, et qui plus est, une réalisation de soi comme totalité :

> La conclusion consiste-t-elle-elle à dire que tout ce à quoi nous sommes conduits, c'est qu'en cherchant à réaliser nous cherchons à réaliser quelque état de nous-mêmes ? Non, le soi que nous tentons de réaliser est pour nous un tout, et non une simple collection d'états [...] Ne sommes-nous pas forcés de considérer le soi comme un tout non réductible à la somme de ses parties, ou de quelque autre élément extérieur ? Et ne devons-nous pas dire que réaliser le soi revient toujours à réaliser un tout, et que le problème de la morale consiste à découvrir le véritable tout, dont la réalisation équivaut pratiquement à réaliser le véritable soi ? Voici la problématique à laquelle nous nous trouverons confronté jusqu'à la fin de ce volume.[24]

Cette idée du tout nous éloigne tant des utilitaristes que des universalistes qui introduisent un dualisme en l'homme en opposant une partie haute à vocation universelle et une partie basse désespérément particulière. Cette totalité implique indéniablement une idée d'harmonie et de synthèse. Enfin, le dernier point qui caractérise cette idée bradleyenne de *self-realization* est de poser la réalisation comme un tout, mais comme un tout infini. Nous retrouvons ici

---

d'*Atonement*. Il semble donc que Green ait repris à son compte l'expression de Bradley dans sa formulation finale. Voir également la note que consacre Peter Nicholson au sujet de l'expression (*The Political Philosophy of the British Idealists*, *op. cit.*, p. 233 note 2).
[24] *Ibid.*, p. 68-69.

encore une idée déjà travaillée dans « *Relativity* » : contre un certain idéalisme, Bradley avait défendu l'idée que le soi ne peut en aucun cas être assimilé à ce « moi-ci », à ce *this-me* empirique, mais qu'il devait être pensé en rapport avec un soi infini qui seul permettait d'échapper aux apories d'une réduction de la personne à la particularité finie ici et maintenant. Cette structure de réflexion étant posée, il reste à comprendre maintenant comme elle est énoncée, pensée, rendue intelligible dans le détail d'un discours articulé.

Si, pour Bradley, toute morale implique une réalisation de soi, la différence entre les diverses philosophies morales, même celles qui semblent ignorer dans leur lexique ce but, tient à la différence de définition de ce « soi » à réaliser. Certes, il prend bien soin de déclarer qu'il ne dispose pas de métaphysique pour ce faire. Mais on remarquera qu'il lui serait impossible de parler de ce dont il parle s'il n'avait une idée du soi à réaliser, ou du moins d'assez d'éléments pour parvenir à une doctrine, qui, sans être la vérité absolue, serait au moins assez plausible pour rendre compte de la solution dans le domaine précis qui est travaillé. C'est ici à notre sens que le recours à Hegel accomplit son office. Deux philosophèmes hégéliens sont en effet convoqués pour venir à bout de cette tâche, d'une part l'universel concret, d'autre part l'infini en tant qu'il n'est pas négation du fini.

Le premier, l'universel concret, qui est d'après Stirling le véritable secret de Hegel, est assurément un des thèmes majeurs de l'idéalisme britannique, comme l'a relevé Robert Stern dans un article récent[25], identifiant pour cette notion trois sources principales dans l'œuvre du philosophe allemand : le troisième livre de la « Science de la Logique » dans l'*Encyclopédie des sciences philosophiques en abrégé* (§145 et §175 en particulier), les premiers paragraphes des *Principes de la philosophie du droit* (surtout §4-7 ; §24) et le traitement de la certitude sensible par Hegel dans la partie « Conscience » de la *Phénoménologie de l'esprit*. Dans cet article, Robert Stern s'interroge sur la légitimité des emprunts des idéalistes britanniques à Hegel, remarquant à bon droit que les écarts éventuels, sinon les contresens, sont déterminants pour comprendre la nature de ce courant. En effet, si écarts il y a, ils tiennent sans doute moins à un manque d'intelligence des textes hégéliens qu'à la perspective qui règle l'usage des emprunts.

---

[25] Robert Stern, « Hegel, British Idealism, and the Curious Case of the Concrete Universal », in *The British Journal for the History of Philosophy*, Vol. 15, n° 1, février 2007, p. 115-154. Mackenzie avait, en 1902, également appuyé l'idée selon laquelle l'universel, comme élément de l'identité dans la différence, était l'idée principale de l'idéalisme allemand, parvenue à maturité chez Hegel, qui avait été utilisée par les idéalistes britanniques comme arme contre l'atomisme anglais qui s'était déployé de Hobbes à Hume (*Cf.* « The Hegelian Point of View », *op. cit.*, p. 58-59). Mackenzie montre que c'est l'universel concret, plus que la méthode dialectique, qui représente l'essence de la méthode hégélienne (voir p. 61-62, p. 68 et p. 70).

Comme nous l'avons déjà souligné, l'objectif majeur du programme idéaliste est de débouter le courant dominant utilitariste, matérialiste, positiviste voir scientiste, de ses prétentions à rendre raison du réel et plus particulièrement de la réalité humaine. Épistémologiquement, l'analyse de l'universel non pas comme une abstraction mais comme quelque chose de concret réalise indiscutablement cet objectif. Si l'universel bien compris ne se pense pas comme soustraction des différences entre des objets que l'on intégrerait dans une même classe, mais comme leur somme (le concept de chat n'est pas cette abstraction non colorée, ni blanche ni noire, mais ce tout concret coloré, et blanc et noir), alors le rapport entre l'universel et le particulier change du tout au tout. Nous n'avons plus d'un côté l'universel, de l'autre le particulier, laissant chacun choisir le camp qui lui convient, opposant stérilement ainsi les amis des formes aux tenants de la matière, mais, dans une unique totalité concrète, un mouvement du concept où l'universel concret se réalise en se niant dans la particularité concrète qui dès lors, comme singularité, est la synthèse effective de l'universel et du particulier[26]. Bradley adopte effectivement cette stratégie. Mais à cet endroit il est plus précis puisque l'universel concret lui permet de penser la première caractéristique qui fait du *self* à réaliser un objet dont ne peuvent rendre compte ses adversaires : la totalité. Après avoir exposé concrètement, psychologiquement même ce qu'est un acte de volonté, choisissant entre deux désirs formulés, tel que chacun en décrirait le fonctionnement en lui-même puisque l'homme du commun dispose d'un bon sens que bien des philosophes ont perdu, Bradley effectue une reprise conceptuelle qui permet de comprendre en quoi l'universel concret permet de penser la totalité qui est la réalité de tout ce qui n'est pas pure matière mais organisme, que ce soit celui d'un simple vivant, ou comme ici, du sujet pensant, une singularité dont l'organicité, pour un hégélien, serait plus manifeste :

> C'est un facteur de la volition, et il est difficile de lui trouver un meilleur nom que celui de facteur, aspect, ou moment universel. Nous pouvons nous contenter d'en dire bien moins concernant le second facteur. Pour

---

[26] Robert Stern crédite Green du mérite d'avoir le premier utilisé l'universel concret pour contredire l'idée que la pensée implique l'abstraction et d'attaquer ainsi la conception empiriste aux quatre niveaux où cette erreur se manifeste. Ainsi, l'empirisme épistémologique a posé que le monde ne nous était connu que par nos sens, à partir desquels la pensée abstrait ; l'empirisme psychologique que les idées générales par lesquelles nous réfléchissons sur le monde sont générées à partir d'un processus d'abstraction des idées simples que nous acquerrons par l'expérience sensible ; l'empirisme logique, quant à lui, se fonde sur l'idée que la pensée implique de plus en plus d'abstractions au fur et à mesure que nous nous éloignons de l'expérience ; et enfin l'empirisme existentiel, qui repose sur le fait que la pensée nous conduit dans un royaume d'abstractions éloigné de la réalité de l'expérience vécue et concrète. Stern, *op. cit.*, p. 143.

vouloir, il faut vouloir quelque chose ; l'aspect universel ne consiste par lui-même aucunement en de la volonté. Pour vouloir, nous devons nous identifier nous-mêmes avec ceci, cela, ou cette autre chose ; et ici, nous avons l'aspect particulier, et second facteur dans la volition. En troisième lieu, la volition comme tout (et premièrement, en tant que volition, il s'agit d'un tout) est l'identité de ces deux facteurs, ainsi que le projet de la transporter dans l'existence extérieure ; la réalisation à la fois de l'aspect particulier – le ceci ou le cela à faire – et la réalisation de l'aspect intérieur du soi dans l'action de le faire, avec une réalisation du soi dans les deux cas, comme le révèle le sentiment de plaisir que l'on ressent. L'unité de ces deux facteurs **nous pouvons l'appeler** le tout individuel, ou bien encore l'universel concret ; et bien que nous ne soyons que rarement conscients de la distinction des facteurs, chaque acte de volonté sera considéré, une fois analysé, comme un tout de cette sorte, et nous penserons qu'il réalise toujours la nature de la volonté.[27]

L'usage ici opéré explicitement de l'universel concret est-il correct en termes hégéliens ? Robert Stern distingue deux erreurs différentes qui seraient opérées à propos de cet universel concret, si ce n'est par l'idéalisme britannique en général, du moins par Bradley en particulier. La première erreur aurait consisté dans l'affirmation que l'individu, en tant qu'individu, est un universel (« *the individual,* qua *individual, is a universal* »[28]). La référence généralement citée par les commentateurs de cette position idéaliste pour situer leur emprunt à Hegel est le paragraphe 175 de l'*Encyclopédie des sciences philosophiques* : « 1) Le sujet, le singulier *comme* singulier (dans le jugement *singulier*) est un universel. 2) Dans cette relation il est élevé au-dessus de sa singularité [...] »[29]. Or, Stern fait remarquer que cette position est problématique, qu'elle est une interprétation discutable de ce que Hegel a réellement voulu dire. L'universel serait utilisé de façon *sui generis*[30], c'est-à-dire que l'universel n'est pas réductible à la somme de ses éléments, mais présente les traits d'un genre qui lui est propre : cela correspond effectivement à la présentation que Bradley esquisse de l'universel concret[31], et elle préfigurerait l'idée d'internalité des relations, si caractéristique de l'ambiguïté ultérieure de la philosophie bradleyenne, dans la mesure où tous les particuliers sont reliés à l'intérieur d'une substance

---

[27] ES, p. 72. C'est nous qui soulignons.

[28] Stern, *op. cit.*, p. 116.

[29] Hegel, *Encyclopédie des sciences philosophiques, op. cit.*, « La science de la logique – Troisième section : La doctrine du concept/Le concept subjectif », §175, p. 197.

[30] Stern, *op. cit.*, p. 118.

[31] ES, p. 69 ; pour le tout non réductible à la somme de ses parties, voir la citation de Bradley page 68.

unique[32]. Pour appuyer son propos, Stern cite des passages de *Principles of Logic* pour cerner l'interprétation bradleyenne de l'universel concret[33]. C'est là, semble-t-il, que réside le problème, car si usage illégitime il y a, ce n'est pas encore dans *Ethical Studies*, peut-être précisément parce que les options métaphysiques ne sont pas encore déterminées. D'un point de vue hégélien, l'abstraction consisterait dans la séparation des deux facteurs, ce que Bradley récuse. Mais serait-ce alors que les deux facteurs sont identiques ? En bonne logique dire que l'universel est le particulier, c'est un pur non sens. Bradley l'écrit-il ? Nous dirions ni plus ni moins que Hegel. D'un certain point de vue, celui de l'entendement séparateur, toute tentative de penser la non-séparation absolue entre l'universel et le particulier est une contradiction, puisque dans la représentation les deux termes ne peuvent qu'exister l'un à coté de l'autre, telle qu'une analyse, par exemple scientifique, les abstrait. C'est précisément ce que refuse la raison qui ne les pense synthétiquement que comme « aspect » ou comme « moment » (*side, or moment*), dans le mouvement de réalisation du concept. Or, par rapport à ce mouvement du concept « passant » de l'universel au particulier et au singulier (*individual whole*), le dernier moment, le résultat, bénéficie d'un statut particulier, puisque dans l'espace-temps il n'existe que des objets singuliers. Mais si ce singulier est correctement pensé, il n'y a pas d'absolue contre-indication pour le nommer (*we may call*) par métonymie « universel concret », puisque c'est cette juste conception de l'universel comme concret qui fait que sa particularité, alors tout aussi concrète, est bien pensée dans le tout de la singularité. Parler le hégélien est toujours une tâche difficile puisque le langage ordinaire suit l'entendement séparateur[34]. Bradley en a bien

---

[32] « Ce n'est pas que je veuille accroître la seule quantité de mon vrai soi. C'est que je ne veux être rien d'autre *que* mon vrai soi, débarrassé de toutes les autres relations externes : les ramener toutes à l'intérieur de moi-même et rentrer totalement en moi-même ». *Ibid.*, p. 79. C'est un point que Stewart Candlish considère comme crucial car cela prouve que la doctrine des relations internes est déjà évoquée dans *Ethical Studies* (voir « Bradley on my Station and its Duties », in *Australasian Journal of* Philosophy, Vol. 56, n° 2, août 1978, p. 169-70). On peut ajouter, pour insister sur la difficulté qui consiste à attribuer à Bradley la doctrine de l'internalité des relations, que les essais VI, VII et la conclusion de l'ouvrage soulignent les limites d'une telle doctrine.

[33] C'est également ce que fait Stewart Candlish (« Bradley on My Station and its Duties », *ibid.*, p. 166-167) en ajoutant que passer par Hegel pour comprendre Bradley consiste à rechercher la difficulté (« [...] using the more obscure to explain the less », *Ibid.*, p. 166).

[34] Il y a une sorte de magie linguistique de l'hégélianisme : autant il semble possible de dire ce que dit Descartes ou Leibniz dans une autre langue technique que la leur, autant toute tentative de pénétrer le système hégélien semble condamner à « parler » comme Hegel, comme si les autres idiomes étaient incapables de le traduire. C'est là toute la difficulté de la pensée spéculative, si elle existe : « Voilà pourquoi la spéculation n'est pas une *doctrine nouvelle*, supérieure aux doctrines archaïques et les

conscience puisque dans la longue note qui précise le passage, il expose la difficulté d'échapper dans la forme à la mauvaise présentation (« Comme nous l'avons vu dans le dernier essai, il y a deux dangers à éviter ici, et il se trouvent sous la forme de deux vues unilatérales, Charybde et Scylla »[35]).

Stern envisage une seconde erreur quand il estime que la position des idéalistes britanniques ne se réduit pas uniquement à une interprétation du paragraphe 175 de l'*Encyclopédie,* mais dépend également d'une interprétation discutable de la réflexion hégélienne sur la certitude sensible dans la *Phénoménologie de l'esprit*, et d'une certaine lecture des *Principes de la philosophie du droit.* En l'occurrence, l'hégélianisme des idéalistes britanniques aurait cherché à imposer l'idée que tous les universaux sont concrets, et que l'universel concret est plus qu'une classe de particuliers[36]. Cette conception de l'universel concret serait le fondement de la position holiste des néo-hégéliens britanniques, où les individus sont reliés les uns aux autres par un système de dépendance mutuelle, font partie d'une entité individuelle plus large, et sont donc compris dans un système holiste[37]. Certes, il est vrai que le rouge, par exemple, n'est pas pour Hegel un universel concret. En revanche « homme » n'est pas universel dans le même sens, puisque cet universel, concret, n'existe aucunement « ailleurs » qu'en Socrate ou Mr Smith. Or, et sans préjuger de l'évolution de la pensée bradleyenne, nous ne pouvons pas, dans *Ethical Studies*, discerner une telle erreur d'interprétation. L'objet de l'ouvrage, et ce sera différent dans l'examen de la logique par exemple, fait que nécessairement nous sommes, quant à l'homme, la morale et l'État, dans l'examen de ce qui pour Hegel relèverait à juste titre de l'universel concret. Il nous semble donc possible de conclure ici qu'au moins dans un premier

---

supplantant, mais un *langage nouveau*. Les discours émis dans l'ancien langage sont situables et reconnaissables en celui-ci, à la façon dont une tache noire sur une carte d'état-major me fait *reconnaître* une ville où j'ai longtemps vécu. Situables, mais non traduisibles, répétons-le : il n'y a pas substitution de ce qu'on aurait dû dire à ce qui fut dit effectivement, mais substitution d'une grammaire à une autre, d'un jeu de langage à un autre. On ne traduit pas le « représentatif » en « spéculatif » comme de l'allemand en français, mais comme une carte de géographie « traduit » un pays, – et l'on voit bien qu'ici le verbe est incorrect. De là vient, d'ailleurs, la parfaite innocence des philosophies passées. Platon mériterait d'être critiqué pour n'avoir pas dit ce qu'était l'Universel concret s'il avait obscurément *voulu le dire*. Mais on admirera plutôt qu'il l'ait dit, par éclairs, dans son langage. Pour le reste, il était retenu par les règles de celui-ci : on ne saute pas plus par dessus sa syntaxe que par dessus son temps, et reprocher à Platon d'avoir parlé « représentatif » serait aussi cocasse que de lui reprocher d'avoir parlé grec. » Gérard Lebrun, *La Patience du concept. Essai sur le discours hégélien,* Paris, Gallimard, 1972, p. 92-93.

[35] ES, p. 72.

[36] Stern, *op. cit.*, p. 122.

[37] *Ibid.*, p. 124.

temps, Bradley utilise correctement ce philosophème hégélien, qu'il comprend adéquatement – si d'aventure il s'éloignait de cette compréhension, ce serait un fait délibéré. Et cette conclusion nous semble confirmée par le second point de doctrine hégélienne que Bradley utilise dans cet essai pour exposer le but de la morale.

Se réaliser ne signifie pas seulement être une totalité pour Bradley, mais être une totalité infinie : « Et "Réalisez-vous" ne signifie pas simplement "Soyez un tout", mais "Soyez un tout *infini*" »[38]. Dans la logique de l'idéalisme absolu hégélien, nous pourrions établir une analogie structurelle entre l'opposition de l'universel et du particulier et celle du fini et de l'infini, en ce sens que pour dépasser la logique d'entendement et le dogmatisme, il faut penser justement leur unité. Ainsi l'infini, comme simple négation du fini dont on nierait les limites ou les bornes ne conduit qu'à des apories. En revanche penser l'infini comme le terme positif dont le fini est la négation, comme son moment, et qui explique la finitude du fini en tant qu'il la dépasse, résout le problème. Cela conduit de plus à distinguer deux types d'infini, le bon qui dépasse effectivement le fini et le mauvais, celui de la réitération indéfinie, cette distinction fournissant une arme redoutable pour débusquer les erreurs de qui s'obstine dans la pure logique d'entendement. L'idéalisme britannique adopte en général également ce trait majeur de l'hégélianisme : le bon infini au sens hégélien est l'esprit, et, par sa vertu explicative, permet de refuser les matérialismes qui font de la particularité finie le seul réel. Dans son deuxième essai, Bradley utilise adéquatement cette distinction. Il ne s'agit pas de dire, comme les hédonistes, que l'infini est le non-fini, le sans-fin (*end-less*)[39], ou de situer l'infini en-dehors du monde phénoménal[40], mais de dépasser dialectiquement ces positions par sursomption :

> Mais quel est donc le sens véritable de l'infini ? Comme précédemment, il est la négation du fini, il n'est pas fini. Mais contrairement aux deux faux infinis, il ne laisse pas le fini tel quel. Il ne dit pas (1) que « le fini *est appelé à être* non-fini », et il ne tente pas non plus (2) de s'en débarrasser en le dédoublant. Il nie vraiment le fini, si bien que le fini disparaît, non pas du fait de quelque chose qui lui serait opposé, mais parce qu'il est intégré dans une unité supérieure dans laquelle, en devenant un élément, il cesse de garder sa caractéristique originelle et est à la fois supprimé et préservé. L'infini est ainsi « l'unité du fini et de l'infini ».[41]

---

[38] ES, p. 74.

[39] *Ibid.*, p. 76.

[40] « L'infini ne se trouve pas dans le monde des choses limitées ; il existe dans une sphère qui lui est propre », *ibid.*, p. 77.

[41] *Ibid.*, p. 77.

De fait, par rapport au problème de la *self-realization* telle que l'entend Bradley, la bonne compréhension de l'infini permet à notre sens d'enregistrer trois résultats. Tout d'abord, cela permet de rendre compte de la notion commune de progrès moral. Contrairement à une idée de perfection au sens antique où le but pourrait être atteint, le sens moral moderne fait à juste titre remarquer que « La moralité nous demande de progresser [42]» puisqu'aussi bien aucun homme n'est achevé en soi ni parfait :

> Nous admettons la force de l'objection. Je *suis* fini ; je suis à la fois infini *et* fini, et c'est pourquoi ma vie morale est un progrès perpétuel. Je dois progresser, parce que j'ai un autre qui est censé devenir, et qui n'est jamais vraiment, moi-même ; et ainsi, en tant que tel, je suis dans un état de contradiction. [43]

Cette exigence reçoit son sens à partir du moment où je pense le tout infini à réaliser non pas comme infini extérieur à moi, mais comme ce qui en moi est plus réel que moi, comme esprit infini. Plus spécifiquement, Bradley répond ici à la question de savoir comment réaliser ce tout infini, en indiquant qu'il s'agit d'être un membre dans une totalité organique :

> La difficulté est la suivante : étant limité et donc n'étant pas un tout, comment puis-je m'étendre jusqu'à devenir un tout ? La réponse est : sois un membre dans un tout. Alors, ton soi privé, ta finitude, cesse d'exister en tant que telle ; elle devient la fonction d'un organisme. Tu dois être, non pas un simple élément, mais un membre intégré dans un tout ; et en tant que tel tu dois te connaître et te vouloir. [44]

Cette solution nous conduit au deuxième acquis de sa solution : le fini est ce qui doit être dépassé. S'il est un trait qui caractérise, psychologiquement pourrions-nous dire, l'idéalisme britannique, il s'agit bien de cette détestation de l'égoïsme, de la complaisance à soi, du manque d'esprit de sacrifice qui révélait le triste trait du *laissez-faire* et de l'idéologie *Self-help* de l'époque[45].

---

[42] *Ibid.,* p. 78.

[43] *Ibid.*

[44] *Ibid.*, p. 79.

[45] La bonne compréhension des rapports entre l'infini et le fini introduit immédiatement à l'éthique puisque le mal ne consiste en rien d'autre qu'en l'affirmation unilatérale d'un être fini fixé sur sa finitude et qui refuse l'infini, dans la crispation sur elle-même de la subjectivité comprise uniquement dans sa dimension particulière contre le tout. Sur ce point le philosophe allemand est en parfaite consonance avec l'objectif visé : « Pour Hegel la quête de soi, l'égoïsme coupable est la contre-partie organique du refus de s'associer au mouvement du tout. Le feu dévorant de cette mauvaise intensité subjective est pour ainsi dire la copule de la proposition qui veut que le refus du

Pour illustrer ce propos, nous voudrions noter ici le fait que Bosanquet usait indifféremment du terme de *self-realization* ou de celui de *self-trancendence*[46], terme qui indique mieux que ne le fait l'expression bradleyenne en quoi la réalisation de soi n'est pas à prendre au sens millien, mais bien au sens d'un dépassement de soi qui ne saurait, au bout du compte et comme l'indique la logique idéaliste, qu'être une remontée au principe, à l'esprit infini. Enfin, et ce ce sera notre troisième remarque, nous pouvons constater que cette compréhension adéquate de l'infini donne une illustration, si ce n'est une solution, de la nécessité qu'affirmait Bradley dans « *Relativity* » de ne pas assimiler le Sujet suprême au *This-me*. À la fin du manuscrit, il écrivait à propos de sa troisième section portant sur l'idéalisme subjectif :

> Le § III n'est pas faux s'il signifie que, sans être ce moi, tel moi particulier ne fait qu'un avec lui. Ce sujet suprême, Je ou Nous, n'est pas une partie éphémère de l'univers, il n'en est même pas du tout une partie ; il est la condition de l'existence, à l'abri de toute génération et de toute disparition.[47]

On mesure ici le chemin parcouru par rapport à ce texte entièrement négatif où la doctrine positive concernant ce qui permettait de penser le dépassement de la théorie erronée se limitait aux quelques lignes que nous venons de citer.

Ces vingts pages sur la réalisation de soi qui constituent l'essentiel de l'essai II ne sont sans doute pas nécessaires dans la structure générale de l'ouvrage. Mais il semble qu'elles soient nécessaires à Bradley lui-même. Elles démontrent le chemin parcouru depuis la note E des *Présupposés de l'Histoire critique*, où la question de l'esprit absolu, ou quelque nom qu'on lui donne, clef de voûte de la pensée idéaliste, ne pouvait être exprimée que brièvement et dans un langage plus littéraire que philosophique. Bradley, qui s'est mis ici sérieusement à la dure école de Hegel comme il avait décidé de le faire, est devenu capable d'un discours long, articulé, dense et qui plus est, qui ne se contente pas de reprendre purement et simplement la doctrine hégélienne. La présentation est contemporaine, la solution présente des originalités, sans

---

mouvement universel des contenus implique aussi bien qu'il entraîne l'instauration d'une structure pervertie. L'idéalisme absolu est une logique de contenus, non pas la logique d'un ensemble de structures isolées mais la lecture conceptuelle de leur trajectoire organique. Et la nature déchue, la subjectivité enfoncée en elle-même, bref, le mal, c'est l'opposition au mouvement des contenus, le refus d'être sursumé dans la vie éthique ». Miklos Vetö, *De Kant à Schelling, les deux voies de l'Idéalisme allemand*, Tome II, Grenoble, Million, 2000, p. 193-194.

[46] William Sweet, « F. H. Bradley and Bosanquet », in *Philosophy after F. H. Bradley*, James Bradley (dir.), Bristol, The Thoemmes Press, 1996, note 14, p. 34.

[47] PAP, p. 189.

même évoquer ici le style de l'auteur. Cette différence de niveau ne vaut pas que pour Bradley lui-même ; elle place la barre à une certaine hauteur pour l'ensemble de la pensée britannique, ce qui était un des *leitmotiv* du programme idéaliste. Il nous reste à étudier comment la solution qui est énoncée ici reçoit sa démonstration.

Une belle dissertation hégélienne ? La critique des unilatéralités

Tous les commentateurs sont unanimes : c'est dans la forme et le contenu de ces trois essais, « Le plaisir pour le plaisir » (Essai III), « le devoir pour le devoir » (Essai IV), et « ma condition et ses devoirs » (Essai V)[48], que Bradley se révélerait le plus authentiquement hégélien. C'est aussi la partie de *Ethical Studies* qui a été la mieux étudiée, notamment la forme dialectique prise par leur succession :

> En fait, « My Station » est la synthèse de « Pleasure for Pleasure's Sake » et l'antithèse de « Duty for Duty's Sake ». Car ce dernier essai souligne l'exercice d'un devoir, une notion à laquelle l'hédonisme ne pouvait rendre justice, mais c'est une tâche qui rend la moralité impossible.[49]

Stewart Candlish, mais aussi tous les interprètes de l'Essai V (« My Station and its Duties ») ont en règle générale insisté sur le fait que Bradley cautionnait,

---

[48] « Pleasure for Pleasure's Sake », « Duty for Duty's Sake », « My Station and its Duties ». Nous traduisons le terme « Station » par « condition » car les passages de Hegel auquel Bradley s'est référé pour son expression semblent provenir de plusieurs sources qui coïncident sur le sens. Tout d'abord, il s'agit du paragraphe 150 des *Principes de la philosophie du droit*, où Hegel parle des devoirs de la condition (de l'individu) : « die Pflichten der Verhältnisse ». La citation complète en allemand dans *Grundlinien der Philosophie des Rechts* est la suivante : « Das Sittliche, insofern es sich an dem individuellen durch die Natur bestimmten Charakter als solchem reflektiert, ist die *Tugend*, die, insofern sie nichts zeigt als die einfache Angemessenheit des Individuums an die Pflichten der Verhältnisse, denen es angehört, *Rechtschaffenheit* ist ». Cette référence est notée par Peter Nicholson (voir *The Political Philosophy of the British Idealists*, *op. cit.*, p. 238 note 2). Outre les explications données par Nicholson, il est possible que Bradley ait choisi le terme « Station » comme traduction de « Stand » dans un passage de *La Raison dans l'histoire*, où Hegel définit précisément le rang des individus dans la vie sociale et leur adéquation à la moralité : « Les individus donc ont de la valeur lorsqu'ils sont conformes à l'esprit de leur peuple, lorsqu'ils sont ses représentants et s'adjugent un rang particulier (*Stand*) dans la vie de l'ensemble. Il est vital pour la liberté d'un État que ce rang soit le résultat du libre-arbitre de l'individu [...] La *moralité* réside dans l'accomplissement des devoirs qui incombent à chaque état (*Stand*) ». *La Raison dans l'histoire*, Paris, Plon 10/18, 1965, p. 117-118.

[49] Stewart Candlish, « Bradley on My Station and its Duties », *op. cit.*, p. 160.

si ce n'est faisait purement et simplement sien, le message hégélien sur la
vie éthique ; et le titre même de ce dernier essai provient vraisemblablement,
comme nous venons de le voir, de la traduction de termes et d'expressions
utilisés par Hegel dans les *Principes de la philosophie du droit* et *La raison
dans l'histoire*. On pourrait donc penser que Bradley reprend pour le fond
presque telle quelle la réflexion de Hegel dans le troisième moment de l'esprit
objectif dans l'*Encyclopédie*, ou dans les *Principes de la philosophie du droit*.

> Les lecteurs de l'*Encyclopédie des sciences philosophiques* de Hegel,
> en particulier de la partie où Hegel aborde ce qu'il appelle les trois
> attitudes envers l'objectivité, y reconnaîtront un parallèle entre Hegel
> et Bradley si tant est que l'on se rapporte à la structure générale de leur
> argumentation. De la même façon que Hegel considère l'empirisme et
> la philosophie critique comme des instances de métaphysique abstraite,
> Bradley, dans le contexte de la question morale, traite également de
> l'hédonisme et du kantisme comme étant des unilatéralités. Et peut-être
> dans ce sens large, on pourrait dire de Bradley qu'il a été un étudiant
> de Hegel.[50]

La belle unité de ces trois essais, qui pourraient presque être détachés de
l'ouvrage général, présente en effet une forme presque scolaire, celle de la
fameuse thèse/antithèse/synthèse, qui aura tant marqué des générations de
lycéens français par exemple, et qui fonctionne donc comme un marqueur très
fort de l'hégélianisme, au même titre que l'universel concret ou le mauvais
infini. Elle n'est pas pour rien sans doute dans la réputation de l'hégélianisme
de l'ouvrage, dans sa mesure où sa forme attendue fait de ces trois essais
la partie la plus compréhensible de l'œuvre. Alors que le style de pensée si
caractéristique de Bradley dans les essais précédents et suivants – riche en
méandres, approfondissements, scrupules, et subtiles distinctions – nécessite
de la part du lecteur une grande attention pour percevoir le sens du propos,
un lecteur même vaguement formé à l'hégélianisme peut ici, sur la base de
ses connaissances, prévoir en quelque sorte le déroulement des idées. C'est
par ailleurs une attitude dangereuse puisqu'elle conduit souvent à lire ce que
l'on s'attend à lire et à être moins sensible qu'on ne le devrait aux notes sinon
discordantes, du moins originales.

De fait, les moments de l'hédonisme utilitariste et de l'universalisme
kantien (traités respectivement dans les deux essais « Le Plaisir pour le
Plaisir » et « Le Devoir pour le Devoir ») se conçoivent parfaitement comme
le moment de la particularité abstraite et celui de l'universalité abstraite. On
peut les lire effectivement d'un point de vue théorique comme deux attitudes

---

[50] Damian Ilodigwe, *Bradley and the Problematic Status of Metaphysics, op. cit.*, note
16, p. 444.

de la conscience, celle d'un empirisme et d'un rationalisme unilatéral, ou bien d'un point de vue pratique, suivant la ligne du droit abstrait qui reconnaît les droits de l'individualité dans l'immédiateté de la reconnaissance de sa satisfaction, puis par opposition, celui de la révolte de la personne, consciente de l'universalité du devoir, dans la moralité abstraite qui conduit à la belle âme. Ces deux moments, qui comportent chacun une vérité partielle bien reconnue, sont dépassés dans le troisième moment, celui de l'esprit arrivé au terme de la réalisation et qui supprime les deux figures précédentes parce qu'il leur aura fait droit. Sans trop entrer dans le détail de ces trois essais, qui ont concentré les études de la plupart des commentateurs, il convient maintenant d'examiner plus précisément comment ils réalisent, dans leur contenu, la forme hégélienne.

Bradley débute le premier de ces trois essais par une inscription dans les problèmes du temps, montrant dans un style qui en souligne la gravité l'importance du trouble intellectuel ressenti au dix-neuvième siècle :

> Nous avons dit au-revoir à nos désirs transcendants, nous avons fait nos adieux tristes mais éternels aux espoirs trop crédules de notre propre jeunesse et du monde ; nous nous sommes séparés à jamais de nos premiers amours, de nos caprices et de nos aspirations supra-humaines ; pour la connaissance qui ne trompe jamais, et qui est la certitude de notre propre bien-être ; nous recherchons le tangible, et nous le sentons ; nous recherchons la fin qui sous satisfera en tant qu'êtres humains, et nous la trouvons, en un mot, dans le bonheur.[51]

Bradley évoque le besoin de certitudes et la quête du bonheur dans un monde pris dans la tourmente des révolutions et des conflits d'interprétation, dans la rupture inéluctable avec une interprétation religieuse du monde communément acceptée. Cette situation est l'arrière-plan de sa réflexion sur l'emprise de la philosophie hédoniste et utilitariste, et de sa justification morale dans la société de son époque. Certes, le but, pour Bradley, est effectivement de découvrir une philosophie morale qui réponde à cette exigence de bonheur, mais c'est à la condition que cela ne soit pas fait de façon partielle ; et la note qu'il ajoute à l'Essai III est particulièrement révélatrice de sa démarche, à la recherche en tout cas déclarée, non sans ironie sans doute, d'une conciliation possible et non d'une critique totale, en quête d'une (re)construction de la philosophie morale en Angleterre qui ne signifie pas la destruction de tout ce qui s'y est pensé depuis quelque temps :

> Les deux mots « utile » et « bonheur » ne font pas que tromper le grand public, mais peut-être aussi tous les écrivains utilitaristes. Bien que l'on utilise ces termes, la question ne peut pas vraiment être clarifiée ; et

---

[51] ES, p. 85.

> voici pourquoi je ne vois aucune raison au fait que « Utilitarisme » doive être employé à la place de « Hédonisme ». Si « Bonheur » signifie le bien-être ou une vie parfaite, alors j'ai le plaisir de dire que, à l'instar de Platon et d'Aristote, je considère que le bonheur est la fin ; et bien que la vertu ne soit pas un *simple* moyen, on peut néanmoins la considérer comme un moyen, et comme « utile ». En ce sens, nous, qui rejetons l'Hédonisme, nous pouvons nous appeler Utilitaristes [...][52]

Dans les faits, Bradley stigmatise vigoureusement l'hédonisme et démontre avec une méticulosité efficace et impitoyable que si le bonheur est une expression vague, l'hédonisme est incompatible avec la moralité puisqu'il pose que c'est le plaisir et non le bonheur qui est la finalité, et qu'en conséquence, il ne peut donner aucune règle de vie. De la même façon, il établit que l'utilitarisme moderne n'est qu'illusion dans la mesure où si le bonheur n'est pas réalisable pour un, il ne peut pas *a fortiori* être réalisable pour tous, et que l'« almanach moral » que préconisait John Stuart Mill dans *Utilitarianism* ne pouvait avoir aucune finalité pratique dans la vie puisqu'il consistait à suivre une vie faite de petits plaisirs, et à considérer que la finalité morale se trouvait dans le plaisir. Cet essai est marqué par un net souci de l'actualité, car l'adversaire principal est toujours Mill tel qu'il s'exprime dans *Utilitarianism* et, de façon secondaire, dans *On Liberty*. De plus, le fait que Bradley utilise l'œuvre de James Fitzjames Stephen pour trouver des raisons supplémentaires de contredire les thèses de Mill[53] est, semble-t-il, un signe de l'orientation conservatrice de son attaque, dans la mesure où Stephen s'est surtout fait connaître pour ses positions, dans *Liberty, Equality, Fraternity* (1874), en faveur de la nécessité de recourir à la contrainte et la répression pour préserver la religion et la morale. Enfin, Bradley propose aussi une étude rapide du livre de Sidgwick, *Methods of Ethics*, tout en reconnaissant qu'il avait écrit son essai avant de lire le livre[54], pour s'excuser de la superficialité de sa lecture et de la difficulté qu'il a donc pu rencontrer pour l'inclure dans la réflexion générale de son essai. Il remarque néanmoins que la position de Sidgwick concernant l'utilitarisme n'est pas de nature à apporter quelque chose de plus au débat existant, et estime qu'il ne lui est donc pas nécessaire de revenir sur sa critique de l'utilitarisme pour la reconsidérer à la lumière de réflexions susceptibles d'apporter une contradiction suffisamment étayée.

Il convient ici de noter que si Bradley a besoin de presque soixante pages (seul l'essai VII est plus long de peu que cet essai III) pour réfuter cette position, ce n'est pas tant qu'elle offre un intérêt philosophique particulier puisque ses attaques vives, tranchantes, voire sarcastiques, ne manifestent

---

[52] *Ibid.*, p. 140.

[53] *Ibid.*, p. 102 note 1, et p. 105.

[54] *Ibid.*, p. 126-129 (note).

pas une bien grande estime pour les doctrines réfutées[55]. Mais en tant qu'elles constituent ce qui est ressenti comme l'adversaire principal, il fallait bien, pour faire place nette, les pousser jusqu'au bout de leur retranchement. Dans un jeu rhétorique particulièrement efficace, Bradley feint régulièrement de sauver la doctrine incriminée sur un point particulier réfuté, pour ensuite démontrer que même par un nouvel argument *ad hoc*, elle ne peut être rédimée. Nul doute que pour le public cultivé de l'époque, pour peu qu'il conçût quelque doute sur la vérité de l'utilitarisme et de l'hédonisme, l'affaire était entendue. Et qu'elle le soit de manière hégélienne, est patent. Ainsi, si Bradley use de son aptitude particulière à traquer où qu'elle se trouve la moindre contradiction, il fait également usage de l'arme du mauvais infini et de l'universel concret pour réfuter l'idée absurde d'une somme des plaisirs[56]. De ce fait, l'essai se termine par une déclaration d'accord avec l'utilitarisme qui vient d'être pourfendu : « L'utilitarisme moderne a un bon objet en vue. Bien que nous le comprenions différemment, nous avons le même objet en vue, et c'est pourquoi nous sommes en conflit avec l'utilitarisme »[57]. Rien de plus exact en effet, un hégélien étant toujours d'accord avec toutes les figures qu'il dépasse, bien ou plutôt parce qu'il les entend différemment. Il n'y a rien d'étonnant alors à ce que Bradley énumère les points d'accord dans une série de paragraphes s'ouvrant par un « Nous sommes d'accord », immédiatement accompagné par une restriction, comme par exemple, « Nous sommes d'accord que le plaisir est *un* bien ; nous disons que ce n'est pas *le* bien »[58].

---

[55] La note en bas de page que Bradley consacre à réfuter la doctrine spencerienne de l'évanescence du mal dans *Social Statics* est particulièrement caractéristique d'une prose que nous devons nous résigner à nommer joyeusement assassine. Le ton de « *Progress* » est conservé, et l'exécution en règle qui est menée dans un raisonnement serré qui examine toutes les possibilités logiques, est régulièrement accompagnée par le leitmotiv « pour autant que j'y comprenne quelque chose », qui, loin de manifester une modestie bradleyenne, suggère au contraire que c'est notre auteur qui introduit le peu de logique et d'intelligibilité dans une doctrine où règne la pire des confusions (*Ibid.*, p. 91-92).

[56] « La somme, ou la Totalité des plaisirs est une auto-contradiction, et par conséquent, sa quête est futile. D'une série qui n'a pas de début ou qui, avec un début n'a pas de fin, on ne peut pas faire la somme : il n'y *a* pas de Totalité et pourtant on postule la Totalité et on est censé faire la somme de la série ». (*Ibid.*, p. 97). La raison de l'erreur est donnée au paragraphe suivant : « L'hédoniste a pris l'universel dans le sens de tous les particuliers, et en ce sens, ici comme partout, puisque les particuliers naissent et périssent, l'universel n'a ni vérité ni réalité. Le véritable universel, qu'il recherche inconsciemment, est infini, car c'est un tout concret conclusif en soi, et complet ; tandis que le faux universel est infini, au sens où il s'agit d'un processus *ad infinitum* ». (*Ibid.*, p. 98).

[57] *Ibid.*, p. 124.

[58] *Ibid.*, p. 125.

L'hédonisme, parce qu'il repose sur une mauvaise conception du soi, comme l'empirisme, comme l'utilitarisme, comme toute forme de scientisme, est absolument incapable de rendre compte d'une réalisation de soi effective. Dissolvant le soi dans des états qui manquent nécessairement d'unité, il se fourvoie également sur le but de la moralité qui ne peut être le plaisir, ou plus exactement les plaisirs. Sa réfutation entraîne *de facto* l'examen d'une nouvelle thèse :

> Nous avons examiné plus avant en quoi le plaisir n'est ni le bien ni la fin ; et montré qu'en poursuivant le plaisir en tant que tel, nous ne cherchons pas le bien. Nous avons rejeté l'hédonisme : nous pouvons le bannir hors de notre vue et chercher à développer une nouvelle façon de voir le bien, une nouvelle réponse à la question « quelle est la fin ? » À travers l'hédonisme, nous avons critiqué une conception unilatérale ; à présent, nous avons à traiter une autre unilatéralité qui lui est diamétralement opposée.[59]

Le lecteur hégélien voit ses attentes satisfaites et s'apprête à lire une réfutation d'un point de vue kantien. Il faut noter cependant que, pour prévisible que soit la suite qui ne dérogera pas aux attentes, un pur hégélien éprouvera un imperceptible malaise. Il y a là comme une mécanique de juxtaposition des extrêmes, au lieu d'un mouvement plus organique d'émergence de quelque chose de nouveau du fait de l'auto-mouvement du concept passant dans son autre. Mais on est parfaitement en droit ici de penser à une maladresse formelle négligeable due à des nécessités formelles d'exposition.

Dans l'Essai IV, le plus court de l'ouvrage, Bradley critique logiquement une autre conception partielle de la moralité, tournée cette fois vers l'universel mal compris, et succombant à la même tentation de ne pas voir les choses dans leur totalité et de sombrer dans le même vice de l'abstraction :

> L'universel n'est réalisé que dans le libre développement de soi de l'individu, et l'individu ne peut vraiment développer son individualité qu'en spécifiant en lui-même la vie commune de tous. Dans la mesure où nous répudions la tyrannie de l'individualisme (mieux, du particularisme), nous répudions la tyrannie de l'universel (abstrait).[60]

Aucun auteur britannique n'est cité, sauf Berkeley dans une note marginale à propos d'un exemple. L'explication a lieu entre Allemands et le ton n'est plus si polémique ; il est clair que la dimension technique prime et qu'elle exige un haut niveau de concentration. D'un certain point de vue, la conception

---

[59] *Ibid.*, p. 142.
[60] *Ibid.*, p. 138.

kantienne manifeste un progrès par rapport à la conception précédente ; au moins la confusion ne règne plus entre l'universel et le particulier, comme si le particulier pouvait être immédiatement universel ! Néanmoins, l'universel reconnu dans son universalité est encore méconnu dans sa réalité, et il convient de réfuter cette nouvelle erreur. Aussi, après avoir averti son lecteur que l'objet de son essai ne vise pas la totalité de la philosophie éthique kantienne, puisqu'elle a déjà été réfutée, comme système, par Hegel[61], Bradley analyse l'idée selon laquelle le bien moral, en tant qu'il est une finalité, correspond à la « bonne volonté » kantienne (*Good Will*) : c'est-à-dire l'idée qu'un homme est bon quand il est moral, et qu'il est moral quand ses actions sont conformes à, et incarnent, la bonne volonté. Cette bonne volonté, Bradley la décrit comme universelle, libre, autonome et formelle, une forme nue de la volonté qui nie la forme empirique des états particuliers, du « moi-ci » (*this-me*) des individus. L'essence de la moralité réside donc dans l'impératif catégorique[62], dans le conflit entre le moi empirique et la réalisation de la forme, et il s'agit de réaliser la forme en soi et contre la matière récalcitrante des désirs : le devoir (*ought*)[63] doit être réalisé pour lui-même.

Pour Bradley, cette théorie exposée non pour elle-même mais d'emblée selon une lecture hégélienne, n'est pas plausible sur le plan pratique et contradictoire sur le plan théorique :

> Cette théorie se contredit ; et quand on la réduit à une forme simple, la contradiction se résume comme suit : la réalisation de soi est la fin et le soi à réaliser est le négatif de la réalité ; nous sommes censés réaliser, et nous devons produire du non réel.[64]

Il indique en note qu'il fonde sa critique de l'universalisme kantien sur les premiers écrits philosophiques de Hegel et sur la *Phénoménologie de l'esprit*, soit les deux premiers volumes de ses œuvres complètes (*Werke*), ainsi que sur les *Grundprobleme der Ethik* de Schopenhauer, dont la perspective critique est pour le moins tout autre que celle de Hegel[65]. Il met ainsi en évidence trois

---

[61] *Ibid.*, p. 142 note 2, et p. 148 note 1.

[62] Bradley utilise l'expression *categorical imperative*, p. 148.

[63] Dans ses écrits non publiés de cette période (« Notes towards *Ethical Studies* » et « On Morality »), Bradley utilise souvent le terme allemand *sollen* à la place de l'anglais *ought*.

[64] ES, p. 148.

[65] Dans l'étude inaugurale de *Parega et Paralipomena*, que Bradley a lue, intitulée « Esquisse d'une histoire de la doctrine de l'idéal et du réel », Schopenhauer, dans l'annexe, explique pourquoi, dans l'intervalle qui sépare Kant de lui-même, aucun philosophe n'est mentionné : c'est que « Fichte, Schelling et Hegel ne sont pas des philosophes, manquant de ce qui est la première des exigence d'un philosophe : le

contradictions de la théorie du devoir pour le devoir : réaliser l'universel est l'opposé de ce que signifie réaliser, aucun contenu n'est donné dans la réalité (aucun acte ne peut entreprendre un principe abstrait), et un acte de volonté formelle est psychiquement impossible (vouloir en général est impossible)[66]. Qui plus est, Bradley se réfère à Schopenhauer pour remarquer que même si Kant avait estimé que la moralité ne devait pas se fonder sur l'hédonisme, le fait de la fonder sur la raison pure ne pouvait au final que reconduire à l'hédonisme[67], et viser également la recherche du plaisir.

Pas plus que dans l'essai précédent, il n'est donc donné ici une conception satisfaisante de de la moralité ; là encore, une fausse conception du soi règne. Alors que l'hédonisme détruisait l'unité du soi dans une dispersion d'états particuliers, ici la bonne volonté kantienne impose un universel du devoir qui au fond nie toute particularité, et s'avère tout aussi impuissante à rendre compte de l'activité morale. Son abstraction lui interdit même cette hiérarchisation des valeurs dont l'homme le plus simple est capable, et elle s'abîme dans cette « *collision of duty* »[68], ce conflit de devoirs impossible à trancher où tout hégélien voit le signe manifeste de l'échec pratique de la philosophie kantienne. Ainsi un bilan peut être tiré : « tout au plus, le détail des Essais II et III semble nous apporter quelque notion de ce que la réalisation de soi n'est pas. » Il lui est possible maintenant, sur la base de ces décombres, de construire la véritable doctrine.

---

sérieux et l'honnêteté des recherches ». Citant plus loin un passage de Hegel, il le commente en ces termes : « Je ne crois pas qu'il soit difficile de voir que celui qui avance une chose de ce genre, est un charlatan impudent qui veut rouler les niais, et qui réalise qu'il les a trouvés chez les Allemands du XIXe siècle ». Arthur Schopenhauer, *Parerga et Paralipomena*, Paris, Coda éditions, 2005 p. 26-28. Il est vrai que Schopenhauer avait beaucoup de sympathie pour les philosophes de ce peuple anglais, si estimable par ailleurs pour avoir créé des sociétés protectrices des animaux.

[66] « Cette représentation auto-contradictoire, la conscience de soi morale ne la prenait pas sur elle, mais la reportait dans une essence autre par rapport à elle. Mais cette mise à l'extérieur de soi-même de ce qu'elle doit penser comme nécessaire, est tout autant la contradiction quant à la forme, que cette contradiction l'est quant au contenu », Hegel, *Phénoménologie de l'esprit*, *op. cit.*, p. 418. Il semble que Bradley ait utilisé les pages de Hegel sur la conviction morale, dans la partie consacrée à « L'esprit certain de lui-même. La moralité ».

[67] ES, p. 156.

[68] « Et pour achever le compte de nos négations, nous avons constaté en plus, concernant le devoir pour le devoir, que même s'il était possible (ce qui n'est pas le cas) de créer un contenu à partir de la formule, et d'élaborer de la sorte un système de devoirs, la pratique même induite par cette théorie se révélerait impossible à instaurer, et ce serait pareil pour la moralité, puisqu'en pratique les devoirs entrent en conflit les uns avec les autres ; et le conflit des devoirs, si nous nous en tenons au devoir pour le devoir, revient à détruire tout devoir, hormis la forme non-réalisée du devoir en général ». *Ibid.*, p. 161.

La réalisation de soi dans l'universel concret de la nation est-elle la solution au problème de la morale ?

Avant d'aborder l'étude précise de « Ma Condition et ses Devoirs » (« *My Station and its Duties* ») et de la solution qu'il constitue, qu'il nous soit permis ici de reconstruire dans un langage qui ne soit pas exactement celui de Bradley le problème auquel il s'affronte. Bradley, par tempérament et pour ainsi dire par tradition nationale n'est aucunement tenté par le pur universel, la pure transcendance abstraite. En ce sens le kantisme ne lui paraît pas être une menace véritable tant l'idéal qu'il propose dans sa moralité lui semble exister dans les nuées, tellement désincarné qu'il ne constitue jamais vraiment une tentation. L'idée kantienne que la moralité consiste dans la négation de tout intérêt pour la soumission absolue à un pur devoir lui semble purement et simplement absurde, une folie pour ainsi dire, car comment un homme pourrait-il être mobilisé par quelque chose qui ne l'intéresse d'aucune manière ? Un désintérêt absolu est tout simplement un manque d'intérêt absolu, un pur néant. En ce sens les critiques hégéliennes du kantisme ont dû sembler une évidence à Bradley. En revanche, faire fond sur la position contraire, à savoir qu'il n'y a pas d'action humaine qui n'intéresse au plus profond l'individualité de chaque homme, comporte un risque énorme d'individualisme et donc, pour Bradley, d'immoralisme. C'est pourquoi l'évidence de l'idéal humain de réalisation de soi, indépassable, doit être sévèrement contrôlée car à mal comprendre la nature du soi, on risque purement et simplement de rabattre l'humanité sur l'animalité. Il faut donc que le soi à réaliser, qui est un moi, ne soit pas, nous l'avons vu, ce « moi-ci », ici et maintenant. Que pourrait-il être alors ? La religion chrétienne, à travers saint Augustin, offre une réponse à cette question : Dieu n'est-il pas plus intérieur à moi que moi-même ?[69] C'est, de fait, la solution qu'adopte ultimement Bradley dans ses « Remarques Conclusives » (« *Concluding Remarks* ») sur lesquelles il nous faut anticiper ici pour des raisons de pure logique. Mais cela nous conduit à un étrange étonnement, car ce qui mérite explication dans *Ethical Studies*, ce n'est pas la fin si peu lue et dont on découvre presque avec étonnement qu'elle semble contredire l'essai V, mais cet essai V lui-même. Pourquoi y aurait-il un accomplissement dans la vie de l'État, dans la vie de la nation, et non directement un accomplissement dans le Soi Suprême ? D'un point de vue purement logique, et sans préjuger dans le détail des essais suivants, il nous semble que la seule réponse envisageable est celle de l'impossibilité pour l'homme d'accomplir d'un seul bond le trajet spirituel qui conduit à ce que l'on peut nommer l'Absolu. Dans *Les Présupposés de l'Histoire critique* et plus encore dans « *Relativity* », les étapes intermédiaires de la déprise du soi

---

[69] « Mais vous étiez au dedans de moi, plus profondément que mon âme la plus profonde, et au-dessus de mes plus hautes cîmes », saint Augustin, *Les Confessions*, Paris, Garnier Flammarion, trad. Joseph Trabucco, 1964, livre X chap. 6 (p. 57).

individuel n'étaient pas mentionnées, et il est permis de penser qu'en ceci les *Ethical Studies* comblent une lacune qui empêchait Bradley d'aller de l'avant. Avec l'essai V, il trouve et élabore un moment nécessaire du dépassement de soi : l'État, comme universel concret, est la réalité effective qui permet enfin une réalisation de soi qui ne soit pas celle de ce particulier abstrait dont Bradley ne veut à aucun prix. Nous pouvons maintenant abandonner notre lecture à rebours et entreprendre l'examen de l'essai dans la perspective du lecteur qui le découvre comme simple dépassement de la seconde des deux abstractions incriminées, à savoir celle du devoir pour le devoir et l'assimilation de la moralité à la seule bonne volonté kantienne.

Bradley commence par proposer un passage à un point de vue supérieur en posant que la finalité consiste en la réalisation de la bonne volonté qui nous est supérieure, que la réalisation de soi est l'effectuation en soi de la volonté objective, universelle et non abstraite qui nous est supérieure, mais en précisant dans le même temps que la bonne volonté n'a pas de sens si elle n'est pas la volonté d'êtres humains finis. C'est-à-dire que cette bonne volonté doit être un universel concret, cette totalité qu'est, en termes hégéliens, l'État, cet organisme social sans lequel le soi ne peut se réaliser ni comme soi, ni comme tout :

> Dans l'idée réalisée, supérieure à moi et pourtant présente ici et maintenant en moi et par moi, et s'affirmant en un processus continu, nous avons trouvé la fin, nous avons trouvé la réalisation de soi, le devoir, et le bonheur en un – oui, nous nous trouvons quand nous découvrons quelle est notre condition et ses devoirs, notre fonction organique dans l'organisme social.[70]

L'Essai V comporte de très nombreuses références directes à la philosophie hégélienne[71], toujours rapportées à des problématiques britanniques. Dans les pages de Hegel que Bradley cite *in extenso* se retrouvent donc à la fois la théorie bradleyenne de l'authentique réalisation de soi, comme accomplissement réel de « [...] [l']effectivation de la raison consciente de soi [...] »[72], la réflexion de Hegel sur l'esprit des peuples, et la justification du souci éthique issu de cette réalisation de soi. Ainsi, dans une phrase que Bradley traduit de la *Phénoménologie*, la sagesse et la vertu ne se conçoivent que comme une vie

---

[70] ES, p. 163.

[71] Bradley donne par exemple en citation, sur trois pages, un passage sur l'« essence de la moralité » où Hegel décrit l'avènement du souci éthique. Nous empruntons les titres au sommaire de Georg Lasson, in Hegel, *Phénoménologie de l'esprit*, *op. cit.*, p. 553-554. Le passage de Hegel que Bradley traduit directement à partir du texte en allemand se trouve p. 247-251.

[72] Hegel, *Phénoménologie de l'esprit*, *op. cit.*, p. 249 ; voir ES, p. 185-187.

conforme aux us et coutumes, à un respect pour l'*ethos* du peuple[73]. La vie du peuple concrétise donc l'universalisme abstrait de la substance éthique, qui n'est que loi pensée[74], et justifie aussi l'individu en l'insérant dans une communauté qui lui assure son identité : c'est ainsi que « Ma Condition et ses Devoirs » est une synthèse des deux moments de l'universalité et de l'individualité étudiés dans ses deux essais précédents. Les notes que Bradley prend avant de rédiger *Ethical Studies* manifestent plus encore, par certains aspects, la dette vis-à-vis de Hegel[75]. Ainsi, il associe clairement l'idée centrale de réalisation de soi à la *Sittlichkeit* hégélienne (« *Sittlichkeit* point of view »[76]), c'est-à-dire à l'accomplissement de l'esprit objectif, sans l'y réduire non plus toutefois. Le terme allemand disparaît dans *Ethical Studies*, mais il est évident que « Ma Condition et ses Devoirs » expose l'idée de moralité effective, *Sittlichkeit*, que Hegel oppose à la morale abstraite kantienne (*Moralität*). Avec cet essai V, on se situe bien dans la troisième partie des *Principes de la Philosophie du Droit*, où la moralité objective s'exprime dans ses trois moments, la famille, première section, la société civile, deuxième section, l'État, troisième section : « Pour savoir ce qu'est un homme (comme nous l'avons vu) vous devez vous abstenir de l'isoler. Il fait partie d'un peuple, il est né dans une famille, il vit dans telle société, dans tel État »[77]. La solution proposée ici est bien la résolution du problème moral puisqu'elle présente trois qualités majeures : « En cela, (1) l'universel est concert ; (2) il est objectif ; (3) il ne laisse rien de nous en dehors de lui »[78]. Et en effet, le caractère concret de l'universel est manifesté par le fait que chacun des organes du tout, de l'organisme social est au travail pour la totalité et que la totalité travaille dans chacun de ses organes. Il est objectif, c'est-à-dire qu'il dépasse l'extériorité du sujet et de l'objet : la place que je tiens dans la société est l'interface entre les dimensions abstraitement subjective et objective, lieu effectif de réalisation de soi ; il est sans reste, puisque le moi empirique et le devoir sont enfin réconciliés. Il semble donc légitime de conclure :

> Pour être moral, je dois vouloir ma condition et ses devoirs ; c'est-à-dire que je veux particulariser le système moral en vérité dans un cas d'espèce ; et l'autre aspect de cet acte est que le système moral veut se

---

[73] ES, p. 187.

[74] Hegel, *Phénoménologie de l'esprit, op. cit.*, p. 248-249.

[75] « Notes Towards *Ethical Studies* » (PAP, p. 199-232) ; on trouve également le terme « *Sittlichkeit* » dans un texte écrit dans les années suivant la publication de *Ethical Studies*, « On Morality » (PAP, p. 253-274), où il est mis en rapport avec l'autre terme, celui de *Moralität*, auquel il est indissolublement lié.

[76] *Ibid.*, p. 215.

[77] ES, p. 173.

[78] *Ibid.*, p. 176.

particulariser lui-même dans une condition et des fonctions données,
par exemple dans mes actions et par ma volonté.[79]

Ainsi présenté, le caractère hégélien de l'essai ne semble faire aucun doute. Et
il est très certain qu'il a dû apparaître ainsi aux lecteurs de l'époque. Replacé
dans le contexte de l'époque, il est le pendant de l'essai III, dont il constitue en
quelque sorte l'inverse exact. S'il faut absolument, pour des raisons politiques,
morales, métaphysiques, dépasser l'individu et l'individualisme, il n'est pas
possible de le faire sur le seul terrain religieux. C'est abandonner tout le reste
à la science, à l'hédonisme, à l'utilitarisme, aux matérialismes, et l'idéalisme
néo-hégélien a donc jugé qu'il était grand temps de mettre fin au repli frileux
du spiritualisme et qu'une véritable reconquête était à entreprendre. Et c'est là
de toute évidence la fonction majeure de cet essai considéré pour lui-même.

L'objectif de Bradley est bien, par une critique iconoclaste de
l'individualisme et des théories contractuelles de l'État issues des Lumières,
de produire la justification de théories organicistes et communautaristes qui
font dépendre l'identité des individus du fond culturel, national et racial, pour
reprendre le vocabulaire de l'époque, de la communauté. Bradley reprend en
effet les deux moments de l'individualité et de l'universalité pour les dépasser
dans une conception de l'organisme moral, lequel fonde l'authenticité et
l'identité des individus en général... et celle de l'homme anglais en particulier.
Dans « Ma Condition et ses Devoirs », il ne se réfère à aucune philosophie
anglaise, aucun auteur anglais particulier, ce qui sans doute n'est pas rendre
justice à tous ses prédécesseurs, voire à certains de ses contemporains : on
ne relève qu'une citation d'un poème de Shakespeare à un moment de sa
démonstration, et c'est pour mettre en valeur une citation de Hegel[80]. En
revanche, il est symptomatique qu'il utilise l'exemple du citoyen anglais[81] pour
étayer son propos, non pas uniquement parce qu'il s'adresse à un public anglais
en priorité, mais peut-être aussi parce que les réflexions qu'il expose consonent
étrangement avec les problématiques de la société victorienne tardive. Nation,
État, race, sont les mots qu'il emploie pour justifier sa doctrine, et il ne fait
aucun doute qu'il répond à cet endroit à des interrogations de son époque en
insistant sur la force de la cohésion de la communauté organique.

Ainsi, Bradley estime que la théorie de l'individualisme[82] n'est que
rhétorique, et que l'idée selon laquelle la famille, la société et l'État ne
sont que des collections d'individus liés par la force, le contrat ou l'illusion
a été discréditée par la science historique, qu'il entend bien sûr au sens de
The Presuppositions of Critical History, et non dans un sens scientiste,

---

[79] *Ibid.* p. 180.
[80] ES, p. 186 note 1 (« The Phoenix and the Turtle »).
[81] *Ibid.*, p. 166 *passim*.
[82] *Ibid.*, p. 164 *passim*.

incapable de rendre compte de la réalité humaine et spirituelle. Les théories contractualistes, qui ont pourtant triomphé au dix-neuvième siècle, ne sont que des fictions car l'enfant qui vient de naître possède déjà les qualités génétiques de ses ancêtres, et à ce titre il est non seulement membre d'une nation mais possède aussi des caractéristiques raciales et est déterminé culturellement[83]. Ainsi, l'enfant ne naît-il pas dans un désert mais dans un monde vivant, une totalité possédant déjà sa particularité dans un système ordonné comme un organisme[84]. Parce qu'elle s'approprie l'héritage des idées et des sentiments de sa race, la conscience de soi est pénétrée de l'existence des autres : être moral pour Bradley, c'est vivre en accord avec la tradition morale de son pays, et la finalité de la moralité se découvre dans la réalisation de l'individu en tant que membre d'une communauté. L'organisme moral semble donc être la solution des problèmes éthiques : on peut espérer que l'individu, qui ne se préoccupe pas des doctrines théoriques abstraites des « penseurs d'avant-garde » (*advanced thinkers*)[85] qui encombrent la philosophie populaire, est lui en mesure de véritablement comprendre la réalité effective :

> Si la vulgarisation de conceptions superficielles l'incline à l'amertume, il se réconforte lorsqu'il se rend compte qu'elles ne vivent que dans la tête et très peu, voire jamais, dans le cœur et dans la vie […] Il voit que l'interprétation vraie de l'État (qui ne se résume pas à la force ou à la convention, mais consiste en un organisme moral, l'identité réelle du droit et de la force) est inconnue ou « réfutée », moquée et méprisée, mais il voit tous les jours que l'État, dans sa pratique même, réfute toutes les autres doctrines […] Pourtant, l'État n'est pas un assemblage, mais il vit ; il n'est ni un tas ni une machine ; ce n'est pas par fantaisie que le poète évoque l'âme d'une nation.[86]

Il est donc fondé de parler à cet endroit – du fait de sa défense de l'organisme moral et de la nation, véritable sujet de l'histoire ici, comme pour Hegel – d'un nationalisme mais aussi d'un certain traditionalisme qui ne s'opposait pas encore, à l'époque, nécessairement à l'idée de progrès. La nation est l'esprit objectif qui, chez les citoyens, est subjectif. Le soi est social et la bonne volonté, qui n'est pas simplement universelle, est incarnée ; l'individu réalisé dans la

---

[83] *Ibid.*, p. 169 *passim*.

[84] Sur la genèse de l'enfant dans la communauté, voir ES, p. 171 *passim*.

[85] L'expression « advanced thinkers » a fait l'objet d'un développement très ironique par Hutchison Stirling dans son livre *The Secret of Hegel* (1865), *op. cit.*, où il l'a utilisée pour parler des philosophes anglais qui avaient condamné la philosophie idéaliste allemande. Voir notamment les pages xxxv, xxxvii, lii, ainsi que la page lxii, où il définit les « advanced thinkers » comme des « amis du singe » (*friends of the monkey*), en référence au darwinisme et à ses thuriféraires.

[86] *Ibid.*, p. 184.

communauté organique incarne les valeurs traditionnelles de la communauté qui le fonde.

Il est compréhensible que ces pages, si elles n'ont pas rencontré d'opposition idéologique au milieu des années 1870, n'ont pu que heurter les consciences après la première guerre mondiale, et encore plus avec la montée des totalitarismes à partir des années 1920, ce qui pourrait être interprété comme une raison supplémentaire de l'ostracisme intellectuel dont l'œuvre de Bradley a pu souffrir au vingtième siècle. Ce n'est qu'à l'occasion de sa révision de *Ethical Studies* pour une seconde édition que Bradley est revenu sur la notion de race et sur l'hérédité des tendances portées par une civilisation (*civilized tendencies*) pour ajouter en une simple note qu'il n'est possible de maintenir ces expressions que dans le cadre d'une opposition à la notion d'individualisme, et non pour mettre en valeur les caractéristiques d'une communauté en particulier pour l'opposer aux autres[87]. Il va de soi que les concepts de race et de nation n'étaient pas encore, en 1876, chargés des mêmes connotations, ou investis dans des politiques de discrimination et de confrontation, comme dans les décennies qui ont suivi. Si le « jingoïsme » est né peu de temps après la publication de *Ethical Studies,* l'idée d'une supériorité de la race aryenne, germanique et donc anglaise, telle que Houston Stewart Chamberlain la décrivait dans *Die Grundlagen des neunzehnten Jahrhunderts* (1899), n'est arrivée que bien plus tard.

En outre, comme le remarque Stewart Candlish[88], le but de Bradley, nonobstant son conservatisme personnel, n'est pas de défendre la moralité dans *Ethical Studies*, mais d'en expliquer le mécanisme. Bradley exprime lui-même cette idée : le but de la philosophie morale n'est pas de proposer une morale, tout comme le but de la philosophie de la religion n'est pas de créer une nouvelle religion[89], même s'il considère néanmoins que si l'histoire a un sens, la doctrine de « Ma Condition et ses Devoirs » est la doctrine morale par excellence[90]. Il est donc tout à fait concevable que le point de vue de Bradley dans *Ethical Studies* se soit situé à mi-chemin entre l'expression de sentiments

---

[87] *Ibid.*, p. 170 note 1. Muirhead a aussi insisté sur la nécessité de replacer l'essai dans son contexte, même s'il n'oublie pas le conservatisme de Bradley (*Cf. The Platonic Tradition,...., op. cit.*, p. 235). Voir aussi ce que pensait Candlish du conservatisme de Bradley : en associant Hegel à une tradition déjà constituée, Bradley a aussi permis une évolution du conservatisme anglais, un essai que Bosanquet allait transformer dans son livre *The Philosophical Theory of the State* en 1899. Rappelons enfin l'article de Peter Nicholson, « Bradley as a Political Philosopher », *op. cit.*, qui remarque (p. 121-122) que l'essai V a été considéré comme la pierre de touche de son ouvrage par ceux qui voyaient surtout en Bradley un conservateur réactionnaire.

[88] « Bradley on My Station and its Duties », *op. cit.*, p. 163.

[89] ES, p. 193.

[90] *Ibid.*, p. 192.

personnels conservateurs et traditionalistes et le désir de remettre de l'ordre dans une philosophie morale perçue comme contradictoire et dépassée. Son sentiment patriotique, voire nationaliste, s'exprimerait alors conformément aux principes qu'il évoque lui-même dans son cinquième essai : suivant l'esprit de la nation dans sa période, ses devoirs lui ont commandé de renouveler le discours philosophique pour permettre à l'esprit anglais d'opérer une métamorphose et de clore la période de turbulence axiologique qui est l'indice de son essoufflement, de sa dissolution du fait d'une perte du sens moral véritable.

Ce ne serait pas rendre justice à Bradley que de limiter *Ethical Studies* à « Ma Condition et ses Devoirs », et de réduire cet essai à une utilisation circonstanciée et passive, si ce n'est servile, de Hegel, au nom de certaines inquiétudes du temps. Il nous semble également intéressant de considérer son propos de manière plus intempestive, c'est-à-dire d'y voir d'une part un usage de Hegel non dépourvu d'originalité, et d'autre part une capacité à s'affronter à un problème du *Zeitgeist* en général, sans réduire donc sa réflexion à une simple question de stratégie interne à la vie intellectuelle britannique.

Que les peuples soient pour Hegel le véritable sujet de l'histoire, et qu'en tant que tels ils ne peuvent être compris comme simple agrégation d'atomes individuels, et que, de même, il ne saurait être question de chercher dans les théoriciens du contrat la moindre lumière sur la réalité d'un universel concret qui réalise la vie de l'esprit, nul ne le conteste ; non plus que sur ces thèmes, les similitudes avec la pensée de Bradley soient réelles. Mais qu'elles existent ne suffit pas pour conclure à une identité. S'il existe un terme qui nous semble curieusement absent de l'essai V, c'est bien celui d'État, qui n'apparaît même pas une dizaine de fois, et en général en liaison avec d'autres institutions sociales comme la famille. Bradley use plus volontiers de termes tels que *community*, *social* ou *moral organism*, *nation*, et dans le cas particulier *England*, ou tout simplement *whole* ou *society*. Il ne nous semble pas qu'il s'agisse là d'un hasard car dans un vocabulaire hégélien, c'est bien dans l'État que s'accomplit la vie éthique, et c'est bien l'État qui est, suivant l'expression consacrée, le divin sur terre. Un peuple qui n'accéderait pas à la vie étatique ne mériterait pas de figurer dans l'histoire, et de surcroît, Hegel ne valorise pas n'importe quel forme d'État, mais bien l'État moderne, la monarchie constitutionnelle, qui est la réalisation effective de la liberté des modernes. Certes, Bradley n'a pas travaillé à mettre en place une philosophie politique comme ont pu le faire les autres idéalistes[91], notamment Bernard Bosanquet

---

[91] Bien entendu, il ne serait pas juste de minimiser l'importance de ses écrits dans le domaine de la politique, mais ce n'était pas, à notre sens, son intention première que de promouvoir une philosophie politique. On accordera en tous cas à Peter Nicholson le mérite d'avoir montré dans son article à quel point la réflexion de Bradley a pu être importante : « Il faut rendre hommage à ses travaux en tant que philosophe politique »,

dans *The Philosophical Theory of the State* (1899) ; peut-être pourrait-on penser que son propos, élaboré à partir d'une réflexion sur l'éthique et sur la logique du développement de la conscience ne devait pas nécessairement rencontrer le concept d'État. Mais il nous semble que l'essai V n'aurait rien perdu à utiliser ce terme systématiquement. Robert Stern nous semble identifier avec raison ce qui constitue une indéniable différence de registre :

> Même si je pense qu'il est effectivement vrai que Hegel est un holiste social au sens où sa conception du Concept est impliquée, et donc par là-même son interprétation de l'universalité, de la particularité et de l'individualité, néanmoins, ce *n'est pas* un holisme fondé sur l'idée que les individus sont des éléments d'une totalité car ils partagent une nature commune qui les maintient ensemble dans un tout : en conséquence, il n'y a pas de place ici pour cette conception holiste de l'universel concret. À mon avis, la clé pour comprendre le holisme de Hegel vis-à-vis des relations entre les individus et l'État se trouve dans la façon dont il rend compte de la *volonté*, où les individus sont amenés à l'unité par l'entremise de la structure de la volonté, plutôt que par une nature universelle (du genre « l'anglicité », ou « l'humanité ») qui les maintient unis en tant qu'individus de même type.[92]

La nation n'a en effet plus le même sens au début et à la fin du dix-neuvième siècle. Pour Hegel, héritier en ce sens des Lumières, elle est une pure réalisation historique, celle de l'esprit qui se réalise dans ces diverses figures. Elle s'accomplit dans l'État qui est une construction spirituelle et donc une réalisation de *volonté*, donc de la liberté se faisant. Non pas que Hegel nie un certain substrat d'habitudes populaires, de culture, de traditions et de mœurs spécifiques, mais au sens où il est attentif à l'idée que l'État-nation est un résultat. Dans l'Europe de la fin du dix-neuvième siècle, où nombre de nations sont parvenues à l'unité, après les retombées des guerres napoléoniennes et les évolutions industrielles et sociales du siècle[93], le terme de nation évoque

---

op. cit., p. 129, et « Bradley's Theory of Morality », *The Political Philosophy of the British Idealists*, *op. cit.*, p. 6-53.

[92] Robert Stern, *op. cit.*, p. 136.

[93] Cette question est éminemment complexe et les ouvrages sur l'idée d'État sont innombrables. Le livre de Charles Tilly, *Coercion, Capital and European States, A.D. 990-1990*, Oxford, Blackwell, 1990, parce qu'il tente d'éviter des explications trop unilatérales (ce qui avait été le cas de son ouvrage antérieur *The Formation of National States in Western Europe*, Princeton, Princeton University Press, 1975, comme il le reconnaissait lui-même) nous semble particulièrement important pour évaluer la part des conflits sociaux, de la révolution militaire des seizième et dix-septième siècles, de l'évolution de l'urbanisation et de l'influence de la religion dans la constitution des États modernes. Enfin, signalons l'article de Philip S. Gorski, « Beyond Marx and Hintze ? Third-Wave Theories of Early Modern State Formation », *Comparative*

plus un être presque naturel, presque substantiel, même s'il doit beaucoup de sa substantialité au travail des historiens[94]. Dès lors, il semble naturel de la comprendre – sans nier sa dimension spirituelle bien sûr (et peut-être même au contraire, en ayant le sentiment de mieux l'assurer) – comme un point de départ, comme un héritage qu'il faudrait éventuellement préserver[95]. Bradley ici, sans changer nécessairement la forme et la valeur de l'État hégélien, se fait l'écho de ce changement d'accent. Celui-ci n'est d'ailleurs pas sans effet, dans la mesure où la communauté et l'organisme social, s'ils deviennent un commencement et non plus un résultat, ne peuvent plus s'insérer dans la même compréhension de l'Histoire.

Pour Hegel, l'esprit est le principe conducteur de l'histoire, et il conçoit l'esprit d'un peuple comme une figure en développement, selon des déterminations spécifiques. Une dialectique ressort des contradictions qui se manifestent dans une histoire dont il devient possible d'envisager la fin. Cette conception conduit tout droit à l'une des difficultés de l'hégélianisme : ou bien la dialectique historique a un *Tèlos*, une fin, et alors l'histoire devient chose peu sérieuse puisqu'elle n'est que le temps que l'Esprit met à actualiser un terme qu'il contenait en puissance, ou bien la dialectique historique n'a pas de fin, mais alors ce procès qui ne s'arrête jamais encourt le reproche de relever du mauvais infini. Bradley, depuis « *Progress* » au moins, est conscient de cette difficulté, qu'il expose dans une note :

> L'évolution est une contradiction ; et, lorsque cesse la contradiction, l'évolution cesse. Le processus est une contradiction, et c'est uniquement *parce que* c'est une contradiction qu'il peut être un processus. Aussi longtemps que dure le processus, la contradiction

---

Studies in Society and History, Cambridge, C. U. P., Vol. 43, n° 4, Oct. 2001, qui non seulement fait un point très précis sur les différentes vagues historiographiques sur la notion d'État depuis les années 1960 mais montre aussi que ce n'est que très récemment (depuis les années 1990) que les interprétations des États-nations comme de formidables machines fiscales et militaires ont marqué le pas. En ce qui concerne l'historiographie de l'État britannique, nous renvoyons tout particulièrement le lecteur à S. J. D. Green & R. C. Whiting (dir.), *The Boundaries of the State in Modern Britain*, Cambridge, C. U. P., 1996, et notamment aux contributions de Harris et de Bentley dans ce même volume.

[94] Nous pensons ici en particulier à la *Whig interpretation of history*, qui triomphe avec T. B. Macaulay et H. T. Buckle, et dont la nature et la portée ont été étudiées par Sir Herbert Butterfield dans *The Whig Interpretation of History* (1931) et *The Englishman and His History* (1944).

[95] Pour une étude de la valeur conservatrice de la notion d'héritage national en Grande-Bretagne, voir l'article de David Lowenthal, « European and English Landscapes as National Symbols », *Geography and National Identity*, David Hooson (dir.), Oxford, Blackwell, 1994, p. 15-38.

dure ; aussi longtemps que quelque chose devient, elle n'est pas. Être réalisé signifie cesser de progresser. Se trouver à la fin (en un sens) c'est perdre la fin (en un autre sens), et cela parce que (dans les deux sens) tout se termine. Car le processus est une contradiction, et la solution à la contradiction est en tous les sens, la *fin* du processus.[96]

Il apparaît donc que pour Bradley le progrès ne peut aller à l'infini, c'est-à-dire ne peut se penser sans une fin : penser le contraire, c'est l'erreur que ne peut que commettre qu'une analyse de type scientifique, matérialiste, incapable d'un discours sensé sur la question. Bradley croit au progrès, mais pense que le mouvement de l'histoire vers un but n'est pas une illusion :

> Mais si la doctrine la plus englobante était la vérité, si l'évolution est plus qu'une expression torturée et que le progrès en direction d'un but n'est pas qu'une idée en l'air mais un fait réel, alors l'histoire est la réalisation de la nature humaine véritable à travers des étapes variées et incomplètes jusqu'à son achèvement, et « ma condition » est la seule conception morale satisfaisante.[97]

Une question doit alors se poser : la fin est-elle accessible (et si oui, comment la connaître avant de l'avoir atteinte) ? La réponse positive serait la plus simple, et l'on pourrait même préciser que la fin est atteinte depuis Hegel. Cette idée que l'histoire s'achève avec la présentation du Savoir Absolu pourrait sembler démentie par les faits et dès lors le fait qu'elle soit atteinte, réfuté : ce n'est visiblement pas le cas puisqu'il est toujours possible à des courants postérieurs de prétendre être la véritable fin. Elle n'est manifestement pas partagée par Bradley, car si les étapes antérieures de la moralité échouent à réaliser la vérité, il apparaît qu'il en est de même pour l'étape présente, qui sera dépassée par l'étape suivante sans qu'il soit possible de juger absolument puisqu'il est impossible de posséder le « *code of right in itself* »[98], indépendant de toute étape. Nous rencontrons là un certain problème logique car dire que l'histoire a un sens sans en connaître le but, et le connaître sans l'avoir atteint est une idée difficile à concevoir.

Il nous semble pourtant que Bradley doit s'en tenir à cela, et que c'est cela dont il doit fournir l'explication plausible. Le contraire en effet obligerait, suivant une certaine perspective hégélienne, à établir une hiérarchie implicite entre les peuples, au sens où la marche de l'histoire conférerait au dernier le statut de meilleure réalisation de l'Esprit que les précédents. L'Esprit d'un peuple naît, se développe puis dépérit, mais ce dépérissement n'est pas

---

[96] ES, p. 191.
[97] *Ibid.*, p. 192.
[98] *Ibid.*

dans l'absolu une catastrophe car il ne marque que la fin d'une expression particulière de l'Esprit avant le passage à une forme nouvelle et plus complète. Mais, puisqu'aussi bien l'Histoire ne présente pas les plats une seconde fois, ce n'est sans doute pas doux aux oreilles d'un peuple dont le rôle a passé :

> S'il dépérit dans la routine, il ne peut entièrement périr parce qu'il est spirituel, et cherche son assomption dans un principe supérieur [...] Chaque Esprit populaire particulier est soumis à la caducité ; il décline, perd toute signification pour l'histoire universelle, et cesse d'être le porteur du plus haut concept que l'Esprit a forgé de lui-même. À chaque époque domine le peuple qui a saisi le plus haut concept de l'Esprit.[99]

Pour Bradley qui constate l'indigence de la « philosophie populaire » qui avait tendance à se substituer à la véritable réflexion spéculative, qui connaît le passé plus glorieux de la philosophie britannique, qui conçoit que le souffle a porté l'Esprit en Allemagne au dix-neuvième siècle au point qu'il apparaît nécessaire à lui-même et à ceux qui partagent son analyse et ses ambitions pour son pays de se mettre à cette école, comment est-il possible de recevoir de telles phrases ? Qu'il ait conçu son devoir personnel comme une lutte pour activer le déclin de la « philosophie populaire », pour renouveler l'esprit philosophique anglais et hâter le retour du plus haut concept de l'Esprit en Angleterre, impliquait que l'on ne prenne décidément pas tout Hegel, mais que l'on accommode des analyses indiscutablement utiles et partiellement vraies, que l'on reconnaisse sa dette, que l'on soit dans l'attente d'une métaphysique plus satisfaisante, que l'on éprouve l'ambition de la construire si faire se peut, et en attendant, que l'on explore des voies plus satisfaisantes, plus justes.

C'est bien pourquoi Bradley commence dès « Ma Condition et ses Devoirs » à s'interroger sur la validité absolue de cette théorie. S'il estime que sa théorie est satisfaisante en tant qu'elle explique l'union de l'universel et du particulier, il admet que cette position n'est ni ultime ni totale mais précaire, et qu'elle ne saurait rester en l'état[100]. Il commence à examiner si clairement, sur plus de dix pages, les difficultés qui persistent, que l'on peut se demander comment la lecture de l'ouvrage a pu s'arrêter à cette théorie ! Dans son article sur cet essai, Candlish remarquait :

> Effectivement, sa façon de s'exprimer montre à quel point Bradley, connu pour être politiquement conservateur, a été violemment attiré par cette doctrine éthique profondément conservatrice, même s'il a finalement été trop honnête pour se permettre de s'en contenter.[101]

---

[99] Hegel, *La Raison dans* l'histoire, *op. cit.*, p. 90-91.
[100] ES, p. 202.
[101] Stewart Candlish « Bradley on My Station and its Duties », *op. cit.*, p. 156.

Bradley estime[102] effectivement que l'opposition entre « devoir » et « être » n'est pas résolue dans la sphère de « ma condition et ses devoirs ». Le « bon soi » (*good self*) ne se développe jamais à l'abri de sa part d'ombre, le « mauvais soi » (*bad self*). Ce dernier ne disparaît jamais et il est difficile de soutenir que la réalisation de soi est parfaite et effective à chaque instant de la vie de l'individu, d'autant plus qu'elle est soumise à une évolution et se développe suivant un certain nombre d'étapes[103]. Il est impossible également de maintenir un homme dans sa condition et ses devoirs, du fait qu'il ne peut tirer son attitude morale qu'à partir du monde réel dans lequel il se trouve et qui est en développement historique permanent. La situation n'est jamais statique et chacun doit s'adapter de façon dynamique : le monde est en perpétuelle évolution et Bradley est obligé d'observer un certain relativisme culturel puisque les hommes ne sont pas cloisonnés à l'intérieur de leur communauté et ont connaissance, grâce à l'existence d'une « moralité cosmopolite » (*cosmopolitan morality*), de ce qui se passe en-dehors de la leur. En outre, il lui semble nécessaire de se demander si l'homme moral doit se réaliser dans le monde lorsque la communauté dans laquelle il se trouve est imparfaite. À cet égard, Bradley est forcé d'accepter une part de scepticisme moral car il reconnaît que même la meilleure des communautés est susceptible d'être faillible sur certains points et, qui plus est, l'homme moral peut être amené à se sacrifier pour la communauté, ce qui ne laisse pas de poser quelques problèmes dans les communautés où subsistent des divergences d'interprétation. Enfin, il est possible que certains devoirs entrent en conflit avec d'autres, et à ce titre, la science et l'art, la recherche du beau et du vrai ne peuvent se réduire à de l'utile dans la mesure ou la quête de la beauté et de la vérité ne consiste pas à se réaliser dans une communauté visible.

Ainsi, malgré quelques correctifs apportés par la note « Droits et devoirs » qu'il ajoute à la fin de son essai, le bilan qu'il dresse en conclusion est négatif : il faut continuer d'étudier la nature de la moralité, les problèmes posés par le mauvais soi et l'égoïsme, et nombre de questions qui restent en suspens. De

---

[102] *Cf.* ES, p. 202-206. Voir aussi Don MacNiven, *Bradley's Moral Psychology, op. cit.*, p. 147-148.

[103] ES, p. 190 : « Cette réalisation n'est possible que si l'individu mène une vie supérieure, et cette vie supérieure ne s'acquiert que lentement, et en passant par une série d'étapes ». Bradley revient sur la genèse psychologique de l'individu dans l'Essai VII (« Selfishness and Self-sacrifice »). Don MacNiven estime que la présentation de la conscience comme acquise plutôt qu'innée est de nature à prouver que Bradley reste proche des utilitaristes et éloigné de Kant ou des rationalistes (*Bradley's Moral Psychology, op. cit.*, p. 148-149). Peut-être faut-il voir dans son idée d'une évolution de la conscience un effet des théories évolutionnistes sur sa pensée, mais compte tenu de l'importance des lectures que Bradley a faites de la *Phénoménologie de l'esprit* et de l'*Encyclopédie*, il y a tout lieu de penser qu'il doit ses thèses génétiques plus à l'influence de Hegel qu'à celle des utilitaristes anglais.

toute évidence, se réaliser comme totalité infinie n'est pas possible dans le seul organisme social, même s'il est une étape indispensable. La question reste donc ouverte, *Ethical Studies* ne s'arrête pas au cinquième essai mais comporte encore deux longs essais et une conclusion substantielle.

CHAPITRE VII

ETHICAL STUDIES (III) : UNE ENQUÊTE SUR LA CONSCIENCE MORALE

Q ue l'accomplissement de soi dans la totalité étatique ne soit pas le
dernier mot d'une philosophie idéaliste n'est pas étonnant et Bradley,
pas plus que Hegel, ne s'arrête à cela[1]. La véritable question est alors
celle des modalités selon lesquelles s'effectue son dépassement. Pour Hegel,
comme l'indique le plan de L'*Encyclopédie*, l'esprit objectif qui se réalise dans
le divin terrestre qu'est l'État laisse place à l'esprit absolu, qui se manifeste
dans l'art, la religion et la philosophie. Bien que Bradley répète en de multiples
endroits qu'il ne désire pas s'avancer sur le terrain de la métaphysique, un
tel dépassement a pour enjeu et fondement tout le sens de la métaphysique,
et quelque précaution méthodologique qu'il puisse prendre en réservant ces
questions pour de futures recherches, il se joue donc dans les deux derniers
chapitres et dans les « Remarques Conclusives », ne serait-ce qu'en creux,
le développement futur de sa philosophie. S'interroger sur la nature de
l'hégélianisme de Bradley, mesurer la part d'identité et de différence, ne relève

---

[1] Cela semble une évidence pour n'importe quel lecteur de Hegel. Mais l'histoire des
idées n'est pas celle des commentaires légitimes, et les auteurs sont fréquemment
l'objet d'usages qu'ils ne prévoient ni ne veulent. Guy Planty-Bonjour, déplorant
les malentendus qu'on relève tant chez Marx que chez Popper, résume la question :
« Très tôt, dès 1805 dans ses cours de Iéna, Hegel expose la tripartition qui sera par
la suite définitivement adoptée, à quelques corrections de vocabulaire près, l'esprit
subjectif, l'esprit objectif et l'esprit absolu. Ce qui veut dire qu'il assigne résolument
à la vie politique prise dans sa grande généralité une place intermédiaire. La réalité
politique n'est en aucune façon le faîte du système hégélien, quelque importance qu'il
lui accorde par ailleurs. Le terme ultime de la manifestation de l'Absolu ne doit être
cherché ni dans la société, ni dans l'État, mais dans l'art, la religion et la philosophie.
Le lieu de la parfaite réconciliation réside dans l'esprit absolu et tout spécialement
dans la contemplation philosophique. Tout ceux qui estiment, s'inspirant d'une lecture
marxisante, que le message hégélien est essentiellement un message politique sont
restés au bord de la route. » Guy Planty-Bonjour, *Le Projet hégélien*, Paris, Vrin, 1993,
p. 63-64.

donc pas seulement de l'histoire de la philosophie : ces questions concernent de manière plus générale l'histoire des idées puisqu'à travers le cas particulier de la philosophie bradleyenne, nous avons l'occasion de déterminer la nature, pour le courant idéaliste britannique de la fin du dix-neuvième siècle, de ce qu'il convient d'appeler non pas un retour mais un recours à Hegel.

En dépit des réserves de Bradley à la fin de l'Essai V, le lecteur aurait peut-être pu en déduire que la progression dialectique de Bradley était enfin arrivée à son terme avec l'exposition de l'universel concret de « ma condition et ses devoirs », et que Bradley était parvenu à intégrer des éléments importants de la philosophie de Hegel dans sa reconquête de l'esprit anglais et à les asseoir théoriquement de manière durable. Mais la résurgence du terme « moralité » dans le titre même du sixième essai est susceptible d'entraîner plus qu'un trouble quant à l'hégélianisme de Bradley. Ce même lecteur ne pourra manquer d'être singulièrement déstabilisé par le foisonnement de questionnements et de problèmes nouveaux qui surgissent alors et qui tranchent avec le style tout de même assuré des trois chapitres précédents. Un nouveau dualisme apparaît entre un bon et un mauvais soi qui nécessite d'être justifié, analysé et résolu pour parvenir à un nouvel équilibre dans la présentation de la moralité comme réalisation de soi. Et ce n'est qu'à la fin, « après un chapitre et demi d'ἀπορίαι débordant de suggestions »[2], que se dessine une solution, dans la mesure où Bradley montre clairement à la fois l'impossibilité de jamais parvenir à une définition stable de la moralité, son dépassement par la religion, les limites de son hégélianisme et son attachement à une vision anglaise de la philosophie. Avant d'aborder le détail de sa pensée, et dans le souci de l'éclairer mieux, il nous semble qu'il convient maintenant d'examiner le pourquoi et le comment d'un désaccord final avec le philosophe allemand, désaccord qui s'est déjà manifesté, comme nous l'avons vu, et qui constitue un trait constant de la production philosophique bradleyenne à venir.

L'adieu à Hegel

La forme et le contenu hégéliens des essais III, IV et V ont toujours, à juste titre, été soulignés, et on peut remarquer à leur propos que Bradley y confronte des doctrines en suivant une progression dialectique qui doit tout ou presque à Hegel. Le problème, semble-t-il, provient de ce qu'il s'agit seulement d'une confrontation de doctrines. Dans *Ethical Studies*, Bradley s'est donné comme problème de rendre compte de cet animal moral qu'est l'homme, dans toute la richesse et la complexité de la sphère de la moralité, et ce en opposition aux fausses conceptions qui régnaient à son époque. Dans ces trois essais, il a examiné deux fausses doctrines, avant de proposer celle qui lui semblait vraie, celle de la *Sittlichkeit* hégélienne : c'est conférer à la pensée hégélienne

---

[2] Muirhead, *The Platonic Tradition..., op. cit.*, p. 237.

un statut qu'elle n'a pas pour Hegel. Le système du Savoir Absolu n'est pas en effet une « doctrine », une théorie ou une philosophie, même plus vraie que d'autres : c'est le réel lui-même, dans le mouvement même de la vie de l'esprit qui comprend exhaustivement et sans résidu la totalité de ce qui est. Un hégélien convaincu, comme l'était Stirling par exemple, nonobstant certes son enthousiasme parfois échevelé voire confus, n'utilise pas le philosophe allemand comme un philosophe parmi d'autres philosophes : il le suit, et le suivant il a l'impression de suivre la marche de l'Esprit Absolu. Ce n'est pas du tout le cas de Bradley, qui se met à l'école de Hegel pour un problème précis dans une recherche précise qui est sienne, et c'est ce qui explique qu'après le bon usage qui en est fait dans « Ma Condition et ses Devoirs », il continue d'examiner l'objet qui est le sien pour découvrir de nouveaux aspects, de nouveaux problèmes, de nouveaux questionnements, qui sont engendrés par la réalité même de la sphère morale dont la doctrine hégélienne n'épuise le champ.

Pour le dire autrement, il semble qu'il n'est pas possible d'être en partie hégélien sans cesser de l'être tout simplement. S'il est une caractéristique qui distingue cette philosophie de toutes les autres, c'est sa prétention absolue à être le système absolu, à achever totalement l'histoire de la philosophie, à rendre compte de tout y compris du fait même de rendre compte de tout. L'absolu y est manifesté entièrement, parce que l'esprit absolu est cet acte de se manifester. Or cela, Bradley ne l'admet pas, ne l'a jamais admis, et ne l'admettra jamais[3]. C'est là l'origine de toutes les différences conscientes, voulues et assumées, qui s'expriment régulièrement dans son œuvre. Il est possible de formuler l'hypothèse selon laquelle ce refus s'enracine dans sa nature profondément religieuse et qu'elle ne peut que conduire à un scepticisme quant à la possibilité pour la philosophie de dépasser la sphère relative qui est la sienne. En ce sens, il nous semble relever de l'attitude platonicienne qu'Alexandre Kojève décrit en ces termes :

> Force nous est donc d'admettre qu'un « motif » très puissant a « obligé »
> Platon de s'arrêter à l'être-deux et de régresser vers l'Un de Parménide,
> au lieu de progresser vers l'Être-trois hégélien [ou tout du moins vers

---

[3] Gérard Lebrun fait remarquer qu'en 1800, au moment du *Systemfragment*, Hegel ne voyait pas encore la possibilité d'échapper à la logique d'entendement : « "Il me faudrait une expression, ajoute Hegel, pour dire que la vie est union de l'union et de la non-union". Mais cette expression, à quoi bon la chercher, si l'on a décidé d'avance que la Réflexion ne peut poser un terme sans sans exclure un autre, – que seul l'Entendement a droit à la parole ? La seule issue, dès lors, est religieuse, c'est-à-dire non-discursive. Telle est la conclusion, à l'époque. » Lebrun, *La Patience du concept*, *op. cit.*, p. 309. Cette décision, Bradley ne l'a-t-il pas prise tôt, comme en témoignent les lettres à son frère Andrew ? À la différence de Hegel, on peut constater qu'il s'y est tenu.

la « Trinité » de la Théologie néo-platonicienne et chrétienne] ? À
mon avis ce motif ne peut être autre que *religieux*. Je pense que Platon
n'a pu avancer jusqu'au discours onto-logique sur l'Être-trois parce
qu'il n'a pas voulu abandonner le discours « théologique » sur l'Un
transcendant par rapport à l'être-donné, bien qu'il ait vu et montré que
cet Un était rigoureusement *ineffable*. Platon a peut-être pré-vu que
le discours sur l'Être-trois aurait [tôt ou tard] pour « conséquence »
d'exclure complètement l'Un parménidien du Discours [*vrai* ou tout
du moins non contradictoire] et il a certainement pré-jugé de cette
« conséquence » en disant qu'elle est « fausse » [parce que, pour lui,
elle ne devait pas être vraie]. En vivant dans le monde où nous vivons
et en parlant de ce monde, Platon n'a pas voulu admettre qu'il est *vrai*
de dire que rien n'est autre que ce monde, qu'il n'y a rien d'*autre* que ce
monde, que rien n'est au-delà du monde où il vivait et où il parlait ou,
en d'autres termes, qu'il n'y a pas d'Au-delà ou de « Dieu » du tout.[4]

Il est ici de peu d'importance de savoir si Hegel, dès que l'on suit l'interprétation
kojèvienne, conduit réellement à l'athéisme ; il suffit que l'on puisse penser
qu'à suivre Hegel jusqu'au bout, l'on réduise inexorablement la transcendance
de l'absolu et que, ce faisant, on perde tout simplement l'absolu comme tel.
De telles interprétations sont courantes et elles constituent le fond du refus
de l'hégélianisme par les penseurs de l'époque de Bradley. Certes ce dernier,
trop philosophe pour se borner à cela, et trop conscient de ce qu'il y a à perdre
dans la reconquête des esprits en se privant des avancées de la métaphysique
idéaliste allemande, conserve bien cette réticence et refuse d'accompagner
Hegel jusqu'au bout, comme on peut le constater dans les deux passages
qui « encadrent » *Principles of Logic*, le livre qui suit *Ethical Studies* et qui
représente sa première approche systématique de la métaphysique :

Je n'aurais jamais pu me considérer comme un hégélien, d'une part
parce que je ne peux pas dire que je maîtrise son système, et d'autre part
parce que je ne pouvais pas accepter ce qui semble être son principe
central, ou au moins une partie de ce principe.
À moins que la pensée ne représente quelque chose au-delà de
l'intelligence, si « penser » n'est pas utilisé avec quelque étrange
implication qui n'est jamais entrée dans le sens de ce terme, un
scrupule persistant nous interdit de croire que la réalité puisse être
purement rationnelle. Il se peut que cela provienne d'un défaut de
ma métaphysique, ou d'une faiblesse de la chair qui continue de
m'aveugler, mais l'idée selon laquelle l'existence et l'entendement sont

---

[4] Alexandre Kojève, *Le Concept, le Temps et le Discours, Introduction au Système du
Savoir*, Paris, Gallimard, 1990, p. 218-219.

la même chose me semble aussi froide et aussi fantomatique que le plus ennuyeux des matérialismes.[5]

L'explicitation du refus sous la forme d'un « scrupule » qui « interdit » nous semble valider l'idée d'un refus de nature religieuse et justifier l'inscription de notre auteur dans la tradition néo-platonicienne, tradition remise à l'honneur par Hegel lui-même, mais qu'il prétend avoir dépassée, ce qui semble impossible à Bradley. À la lumière de cette hypothèse, nous pouvons souligner trois éléments marquants qui manifestent les limites de l'hégélianisme de Bradley.

1) Le sens de la dialectique

Tout d'abord, il convient de s'interroger plus précisément sur le sens de la dialectique telle que Bradley la met en œuvre. On pourrait décrire un processus dialectique par la présence d'une contradiction qui conduit à un dépassement de la contradiction. C'est ainsi que l'entend Muirhead : « le principe hégélien selon lequel ressentir une contradiction c'est, *ipso facto*, se trouver au-delà »[6]. En ce sens, *Ethical Studies* serait une œuvre de part en part hégélienne, et c'est sans doute ainsi que l'on perçoit à l'époque de Bradley la nouveauté de la dialectique hégélienne : un moyen de dépasser les antinomies kantiennes. Cela nous semble inexact et d'une inexactitude riche de sens quant aux malentendus qui ont pu se produire concernant l'hégélianisme.

On peut considérer la contradiction de deux manières : négativement comme le signe avéré du faux, ou positivement comme le signe de quelque chose de supérieur vers lequel on pourrait se diriger, et c'est ce second sens que Bradley et Hegel choisissent. Mais ici encore, le diable est dans les détails : quelle est la nature et de la contradiction, et du dépassement ? Pour Hegel, le mouvement dialectique est trinitaire, il est réel et il comporte un moment de négativité réelle indispensable à la création du dernier moment dépassant et donc supprimant les deux premiers dans un processus d'auto-position. Il ne nous semble pas que ce soit jamais de cela dont il est exactement question avec Bradley, et nous pouvons le constater à propos de trois passages où une forme dialectique doit être relevée.

Tout d'abord, examinons le mouvement qui conduit de « Le Plaisir pour le Plaisir » à « Ma Condition et ses Devoirs ». Damian Ilodigwe[7] remarque que la structure est empruntée, dans l'*Encyclopédie des Sciences philosophiques en abrégé*, à l'« Aperçu préliminaire » où il est question de l'attitude de la

---

[5] PL, p. x (préface), et p. 590-591 (ces dernières remarques sont faites à la fin de la première édition des *Principles of Logic*, avant les notes que Bradley a ajoutées pour la seconde édition).

[6] Muirhead, *The Platonic Tradition...*, *op. cit.*, p. 237.

[7] Damian Ilodigwe, *Bradley and the Problematic Status of Metaphysics, op. cit.*, p. 444.

pensée à l'égard de l'objectivité, et particulièrement à la deuxième attitude, insatisfaisante, qui distingue l'empirisme et la philosophie critique. Le problème vient précisément de l'emprunt à l'« Aperçu préliminaire » puisque nous ne sommes pas encore dans le système. C'est ce que nous faisions remarquer en écrivant que pour Bradley ces trois essais mettent en œuvre des doctrines. Or, s'il était question de dialectique au sens strict, il nous faudrait passer – compte tenu de l'objet étudié, la morale, dans la troisième partie (« Philosophie de l'esprit ») – à la deuxième section, « L'esprit objectif ». Ce que Bradley ne fait pas, sans bien entendu s'opposer au contenu de cette troisième partie ; mais en recomposant l'*Encyclopédie* à sa manière, il en modifie en partie le contenu, et partant l'esprit. La dialectique n'est plus alors le mouvement même du réel dans l'histoire, mais une progression de doctrines vers la vérité, et il ne s'agit donc pas seulement d'un changement d'éclairage. Il n'est peut-être pas nécessaire de penser ici à un léger glissement en direction d'une dialectique transcendantale de type kantien[8], que bien sûr elle n'est pas, mais il ne nous semble pas possible non plus de nous en tenir à une dialectique absolument hégélienne. On pourrait aussi penser à un dépassement dialectique de la *Sittlichkeit* que met en œuvre « Ma Condition et ses Devoirs » par l'essai VI et la Moralité Idéale qui est proposée. Mais sans même analyser plus avant ce qu'est cette moralité idéale, nous pouvons constater que si quelque chose de la moralité subsiste légitimement, et c'est bien ainsi que cela est présenté après l'essai V, ce quelque chose ne constitue pas un dépassement dialectique de ce qui a été examiné avant, pas plus qu'il ne pourra ensuite y avoir de dépassement dialectique de ce même essai V. Les moments de la dialectique hégélienne ne sont pas des étapes sur une échelle continue où subsistent tels quels des éléments des étapes antérieures car l'*Aufhebung* est dans son ordre résolutive, sinon la contradiction perdure et il n'y a point de dépassement. Enfin, que penser du passage de la moralité idéale à la religion ? S'agit-il d'une progression de l'esprit objectif vers l'esprit absolu ? Il nous semble que là non plus il n'y a de réelle dialectique, même si une allure de dialectique est conservée. Dans l'ordre de la moralité, il y a des contradictions, diverses, multiples[9], qui s'entre-empêchent dans une forme approximative voire chaotique, mais en aucun cas elles ne sont aptes à produire dans le travail du négatif une quelconque sursomption. De fait la solution religieuse n'est pas produite par une nécessité interne à la moralité, elle constitue plutôt un saut

---

[8] La dialectique au sens kantien reçoit un sens toujours péjoratif : elle concerne non pas le réel, préservé de toute contradiction, mais seulement la raison qui, lorsqu'elle dépasse l'expérience possible, lorsqu'elle prétend connaître le noumène, conduit inexorablement, du fait de l'illusion transcendantale qu'elle engendre, à des antinomies. C'est dire que pour Kant, la contradiction est toujours ce qui advient à une doctrine, à une pensée.

[9] Bradley utilise même le terme de conflit de devoirs ; *cf. infra.*

dans l'élément de la foi, comme si l'on observait une descente du principe suprême en direction du croyant.

Tous ces éléments nous conduisent à interpréter la dialectique dont use Bradley dans un sens presque plus platonicien ou néo-platonicien qu'hégélien. La contradiction nous élève en un certain sens vers ce que Bradley ne nomme pas encore l'Absolu, non pas parce qu'elle est le mouvement même du réel, mais parce qu'elle est le signe d'une multiplicité et d'une finitude qui ne sont supprimées que dans l'Un total qui se préserve d'elles. Cette dichotomie reste ultimement de nature aporétique et les trois moments de la dialectique n'ont pas la fluidité de celle dont use Hegel, où la contradiction est éternellement surmontée comme vie de l'absolu dans une sorte de circulation. Il conviendrait plutôt de parler chez Bradley de stade ou de degré, qui maintient des hiatus. Le niveau où se produit la contradiction est inférieur à celui où elle se supprime, où elle est véritablement et éternellement abolie. C'est bien une dialectique ascendante, une remontée au principe qui prend une indéniable tonalité hégélienne, mais qui n'accepte pas les conclusions auxquelles conduit le philosophe allemand. Ce qui nous conduit à notre second point de divergence.

2) La question du progrès et du devenir

Si la dialectique de Bradley n'est pas exactement hégélienne, si l'Un parménidien est maintenu comme autre absolu de la dualité, il y a peu de chances que la conception hégélienne du devenir et du progrès ne connaisse également de sévères distorsions. Nous l'avons déjà noté, Bradley ne conçoit pas de fin de l'histoire, mais un progrès infini. Cette question du progrès, jamais centrale mais récurrente, est de nouveau examinée, et cette fois non plus seulement dans une note, mais dans des pages à la fin de l'essai VI[10] qui comportent presque plus de phrases interrogatives qu'affirmatives, et où apparaît une difficulté si ce n'est insurmontable, du moins in-surmontée si l'on en croit les presque toutes dernières lignes :

> Donc, est-ce que le processus, ou bien encore l'évolution, sont susceptibles d'être pensés sans contradiction ? Vers qui devons-nous nous tourner en Angleterre pour avoir une réponse ? On pourrait pourtant penser qu'une partie de l'énergie dépensée en prêchant le credo de l'évolution aurait bien pu être utilisée à enquêter là-dessus : qu'*est*-donc, finalement le processus en général et, en particulier, qu'*est*-ce que l'évolution ? S'agit-il, ou non, d'une auto-contradiction ? Et le cas échéant, quelles conclusions en tirer ?[11]

---

[10] ES, p. 247-250.
[11] ES, p. 250.

Bradley affirme que ces questions insolubles, qu'il tranche cependant dans le cadre limité de *Ethical studies* puisqu'il affirme un progrès infini de la moralité, sans que cet infini soit un mauvais infini puisqu'il y a réellement progrès, ne mériteraient rien moins qu'un système métaphysique pour les résoudre. Il est ici très tentant de répondre que ce système existe et que c'est celui de Hegel, mais le problème provient de ce que ce système ne permet pas l'idée étrange d'un progrès à l'infini. La question téléologique est en effet fort complexe. Pour le dire en quelques mots, s'il y a progression c'est en direction d'un certain but, et on ne peut connaître le but, si l'on est à l'intérieur du processus, que lorsque ce but est atteint. C'est le cas pour Hegel, qui reste cohérent avec lui-même : l'histoire s'achève avec le Savoir Absolu. Nous avons vu pourquoi Bradley ne veut pas d'une telle fin et nous ne pouvons que souffrir avec lui des difficultés ponctuelles qu'un tel refus entraîne. Mais force est de constater que les difficultés ne se maintiennent pas dans la seule sphère de la moralité et du progrès. Une position idéaliste, comme celle de Bradley, admet (quelque soit le nom qu'on lui donne) un principe de nature spirituelle en direction duquel l'individu se dépasse ; c'est d'ailleurs la clef de la moralité bradleyenne, dont l'essence consiste, au sein de la conscience, dans l'opposition entre un bon soi entendant cet appel de l'Un, de la totalité harmonieuse, et un mauvais soi se bouchant en quelque sorte les oreilles pour ne pas l'entendre. C'est cette réponse idéaliste qui permet de dépasser les impasses du matérialisme scientiste, positiviste, empiriste, relativiste, individualiste et utilitariste. La question qui se pose alors à cet idéalisme est de savoir quelle relation nous entretenons avec l'Absolu, pour anticiper le nom que Bradley lui donnera définitivement. Une première réponse serait donnée par le kantisme : de l'Absolu nous ne pouvons rien savoir, il ne nous est pas donné mais nous devons y croire, sachant qu'il n'est pas impossible de le penser, sans le connaître, dans l'ordre nouménal. De cette solution, qui conduirait à un agnosticisme de type hamiltonien, Bradley ne veut pas. La deuxième réponse possible est donnée par Hegel : c'est la philosophie qui atteint absolument l'Absolu en tant qu'il est pensée car, accomplissement exhaustif de la révélation chrétienne qu'il faut prendre au sérieux, il est en quelque sorte cet acte même de se donner à penser. De cela non plus Bradley ne veut pas. Il ne reste plus qu'une troisième réponse possible, qui nous semble être celle du mysticisme, l'Absolu se donnant dans une expérience. Et cette dernière réponse nous conduit au troisième et dernier point où un gauchissement se manifeste dans la réception bradleyenne de la doctrine hégélienne.

3) Le problème du concret et de l'expérience

Dire de Hegel qu'il est le philosophe du concret semblerait une provocation pour le profane qui parcourrait quelques pages de *La Science de la Logique*. Mais si l'on définit rigoureusement le concret comme la chose prise dans sa totalité, dans sa globalité et non au travers des quelques caractéristiques abstraites, l'expression s'avère adéquate. Là ou le sens commun et les autres philosophes pèchent par excès d'empirisme ou de rationalisme, ne recevant que des déterminations séparées, diverses, souvent simplement juxtaposées, le philosophe de l'idéalisme absolu, par la pensée spéculative, rétablit les justes relations, opère la synthèse qui rend le réel enfin intelligible. Ce travail de la raison se manifeste bien évidemment dans les textes théoriques où le spécialiste constate l'efficacité du travail accompli. Mais on trouve également et de façon immédiate, dans toutes les analyses hégéliennes (et elles sont légion) où ils sont éclairés, des éléments qui relèvent de la psychologie, de l'art, de l'histoire, de l'expérience la plus ordinaire et banale. La *Phénoménologie de l'Esprit* comporte nombre d'études de cette sorte, qui sont d'autant mieux passées dans la pensée commune qu'elles semblaient dès lors faciles à comprendre. C'est là une vertu de l'hégélianisme à laquelle l'idéalisme britannique n'a pas pu ne pas être sensible, ne serait-ce par tradition nationale, mais également du fait du contexte qui demandait une lutte contre un empirisme scientiste. Comment ne pas apprécier des analyses qui, mieux que ne peuvent le faire les empiristes eux-mêmes, rendent compte de l'expérience la plus immédiate ?

Bradley a exprimé son intérêt pour cette dimension souvent méconnue des textes hégéliens :

> Mon intérêt pour la psychologie m'a conduit rapidement à examiner le point de vue de Hegel en la matière. Mais je n'ai jamais prétendu, ici ou ailleurs, être un hégélien. Dans la psychologie de Hegel entrent de nombreuses choses que je ne comprend pas, et il s'en trouve d'autres avec lesquelles, telles que je les comprends, je ne peux que disconvenir. Il reste que c'est là que j'ai trouvé l'aide dont j'avais le plus besoin. Apprendre que l'Association ne fonctionne qu'entre universaux m'a permis de passer de l'obscurité à la lumière […] Et la doctrine hégélienne du Sentir, comme un vague *continuum* en-deçà des relations, m'a semblé et me semble toujours être d'une importance vraiment vitale. Hegel proteste souvent, et peut-être de façon trop radicale, contre l'exagération de cette importance. Mais sa doctrine principale ici a été pour moi la formulation de ce que je sentais être un fait primordial. Le lecteur pourra se référer utilement ici à l'*Encyk.* De Hegel, § 399 *passim*.[12]

---

[12] PL, p. 515 (« Additional Notes »). Ces remarques ont été ajoutées par Bradley dans la deuxième édition de *Principles of Logic* (1922), à un moment où il commençait à envisager une deuxième édition de *Ethical Studies*. Il est donc possible d'y lire aussi une justification supplémentaire de l'influence de Hegel sur sa conception du sentir dans ce dernier ouvrage en particulier. David Crossley, qui a pourtant étudié le problème du sentir dans *Ethical Studies*, ne mentionne cette référence importante à la philosophie hégélienne à aucun moment de son article (« Feeling in Bradley's *Ethical*

Si, comme nous l'avons vu, notre auteur est de toute évidence peu sensible à la dimension trop logique qui risque de ne retenir du monde que le squelette[13], il s'inspire en revanche souvent de la finesse des analyses hégéliennes de l'expérience. Il n'y a là rien qui manifeste une dissension avec la source d'inspiration. Cependant un risque existe, car à trop s'en tenir à un versant de l'hégélianisme, ne court-on pas le danger, avec ce qui ne serait au commencement qu'une différence d'accent, de s'éloigner assez pour parvenir à une autre philosophie ? Car enfin, si la *Phénoménologie* a son importance pour la philosophie de Hegel, elle n'est pas le système, elle n'est pas le savoir absolu de l'*Encyclopédie*. Il nous semble que cette pente a été celle de Bradley, et ce d'autant plus que l'Absolu pour lui, nous l'avons vu, ne devait pas être un résultat, sans cesser pour autant d'être, sans cesser pour autant d'être donné. Or, s'il n'est pas un résultat, que pourrait-il être d'autre qu'un commencement ? Sachant que le commencement pour Hegel est la sensation, une direction se dessine qu'il nous faut garder à l'esprit pour analyser ce qui se joue de l'avenir de la philosophie de Bradley dans *Ethical Studies*. Cette dimension de l'expérience, certes présente dans les essais précédents, est déterminante dans ceux qui nous intéressent maintenant. Bradley en effet, sans remettre en cause les résultats obtenus, progresse dans sa pensée en procédant à ce que nous serions tenter de nommer une phénoménologie de la conscience morale, presque au sens husserlien cette fois.

L'enquête sur la conscience morale : description de la sphère morale

Les essais VI, « La moralité idéale », et VII, « Égoïsme et sacrifice de soi », traitent de la sphère de la moralité dans sa totalité. La seule prétention qui semble s'y exercer, car il faut bien reconnaître que les interrogations et repentirs sont nombreux[14], serait de parcourir cette sphère et, sans en résoudre nécessairement tous les problèmes, du moins d'en décrire les bornes, ce qui implique bien sûr que l'essai V n'a pas accompli ce travail. Pour comprendre la continuité logique de la suite des essais, sans doute mise à mal au moins

---

Studies », in Philip MacEwen (dir.), *Ethics, Metaphysics and Religion in the Thought of F. H. Bradley, op. cit.*, p. 154-178).

[13] « The dry bones », *Cf. supra* à propos de la correspondance avec son frère Andrew.

[14] La pensée de Bradley, dans ces derniers essais qui sont sans doute les plus personnels, et compte tenu d'un certain nombre de difficultés inhérentes à l'objet, est particulièrement difficile à suivre : « La pensée éthique de Bradley n'est pas moins paradoxale ou ésotérique, pas moins éloignée de la conception commune des choses, que ses doctrines logiques et épistémologiques », Wollheim, *F. H. Bradley, op. cit.*, p. 233. Voir également, dans l'article de David Campbell et William Lyons, « Bradley as Metaethicist » (*Idealistic Studies*, Vol. 7, n° 3, sept. 1977, p. 252) : « À l'instar de Hegel, à qui il a tant emprunté, Bradley ne rend pas la chose facile au lecteur, et parfois même il écrit de la façon la plus inaccessible qui soit ».

en apparence ici, il faut se replacer dans la perspective du programme énoncé à la fin de l'essai II. Le but de la morale est de se réaliser comme un tout, mais comme un tout infini, et cela n'avait de sens que si l'on traduisait ainsi « Réalisez-vous comme membre conscient-de-soi d'un tout infini en réalisant ce tout en vous-mêmes »[15]. La formule ainsi énoncée n'était pas bien claire pour le lecteur de cet essai, et elle ne devenait évidente qu'à l'essai V, avec l'organisme moral de la communauté nationale. Cependant est-il certain que ce tout infini soit le seul ? Bradley, à aucun moment de la fin de l'essai II ne donne la moindre indication qui permette de spécifier la réalité du tout infini. Pourtant, si nous avions réfléchi plus avant lors de la lecture de ce programme nous aurions du pressentir que ce tout n'était pas celui de la seule communauté nationale, et prévenir la déception de ne pas avoir atteint la solution avec l'État. D'une part parce que nous savons que la vie terrestre, celle de l'État compris, le meilleur soit-il, est insatisfaisante, et parce que Bradley l'inscrit bien dans une progression historique infinie où cette forme périssable se trouve remplacée par une autre que l'on peut espérer meilleure. D'autre part parce qu'une plus grande attention au vocabulaire employé nous aurait permis de reconnaître un registre religieux :

> La volonté du tout se veut elle-même en moi en connaissance de cause ; la volonté du tout est la volonté des membres et donc, en voulant ma propre fonction, je sais vraiment ce que les autres veulent eux-mêmes en moi, et en eux je trouve ma volonté une fois encore comme non mienne, et pourtant comme mienne. Il est faux de dire que l'homogénéité m'est extérieure ; elle n'est pas seulement en moi, mais aussi pour moi ; et en-dehors de ma vie en elle, de ma connaissance de ce qu'elle est, et de ma **dévotion** pour elle, je ne suis pas moi-même. **Lorsqu'elle disparaît, mon cœur disparaît avec elle, où elle triomphe je me réjouis, quand elle est mutilée je souffre ; que l'on me sépare de mon amour et je péris.**[16]

Nous aurions deviné alors que le tout infini ultime est celui de la communauté ecclésiale, de l'Église invisible où le tout infini l'est absolument puisqu'il relève de l'être suprême. Il est donc parfaitement plausible de penser qu'au moment où Bradley écrit *Ethical Studies*, il a l'idée de deux niveaux dans la réalisation de soi. La question qui se pose alors est de savoir comment démontrer que la vérité de la moralité s'éprouve pour chacun des stades. Pour la communauté nationale, la structure hégélienne que nous avons étudiée semblait d'autant plus adéquate qu'elle permettait d'opérer une réfutation des doctrines adverses. Se pose alors la question de savoir comment parvenir à l'Église invisible qui

---

[15] ES, p. 80.
[16] ES, p. 80. C'est nous qui soulignons.

est la solution que proposent les « Remarques Conclusives ». C'est le travail qu'accomplissent les deux essais que nous étudions maintenant.

1) Sittlichkeit, Moralität, Morality

Sans conteste, l'usage de la *Sittlichkeit* hégélienne comme première solution au problème moral ne pouvait qu'engendrer un certain nombre de problèmes. Elle obligerait dans un usage orthodoxe à quitter la moralité et à passer à l'esprit absolu et interdirait, ce que Bradley fait ici, de continuer dans l'ordre de la *Moralität*, terme réservé à l'abstraction unilatérale du kantisme. Bradley est conscient du reproche éventuel que l'on pourrait lui faire, même s'il ne faut pas exagérer l'importance de la vérité de l'interprétation et de l'usage d'une doctrine dans une illusion rétrospective : l'idéalisme britannique de l'époque n'est guère attentif à cette question puisque l'idéalisme allemand est plutôt considéré comme un tout où l'on puise en fonction des besoins intellectuels (même si la différence entre les divers auteurs est tout de même bien perçue). Bradley n'utilise pas les termes *Sittlichkeit* et *Moralität* dans *Ethical Studies*, ce qui, outre le fait que leur utilisation aurait pu choquer les lecteurs anglais de son livre, aurait été contraire à son objectif de promouvoir une philosophie authentiquement anglaise. Mais nous disposons de deux textes où les termes hégéliens eux-mêmes sont l'objet d'analyses, les « Notes préparatoires à *Ethical studies* » et un texte resté inédit, écrit dans l'année suivant la publication de *Ethical Studies*, « De la Moralité » (*On Morality*)[17].

Dans ce dernier texte, les termes allemands sont conservés. Nous trouvons également *Gewissen, seyn, daseyn, sollen,* et il apparaît ainsi bien clairement qu'il maîtrise les différences de sens que la langue de Hegel établit. Il nous semble que dans les nombreux passages où Bradley s'affronte aux difficultés de la *Sittlichkeit*, il suit la *Phénoménologie de l'esprit* dans sa critique d'une *Sittlichkeit* alors assimilée à la belle totalité grecque (*the old Sittlichkeit*)[18].

---

[17] PAP, p. 253-274.

[18] « Dans la vie de tous les jours, tant que la *Moralität* peut voir son contenu réalisé dans la société, et tant que nous nous trouvons en harmonie avec cela, nous pouvons nous approprier ce produit sans réfléchir. Mais cela ne nous permet pas d'oublier le mauvais soi et cela nous force à nous demander "que puis-je prendre pour moi-même dans tout ceci ?" "Ce que tu as fait de bien" dit l'auto-satisfaction. "Non", dit la moralité, "si tu n'acceptes pas le résultat quand apparaît *autre* chose que ce qui est voulu, tu ne dois pas l'accepter non plus lorsque *c'est effectivement* ce qui est voulu qui en ressort. Le succès est donné. Tout ce que nous pouvons revendiquer ou ce dont nous pouvons rendre compte est l'acte de volonté, bien que cet acte n'ait aucune valeur s'il ne vise pas la perfection". La moralité proclame l'humilité : le résultat n'est pas le mien même si ce que je fais est le bien. Ainsi, alors que la moralité admet partiellement une *Sittlichkeit* raffinée et rendue humble, elle se réfère à une nouvelle volonté supérieure, non pas celle de la société, à qui tout succès et tout échec à l'extérieur est dû. Elle

Ce qui est reproché à cette dernière, c'est de s'effectuer au prix de l'absence de conscience de soi : c'est le défaut du monde grec que d'ignorer la vérité de la subjectivité et de l'intériorité. En ce sens la *Moralität*[19], la belle âme, l'abstraction kantienne, dans sa négativité même a une profonde vérité. Mais elle manifeste également un défaut radical puisque le monde n'est pas assez bon pour elle, et elle se dresse orgueilleusement contre lui. La question revient alors à se demander comment mettre fin à cette abstraction. La réponse est en quelque sorte double : d'une part il y a la nouvelle *Sittlichkeit*, celle de l'État moderne, celle de l'État doté d'une constitution qui unit des libres subjectivités, et d'autre part il y a la religion révélée qui n'est pas un « plus », un autre à côté, mais qui lui est indissolublement liée. Car la subjectivité consciente d'elle-même « n'accepte » de se réaliser avec humilité dans l'État que du fait, qui n'est pas une contrepartie mais presqu'une condition de possibilité, qu'elle s'accomplit totalement dans l'union avec Dieu, qui n'est pas l'humiliation de la créature vis-à-vis d'une transcendance abstraite, mais l'union librement consentie par la créature (ce qui ne peut avoir lieu bien sûr que si la créature a dépassé son orgueil). Quel nom donner à cet élan moral qui exige cette acceptation consciente de l'accomplissement dans l'État qui ne se satisfait pas de cet accomplissement, tout en s'en satisfaisant, puisqu'il s'accompagne d'une satisfaction totale dans la plus haute réalité que réalise la religion ? Le terme de *morality*, ou, plus clairement encore, d'*ideal morality*, peut jouer alors ce rôle, sachant bien qu'il introduit une part d'ambiguïté du fait de sa confusion possible avec la *Moralität*. On ne peut donc pas, à la lecture de ce texte, imaginer que Bradley procède dans *Ethical Studies* à un contresens inconscient vis-à-vis de la doctrine hégélienne. Mais il nous faut alors comprendre la raison des ambiguïtés que semble receler la moralité idéale de l'Essai VI.

---

réaffirme partiellement, mais non totalement, la *Sittlichkeit* avec la conscience que le bonheur est donné et qu'il n'est pas le résultat d'un mérite. [dans l'ancienne *Sittlichkeit*, cela n'existait guère. Je pouvais obtenir mes biens de l'État mais je ne pouvais pas dire "remercie l'État pour ta sagesse, ta beauté et ton succès dans la vie" ; au moins, l'union des volontés n'est pas teintée de cette réminiscence d'aliénation qu'engendre l'humilité.] Dans sa relation à la volonté supérieure qui n'est pas réalisée dans la société mais qui se réalise dans l'histoire, la moralité commence à passer dans la religion », *ibid.*, p. 268.

[19] « Dans toute moralité, ce processus sans fin survit, parce que même si la volonté consciencieuse effectue son contenu selon son désir, ce qui ne risque pas d'être complètement le cas, il se trouve que le tourbillon du temps apporte un autre "*sollen*" qui n'est pas réel […] Dans la *Moralität* le réel est un autre contenu du "est censé être" ; le particulier est considéré comme vide ou comme plein de négation (mauvais soi). Dans la *Sittlichkeit* le particulier est plein et reproduit le même contenu […] les αρεταί [vertus] peuvent être améliorées et altérées mais elles survivent », *ibid.*, p. 254-255.

La réponse réside peut-être dans les deux pages des « Notes préparatoires à *Ethical Studies* », où il est question de la *Sittlichkeit*. Bradley découpe sa réflexion sur la réalisation de soi en trois moments : (i) *Sittlichkeit* , la réalisation de ma condition qui est réelle a lieu effectivement en moi ; (ii) *Morality*, l'idéal qui n'est pas réel, n'est pas réalisé en moi, ce qui implique un processus infini ; (iii) *Religion*, l'idéal qui est réel puisqu'il existe dans la foi qui est réelle, est réalisé en moi par la foi. Nous pensons que le texte qui en est l'inspiration est celui du § 552 de l'*Encyclopédie* où Hegel effectue la transition de la *Sittlichkeit* à la religion, ce qui entraîne un long développement sur les rapports entre la religion et l'État, et nous en voulons pour preuve le paragraphe où Bradley résume l'analyse de l'intrication entre les deux éléments qui en quelque sorte se vivifient l'un l'autre[20]. Il n'est bien sûr pas du tout question pour Hegel de revenir à l'abstraction de la *Moralität* pour effectuer le passage à la religion, donc à l'esprit absolu. Cependant, lorsqu'il s'agit de rendre hommage à la pensée qui commence d'autoriser l'élévation à la religion, Hegel est parfaitement clair :

> Quant aux points-de-départ de cette élévation, c'est *Kant* qui, dans l'ensemble, a pris le plus correct de tous dans la mesure où il considère la croyance en Dieu qui procède de la *raison pratique*. En effet le point-de-départ contient implicitement le contenu, c'est-à-dire l'étoffe qui constitue le contenu du concept de Dieu. L'étoffe véritablement concrète n'est ni l'*être* (comme dans la preuve ontologique), ni la seule *activité téléologique* (comme dans la preuve physico-théologique), mais l'*esprit*, dont la détermination absolue est la raison efficace, c'est-à-dire le concept qui se réalise et se détermine lui-même, – la liberté. Que, dans cette **description** kantienne, l'élévation qui s'opère dans cette détermination, et par laquelle **l'esprit subjectif** monte vers Dieu, soit derechef réduite à un postulat, à un pur devoir-être, telle est l'erreur indiquée plus haut et qui consiste à restaurer comme vraie et valide cette opposition de la finitude que l'élévation en question consiste à supprimer pour atteindre à sa vérité.[21]

---

[20] « *Sittlichkeit* takes moral principle as realized in the world and in me. Morality sees first it is not realized in me, then it is not realized in the world. It ought to be and it is because it ought to be in the world though *not* in me, then, in me, too, by imputation. This realization on both sides in inner of religion is the strongest stimulus to realize externally too – from religion comes thus *Sittlichkeit* – it is the other side of religion. » *Ibid.*, p. 216. Bradley conclut dans ces pages que la *Sittlichkeit* est la face cachée de la religion (*other side of religion*), une religion séculière en quelque sorte, qui bien qu'universelle et totale n'entre pas en commerce avec l'Absolu, lequel demeure inaccessible.

[21] Hegel, *Encyclopédie des sciences philosophiques en abrégé*, *op. cit.*, p. 470. C'est nous qui soulignons.

Or, que fait Bradley dans *Ethical Studies* ? Comme dans *Les Présupposés de l'Histoire critique*, il restreint volontairement l'objet de l'analyse, admettant parfaitement qu'elle devrait ultimement s'inscrire dans une métaphysique. Ici il nous semble que Bradley présente une phénoménologie de la conscience morale. Après « Ma Condition et ses Devoirs » qui utilise pour les besoins de sa phénoménologie (les résultats de la *Sittlichkeit*, relevant de l'esprit objectif) ce que nous pouvons comprendre comme une description exacte de la morale de l'homme ordinaire (lequel sait bien que la morale ne consiste certainement pas à attendre tout de la société mais au contraire à se demander ce que nous pouvons faire pour elle, dans le cadre réel de notre condition et de ses devoirs), cela nous conduit à étudier de nouveau cette conscience morale dans sa subjectivité même. Cette dernière éprouve alors bien l'insuffisance de l'étape qu'est l'essai V et veut, sans la détruire (ce qui serait abstrait), s'élever davantage. C'est pourquoi Bradley cite de préférence la *Phénoménologie de l'Esprit*, bien qu'il ait lu les ouvrages postérieurs et qu'il soit bien conscient qu'ils expriment la vérité ultime du système du Savoir Absolu. Là encore nous devons insister sur l'ambiguïté : en rester à l'étape phénoménologique, n'est-ce qu'une limitation induite par l'objet ? Nous pensons bien plutôt que c'est le signe d'un usage qui implique déjà que Bradley envisage une autre métaphysique que celle de Hegel, sans entériner ici le divorce.

2) Le contenu de la moralité

Dès le début de l'Essai VI, Bradley reprend la conclusion du précédent essai pour remettre en question la doctrine de « Ma Condition et ses Devoirs ». La moralité et la réalisation de soi sont-elles la même chose ? Plus encore, est-il possible d'affirmer qu'il existe une limite à la sphère morale, ce que fait l'opinion commune qui distingue un aspect de la vie humaine dédiée à la conduite morale et une autre qui lui échappe. Pour Bradley, la moralité ne se résume pas au devoir social, il n'existe pas de dimension de la vie humaine qui n'ait été moralisée ; en d'autres termes, c'est un devoir moral que de réaliser le meilleur soi, un soi idéal, et toute la question revient à savoir ce en quoi consiste ce soi idéal, ce qu'est son « contenu » :

> C'est un devoir moral que de réaliser partout le meilleur soi, lequel est pour nous dans cette sphère un soi idéal ; et, si on nous demande ce qu'est la moralité, nous devons présentement répondre qu'elle est coextensive à la réalisation de soi, au sens de réalisation du soi idéal en nous et par nous. Cela nous conduit donc à enquêter sur ce qu'est le *contenu* de ce soi idéal.[22]

---

[22] ES, p. 219.

De la même façon que la vie éthique n'épuise pas l'esprit chez Hegel puisqu'il ne s'achève que dans son absolutisation, Bradley considère qu'il n'est pas possible de s'arrêter à « Ma Condition et ses Devoirs » pour définir la véritable réalisation de soi et découvrir l'être même de la moralité. Nous venons d'observer qu'il existe une ambiguïté dans l'utilisation par Bradley du terme « *morality* » dès lors que l'on tente de comparer la philosophie de Bradley à celle de Hegel, et c'est un problème qu'il s'agit donc de résoudre pour mieux comprendre ce que cherche à faire Bradley, non pas uniquement dans cet essai, mais également dans le reste de son ouvrage puisque dans les « Remarques Conclusives » de *Ethical Studies*, Bradley dépasse la question de la moralité en évoquant le problème de la religion, rejoignant par là le cœur de la sphère de l'esprit absolu de Hegel.

Dans cet essai, l'objectif est donc de décrire la sphère de la moralité dans toute son extension, de donner un *contenu* à la réalisation de soi, en faisant retomber en quelque sorte dans l'expérience humaine le développement de l'esprit. En insistant sur la dimension psychologique de l'expérience dans le passage de l'esprit objectif à l'esprit absolu, Bradley souligne en quelque sorte la dimension humaine d'un cheminement ascendant qui élève l'individu dans la direction de ce moi idéal qui est le but de la conscience morale[23]. De cette description, souvent le fruit d'une progression sinueuse, se dégagent un certain nombre de caractéristiques qu'il nous faut maintenant extraire.

Tout d'abord, nous pouvons remarquer que c'est seulement à cet endroit de l'ouvrage que la sphère de la moralité peut enfin être décrite de façon exhaustive et concrète dans la totalité qu'elle couvre de fait :

> C'est une erreur de supposer que dans ce que l'on appelle la vie humaine, il reste quelque région non encore moralisée. De tout ce qui a été placé sous le contrôle de la volonté, il n'est pas exagéré de dire que cela a été rapporté à la sphère de la moralité ; en rien dans notre façon de manger, de boire et de dormir nous n'avons été livrés à nous-mêmes depuis notre enfance ; laissez les habitudes, formées en nous par la moralité extérieure à nous, et considérez désormais la volonté morale qui d'une certaine manière a été leur problématique.[24]

---

[23] Signalons que Damian Ilodigwe, qui considère *Ethical Studies* comme une introduction à *Appearance and Reality*, établit une comparaison avec la *Phénoménologie* de Hegel : « Son éthique de la réalisation de soi anticipe sur la métaphysique explicite de l'Absolu développée dans *Appearance and Reality*. En fait, s'il se trouve quelque vérité dans cette affirmation, *Ethical Studies* doit être considéré comme une sorte d'introduction à la métaphysique de Bradley, et en ce sens, le livre occupe une place analogue à celle de la *Phénoménologie* dans le propre système spéculatif de Hegel » (*Bradley and the Problematic Status of Metaphysics*, *op. cit.*, p. 466).

[24] ES, p. 217.

La réalisation de soi ici ne cherche plus à réaliser ni le soi qui n'est même pas un soi de l'hédonisme, ni le soi abstrait de « Le Devoir pour le Devoir », ni même seulement le soi social de « Ma Condition et ses Devoirs », mais un soi idéal profondément intégré dans le monde dont il est issu et couvrant donc la totalité de l'existence dans chacune de ses dimensions, censé résoudre toutes les antinomies de la moralité entre le personnel, l'universel et le social :

> Par soi idéal, Bradley signifie le soi qui fait un avec son plus grand bien, lequel ne peut être interprété simplement en termes de désirs capricieux du soi particulier ou en termes d'exigences légitimes de la moralité sociale [...] Cela signifie que le soi idéal est régionalisé. Il n'est pas opposé au soi empirique, au soi transcendantal ou au soi social mais est plutôt l'idéal en termes duquel les exigences légitimes de ces régions variées du soi sont réalisées. De ce qui précède, selon Bradley, s'ensuivent un certain nombre d'implications. Le soi idéal est le soi véritable autant que l'objet de notre action morale. C'est le soi que nous cherchons à réaliser dans la moralité en tant que tout infini. De plus, le soi idéal est aussi le bon soi opposé au mauvais soi, lequel est désolidarisé de son bien idéal.[25]

Mais dire que le moi idéal est censé dépasser toutes les antinomies de la moralité entend que cette sphère en comporte. La deuxième caractéristique, majeure, consiste à poser que la sphère de la moralité est un lieu de conflit. Bradley n'hésite pas, dans une sous-partie intitulée « *Collisions of moral éléments* »[26], à utiliser le terme de conflits de devoirs (« *collisions of duties* »[27]), ce qui est, dans la vulgate hégélienne, le signe soit d'une conception unilatérale de type kantien, soit la manifestation d'un moment inférieur de la marche de l'esprit, comme le monde antique dont la tragédie est la figure majeure. Ces conflits sont illustrés dans le détail, et l'honnête homme conçoit bien qu'entre les *mille e tre* devoirs de l'artiste, du père, du mari, de l'ami, du citoyen, la lutte est incessante. Il est possible de les concevoir plus savamment par les heurts qu'engendre nécessairement le recouvrement du monde objectif de « Ma Condition et ses Devoirs », de l'idéal de la perfection sociale et de l'idéal de la perfection non sociale.

La troisième caractéristique de la sphère de la moralité est ce que nous pourrions nommer son extension indéfinie. Les conflits moraux n'impliquent-t-il pas un processus infini, dans la progression même que produirait leur résolution pratique ? Bradley n'est pas un pessimiste, ni même, il l'a déjà

---

[25] Damian Ilodigwe, *Bradley and the Problematic Status of Metaphysics*, *op. cit.*, p. 450-451.
[26] ES, p. 224-228.
[27] *Ibid.*, p. 225.

longuement démontré, un kantien : il n'y a pas éternellement une séparation
entre le monde réel et le monde idéal, un règne des fins auquel la bonne âme
aspirerait toujours sans jamais s'en rapprocher. La réalisation de soi est un
processus effectif qui s'accomplit dans la condition de chacun, dans le fait que
chacun, par sa bonne volonté et ses efforts se rapproche de son moi idéal, et
devient même de l'histoire puisque Bradley insiste sur la valeur positive du
progrès :

> Si l'histoire humaine est une évolution, comment une de ses étapes peut-
> elle être moralement supérieure à une autre ? Car en un sens, l'Européen
> est un être moralement supérieur au sauvage. Il est supérieur car la vie
> dont il a hérité et qu'il a plus ou moins réalisée est plus proche de la
> vérité de la nature humaine. Elle combine une plus grande spécification
> et une homogénéité plus complète.[28]

Le conflit moral, quand bien même il serait infini du fait que le moi idéal
n'est jamais absolument totalement réalisé, n'est donc pas censé relever du
« mauvais infini » hégélien[29] puisqu'il implique toujours un progrès, lequel est
dû à l'énergie des hommes à chercher en règle générale à viser un soi idéal et
à réprimer leurs tentations mauvaises :

> [...] la moralité n'est-elle pas l'approximation visant une quantité
> sans fin ; ne travaille-t-elle pas en vain pour un faux infini ? Une fois
> encore, nous répondons par non. La fin morale n'est pas une somme
> d'unités : elle est une perfection qualitative. Ce que je veux n'est pas
> un simple accroissement de quantité : mais étant donné un certain
> quantum d'énergie dans ma volonté, je désire l'utilisation totale de
> cette quantité au nom de l'idéal. L'objectif pour moi est devenir un tout
> infini en unifiant ma volonté avec un tout infini. La taille de ce tout, en
> tant que tel, n'entre pas en considération. Il est vrai que, bien que la

---

[28] *Ibid.*, p. 247.

[29] Hegel « Science de la logique » § 94, in *Encyclopédie des sciences philosophiques
en abrégé, op. cit.*, p. 149-150. « [...] le caractère sans fin de la lutte morale en question
dans la théorie de la moralité idéale n'est pas du type de ce que critiquait Hegel sous la
rubrique du mauvais infini. Nous ne sommes pas dans le cas où nous serions en train de
courir perpétuellement en rond, sans progrès ni garantie de progrès. Si la moralité était
un processus sans fin au sens du mauvais infini, rien de la réincarnation du dualisme
entre le "devoir" moral et le "est" moral ne serait absent. Une telle opposition reviendrait
invariablement à dire que le processus lui-même est un processus vain, et qu'il est tel
que, quelque soit notre implication dans la lutte, la fin que nous cherchons à réaliser
sera toujours hors de portée et qu'elle ne pourra jamais être réalisée de toute façon.
Elle serait un au-delà qui n'est jamais présent et qui ne pourrait jamais l'être », Damian
Ilodigwe, *Bradley and the Problematic Status of Metaphysics, op. cit.*, p. 453-454.

simple quantité ne soit pas une finalité, que la fin implique la quantité. Le bien parfait signifie une méchanceté zéro, et une énergie neutre ou non-développée zéro. D'où la possibilité de mesurer des degrés de progression vers la perfection morale en fonction de la diminution de l'étendue du non-moral et de l'immoral. Mais la suppression de ces éléments négatifs en tant que tels n'est pas la fin ; et bien que la bonne volonté puisse être légitimement considérée, d'un certain point de vue, comme nombre d'unités d'une certaine sorte d'énergie, il reste que la taille ou la grandeur même n'est pas l'essence de la question, et que dire que la perfection morale doit augmenter ou décroître en fonction de l'addition ou de la soustraction de telles unités serait absolument faux.[30]

Il est toujours difficile de comprendre comment un progrès dont le terme est posé comme inaccessible peut ne pas relever d'un mauvais infini. Il faudrait sans doute pour résoudre ce problème anticiper sur les modalités du passage de la morale à la religion pour Bradley, mais cela n'est pas nécessaire ici. En effet, le texte de Bradley énonce clairement qu'on ne peut, à propos de l'infini dont il est question, en avoir une présentation spatiale : il ne s'agit pas d'une grandeur quantitative que l'on additionne simplement. Qu'il s'agisse d'une autre grandeur, que l'on pourrait ici qualifier d'intensive, au sens où la qualité morale du moi dépend de la « concentration » d'une énergie bonne dans le soi ou d'une « dissipation » de l'énergie mauvaise, suffit à atteindre le but que Bradley s'est à notre sens proposé dans la détermination des caractéristiques que nous venons de relever.

Car enfin, la question mérite d'être posée des raisons de la nature particulièrement difficile, aporétique, complexe de cet essai VI, nature qui a été relevée par Wollheim comme nous l'avons noté précédemment, et qui se manifeste sans doute également dans le peu de commentaires détaillés qu'ont suscité ces pages. Nous émettons l'hypothèse que Bradley aurait délibérément poursuivi ce but. Une des constantes de cet ouvrage, jamais démentie tout au long des sept essais, est de confisquer l'objet de la moralité aux empiristes et au utilitaristes scientistes. Quel meilleur moyen pour ce faire que de décrire la sphère de la moralité dans la dimension subjective de l'expérience la plus concrète en montrant à quel point sa nature échappe à toute tentative d'explication par une doctrine insuffisante ? Chacune des caractéristiques que nous venons de relever, si elles sont bien celles de la sphère de la moralité,

---

[30] ES, p. 246-247. La présence du terme « zéro » est surprenante : il s'agit probablement d'une référence à la critique par Mansel de la philosophie hégélienne, qui part de zéro au lieu de partir de Dieu (« Instead of commencing with God, as the beginning of all existence, this philosophy commences with zero. » Mansel, *Metaphysics, or the Philosophy of Consciousness, Phenomenal and Real*, Édimbourg, Adam & Charles Black, 1860, p. 314). Cela est une indication selon laquelle le bien suprême est présent avant même le début de l'activité consciente.

impliquent que la science ne pourra jamais en percer les arcanes : totalité contre atomisme, contradictions essentielles et dynamiques contre coexistence continue, qualités intensives contre quantité mesurable. C'est ce que Bradley résume par la formule suivant laquelle la moralité est approximative[31] : si la rigueur scientifique est à même peut-être de s'emparer efficacement d'un objet naturel, nous avons affaire ici à un objet d'une tout autre essence et seule la pensée est à même d'en atteindre le sens. C'est d'ailleurs bien ce que fait notre auteur dans cet essai descriptif, où il parvient à commencer de rendre la moralité intelligible par la découverte de la tension entre le bon et le mauvais soi.

3) Le dualisme du bon soi et du mauvais soi

Tous les aspects de la sphère de la moralité relèvent d'un antagonisme fondamental. La condition de possibilité pour la moralité est liée à la présence du mauvais soi (*bad self*), lequel engage le bon soi (*good self*) dans une quête incessante de réalisation qui est source de progrès. Ce mauvais soi conditionne l'existence de la moralité puisque s'il venait à disparaître, il n'y aurait plus de conflit entre l'être et le devoir-être, et la moralité cesserait d'exister. Cela signifie donc que la réalisation de soi prend appui sur la réalisation du bon soi pour parvenir au soi idéal. Pour Bradley, ce bon soi réalise un idéal social (il y a réalisation en soi de l'idéal réalisé en société, celui de ma condition et de ses devoirs) et un idéal non-social (il y a réalisation d'un idéal non entièrement réalisé en société, soit un soi social parfait, soit un soi non-social parfait) et son origine est triple : « ma condition et ses devoirs » offre la contribution la plus importante, et elle s'adjoint une volonté pour le bien au-delà de ce que le monde attend de nous, ainsi qu'un idéal dont la réalisation est un devoir moral sans relation avec autrui, comme par exemple la vie d'artiste[32]. Ainsi en est-il de la recherche de la vérité et de la beauté, une réalisation de soi dans la connaissance, la contemplation ou l'amour, et c'est un devoir moral aussi que cette réalisation de soi qui ne se réduit pas à un devoir social. La moralité est donc un processus de réalisation comportant deux éléments indissociables consistant à viser un soi idéal et l'actualiser dans la volonté – c'est l'effectuation du bon soi - ce qui revient à nier le mauvais soi, et ce qui engage de manière permanente une tension entre le soi idéal et le soi réel :

> La moralité, donc, sera la réalisation du soi comme étant la bonne volonté. Ce n'est pas la réalisation de soi à tous points de vue, bien que toute réalisation de soi puisse être vue à partir de ce point de vue là ; car tout ce qu'elle est implique la volonté et, dans la mesure où la

---

[31] « In what sense is it approximative ? » *Ibid.*, p. 244-250.
[32] *Ibid.*, p. 219-20.

> volonté est bonne, sa réalisation est morale. À strictement parler et au
> sens propre, la moralité est la réalisation de soi à l'intérieur de la sphère
> de la volonté personnelle.[33]

Cette bonne volonté qui seule serait bonne, dont les accents indéniablement
kantiens seront rectifiés dans une note de 1924[34], doit donc choisir en quelque
sorte entre le bon soi et le mauvais soi, dualité qui constitue bien l'élément
fondamental des deux derniers essais :

> Le reste de cet essai se rapportera aux ἀπορίαι qui surviennent quand
> on évoque la moralité, et le suivant tentera de clarifier ce que l'on
> entend par opposition entre le mauvais soi et le bon soi.[35]

C'est de cette dualité dont il nous faut rendre compte ici en essayant d'en
comprendre la provenance et l'essence.

Que la conscience soit ontologiquement le lieu d'une scission est un *topos*
de tout l'idéalisme allemand, que la conscience morale soit le lieu d'opposition
entre des désirs bons et des désirs mauvais est un truisme qui traverse toute
l'histoire de la philosophie. Bradley propose une synthèse originale qui nous
semble prendre son origine dans les analyses hégéliennes. Ainsi dans la
Phénoménologie, au chapitre VI sur l'esprit, lors de l'examen de « L'esprit
certain de lui-même, la moralité », et plus précisément dans la sous-partie qui
prépare le passage à la religion, « La conviction morale, la belle âme, le Mal et
son pardon », « deux » consciences (donc deux « moi » ?) sont opposées, dans
l'antagonisme entre le Bien (l'universel) et le Mal (le singulier), correspondant
à deux figures de la conscience, la conscience jugeante et la conscience
pécheresse, dont les positions s'échangent dialectiquement puisque la
conscience jugeante perd sa noblesse en s'avérant sous le chef de l'hypocrisie,
basse[36]. Ainsi dans l'*Encyclopédie*, après l'examen de la collision des devoirs,
dans la sous-partie qui examine « Ce qui est bon et ce qui est méchant », dans
l'avant dernier paragraphe qui prépare le passage à la *Sittlichkeit*, apparaît,
pour le sujet pensant moral, « deux formes qui passent immédiatement de
l'une à l'autre, celles de la conscience-morale et de ce qui est méchant »[37].
Est-ce à une distinction de cette sorte à laquelle Bradley nous convie ? On
pourrait le penser puisque la volonté doit choisir entre la réalisation de deux

---

[33] *Ibid.*, p. 229.

[34] *Ibid.*, p. 244-245.

[35] *Ibid.*, p. 235.

[36] Hegel, *Phénoménologie de l'esprit*, *op. cit.*, p. 435-437.

[37] Hegel, *Encyclopédie des sciences philosophiques en abrégé*, *op. cit.* § 511, p. 440-441

formes subjectives qui coexistent en lui comme deux buts à réaliser et qui sont donc censés posséder une certaine consistance puisqu'ils sont en relation[38]. Ce n'est pourtant pas exactement le cas : les deux soi n'ont pas le même statut, ils ne sont pas des contraires dialectiques, ils ne passent jamais « l'un dans l'autre ». Le bon soi en effet aurait-il plus de « réalité » que le mauvais soi qui serait simplement un moindre être et donc absolument pas un contraire, ce qui rendrait incompréhensible la tension ?

> [...] Il est possible que le mauvais soi *ne* soit *que* la condition négative de l'affirmation du bon soi ; sa présence serait nécessaire pour la moralité mais tout dépassement du stade de simple présence résulterait en une diminution de l'affirmation. Il se peut que ce soit quelque chose à contrer, et toute résistance est bonne en tant qu'elle manifeste de l'énergie, mais plus de résistance n'entraîne pas de manifestation plus importante. Mais si ceci est un point de vue possible, ce n'est pas un (simple) point de vue moral, et ici il n'est pas tenable en tant que tel. Le mauvais soi pour la moralité n'est pas seulement une négation mais une affirmation positive du soi. [39]

Bradley s'en défend donc, et il le faut sans quoi nous tomberions dans les travers de la pure quantité ; il faut noter cependant qu'il s'agit bien également de cela, car il n'y a en fait qu'une restriction – ce n'est pas *seulement* cela. Mais qu'est-ce de plus ?

> Le soi conscient de soi et positif, qui est la véritable affirmation que nous connaissons, est dans le mauvais soi : il s'y sent et s'y connaît lui-même aussi réellement qu'il le fait dans le bon soi. Les actes malfaisants ne sont pas seulement des défauts, mais, en-dehors de leurs conséquences, ils sont [...] des offenses, des transgressions, des crimes. Le mauvais soi est l'affirmation positive du mal par et en le soi ; et la volonté, tant qu'elle est mauvaise, n'est pas un défaut de la volonté, ni une volonté naturelle non-morale, mais une volonté immorale, et pour la conscience morale, elle est aussi réelle que la bonne volonté. [40]

Nous n'avons ici objectivement qu'une affirmation illustrée de quelques exemples. De plus comment ne pas être troublé, deux pages après, par cette autre affirmation : « Vouloir le mal parce que c'est mal, en fait, est impossible »[41]. Force nous est donc de constater que la distinction du bon et du mauvais soi,

---

[38] ES, p. 238.
[39] *Ibid.*, p. 240.
[40] *Ibid.*, p. 240-241.
[41] *Ibid.*, p. 242.

si elle éclaire ce que nous constatons dans la sphère de la moralité, n'est pas encore assez maîtrisée pour donner une entière satisfaction : l'essai suivant, le plus long de l'ouvrage, est pour le moins bienvenu pour qui s'interrogerait plus avant.

L'enquête sur la conscience morale : néo-platonisme et théorie génétique de la moralité

L'essai VII présente de nombreux thèmes, comme la genèse du bon et du mauvais soi, l'égoïsme, le jouisseur, le sacrifice de soi, examinant nombre de pistes sur nombre de problèmes, polémiquant avec les uns et les autres sans qu'il soit toujours possible d'établir un plan clair et de comprendre toujours les intentions ultimes de l'auteur. Il s'en dégage une certaine impression d'éclectisme et les commentateurs en semblent embarrassés[42], délaissant la plupart du temps cet essai, il est vrai éclipsé dans la réception de l'ouvrage soit par « Ma Condition et ses Devoirs », et sa solution étatique, soit par la partie qui le suit immédiatement, ces « Remarques Conclusives », qui exposent la solution ultime, religieuse, ou même par l'essai le précédant immédiatement, où la moralité idéale est annoncée et exposée après l'insuffisance surprenante de l'essai V. De fait, cet essai VII semble en quelque sorte surnuméraire et l'on pourrait presque imaginer que sa suppression pure et simple ne nuirait pas à l'économie d'ensemble de l'ouvrage. Au mieux, on y souligne l'analyse génétique du bon et mauvais soi qui est sans doute le thème le plus aisément repérable dans la mesure où il présente une unité indiscutable. C'est pourtant sans doute dans l'ouvrage l'essai qu'on pourrait qualifier de plus personnel au sens où Bradley livre des analyses originales dont certaines sont indéniablement novatrices, et où il délaisse le plus le recours clair à des marqueurs néo-hégeliens, s'arrogeant le droit de poursuivre certaines pistes qui lui tiennent à cœur, même si les moyens lui manquent pour démontrer véritablement, pour explorer exhaustivement, pour résoudre définitivement. Il semble donc légitime d'en entreprendre l'étude en se demandant ce qu'il permet de conclure sur l'entreprise de Bradley, presque indépendamment des objectifs affichés d'un ouvrage de combat, ce qu'il demeure encore dans ces pages. Deux axes principaux méritent, nous semble-t-il, d'être dégagés : d'une part, cet essai présenterait d'une manière assez nette, même si elle n'est pas explicite, le fond néo-platonicien qui oriente, justifie, et relativise le recours à l'hégélianisme ; d'autre part il manifeste ce que nous nommerons l'espoir

---

[42] « Il est indéniable qu'une bonne partie de cet exposé sur la moralité et le développement moral est obscur et tiré par les cheveux. En même temps, il est intéressant de voir que bien souvent, Bradley anticipe les interprétations les plus modernes sur l'esprit d'une façon intuitive et non-systématique [...] ». Richard Wollheim, *F. H. Bradley, op. cit.*, p. 265.

heuristique de l'idéalisme de l'époque, au sens où l'opposition au scientisme n'a pas été une opposition à la science, tant et si bien qu'il était possible d'attendre de ce jeune courant s'affirmant un éclairage pour la science elle-même.

1) Un néo-platonisme implicite

La thèse bien connue de Muirhead, nous l'avons vu, vise à inscrire l'idéalisme néo-hégélien anglais dans une tradition insulaire toujours présente même si rarement dominante : le néo-platonisme[43]. À vrai dire, s'agissant des premières œuvres de Bradley, Muirhead ne semble pas particulièrement préoccupé de les insérer dans une telle tradition. Et de fait, on ne trouve nulle part de référence directe au néo-platonisme. Jamais une citation de Plotin ne vient appuyer ou illustrer un propos, même si au détour d'un terme grec, on comprend aisément que la philosophie antique est constamment présente à l'esprit de Bradley, presque comme une seconde nature engendrée par la fréquentation régulière et constante des textes[44]. Remarquons tout de même que pour un courant prenant à bras le corps le monde moderne et n'en niant aucune des avancées, que ce soit non seulement celles de la science pure, mais aussi celles de l'évolution biologique ou de la recherche historique la plus critique, se tenant très au fait de la pensée allemande la plus contemporaine, et utilisant explicitement Hegel à la fois comme outil pour élever le niveau de la réflexion philosophique et, car cela va implicitement de pair, comme moyen de secouer la sclérose, voire l'archaïsme de cette réflexion, c'est d'une façon générale toute la philosophie antique qui devient une référence peu

---

[43] Muirhead, *The Platonic Tradition...*, *op. cit.*, p. 13-14.

[44] Il n'est pas possible de lire les analyses bradleyennes sur le plaisir sans voir le dialogue qu'elles instaurent avec L'*Éthique à Nicomaque*. Ainsi le terme ἀκόλαστος, utilisé à la page 305, renvoie directement à la théorie aristotélicienne du jouisseur, de l'homme licencieux qui reste fixé à un stade de développement intellectuel qui est celui de l'enfant, sachant bien que pour un homme fait, une telle vie serait insatisfaisante : « Nul homme ne choisirait de vivre en conservant durant toute son existence l'intelligence d'un petit enfant, même s'il continuait à jouir le plus possible des plaisirs de l'enfance », Aristote, *Éthique à Nicomaque*, 1174 a, trad. J. Tricot, Vrin 1987, p. 489. De la même manière, il y a des traces sérieuses d'aristotélisme dans son traitement de l'habitude : puisque la vertu est une disposition stable et acquise par le fait de la volonté, elle se présente sous forme d'habitude, ce qui implique qu'elle se met en œuvre avec la même facilité qu'une disposition innée (*ibid.*, II, 1). L'habitude est donc une pièce essentielle de l'éthique aristotélicienne comme de celle de Bradley notamment dans l'éducation de l'enfant. Et c'est encore le Stagirite qui est au moins en partie à l'origine de l'idée que le plaisir est une dimension indépassable de l'action morale vertueuse : le plaisir qui s'ajoute à l'acte implique qu'il y a un plaisir à faire son devoir, et qu'au contraire un déplaisir accompagne l'acte mauvais dans son ordre (*ibid.*, X, 1 à 5).

opérationnelle immédiatement. C'est surtout dans des études d'histoire de la philosophie qu'une relecture des anciens pourra faire apparaître de nombreux traits d'actualité. Bref, si recours à Hegel il y a, c'est bien pour s'abstenir d'un retour à Platon, à Aristote ou à Plotin ! Cette absence ne doit cependant pas excuser par avance une recherche de ressemblances vagues, qui ferait que l'on peut se contenter d'un simple air de famille : reconstruire dans un discours l'explicite, c'est faire dire à des textes ce qu'il ne disent pas, et même si l'on sait que dans tout discours, il faut lire entre les lignes et qu'il y a peut-être beaucoup dans cet entre-deux, une telle entreprise doit asseoir sa légitimité par définition discutable sur des éléments précis et incontestables. Or il nous semble qu'en l'occurrence de nombreux points peuvent être relevés, particulièrement nets dans cet essai, où il sont en quelque sorte pris dans la masse de propos qui semblent avoir pour objet tout autre chose.

Nous sommes conduits au premier élément par le titre même de l'essai : « Égoïsme et Sacrifice de soi ». Certes, ces deux thèmes n'ont rien d'étrange dans des études sur l'éthique, et il en est bien question dans l'essai, essentiellement au début et à la fin mais aussi régulièrement au détour de telle ou telle analyse ponctuelle. Pourtant on ne peut pas considérer que ces deux points soient le centre des propos, puisque ceux-ci sont consacrés essentiellement à la genèse du bon et du mauvais soi. Pourquoi leur conférer une telle importance ? Il nous semble pertinent de les inscrire comme les deux extrêmes d'une dialectique qu'il nous faut bien qualifier d'ascendante, au sens de Platon, ou au sens de la conversion plotinienne qui remonte en sens inverse la procession de toutes choses à partir de l'Un, qui n'est jamais nommé comme tel par Bradley :

> Selon Plotin les êtres tendent spontanément vers une perfection qui suppose, à la limite, l'union totale au Principe premier. Mais ce « salut » auquel n'atteignent en fait que les mieux purifiés n'est jamais « donné », car l'immanence de l'Un reste imparfaite, en vertu même de sa transcendance. C'est donc au terme d'une ascension pénible que l'âme humaine peut espérer « toucher » mystérieusement le pur sommet d'elle-même. Ce faisant, elle porte pour ainsi dire en elle l'univers tout entier, qui n'existe vraiment que par la présence en lui de ce qui est plus que lui.[45]

Qu'est-ce en effet que la réalisation de soi comme tout infini à laquelle la moralité nous convie ? C'est toujours s'élever d'un état inférieur, multiple, contradictoire, non harmonieux, vers un état supérieur, plus unifié, plus harmonieux. En ce sens, l'égoïsme pointe du doigt ce que l'on pourrait qualifier d'état le plus inférieur puisqu'il consiste dans un refus de l'élévation, alors que le sacrifice de soi participerait de l'état le plus élevé puisqu'il conduit

---

[45] Maurice de Gandillac, *La Sagesse de Plotin*, Paris, Vrin, 1966, p. 240-241.

à l'oblation au nom de l'idéal. Dans ce qui nous semble une incise à vocation générale dans l'analyse de la genèse de la moralité chez l'enfant, Bradley nous donne la clef de cette élévation, qui est un processus continuel de l'abandon par l'individu d'un moi inférieur parce que trop particulier au bénéfice d'un principe supérieur :

> Ce résultat est une simple continuation du processus consistant à laisser tomber tout ce qui est subjectif, tout ce qui ne concerne que moi en particulier, hors contenu de la fin, et il subordonne mes buts à des questions générales jusqu'à ce que, d'une part le simple contenu objectif des fins, hormis l'idée de mon activité, soit ressenti comme l'affirmation de ma volonté, et d'autre part que ces fins soient amenées à une harmonie à laquelle préside ce que, pour aller vite, nous pourrions appeler l'idéal.[46]

Ainsi, ce processus n'est pas un mouvement de l'être seul, mais un mouvement général qui fonde, appelle et satisfait :

> Le soi de l'homme est alors maintenant enveloppé dans le processus général du bien, par l'habitude sa volonté s'est alors jointe à l'idéal ; et dans cette réalisation même, qu'elle émane de lui ou d'autrui, il trouve une source de plaisir permanente et durable [...][47]

Dans cet essai, plus rien ou presque[48], ne permet plus de qualifier d'hégélienne une telle dialectique : il n'y a plus de sursomption, de travail du négatif, mais au contraire une élévation progressive des plus bas degrés de l'être au plus élevé. On pourra dire que c'est du fait d'une analyse psychologique que cette progression presque continue a lieu, mais cela n'est pas suffisant pour expliquer une structure générale bien présente dans toutes les analyses : une contradiction ressentie s'éprouve comme manque d'harmonie qui se résout dans un stade supérieur plus harmonieux, mieux unifié et qui oublie en quelque sorte l'état inférieur. Il n'est jusqu'au terme ultime, le religieux, qui ne se présente d'une façon néo-platonicienne. En effet, il n'y a plus, dans l'essai VII,

---

[46] ES, p. 292.

[47] *Ibid.*

[48] Il est toujours délicat de qualifier quelque chose de non-hégélien. Il est clair ainsi que le néo-platonisme est parfaitement en accord avec l'esprit de l'hégélianisme qui l'a d'ailleurs sorti d'un oubli historique. En somme, de ce néo-platonisme qui apparaît nettement ici, nous ne dirions pas qu'il s'oppose à Hegel puisqu'il conduit bien souvent à des résultats ou des analyses identiques, mais simplement qu'il n'est jamais assez hégélien au sens où il y aurait toujours un effort à faire, que Bradley refuse de faire, pour être hégélien.

la moindre allusion à l'idée d'évolution. On assiste bien à un progrès indéfini de l'individu, qui n'est certes pas un mauvais infini kantien, mais qui appelle un saut extatique dans une forme d'absolu présent de toute éternité, puisqu'il est permanent et perpétuellement existant, an-historique, dans l'identification de la volonté à celle de Dieu, comme cela sera expliqué dans les « Remarques Conclusives ».

Cette progression à l'intérieur de la moralité, et c'est notre deuxième point, s'inscrit de plus dans ce que nous pourrions nommer en extrapolant un plan cosmique. Certes Bradley nous explique très exactement en quoi la moralité concerne une sphère bien précise qu'il prend soin de délimiter[49]. Mais ce qui est caractéristique, c'est que la progression vers l'unité ne commence pas avec l'apparition de la moralité, car elle est bien là dans un stade pré-moral chez l'enfant déjà :

> Mais, avant de passer du bien inconscient au bien conscient, et, par là-même, à la moralité, nous devons tracer la croissance du mauvais soi (non connu comme tel) dans le but de découvrir comment la connaissance du bien et du mal provient de leur conflit dans le sujet conscient de soi.[50]

L'idée est étrange, puisqu'il est reconnu qu'on ne peut trouver de moralité avant un certain stade, et en même temps que le bien et le mal commencent avant. Comment penser cela ? Sans contradiction manifeste, cela ne peut signifier qu'une chose : l'existence sur un plan général, de deux « mouvements », que l'on peut qualifier l'un de bon (celui qui s'élève vers l'Un-Bien), l'autre de mauvais (celui qui refuse cette élévation). Ainsi la moralité n'est que le nom que nous donnons à ce conflit de l'intérieur d'une âme humaine. Dans ce plan cosmique, les deux principes se situent dans une âme dont la division fait écho à la division originaire de type platonicien et bien sûr plotinien[51] :

---

[49] Pour que l'on puisse se situer au stade de la moralité, certaines conditions doivent être remplies qui nous font rentrer dans la sphère morale (*the moral sphere*) : « Trois éléments s'y trouvent impliqués, la connaissance du bien, la connaissance du mal, et la volition consciente de soi » ES, p. 297.

[50] *Ibid.*, p. 293. Voir également *supra* : « À ce point nous avons atteint l'étape où commence l'éducation morale ; non pas que l'enfant sera un être moral pour autant, mais c'est à ce moment que nous pouvons constater les débuts inconscients d'un soi meilleur ou pire », *ibid.*, p. 285.

[51] Le thème de la dualité dans l'âme, qui est tirée vers le haut en même temps que retenue vers le bas, est assez connu pour que nous ne nous étendions pas trop. Ainsi par exemple dans le traité 6, « De la descente de l'âme dans le corps » : « [L'âme] occupe dans les êtres un rang intermédiaire ; elle a une portion d'elle-même qui est divine ; mais placée à l'extrémité des êtres intelligibles et aux confins de la nature sensible,

[...] et je suis moi-même porté à croire que deux âmes, deux principes opposés, se livrent bataille en moi, et font que je sois en guerre avec moi-même ; chacun aime ce que l'autre hait et hait ce que l'autre aime. Dans cette querelle je sais que le bien est le vrai soi, il est certainement plus moi-même que l'autre ; et pourtant je ne peux dire que l'autre n'est pas moi-même, et lorsque j'entre en lice contre lui, c'est dans ma propre poitrine que je fige ma lance.[52]

On ne peut pas ici ne pas penser à une réminiscence du *Phèdre* et de l'attelage des deux chevaux ailés[53], ce qui nous conduit à nous demander quelle est exactement la nature du bien et du mal.

Dans notre troisième point, nous devons examiner plus avant cette curieuse morale à laquelle nous convie Bradley. Il semble que les commentateurs ne se sont guère étonnés de la curieuse figure du mal dans *Ethical Studies*. Le moins que l'on puisse dire, c'est que Bradley ne fulmine pas contre l'existence des méchants, qu'il ne semble pas obsédé par le combat contre le mal et que rien ne ressemble moins à son texte qu'un prêche exsudant cette fameuse *moraline* contre laquelle Nietzsche a pu vitupérer. Qu'est-ce en effet que ce mauvais soi, dont la genèse ici permet de préciser la nature ? Il est en conflit permanent, en contradiction avec le bien et avec lui-même, il n'a pas d'unité réelle n'étant subordonné à aucun principe, il est tout au plus une unité collective. Le moins que l'on puisse dire, c'est que sa consistance ontologique est bien faible :

Quel est le contenu du mauvais soi ? Ici, nous ne trouvons aucun principe général, aucune unité objective à laquelle, comme fin, son contenu est subordonné. Tout ce que nous pouvons dire, c'est que le contenu du mauvais soi chez un homme consiste en des habitudes et des activités qui sont contraires au bien [...] Le contenu du mauvais soi n'a pas de principe et ne forme aucun système, et il n'est relatif à aucune fin [...] Le mauvais soi a bien entendu, comme nous l'avons vu et le verrons encore, quelque sorte d'unité, puisque nous en sommes conscients ; mais cette unité ne réside pas dans son contenu ; le contenu ne peut généralement être décrit que par référence au bon soi qui le

---

elle lui donne quelque chose d'elle-même ». Plotin, *Ennéades*, trad. Émile Bréhier, IV, 8,7. Ou bien encore dans le traité 8, « De la nature, de la contemplation et de l'Un » : « La partie de l'âme qui est la première est en haut, toujours près du sommet, dans une plénitude et une illumination éternelle, elle reste là-bas [...] ; l'autre partie de l'âme, qui participe à la première, procède éternellement, seconde vie issue de la première vie, activité qui se projette de tous côtés et qui n'est absente nulle part », *ibid.*, III, 8, 5.
[52] ES, p. 277.
[53] Platon, *Phèdre*, 246 a-b.

contredit et s'oppose à lui, et il ne peut se définir qu'en opposition à lui.[54]

D'ailleurs, comme pour confirmer cette nature du mal, on ne peut jamais dire que le sujet moral le choisit en tant que tel : « Le mauvais soi ne peut être désiré pour lui-même »[55]. Cependant, et dans le même mouvement, Bradley ajoute : « Il est faux de dire que le mal n'est pas fait en connaissance de cause »[56]. Que cela signifie-t-il ? D'une part, le mal qui est fait est fait consciemment : si je fais une erreur d'appréciation, et que je crois sincèrement que c'est le bien, je ne saurais être coupable. Cependant, ceci entendu, comment penser le désir du mal ? Bradley veut simplement dire que si, ponctuellement, je peux vouloir le mal dans une situation précise, et de fait le choisir presque dans toutes les situations de ma vie, cela n'implique pas que le mal soit mon projet global puisque l'inconsistance ontologique du mal m'en empêche. La moralité n'est rien d'autre que le projet de devenir meilleur, ce soi idéal que tout homme porte par nature en son cœur. Il est donc absurde d'imaginer que quelqu'un ait le pouvoir de désirer devenir plus mauvais car alors le but manque, car le « Pire Soi », qui serait l'inverse exact du soi idéal, n'existe pas. Le mal n'a pas d'unité, il est désordre et chaos, il n'est donc jamais un, mais toujours plusieurs, et pluralité à l'intérieur de laquelle aucun principe ne permet à l'homme vicieux d'établir une hiérarchie véritable. C'est pourquoi la pire figure du mal que Bradley propose, tout en précisant bien sûr qu'il n'est qu'une forme du mauvais soi[57], la pire parce qu'elle a le plus de cohérence possible pour le mal, est celle de l'égoïsme :

> L'égoïsme exclut la passion : tant que nous sommes égoïstes nous ne nous oublions en rien et nous gardons notre sang-froid ; d'où le fait que l'égoïsme empêche certaines sortes de crimes. Il exclut toute action en faveur de quelque fin considérée comme importante, indépendamment de notre confort personnel ; d'où le fait qu'un homme qui affame ses enfants pour pouvoir poursuivre son passe-temps n'est pas nécessairement égoïste, bien qu'il soit immoral en l'occurrence – au moins au sens propre. Plus encore, il semble que cela exclue la participation collective ; les plaisirs du sexe ou de la table

---

[54] ES, p. 279-280.

[55] *Ibid.*, p. 305.

[56] *Ibid.*, p. 306.

[57] Il est en effet clair que l'absence d'unité ne le permet pas : « L'égoïsme est une forme du mauvais soi […] le reste du mauvais soi consiste en la volonté de poursuivre des objectifs et de satisfaire des inclinations contraires au bien ; mais cela n'implique pas l'empressement explicite avec lequel ils sont traités comme des moyens de satisfaire une fin extérieure », *ibid.*, p. 308-309.

ne sont pas nécessairement égoïstes en soi, mais seulement dans leurs
conséquences, et dans la mesure où le fait de ne rien se refuser incline
à l'égoïsme.[58]

Qu'y-a-t-il au fond à reprocher à cet égoïsme, qui par ailleurs ne semble pas à
l'origine de ce que l'homme du commun appellerait volontiers les pires crimes ?
En prolongeant l'analyse, ne pourrait-on pas imaginer une société paisible
d'égoïstes viscéraux ? C'est cette *self-indulgence* froide et calculatrice, la plus
rationnelle possible, qui condamne l'égoïste absolument, pour autant que le
terme absolu puisse être employé concernant le mal. En effet, la complaisance
à soi n'est rien d'autre qu'une satisfaction du stade auquel on est parvenu, donc
une négation de toute élévation possible, et un véritable endurcissement dans
cette plate satisfaction. De celui qui est affligé d'une passion criminelle, ne
peut-on pas attendre encore un sursaut, que la situation affreuse dans laquelle
il s'est précipité induirait d'elle-même ? Rien de tel n'est possible pour
l'égoïste. Ne trouverait-on pas ici en une consonance avec les textes bibliques,
une condamnation du péché d'orgueil et de l'idée que Dieu vomit les tièdes ?
Tout au début de l'analyse de la genèse du mauvais soi, Bradley avait bien
pris soin d'indiquer qu'il mettait en quelque sorte la question du péché entre
parenthèses car cela ne relevait pas de son propos. C'est en effet une sage
précaution, car la figure du mal qu'il dessine est-elle vraiment chrétienne ?
Il semble que non, et s'il convient de la rattacher ici à une tradition, c'est
bien plutôt à celle de Socrate affirmant que nul n'est méchant volontairement.
Bien sûr, le mal n'est pas rien et le mauvais soi est à combattre, mais est-ce
là une affaire vraiment sérieuse ? Le mal n'est-il pas simplement la pesanteur
qui afflige la créature finie, plus d'ailleurs qu'elle ne la tire vers le bas car ce
serait trop lui accorder ; une créature finie qui de l'hypostase qui est la sienne,
n'aspire qu'à l'élévation[59] ? Le mal obscur tire encore sa lumière du Bien qu'il

---

[58] *Ibid.*, p. 275-276.

[59] La question du mal chez Plotin renvoie au statut de la matière. Même si dans certains
écrits, elle peut sembler être le mal, il faut comprendre sa nature vis-à-vis de l'Un vers
lequel toute chose, autant qu'elle est, s'efforce : « Dira-ton que la matière échappe à
cette tendance universelle ? Vouloir subsister dans son être, ne serait-ce pas pour elle
rejeter ces reflets de l'intelligence dont la nature travaille à se vêtir ? En vérité, si elle
« veut » quoi que ce soit, c'est précisément cesser d'être matière, c'est se délivrer de
son mal, échapper à la pure indétermination pour recevoir ne fut-ce qu'un reflet de
l'« être » ? S'il se connaissait lui-même, « le mal se haïrait ». Mais comme le dira un
célèbre directeur de conscience, envisageant le cas d'une âme qui par amour de Dieu,
voudrait se séparer de Dieu, il s'agit là d' « imaginer une chose impossible », car ce
n'est pas le mal qui veut, ni la matière qui désire, mais bien le sujet vicieux et la matière
déjà informée, ou affublée, pour ainsi dire, d'un « rêve de bien ». Or le sujet ne veut que
ce qu'il prend pour son bien et l'être le plus élémentaire souhaite d'accéder à son plus
haut statut ontologique. » Maurice de Gandillac, *La Sagesse de Plotin, op. cit.*, p. 241.

refuse obscurément et dont au fond il procède, Bien qui est la véritable force dans un conflit moral qu'il serait exagéré de décrire comme un drame.

C'est la nature de ce Bien qui constitue le quatrième et dernier élément à analyser. Qu'est-ce que le Bien en effet ? C'est pour Bradley, quelque chose qui existe en nous comme une aspiration de fait, naturelle :

> Et nous devons aussi remarquer, ce qui nous engagera plus encore, que le bien dans lequel l'enfant vit et se vit donc, est dans l'ensemble l'harmonie en soi. D'où le fait que le soi, qui se sent un et totalité, ressent dans le bien la réponse harmonieuse de sa vraie nature propre, et pressent que ce qui le réalise est un système en soi, et que ce qui diverge et est en désaccord est mensonger et faux.[60]

On a souvent décelé dans la valorisation de la bonne volonté (*Good Will*) l'idée d'une influence kantienne à propos de cette moralité idéale[61], expression que l'on pourrait qualifier également de kantienne. Mais si Bradley n'hésite pas effectivement à utiliser des termes empruntés à des registres divers, ce n'est pas pour autant qu'avec le mot il emprunte la chose. Comment en effet croire à la moindre présence de philosophie transcendantale dans ces lignes :

> Le bon soi est le soi qui s'identifie et qui prend plaisir au bien moral ; il s'intéresse et il est lié à des intentions et des activités, en bref à des fins, qui réalisent la bonne volonté. La bonne volonté est la volonté de réaliser le soi idéal ; et le soi idéal, comme nous l'avons vu, contient trois éléments : la réalité sociale, l'idéal social et l'idéal non-social. Alors, nous n'avons pas besoin d'en dire plus : le bon soi est le soi dont la fin et le plaisir est la réalisation du soi idéal.[62]

---

[60] ES, p. 291-292.

[61] Après « Ma Condition et ses Devoirs », continuer l'analyse dans l'ordre de la moralité pouvait en effet donner l'impression d'un trait kantien. Il nous semble plus juste de l'éclairer par exemple avec la distinction plotinienne entre deux types de vertus : « [...] la vertu plotinienne garde le caractère de cette origine. Elle veut être réellement une assimilation à Dieu. C'est pourquoi Plotin distingue deux degrés dans les vertus. Il y a les vertus que l'on pourrait appeler sociales. Prudence, justice, force et tempérance, lorsqu'elles sont à ce niveau, modèrent seulement les passions qui viennent du corps et elles règlent nos rapports avec les autres hommes. Au-dessus des vertus sociales, il y a les vertus purificatrices. Par elles, l'âme au lieu de composer avec le corps, comme les vertus sociales, se sépare radicalement de lui et tourne toute son attention vers Dieu : ces deux mouvements sont d'ailleurs inséparables. » Pierre Hadot, *Plotin ou la Simplicité du Regard*, *op. cit.*, p.119.

[62] ES, p. 279. La dimension pré-kantienne est encore plus nette sur la fin de l'essai : « Dans la moralité, la règle veut que ce que l'on donne rapporte avec intérêts ; et l'octroi du soi pour le bien est récompensé par l'élévation générale de la vie individuelle. Si le

Qu'est-ce que cette moralité qui relève du plaisir et de l'intérêt ? On doit noter
là une confusion abominable que refuserait tout kantien avec horreur : il y
a un plaisir au Bien. Nous ne sommes donc ici nullement dans la pensée ou
la croyance, mais dans une conception réaliste, au sens kantien, qui connaît
dans le phénomène, au sens kantien, la vraie nature de l'homme, la vérité
de ses aspirations dans le cadre d'une pure psychologie. Et le rôle du plaisir
dans le bien n'est pas accidentel, c'est le critère qui nous permet d'évaluer
la *self-realization* telle que l'entend Bradley. Dans ce plan d'ensemble qui
enjoint aux êtres finis que nous sommes de s'élever vers l'Un-Bien, comment
pouvons-nous savoir que nous réussissons ? La réponse de Bradley est assez
surprenante dans le cadre d'un idéalisme post-kantien : nous le sentons. Nous
sentons par le plaisir que nous éprouvons à parvenir en nous-mêmes à plus
d'ordre, d'harmonie, de perfection dirait-on dans la philosophie antique ; bref
que nous sommes *encore plus* un, c'est-à-dire que nous sommes *encore plus* un
organisme, un tout. Il sera nécessaire de revenir à cette question du sentir dans
la mesure où l'essai ne se frotte pas sans raison à la question de la psychologie.

Au travers des quatre points que nous venons de dégager, nous avons dessiné
les contours d'une conception qui ne peut être que néo-platonicienne si l'on
mesure les écarts qui la séparent d'autres pensées. Au regard des doctrines de
l'Antiquité de type platonicien, aristotélicien ou stoïcien, la présence de l'infini
poursuivi dans le tout que le soi doit réaliser suffit à marquer la différence.
Au regard de la religion chrétienne, outre les petites remarques ironiques et
dissonantes, l'idée d'une sorte d'appel naturel du Bien, qui ne fait jamais appel
à la grâce, qui n'intègre jamais une nature corrompue par un péché originel,
est de taille à introduire plus que de la suspicion. Au regard de l'idéalisme
kantien, le réalisme et la présence du plaisir au cœur même de la moralité vaut
comme divorce consommé. Au regard de l'hégélianisme même, il manque à la
fois un travail du négatif et une confiance dans l'esprit compris comme raison
qui assimile tout pour que l'identité de vue puisse jamais être proclamée. Cette
matrice ici recomposée n'est nullement un frein pour Bradley, nullement pour
lui un pur et simple retour. Au contraire, elle sert de base dynamique pour
intégrer tout ce que l'histoire de l'humanité aura fait comme progrès, et c'est
cette intégration massive, peut-être encore maladroite, qui masque le fond de
convictions qui préside à l'ébauche d'une métaphysique nouvelle dont on sent
l'appel. Car le projet de Bradley comporte bien une confiance dans les forces
propres de l'idéalisme qu'il défend, et dont on peut attendre des effets dans
l'ordre de la science.

---

bonheur consiste en la réalisation d'un idéal dans sa propre existence, l'accession à la
totalité d'une fin dans le soi privé, par le soi privé et pour lui-même, alors, si tant est
que les hommes puissent être heureux, il est vrai qu'en général la vertu est le bonheur »,
ibid., p. 309.

2) La réfutation de la psychologie associationniste

L'autre dimension marquante de ce septième essai consiste dans ce que l'on pourrait nommer la constitution d'une psychologie. L'expression est peut-être exagérée, car ne serait-ce que pour des questions d'espace, il n'était guère plus possible d'ériger une psychologie que de déployer une métaphysique. Cependant, Bradley fait ici bien plus que se livrer à des remarques psychologiques au sens trivial du terme dans la mesure où certaines analyses dépassent le cadre de la simple illustration, comme c'était le cas jusqu'à présent. En effet, à quoi peut prétendre la philosophie ? Une posture ancillaire à la remorque de la science, une fuite dans les régions éthérées de la religion, de la croyance pure ? Voilà autant de perspectives qui sont une capitulation. Dans *Les Présupposés de l'Histoire critique*, Bradley avait déjà eu l'occasion d'exposer que la science seule ne pouvait explorer efficacement tous les domaines ; quant à l'histoire humaine, elle ne pouvait que rester sur le seuil. Dans « *Progress* », il avait raillé l'impuissance du scientisme à rendre compte de l'existence de l'évolution. Cela ne revient-il pas à dire qu'une philosophie idéaliste, utilisant des concepts qui sont siens, comme ceux d'unité, de totalité, de finalité, pourrait mieux rendre compte du réel, ou du moins de certaines réalités, que la science ne le fait et ne le fera jamais ? Il ne s'agit pas ici d'une attitude défensive, consistant par exemple à interdire à la science qui, à bon droit, n'en a cure, d'étudier certains objets. Il s'agit ici de faire mieux qu'elle, dans ce que l'on pourrait appeler un rapport de saine émulation, et d'intégrer des éléments scientifiques exacts dans une véritable compréhension élargie de la réalité[63]. Or quel meilleur champ pour ce faire que celui de la psychologie[64] ? De ce qui advient dans l'âme humaine, au plus près de son expérience, et non pas dans des sphères abstraites d'une pensée vide, que peut-on dire qui vaille mieux que ce que les associationnistes, les atomistes, les utilitaristes ne peuvent dire, non pas au sens où l'on opposerait deux types d'évaluation de

---

[63] « Le néo-hégélianisme anglais ne prétend aucunement à occuper la place de la science : son but consiste plutôt à intégrer les résultats fragmentaires obtenus par la science, et à trouver au milieu des lois isolées et des catégories suprêmes du réel la chaîne ultime et nécessaire qui les relie tous dans la pensée », Antonio Aliotta, *The Idealistic Reaction against Science*, Londres, Macmillan, 1914, chapitre IV, « English Neo-Hegelianism », p. 99.

[64] Dans la dernière de ses notes préparatoires, Bradley décrit l'objet de son étude mais présente aussi ses motivations et sa perspective d'ensemble : « La moralité est **un fait comme d'autres faits**. Le moraliste doit **comprendre ce fait**. La compréhension systématique de ce fait est la philosophie morale. Cela signifie que nous devons trouver les principes et les comprendre, cela signifie que nous devons le comprendre non pas comme un fait isolé mais en relation avec tout ce que nous connaissons. **Une philosophie morale sans psychologie ni métaphysique** est une illusion » PAP, p. 231, C'est nous qui soulignons.

la vie humaine, mais au sens où l'on sauverait bien mieux les phénomènes ? C'est, semble-t-il, cet horizon que se fixe Bradley dans cet essai, qui comporte beaucoup plus d'enjeux que sa position en quelque sorte surnuméraire dans l'ouvrage ne le laisse supposer.

Pourquoi Bradley prend-il la peine de mener de longues analyses de l'égoïsme, du jouisseur et du sacrifice de soi ? N'aurait-il pas mieux valu qu'il écrivît un traité des vertus, ce dont il se garde bien ? Son objectif est autre : il s'agit, sur des faits d'expérience reconnus par le plus simple des hommes – car il existe bien des comportements égoïstes, des individus qui font passer leurs plaisir avant tout, ou des héros qui sacrifient leur vie – de fournir des analyses plus complexes, justes, véritablement explicatives. Chacun des trois éléments que nous venons d'évoquer est pour Bradley l'occasion d'une dispute avec ceux qu'il considère comme ses adversaires. Mais si l'esprit de la pure polémique n'est pas toujours absent de sa plume alerte[65], le propos est plus sérieux : il s'agit de démontrer que des doctrines fondées sur des hypothèses fausses ne peuvent tout simplement pas rendre compte du réel alors que lui, en tant que représentant en l'occurrence d'un nouveau courant de pensée, le peut. Si l'on examine l'état de la psychologie de l'époque, deux courants méritent d'être distingués[66], l'un que Bradley désigne par le terme « associationnisme », l'autre à travers l'expression de « théories héréditaires ».

---

[65] *Cf.* l'admiration de Richard Wollheim pour le brio dialectique et l'efficacité destructrice du style de Bradley, *F. H. Bradley*, *op. cit.*, p. 252.

[66] Nous exceptons celui de la théorie philosophique traditionnelle issue de la scolastique qui aborde le psychisme humains par l'existence de facultés. Depuis que Kant a en quelque sorte levé le tabou cartésien qui interdisait une science de la substance pensante, en distinguant une psychologie rationnelle d'une psychologie empiriste, certes accompagnée de nombreuses restrictions, il devenait possible pour la science, de droit même si de fait elle avait déjà travaillé en ce sens, de s'emparer de cet objet. Certes, ni Fichte, ni Schelling, ni Hegel n'avaient accepté « l'autorisation kantienne ». Mais dans la seconde moitié du dix-neuvième siècle, les choses étaient trop avancées du côté de la science pour que l'on pût ignorer une psychologie empiriste scientifique qui accumulait les travaux, si ce n'est les résultats. Bradley intervient comme philosophe dans le débat au moment charnière où se constitue une science psychologique au sens fort. Voir à ce sujet, la préface du premier numéro de *Mind : A Quaterly Review of Psychology and Philosophy* (« Prefatory Words », *Mind*, N° 1, janvier 1876, p. 1-6), où George Croom Robertson affirme que c'est en Angleterre, nonobstant les travaux importants des Allemands Helmholtz et Wundt, que la psychologie trouve sa terre d'élection, du fait de sa symbiose avec la philosophie : « La pensée philosophique anglaise a été en grande partie fondée sur la psychologie, quand elle ne s'y est pas totalement immergée ; et la psychologie, en tant que science positive, doit produire une brassée de résultats, cohérents entre eux et en rapport avec les autres résultats engrangés dans le champ scientifique » (*ibid.*, p. 3).

La psychologie associationniste d'Alexander Bain est l'adversaire fondamental contre qui cet essai est écrit[67]. Fondateur de la revue *Mind* en 1876, désigné par Mill comme le premier psychologue de langue anglaise, Bain prétend mettre en place, indépendamment de toute doctrine matérialiste ou spiritualiste, une psychologie expérimentale qui veut expliquer la vie morale en combinant des faits psychiques élémentaires, dont la sensation est le fondement, à l'aide de la loi principale de l'association. Pour ce faire il recourt essentiellement à des observations subjectives et objectives ; il n'est pas hostile à la mathématisation de la psychologie, bien qu'il ne s'y essaye pas, et s'intéresse aux apports de la médecine et de la physiologie. L'entreprise est sérieuse, reconnue, et sa postérité indiscutable. Comment Bradley l'interprète-t-il ? À travers la critique qu'il porte, on peut déduire qu'il lui attribue un postulat méthodologique principiel, la thèse de l'égoïsme universel, et une méthode, l'association. Face à cela notre auteur, dont l'ambition n'est pas mince[68], aurait un postulat méthodologique, celui de la réalisation de soi comme tout infini, et comme méthode ce que nous appellerons faute de mieux un « holisme dynamique ». La question se pose alors de savoir laquelle des deux psychologies rend le mieux raison du fait moral.

Tentons de reconstruire ce qui devrait être l'analyse associationniste, que récuse Bradley, et qui pose que « Les motifs, ou fins de nos actions, sont nos plaisirs et nos peines »[69]. Il serait possible dire que tout individu est un jouisseur

---

[67] Dans ses notes préparatoires sur la genèse du désir et de la volonté, Bradley se réfère à la troisième édition de l'ouvrage de Bain, *The Emotions and the Will* (Londres, Longmans, Green and Co., 1875). PAP, p. 216-217. Cet essai est aussi l'endroit où Bradley énonce ses premières thèses contre l'associationnisme. Or, les arguments qu'il développe ont été très peu relevés par la critique, celle-ci préférant se concentrer sur *Principles of Logic* pour mettre en évidence les caractéristiques de l'attaque Bradleyenne contre les associationnistes : voir par exemple l'article de Philip Ferreira, « Bradley's Attack on Associationism », in James Bradley (dir.), *Philosophy after F. H. Bradley*, *op. cit.*, p. 283-306.

[68] Cette ambition n'est pas exceptionnelle pour l'époque. Nous devons faire ici allusion à l'œuvre de Hermann Lotze, dont Bradley a pris connaissance dès les années 1874-1875, (« What Bradley read », PAP, p. 499) et dont il reconnaît qu'il lui doit beaucoup dans *Principles of Logic* (« Preface to First Edition », p. ix). Lotze, qui a repris la chaire de Herbart et a enseigné la psychologie rationnelle et expérimentale pendant une quarantaine d'années, a conduit des travaux en psychologie dans une double perspective, scientifique et philosophique, pensant que ce double éclairage, cette conjugaison, était nécessaire pour rendre raison du fait de la pensée humaine. Sa présence dans la pensée anglaise est avérée dès 1875, puisqu'il a inspiré la thèse de James Ward sur les relations entre la physiologie et la psychologie, et dont un extrait, « An Attempt to Interpret Fechner's Law », a été publié dans *Mind* en 1876 (dans le quatrième numéro).

[69] Bradley cite Bain, en renvoyant le lecteur à *Mental and Moral Science* et à *The Emotions and the Will*. ES, p. 261 note.

(*voluptuary*), puisque chacun cherche à maximiser son plaisir. Cela reviendrait alors à élaborer une échelle qui irait du jouisseur égoïste[70], qui ne prendrait plaisir qu'à soi, au jouisseur altruiste qui prendrait plaisir au plaisir des autres, et même au jouisseur sacrificiel qui prendrait plaisir à se sacrifier pour le bonheur des autres (une figure qui risque fort de présenter une contradiction dans les termes), ces deux dernières attitudes pouvant même être valorisées. Pour le sens commun comme pour Bradley, une telle vision est pour le moins étrange, le sujet de la moralité ayant à choisir entre des comportements vicieux, l'égoïsme et la luxure, et des comportements vertueux dont le sacrifice de soi constituerait l'acmé. Comment Bradley pourrait-il réfuter la présentation erronée ? Il pourrait la détruire à la racine en démontrant que le postulat qui guide toutes les analyses associationnistes, à savoir que chacun est mû égoïstement par la recherche de son plaisir, est une pure abstraction, ce qui a déjà été énoncé dans l'essai III. Mais Bradley revient ici à cette accusation *in concreto*, et sur plus de vint-cinq pages d'une dialectique serrée et à la précision chirurgicale, dont nous ne suivons pas tous les détails, il reprend un à un tous les termes utilisés par l'associationnisme (plaisir, sensation, désir, volition, motif, fin) pour démontrer qu'ils ne parviennent qu'à une « description inexacte des faits »[71], à des contradictions, parce qu'ils ne prennent jamais les phénomènes au bon niveau, comme il le résume à la fin de son analyse sur le plaisir :

> Ici, la confusion est inévitable si nous ne prenons pas quelques précautions. Nous parlons du plaisir et des plaisirs comme s'ils représentaient quelque chose en soi et étaient distincts du plaisant ; comme si une activité plaisante n'était simplement qu'un plaisir, et comme si un sentiment plaisant n'avait d'autre contenu que le fait d'être plaisant. Ceci est évidemment injustifiable. Nous avons défini le plaisir comme sentiment d'affirmation de soi, mais nous devons nous souvenir qu'il n'existe rien de tel que la simple affirmation abstraite du soi. Le soi est affirmé en ceci ou en cela, et le ceci ou le cela de l'affirmation

---

[70] Bien entendu la thèse de l'égoïsme universel, dont on comprend bien depuis La Rochefoucauld l'idée principale (*Cf.* la première de ses réflexions morales : « Ce que nous prenons pour des vertus n'est souvent qu'un assemblage de diverses actions et de divers intérêts, que la fortune ou notre industrie savent arranger ; et ce n'est pas toujours par valeur et par chasteté que les hommes sont vaillants, et que les femmes sont chastes » [La Rochefoucauld, *Maximes et Réflexions diverses*, Paris, Gallimard, coll. « Folio », 1976, p. 43.]), est tout de même obligée de distinguer deux types de comportement. C'est pourquoi – dans le souci de mettre un peu de bon sens dans les expressions, pour ne pas arriver à l'idée d'un égoïste égoïste et d'un égoïste altruiste – il est plus judicieux de parler de thèse de la jouissance universelle (état neutre) que l'on pense ensuite, et ce serait quantifiable, en fonction de ce qui est tourné vers les autres ou vers soi.

[71] ES, p. 264.

particulière doit être ressenti : le sentiment de soi n'est pas une chose en soi, divisible de ce qui est senti dans le soi : le sentiment, et le sentiment d'être affirmé ou nié, ne sont pas des parties mais des éléments d'un tout, ils faut les considérer comme distincts et non comme divisés ou séparés. [72]

Reprenons l'essentiel de l'argumentaire à propos de l'exemple bradleyen du verre d'eau[73]. De lui-même cet objet n'est pas désirable : pour qu'il le devienne, il faut que, me représentant en train de le boire, je me figure la sensation agréable, le plaisir que j'éprouverai à le boire. Ce n'est donc pas la pensée du verre d'eau qui me donne envie de boire, mais l'idée du plaisir que j'en aurai. Ainsi présentée, la thèse associationniste semble une évidence absolue. Pourtant elle est fausse, et il n'y a sans doute qu'un idéaliste pour pouvoir rendre compte correctement de l'expérience qui vient d'être décrite, et qui n'est que partiellement décrite. L'idée qu'un verre d'eau fasse plaisir à celui qu'il désaltère ne suscite en effet chez personne aucun désir. Ce qui fait le désir, c'est le fait qu'un individu, moi, éprouve, sente à l'intérieur de lui-même une tension, une contradiction – je sens au présent un certain état, pénible, la soif, et je me représente une sensation plaisante, celle d'étancher ma soif : cette tension me meut en direction du verre d'eau que je bois. Un lecteur pressé dira : mais c'est dire la même chose en plus compliqué ! Or, ce n'est pas le cas. L'associationniste voit bien le mouvement (qui ne le verrait pas...) : « j'ai soif, je vois le verre d'eau objet de tout mon désir, je le bois, quel plaisir que d'étancher sa soif ! ». Et ce résultat, le plaisir, qui couronne le mouvement tout entier, l'associationniste l'extrait, l'abstrait de tout le processus qui y conduit et le pose comme cause du mouvement tout entier[74] : c'est une banale confusion entre la cause et l'effet... Là où il pense l'action d'une chose, la sensation de plaisir imaginée, sur un individu qu'il meut, il y a en vérité beaucoup plus que deux « protagonistes » : celui qui se plaît tellement à tout découper en petits morceaux ne découpe pas assez. Beaucoup plus d'éléments qu'il ne le croit

---

[72] *Ibid.,* p. 262.

[73] Il est conduit sur plusieurs pages et n'a pas seulement une vocation pédagogique : il sert aussi de test, car nous avons là un exemple élémentaire d'une simplicité extrême, dont le moins que peut faire une doctrine, c'est d'être capable de le décrire exactement. *Ibid.,* p. 264-267.

[74] Bradley, sans doute dans l'idée que ce qu'il énonce n'est pas si facile à comprendre, multiplie les phrases où il différencie le verbe de son résultat, l'actif de l'accompli : « "mon plaisir ou ma peine me meuvent" ; à ceci nous répondons Oui. "Et mon plaisir est ma motivation" ; à ceci nous répondons Non, *non sequitur* », ES, p. 258. La confusion entre le plaisant et le plaisir n'est d'ailleurs pas fait par les hommes du commun : « Dans un sentiment plaisant ils ne séparent pas le plaisir de ce qui est senti en particulier ». *Ibid.*, p. 263.

entrent en jeu : une conscience de soi, une sensation de contradiction, une sensation de douleur, une idée de l'objet, le savoir que l'objet à telle propriété, l'imagination de la sensation future ressentie. Et la pensée de l'action accomplie par l'idée de plaisir, est ridiculement pauvre : c'est un mouvement de cause à effet, un mécanisme de type newtonien. En vérité il y a une tension dialectique dans une relation dynamique et génétique. L'associationniste fait donc erreur sur les deux plans : son analyse ne découvre pas tous les éléments, et leur synthèse censée recomposer un mouvement fait injure au réel.

On peut se demander pourquoi l'analyse de la figure du jouisseur, puis de l'égoïste, suivent immédiatement la réfutation de la thèse adverse. Il nous semble que cet emplacement n'est pas innocent et que l'on peut y voir le prolongement de la réfutation. Qu'est-ce en effet qu'un jouisseur ? Bradley fait remarquer qu'un jeune enfant n'est jamais taxé de jouisseur : pour que l'on puisse parvenir à ce stade, il faut un certain développement intellectuel. Il faut que l'entendement soit assez développé pour manier l'abstraction : le jouisseur veut le plaisir en soi, le plaisir est sa fin. Le jouisseur en puissance se rend compte d'un fait banal : les objets qui me procurent une sensation de plaisir sont divers, multiples, et variables. Arrivé à cette profonde vérité, deux solutions sont possibles. La première consisterait à continuer de réfléchir, à distinguer le plaisir et la joie, à chercher à hiérarchiser les objets, les fins, les valeurs. La seconde, qui nous fait passer au jouisseur en acte, serait de se fixer à cette étape, au sens où Freud décrit la perversion comme une fixation à un certain stade infantile de développement, et d'en conclure sans plus attendre, que peu importe le flacon, l'ivresse seule compte et que tout n'est que moyen pour moi d'arriver au plus de sensation de plaisir possible :

> « J'ai prouvé par l'expérience qu'aucun de ces objets n'est la fin que je veux vraiment. Je les veux tous, et pourtant je n'en veux aucun pour lui-même ; et cela montre qu'il y a quelque chose en eux que je veux. Qu'est-ce ? C'est mon plaisir. L'idée de plaisir, indépendamment de toute sorte de sentiment plaisant particulier, et indépendamment de la réalisation de quelque objectif, est la fin : tout le reste n'est que moyen à cette fin, et doit être traité comme tel ». Ici, nous avons enfin le jouisseur type.[75]

La vérité de l'homme serait alors la maximisation de son plaisir[76]. Qu'est-ce que l'associationnisme utilitariste sinon la philosophie spontanée du jouisseur ?

---

[75] *Ibid.*, p. 273.

[76] Dans une note, Bradley présente ainsi les différents stades de la détermination du soi à partir de la sensation immédiate d'un besoin : appétence simple (S*imple Appetite*), début de l'intérêt objectif (*objective interest*), désir réfléchi (*Reflective Desire*). Ce dernier stade comporte plusieurs cas possibles : avoir des fins objectives (*objective*

Imaginons maintenant que le jouisseur réfléchisse davantage, du lieu même où il s'est arrêté. Sa poursuite du plaisir pour le plaisir n'est ni sans danger, ni sans déception, car même dans ce vice, il se met en jeu lui-même. Ce n'est pas un bon calcul, ce n'est d'ailleurs même pas un calcul du tout : le jouisseur n'est pas très intelligent, il lui manque la vertu de la prudence. Certes sa conduite est égoïste mais il n'est pas encore un égoïste. Car ce dernier sait bien que le plaisir est encore une fin et que pour être bien confortable, il faut qu'il n'y ait aucune fin, ou du moins que toutes les fins ne soient que des moyens pour l'être particulier que je suis dans ma particularité :

> Le jouisseur idéal recherche consciemment le plaisir dans l'abstrait ; le jouisseur réel recherche consciemment les sentiments plaisants qui proviennent de la satisfaction de certains désirs ; l'égoïste recherche ce qui est généralement plaisant, et évite ce qui est pénible en général, et jamais il ne distingue le sentiment de plaisir comme une fin explicite, ni ne s'embarrasse à poursuivre le plaisant pour le plaisant, mais il fait des objectifs sa fin, consciemment ou non, du moment qu'ils sont plaisants. S'il séparait le plaisir du plaisant et qu'il le poursuivait pour en retirer le maximum, il serait un jouisseur idéal : s'il poursuivait une certaine forme de sentiment plaisant en tant que tel, il serait un jouisseur réel. Il n'est ni l'un ni l'autre ; il ne se caractérise pas tant par sa fin que par son absence de fin, par son empressement à utiliser tout ce qu'il peut comme simple moyen, qu'il abandonne par la suite lorsque cela ne sert plus la fin à laquelle ces moyens doivent conduire, *c.-à-d.* certains objets ou certains sentiments qui n'ont rien d'autre en commun que le fait d'être plaisants et qui, s'ils devaient commencer à se révéler pénibles, seraient automatiquement écartés.[77]

L'égoïste est donc bien pire que le jouisseur[78] : il n'est pas simplement utilitariste, il l'est conséquemment, rationnellement pourrait-on dire. On comprend, avec ses analyses, que Bradley ne nous donne pas seulement la

---

ends), la sensualité brutale (*Lust*), l'égoïsme (*Selfishness*), et enfin la figure du jouisseur, (*The Voluptuary*). Nous noterons que ce dernier cas est résumé par la formule « the abstraction of pleasure for pleasure sake », qui reprend donc le titre de l'essai III : l'utilitarisme associationniste est bien la philosophie du jouisseur. *Ibid.*, p. 282-283.

[77] *Ibid.*, p. 275.

[78] Bradley a fait la démonstration de l'impossibilité d'être un jouisseur idéal (*ibid.*, p. 263). C'est pourquoi le jouisseur réel, dans la poursuite d'un idéal impossible ne peut manquer de rencontrer précisément le réel, c'est-à-dire la contradiction qui est en l'homme entre la poursuite d'un devoir (le maximum de plaisir !), et la réalité. Saint Augustin n'a-t-il pas été un débauché avant que la grâce ne le touche ? On peut se le demander, car Bradley ne dit pas si l'égoïste rencontre une telle impossibilité salvatrice. Nous pensons que non : il est la possibilité la plus parfaite du mal, car il a volontairement désespéré de tout idéal.

clef pour comprendre certains vices, certains types d'hommes, il nous donne également la clef pour comprendre le peu d'aménité avec laquelle il traite de l'associationnisme utilitariste. Sans qu'il ne le dise explicitement ainsi, il ne lui reproche pas de commettre simplement une erreur. Certes il prend le plaisir pour une chose alors que c'est un résultat, certes il prend la sensation pour une donnée élémentaire alors qu'elle est un tout, certes il ne voit que de l'association là où il y a de la relation. Mais il y a un grief bien pire... Bradley diagnostique une faute, celle – pour être brutal – d'être la théorie justificatrice du vice... Ce n'est pas du tout le cas de ce qu'il nomme les théories héréditaires, que nous allons examiner maintenant.

On notera tout d'abord que l'examen, très court (mais qui constitue une sous-partie désignée par un titre dans la table des matières[79]) de la théorie héréditaire (*hereditary theory*) a lieu au moment de l'examen du bon et du mauvais soi, qu'elle est donc à créditer de la perception exacte de la tension qui existe en l'homme, et qu'elle n'est pas analysée comme fausse, mais comme insuffisante. À quelles doctrines Bradley fait-il allusion ici ? Le nom de Spencer vient immédiatement à l'esprit, car ce dernier, bien associationniste, refuse l'utilitarisme au sens où il pense à un sens moral, une sympathie innée, et n'utilise pas le calcul rationnel de l'intérêt. Dans ses *Principles of Psychology* (1855), il voit dans nos facultés la sédimentation de processus évolutifs en empruntant la notion de réflexe à la physiologie, et il n'hésite pas à utiliser la théorie de la localisation cérébrale : cette acquisition évolutive s'exprime par le biais de l'hérédité. Malgré une remarque acerbe (« Je ne pense pas que cette doctrine […] puisse vraiment être intelligible à quiconque se trouvant à l'extérieur d'un asile »[80]) qui pourrait aller dans le sens d'une réfutation de l'hypothèse évolutionniste, Bradley ne tenant pas en haute estime la pensée de Spencer, nous ne croyons pas que ce soit vraiment ce que Bradley cherche à faire. Il nous semble qu'à travers la pensée de Spencer, Bradley vise d'une façon générale la physiologie et la médecine. À l'époque, la science peut prétendre donner des explications à partir de deux domaines, celui d'une psychologie pure, dont nous avons vu en Bain un représentant reconnu, mais aussi celui de la biologie. Cette dernière ne semble pas en soi menaçante pour Bradley puisqu'elle fournit des données qu'il serait absurde de nier ou de ne pas utiliser[81]. Le seul problème peut venir de la mauvaise interprétation de ces

---

[79] ES, p. 278-279.

[80] *Ibid.*, p. 278.

[81] Par exemple, « Je suis loin de nier que cette façon de voir a une valeur considérable et qu'elle apporte quelque lueur sur le sujet, mais pour ce qui est de son explication des conflits du sujet, elle échoue doublement », *ibid.*, p. 278. Ou plus loin : « Je ne dis pas que les bonnes ou les mauvaises qualités ne sont en aucune façon transmises aux descendants », *ibid.*, p. 279 note 1. Nier toute hérédité serait stupide, comme serait stupide la réduction de l'homme à son hérédité : Bradley est assez hégélien pour savoir

données, ce qui semble le cas de ceux qui réduisent le bon et le mauvais soi à des collections de données héréditaires, et là sans nul doute Spencer est-il visé (« la théorie qui explique que les deux soi sont deux groupements d'habitudes, "égoïstes" et "altruistes", héréditaires, s'opposant l'un à l'autre »[82]). Il y aurait là une pure idéologie scientifique au sens où l'entendait Canguilhem[83]. La réfutation de Bradley s'effectue en deux temps. Tout d'abord, cette théorie ne parvient qu'à constituer des collections d'instincts, et elle ne peut faire que cela en fonction des postulats même de la science. Or, une collection n'a pas d'unité réelle, ni d'identité réelle : cette théorie pense en termes de tas, jamais de tout. On arrive donc à une tension entre deux collections au sein d'une collection supérieure, de surcroît consciente d'elle même, et qui arbitre, ce qui est absurde. Ensuite, Bradley fait remarquer qu'il n'y a pas de possibilité pour la science de classer correctement : s'il y a deux collections, il faut bien qu'un instinct soit dans l'une ou dans l'autre. La simple description de l'exemple très simple de l'instinct sexuel, par certains aspects égoïste, et par d'autres altruiste, suffit à réfuter l'idée.

Indépendamment de la différence axiologique entre les deux théories que nous venons d'analyser, une profonde identité épistémologique peut être dégagée car toutes deux échouent dans l'élaboration des éléments dont elles font la collection, la description du réel dont nous faisons l'expérience est là pour le prouver. Toutes deux échouent dans l'explication des liens entre les éléments, puisque juxtaposant ce qui entretient des relations, elles manquent le mouvement du réel et aboutissent à des contradictions. Une autre psychologie doit donc être possible.

3) Pour une théorie génétique de la moralité

Dans une longue séquence d'une vingtaine de pages, Bradley décrit la genèse de la moralité chez l'enfant. Cette description est indispensable à la compréhension de la moralité puisque celle-ci n'est pas un état, une faculté, mais un mouvement au cœur d'un sujet qui n'est pas non plus simple *res cogitans*. Ce n'est pas que la moralité soit réductible à la psychologie, ni non plus que la moralité lui soit extérieure : l'être humain est un tout, lui-même inscrit dans le tout du Monde, et l'incapacité à comprendre le tout et les relations qu'entretiennent des éléments qu'on ne peut pas nommer des parties

---

que la pensée n'est pas un os, comme le démontrent très clairement les pages de la *Phénoménologie de l'Esprit* consacrées à la Phrénologie dans la section sur la raison observante (« [...] pour l'homme, l'os n'est rien *d'en soi*, et est bien moins encore *son* effectivité vraie », *Phénoménologie de l'esprit, op. cit.*, p. 242).

[82] *Ibid.*, p. 278.

[83] Georges Canguilhem, *Idéologie et Rationalité dans l'Histoire des Sciences de la Vie*, Paris, Vrin, 1981, p. 33-45.

(car cela risquerait de leur donner une existence en soi) a suffisamment été récusée dans tout l'ouvrage. Mais cette attitude épistémologique implique une tâche difficile, puisqu'elle demande à la fois une vision d'ensemble et un regard aiguisé pour en pénétrer les détails. Richard Wollheim, qui à notre connaissance est le premier a avoir attiré l'attention sur cette dimension psychologique de *Ethical Studies*[84], en souligne bien l'ambition et la nouveauté :

> À ce point, Bradley suggère une approche complètement nouvelle du problème : mais il n'indique pas de façon très claire, et peut-être même ne s'en rend-il pas compte, à quel point il innove radicalement, de par sa propre méthode d'argumentation, et par rapport aux théories éthiques traditionnelles qu'il critique. Car il se tourne désormais vers une étude méticuleuse de la genèse de la moralité, de la séparation du bon et du mauvais soi, comme s'il était désormais convaincu, après la faillite de nombreuses tentatives visant à parvenir à une compréhension purement « abstraite » du sujet, que la seule méthode convenable pour exposer la nature de la moralité résidait dans la recherche de l'origine et du développement des phénomènes moraux à partir des « matériaux grossiers de la disposition naturelle ».[85]

De quels matériaux dispose Bradley pour accomplir cette tâche ? À vrai dire, de bien peu de choses. Bradley est au fait des œuvres des psychologues de son temps, et pas seulement dans son pays, mais rien ne lui semble assez satisfaisant pour le dispenser d'ébaucher par lui-même une psychologie. Certes, un hégélien trouverait dans la *Phénoménologie de l'esprit* – et dans l'*Encyclopédie des Sciences philosophiques* – cette idée d'une genèse du soi et du rôle de la contradiction dans ce processus. Précisément, car les thèmes d'un mouvement et de l'existence d'apories qui induisent l'élévation sont déjà présents dans le néo-platonisme, est empruntée à l'hégélianisme l'idée que, chez le sujet fini, l'esprit se manifeste d'abord dans la division entre la théorie et la pratique, l'intelligence et le vouloir[86], et que de fait toute analyse génétique

---

[84] C'est un point sur lequel de nombreux autres commentateurs le suivent, y compris en voyant dans les développements bradleyens sur la progression du soi et de la conscience une anticipation des travaux cognitivistes et des modélisations structurelles sur le développement moral de l'individu de Jean Piaget et de Lawrence Kohlberg, voire des théories sociales de Thomas E. Wren. *Cf.* David Crossley, « Feeling in Bradley's *Ethical Studies* », *op. cit.*, (voir sa bibliographie pour une liste complète des auteurs) ; et surtout Don MacNiven, *Bradley's Moral Psychology*, *op. cit.*, qui a été le premier à faire le lien entre les développements de Bradley sur la genèse du bon soi et du mauvais soi, et les théories de Piaget et de Kohlberg.

[85] Wollheim, *F. H. Bradley*, *op. cit.*, p. 255-256.

[86] « Cette connaissance finie se prend d'abord au sens large, de telle sorte qu'elle englobe le vouloir dont, alors, se contre-distingue la connaissance au sens étroit. Il ne s'agit

doit s'appuyer sur l'interpénétration du désir et des facultés intellectuelles. Très certainement, les analyses hégéliennes des divers éléments du psychisme dans ses divers moments ont dû être précieuses, et il n'est pas jusqu'à l'évaluation de l'enfance qui n'aurait des sources certaines dans les écrits du philosophe allemand. Mais ceci étant dit, jamais, ni dans son intention, ni dans sa structure, ni dans ses idées, le texte de l'essai VII n'est un décalque de la doctrine hégélienne. Il semble que la situation ici est assez proche de celle que nous avions notée avec *Les Présupposés de l'Histoire critique* : Bradley développe sa théorie tout seul, avec une originalité qui n'est pas perçue de ses contemporains. Cette nouveauté pose un problème délicat car Bradley utilise pour exprimer sa pensée le lexique de l'époque, qui apparaît fort désuet, ce qui pourrait entraîner une lecture fautive par négligence[87] : aussi, comprendre son texte aujourd'hui demande de faire usage d'un vocabulaire ou de théories qui n'existaient pas. La tentation est forte alors de céder au mythe du précurseur, et de soutenir que tout serait déjà dans l'œuvre de Bradley. Cela n'est jamais vrai car la séparation de la forme et du contenu, en science comme ailleurs, est une erreur ; et aucune pensée n'existe autrement que sous la forme précise où une théorie se déploie entièrement, telle qu'elle peut être conçue, entendue ou utilisée. Mais ces précautions étant prises, le recours à l'anachronisme peut être justifié lorsqu'il est éclairant. Il convient maintenant d'étudier le mouvement de la moralité suivant les trois stades que nous pensons pouvoir distinguer[88],

---

évidemment pas d'une distinction statique : sous sa forme immédiate de réalisation la connaissance est la connaissance au sens étroit ; c'est en raison d'une insuffisance radicale qu'elle suscite la venue d'une forme complémentaire, – d'ailleurs chargée d'une insuffisance symétrique – qui est celle du vouloir ». André Doz, *La Logique de Hegel et les problèmes traditionnels de l'ontologie*, Paris, Vrin, 1987, p. 286. Bien évidemment toute la question est alors de savoir s'il existe une connaissance infinie, comme le pense Hegel.

[87] Des termes tels que l'âme, le bon ou le mauvais soi peuvent prêter à sourire pour un psychologue d'aujourd'hui qui aura tendance à n'y voir que la présence d'une idéologie. Il nous semble plus judicieux d'essayer d'une part de comprendre des analyses factuelles, d'autre part de dégager les valeur morales, chez un philosophe censées être conscientes, ce dont aucun être humain ne peut faire l'économie, et ceci quoi qu'en pense une modernité triomphante si ce n'est arrogante.

[88] Don MacNiven, dans *Bradley's Moral Psychology,* décrit quatre étapes de vie morale suivant une loi d'individuation : un stade humien (*Egotistical Hedonism*) où l'enfant se comporte de manière égoïste, proto-utilitariste, ne s'intéressant qu'aux conséquences hédonistes et dont la raison n'est encore que l'esclave des passions ; puis un stade « institutionnel » (*Institutionalism*), l'étape éducative, où se forment le bon soi et le mauvais soi, où l'enfant fait l'apprentissage de l'existence d'une volonté au-delà de son soi, et où ce qui est supérieur est présenté comme externe même si son contenu est ressenti intérieurement. Le processus se continue alors et ce qui est subjectif est peu à peu laissé de côté, ce qui conduit au troisième stade, personnaliste, (*Personalism*) où le principe

en notant par avance qu'il s'inscrivent dans une continuité, puisqu'il n'est pas possible de distinguer précisément l'instant du passage de l'un à l'autre.

Le stade amoral

Le premier stade, que nous qualifierons d'amoral, est celui où, à partir de l'état de nourrisson, le très jeune enfant organise ses appétits[89] en établissant des relations. Trois éléments sont ici remarquables. Tout d'abord, l'enfant n'est jamais simple collection passive de sensations. Son désir n'est pas pensé comme pur manque, même si bien sûr il éprouve des besoins dont la présence est source de douleur et la satisfaction source de plaisir. Il possède bien un soi, il est capable de « *self-feeling* » : c'est un individu, un organisme qui s'affirme dans le champ de ses sensations. Rappelons que le plaisir pour Bradley se définit comme l'état qui accompagne une affirmation de soi, et non l'état de satisfaction d'une tendance isolée partielle[90]. Cela nous conduit à un deuxième point : d'emblée, l'individu n'est pas pensé comme un être isolé, mais dans une relation. En termes plus modernes, nous dirions que son essence est un être-au-monde, certes ici dans le cadre du pur sentir, et cette relation originaire est le fondement à partir duquel des éléments seront distingués. En ce sens, il faut insister sur le fait que le plaisir n'est pas l'élément premier, mais bien l'aptitude à la relation. Ce n'est pas le plaisir qui établit une relation entre l'individu et l'extérieur : la relation est première et le plaisir n'est qu'une relation réussie. Sur ce point, Bradley accorde qu'il en est de même pour l'animal : certes avec de pauvres exemples[91], sont conduites régulièrement et jusqu'à ce que

---

d'individuation s'ouvre à la conscience de la moralité ; le juste se fonde sur le principe de la réalisation de soi et c'est l'endroit où Bradley introduirait la notion de « moralité cosmopolite », *cosmopolitan morality,* pour induire celle de moralité universelle. Nous arrivons alors au quatrième stade, religieux-mystique (*Religious-Mystical*). Outre le fait que Don MacNiven s'appuie sur l'ensemble de l'œuvre de Bradley, ce qui dépasse notre propos, il nous semble que l'analyse comporte des imprécisions, des formules parfois malheureuses : par exemple, elle introduit une confusion possible entre l'utilitarisme et une phase du développement humain, alors que pour Bradley, l'utilitarisme est toujours faux, à moins d'envisager un peuple de démons. Nous ne pouvons donc pas le suivre sur l'analyse détaillée des raisonnements de l'essai VII.

[89] « Notre point de départ avec l'enfant, c'est le sentiment qu'il a lui-même d'être affirmé ou nié dans telle ou telle sensation ; et l'étape supérieure (qui est très importante mais que nous devons prendre ici pour une évidence) c'est que le contenu de ces sentiments est objectivé dans les choses ». ES, p. 281.

[90] « Le plaisir est le sentiment d'une réalisation du soi ; c'est un sentir-de-soi (*self-feeling*) positif, ou encore le sentiment dans le soi de l'harmonie du soi senti et du non-soi. C'est un état du soi sentant (*feeling self*) (...) », *ibid.*, p. 261.

[91] Il n'y en a en fait que deux, le chien et le poussin. C'est la manifestation visible des préférences animalières de Bradley, qui aimait les chiens mais n'aimait guère les chats.

cela ne soit plus possible, des comparaisons avec l'animal, avec lequel, par conséquent, nous partageons beaucoup. De telles analyses inscrivent bien l'homme, dont la spécificité n'est jamais niée, dans un cosmos qui n'a rien de matérialiste. Cette liaison avec l'animalité comporte un lourd enjeu. Si nous voulons déterminer psychologiquement ce qu'est l'homme, nous sommes conduits métaphysiquement à remonter aux conditions de possibilité de ce qui fait sa spécificité. Ainsi, comprendre la moralité implique que l'on s'interroge sur ce qui en constitue la base, à savoir l'être vivant, et plus exactement l'animal sentant. Il n'y a donc pas lieu de poser une séparation abstraite entre l'homme et l'animal, ni de s'offusquer de la comparaison. Il nous semble que Bradley par avance accordera ce que l'on voudra à l'éthologie, sachant que la seule question importante est au bout du compte celle de l'interprétation de ses résultats[92]. Partant de là, on peut alors aborder le troisième point, celui du mouvement qui s'opère à ce stade, c'est-à-dire de ce qui peut, et doit s'il n'y a pas d'empêchement, s'y accomplir. Ici, l'enfant vit dans un monde orienté où il distingue des objets, et il parvient à une certaine représentation de ces objets extérieurs, certains liés à l'affirmation de soi (le chocolat, la mère, l'objet transitionnel) et d'autres à la négation de soi (le médecin avec ses piqûres, le sirop amer, le chien rugissant des voisins). Comment parvient-il à distinguer des objets ? Bradley engendre cette capacité de la façon suivante : la relation sentie qu'entretient l'enfant avec l'extérieur manifeste une affirmation de soi réussie dans certain cas, qui l'attache à certains objets. Nous utilisons ici des termes tel que attachement, lien ou empreinte pour se référer au vocabulaire de l'éthologie car c'est bien de cela qu'il s'agit. Son intérêt est transféré des objets qui satisfont immédiatement ses appétits à d'autres objets qui sont alors directement perçus comme plaisants :

> La mère et la nourrice satisfont les besoins récurrents de l'enfant ; mais en fait, elles lui sont plaisantes pour d'autres raisons et elles sont toujours avec lui, si bien qu'il les ressent comme faisant partie de lui et, quand il se retrouve seul, il se sent mal à l'aise et a besoin d'elles. On observe la même chose, mélangée, et avec d'autres sentiments, dans la relation entre le chien – c'est au moins le cas pour la plupart des chiens – et son maître.[93]

Il y a là ce que nous pourrions nommer un début de mécanisme d'identification : ce n'est pas la simple présence ou absence de tels objets distingués qui est en cause. Le soi de l'enfant est directement concerné, dans sa propre affirmation

---

[92] Bradley était en outre parfaitement conscient des enjeux de la comparaison de l'homme et des animaux supérieurs. Il avait lu *The Descent of Man* de Darwin en 1873-74, où la question de la place de l'homme dans la nature est un des thèmes principaux.
[93] ES, p. 284.

ou négation, par ce qui advient aux objets : « Il [le soi] le fait également, par négation ou affirmation de l'objet »[94]. Cette nouveauté dans le rapport entre l'intérieur et l'extérieur permet de passer à l'étape suivante.

Le stade pré-moral

Nous arrivons ici au deuxième stade que nous nommerons pré-moral où, pour Bradley, peut commencer l'éducation morale, et où l'enfant voit ses relations avec le réel être orientées dans la direction du bien et du mal. Pour comprendre ce passage, qui n'est pas brutal, il nous faut analyser le terme d'intérêt. Ici des échos très nets d'hégélianisme se font sentir, au sens où c'est un contresens de croire que l'enfant s'oppose totalement à la moralité ou qu'il conduit, dans son acception égoïste directement, à un bien général. L'intérêt est un lien qui, en tant que tel, relie aux choses : par lui on rapporte tout à soi ; mais c'est ne voir qu'une partie de la relation, car en même temps que l'on rapporte la chose à soi, la chose nous rapporte à elle. L'intérêt est également ce qui nous décentre, et ce qui nous décentre peut nous élever. De ce fait trois éléments nouveaux apparaissent à ce stade. Tout d'abord l'enfant parvient à doter certains individus différents de lui d'une « autonomie ». Nous avions vu précédemment que l'enfant était capable de concevoir des objets à l'extérieur de lui, reliés qu'ils étaient à son affirmation de lui-même : le progrès suivant est de distinguer l'objet, de lui conférer assez de consistance pour presque concevoir en lui une volonté indépendante. L'enfant se rend compte alors, et c'est un progrès et dans sa perception du monde et dans sa perception de lui-même, que ses propres actions peuvent contribuer à nier l'affirmation de soi de ces personnes auxquelles il a lié son destin. C'est un moment qu'il ne faut pas intellectualiser :

> Non pas qu'il réfléchisse beaucoup, si tant est qu'il réfléchisse ; il ressent du plaisir lorsqu'il est en accord avec ce qui lui est supérieur, de la douleur dans le cas contraire, et les étapes particulières du processus par lequel il est parvenu à cela ne se présentent pas du tout à son esprit. Il sait, en quelque mesure, ce à quoi correspondent « bien » et « méchant » ; avec l'un il est satisfait, et il est peiné avec l'autre. Il ne distingue pas réellement que la volonté supérieure lui est extérieure ; il ne se la représente pas devant lui comme étant la simple volonté de telle ou telle personne distincte de lui-même, mais à ce moment encore son esprit a un fonctionnement comparativement simple et conjoint [*run together*]. Il sent que la volonté supérieure est inséparablement liée à la sienne par affection, et unie à elle.[95]

---

[94] *Ibid.*
[95] *Ibid.*, p. 285-286.

À ce stade en effet, Bradley ne quitte toujours pas la comparaison avec l'animal. À l'objection que ferait un utilitariste qu'une telle attitude est égoïste, notre auteur rétorque que précisément il n'y a pas encore calcul, ou accidentellement, et de plus en plus peut-être lorsque l'enfant grandit. Pour preuve de cela, même un chien en est capable car son attachement à son maître est du même ordre. Un relation directe s'est établie entre l'enfant et la personne distincte de lui justement du fait de l'intérêt objectif tel que nous l'avons défini précédemment : « Dans ces attachements simples, il n'y a pas plus de "parce que" ou de "pourquoi" au sens de "motifs", qu'il n'y a un parce que pour l'amour de nous-mêmes »[96]. Le deuxième point nous conduit à la question de savoir ce qu'est la « *volonté supérieure* » (*superior will*). Il y a pour Bradley de toute évidence une vertu de l'obéissance, ce qui est bien en accord avec ses tendances conservatrices. Mais il ne faut pas se méprendre sur elle. Obéir n'est pas se soumettre, et cela implique une capacité à entendre ce qui est plus haut que soi : cela dépasse très largement le cadre de la société et – il faut l'observer ici, en accord avec le néo-platonisme – de l'homme. Paradoxalement, cela conduit Bradley à une confiance en l'enfant, qu'il partage avec Hegel[97]. L'enfant veut s'élever naturellement et ne pas en rester à ce stade de l'enfance :

> Obéir au commandement, plaire au supérieur est plaisant et est désiré comme fin ; la désobéissance et le déplaisir du supérieur sont en soi pénibles et sont évités. L'enfant aime être gentil, et ainsi (nous n'avons besoin d'aucune autre raison) la poursuite d'activités qui sont bonnes est appréciée, et elles sont pensées comme désirables en soi, tandis que, par un processus inverse, ce qui est désobéissant et mauvais devient non-désirable et est pensé comme tel. Rien que pour cette cause, le bien seul plairait ; mais en plus, la nature de ce qu'on enseigne à l'enfant comme étant le bien, en règle générale, est ce qui est dans l'ensemble plaisant, tandis que se laisser aller à ce qui est mal apporte dans l'ensemble la contradiction et la douleur.[98]

---

[96] *Ibid.*, p. 288.

[97] « La nécessité d'être élevé existe chez les enfants comme le sentiment qui leur est propre de ne pas être satisfaits d'être ce qu'ils sont. C'est la tendance à appartenir au monde des grandes personnes qu'ils deviennent supérieur, le désir de devenir grand. La pédagogie du jeu traite l'élément puéril comme quelque chose de valable en soi, le présente aux enfants comme tel, et rabaisse pour eux ce qui est sérieux, et elle-même à une forme puérile peu considérée par les enfants. En les représentant comme achevés dans l'état d'inachèvement où ils se sentent, en s'efforçant ainsi de les rendre contents, elle trouble et elle altère leur vrai besoin spontané qui est bien meilleur. ». Hegel, *Principes de la philosophie du droit, op. cit*, p. 196.

[98] ES, p. 286.

Il faut bien alors mesurer ce qui se joue dans l'éducation : il y a pour l'enfant un progrès dans le fait de moins subordonner son affirmation de soi à des éléments de circonstance et passagers. Ce progrès peut se faire dans le cadre des appétits et des plaisirs sensuels, c'est ce que Bradley analyse avec le terme « *lust* »[99] : nous sommes capables de donner une permanence à notre désir de plaisir. Mais ce n'est pas de cela que nous pouvons tirer et notre vertu, et notre joie. C'est par l'intérêt que nous avons pour des personnes auxquelles nous sommes attachés que nous sommes conduits, dès l'enfance, à nous élever : nous identifiant à elles, nous pouvons ensuite étendre cette sphère à des objets permanents comme le sont les valeurs, qui peuvent satisfaire le désir humain. Contrairement au plaisir qui s'éteint dès que l'objet de l'appétit est consommé, la poursuite de valeurs permet une réalisation de soi permanente qui ne s'arrête jamais[100]. Nous voyons bien alors que les développements intellectuel et moral sont liés. Nous sommes ici conduits à notre troisième et dernier point : l'étape éducative. Ce stade pré-moral voit se constituer le bon et le mauvais soi. On pourrait être surpris de voir ces éléments fondamentaux de l'essence de la moralité se constituer avant le stade de la moralité proprement dite. D'une part, cela manifeste bien cette continuité partout présente. D'autre part, cela correspond à une nécessité logique. En effet, l'enfant se constitue comme sujet dans un processus et n'est pas, comme un simple individu vivant, encadré par l'instinct qui régit le fonctionnement. L'enfant accède au langage, réfléchit, éprouve une multiplicité complexe de tendances et doit prendre place dans une société où il vivra en individu responsable. Nous pensons que Bradley se trouve ici dans le même problème que Freud, qui, après avoir énoncé que « là où était le ça, le je doit advenir » (« *wo es war, soll ich werden* »), a dû comprendre les mécanismes de cette assomption. Il ne nous semble pas faux de mettre en regard la constitution du bon et du mauvais soi avec la notion d'instance dans la psychanalyse. Freud constate bien que la simple association ne rend pas compte du psychisme et qu'il faut parvenir à une conception dynamique, et chez lui topique. Il constitue donc des « sous-parties », qu'il nomme d'abord systèmes, puis instances : ainsi dans la seconde topique, nous assistons à un conflit entre trois d'entre elles, le ça (la libido, le pôle pulsionnel) le surmoi, qui a intériorisé les interdits, et le moi, qui doit faire face aux exigences contradictoires des deux précédentes en tenant compte de celle, non moins pressante, de la réalité[101]. Est-ce, en termes plus modernes,

---

[99] Une note datée de 1924 prend acte du fait que le terme est malheureux : sa connotation péjorative fait qu'une ambiguïté persiste dans l'essai VII, puisqu'il est possible de faire de cet élément un moment « normal » du développement, et par ailleurs un vice. *Ibid.*, p. 269.

[100] *Cf. Ibid.*, p. 291.

[101] Nous suivons, pour la terminologie, le *Vocabulaire de la Psychanalyse*, de Jean Laplanche et Jean-Bertrand Pontalis, P. U. F., Paris, 1967.

si éloigné du conflit que Bradley pose entre le bon soi et le mauvais soi, entre lesquels chacun doit choisir ? Et il n'est pas jusqu'à l'« idéal du moi », modèle que le sujet s'efforce de suivre et qui résulte de la convergence du narcissisme avec les identifications aux parents, qui ne sont pas sans évoquer le soi idéal de Bradley. Ce n'est pas dire bien sûr que les deux interprétations du psychisme sont identiques, mais c'est simplement pour faire la remarque que face à un même problème, la nécessité de la compréhension implique des modalités communes dans le traitement des problèmes posés. Ainsi Bradley est-il conduit à mettre en place un bon et un mauvais soi avant tout choix moral possible. Le premier se constitue dans le prolongement de l'identification avec la volonté supérieure : ce processus commencé qui élève l'enfant vers plus de conscience vise la même chose que ce qu'il vise dès le commencement, l'affirmation de soi. Par conséquent, nous ne pouvons « vouloir » que l'intégration de tout cela dans une unité supérieure, en même temps que nous complexifions notre appareil psychique et intellectuel. Bradley sur ce point est conséquent : l'idéal ne tombe pas du ciel, il est présent depuis l'origine, et déjà chez la plus humble des bêtes, qui sent. Il n'y a donc pas lieu de s'étonner de la construction du bon soi comme système unifié et harmonieux :

> Le soi, comme nous l'avons vu, objective ses réactions dans les choses extérieures, et s'élève dans la satisfaction, comme pré-sentie dans cet objet sensible ci, ou celui-là, jusqu'à la pensée des fins, aux idées d'objets ou de recherches permanentes, senties ou connues comme plaisantes et suscitant le désir de par l'affirmation idéale qu'elles apportent. Celles-ci, lorsqu'elles sont en harmonie et qu'elles sont subordonnées à la volonté supérieure, nous avons vu qu'elles étaient bonne*s*.[102]

Il y a peut-être plus lieu de s'étonner de la présence d'un mauvais soi : « Le mal survient lorsqu'il y a divergence et insubordination avec la volonté supérieure, bien qu'à ce stade ni le bien ni le mal ne sont connus comme tels »[103]. En effet, si aucune disposition naturelle en elle-même n'est mauvaise, ni bonne d'ailleurs, si l'aspiration au bien est la vérité du soi[104], pourquoi faut-il qu'il y ait du mal ? La raison inévitable tient à notre finitude : « La volonté ne peut être unie au bien que par un processus d'habitude, et cela prend du temps »[105]. Par définition, il existe des conflits, et il y a des affirmations de soi partielles dans ce qui est mal. Les tendances diverses en elles-mêmes anarchiques, contradictoires, ne peuvent être immédiatement intégrées harmonieusement,

---

[102] ES, p. 294

[103] *Ibid.*, p. 294-295.

[104] « Haïr le bien c'est se haïr soi-même », *ibid.*, p. 307.

[105] *Ibid.*, p. 295.

et des habitudes s'accumulent, des attitudes qui constituent le mauvais soi. Non pas d'ailleurs qu'il soit un soi au même titre que le bon, puisqu'il ne tire sa permanence que de l'existence du sujet, non pas même que ce mauvais soi combatte le bon : il s'agit encore de processus inconscients que l'on ne peut qualifier de moraux. Mais c'est sur ce fond que se constitue la conscience morale.

Le stade moral

De ce troisième stade, celui qui nous permet de passer dans la sphère morale proprement dite, il y a beaucoup moins à dire, puisque nous rencontrons avec lui des descriptions et des analyses plus communes. Techniquement, les conditions de l'accès à la moralité sont aisément définissables : au moi tel qu'il est dans le stade précédent, il faut ajouter une conscience de soi morale, c'est-à-dire une volonté consciente d'elle-même qui connaît le bien et le mal comme tels, et s'avère donc capable d'accéder à la moralité[106]. Moins aisé, et pour tout dire impossible, est l'assignation du moment où nous accédons à ce stade. Toujours fidèle à la logique d'expansion continue du sujet, Bradley propose une reconstruction mentale :

> Personne, j'en suis sûr, ne peut se rappeler le commencement de ses perceptions morales, bien que l'homme ne doute pas qu'il en soit capable ; mais le commencement ressemble probablement à quelque chose de la sorte... Après que le bon et le mauvais soi se sont développés inconsciemment par habitude, l'enfant commet quelque mauvaise et action et, après l'acte, la sensation douloureuse d'un conflit, qui s'est alors manifestée, lui cause quelque réflexion. À présent, il est manifeste que cet acte est opposé au bien, et dans cette contradiction perçue les deux volontés apparaissent clairement comme contraires l'une à l'autre et, à l'occasion de la tentation suivante, l'idée de deux côtés opposés est présente et qualifie les désirs présents opposés ; et ainsi, la volition qui suit s'effectue avec la conscience de la bonté et de la méchanceté. Nous pouvons représenter le commencement de cette façon, mais nous ne pouvons pas nous représenter le lent cheminement qui y a conduit ; pas plus que nous ne pouvons suivre dans ses moindres détails l'évolution de la conscience de soi humaine à partir du début du stade de l'animalité.[107]

---

[106] « Un être qui n'est pas conscient de soi, et moralement conscient de soi, ne peut savoir qu'il y a en lui-même une division entre bonne et mauvaise volonté ; et ceci est en soi une objection fatale à la théorie selon laquelle les deux soi sont des groupes d'habitudes héréditaires, égoïstes et altruistes, s'opposant l'un à l'autre », *ibid.*, p. 278.
[107] *Ibid.*, p. 301-302.

Cette sphère morale ainsi constituée appelle trois remarques. Tout d'abord il faut s'interroger ici sur la question de la contradiction. Bien présente depuis le début, comme contradiction sentie, elle est à l'origine du désir et de tout mouvement. Il est indéniable que Bradley a lu Hegel même si, comme nous l'avons vu, tout mouvement accompli du fait d'une contradiction que l'on dépasse ne suffit pas à faire un hégélianisme orthodoxe. Cette contradiction est au début ressentie, puis, sans qu'il n'y ait de saut brutal, elle est perçue, puis comme ici dans la moralité, conçue, et ce dans une conscience réfléchie. Certains commentateurs se sont émus de la présence du terme de sentir à ce propos, et ont vu dans la fréquence de ses occurrences une préfiguration du sentir et du rôle de l'expérience dans sa philosophie future[108]. Il ne nous semble pas qu'une telle extrapolation soit possible. Maniant le rasoir d'Ockham, nous préférons une interprétation beaucoup plus simple : le terme de sentir est constamment utilisé dans la genèse du soi pour la raison très simple que l'on est dans la genèse, et qu'il faut bien que les choses soient senties avant d'être pensées, réfléchies. Mais Bradley, ensuite, égrène bien dans la progression les étapes intellectuelles de manière traditionnelle, telles qu'on les lirait déjà chez Kant et *a fortiori* chez Hegel. De la même façon que Bradley accorde que tout est dans la sensation ne doit pas nous conduire à voir une préfiguration de l'expérience absolue. Chez Hegel déjà nous lisons cela[109], comme on le lirait d'ailleurs chez Leibniz dont la monade comme centre expressif peut passer par

---

[108] *Cf.* le livre de Don MacNiven (*Bradley's Moral Psychology*, *op. cit.*) qui remarque que le concept de non-contradiction, si important dans la métaphysique de Bradley, est déjà présent dans *Ethical Studies*. James Bradley, dans « Process and Historical Crisis in F. H. Bradley's Ethics of Feeling », in Philip MacEwan (dir.), *Ethics, Religion and Metaphysics in the Thought of F. H. Bradley*, *op. cit.*, p. 38-53, note que si la notion de *feeling* apparaît nettement dans *Principles of Logic*, on la trouve également dans *Ethical Studies* sous la forme de « contradiction ressentie » (*felt contradiction*) et d' « harmonie sentie » (*felt harmony*). Enfin, David Crossley, dans « Feeling in Bradley's *Ethical Studies* », *op. cit.*, part des remarques de Don MacNiven sur l'importance du lien entre la notion de sentir et celle de contradiction, mais, plutôt que d'y voir une indication de sa métaphysique ultérieure, montre en quoi Bradley anticipe les théories de Piaget et de Kohlberg.

[109] Dans l'*Encyclopédie*, nous lisons bien « Tout est dans la sensation », dans un paragraphe qui se termine de façon on ne peut moins équivoque : « Il devient nécessaire d'évoquer cette banale expérience, tout autant qu'il est également nécessaire aujourd'hui de faire savoir que le *penser* est ce qui différencie le *plus proprement* l'homme de la bête et que l'acte de sentir leur est commun ». Hegel, *Encyclopédie...*, *op. cit.*, p. 364. Il y a un réel problème chez Hegel qui divise les commentateurs : quels sont les rapports entre l'âme naturelle et l'âme humaine ? Nous suivons Bernard Bourgeois, dans son Introduction « Les deux Âmes, de la Nature à l'Esprit », in *Hegel, les actes de l'Esprit*, Paris, Vrin 2001, dans la différenciation que Hegel opère et qui nous semble bien plus nette que celle de Bradley.

des stades de perception plus ou moins confus. Ce qui doit en revanche attirer notre attention sur une évolution future est bien plutôt que Bradley pense la genèse sur un mode plus continu qu'un hégélien véritable ne le ferait, qu'il accorde beaucoup à l'animal et que le terme du mouvement, mais il n'est pas encore vraiment abordé ici, ne semble pas l'esprit absolu en un sens hégélien. De telles discordances, dans l'élaboration d'un système métaphysique, se feront certainement sentir, et il est loisible d'imaginer que, logiquement, elles ne pouvaient conduire que là où Bradley aura été conduit, bien que l'on doive être méfiant quand à l'illusion rétrospective du vrai[110]. Mais dire qu'ici Bradley « savait » déjà, qu'il avait déjà l'intuition de la solution, ne semble pas possible au vu de la seule lecture minutieuse des textes. Les deux points que l'on peut relever ensuite tiennent au test que l'on peut faire subir à la doctrine bradleyenne. Tout d'abord, la genèse de la moralité ainsi qu'elle vient d'être retracée permet-elle de résoudre le problème de la responsabilité, tel qu'il avait été posé dans l'essai I ? La réponse est positive et la solution vient de la notion de caractère qui joue en quelque sorte le rôle de moyen terme entre les deux abstractions, le déterminisme et le libre-arbitre pur. Dans le stade pré-moral, éducatif, l'enfant se forge un caractère, dans lequel il y a objectivement du bon et du mauvais, et c'est inévitable. Mais ce n'est pas encore moral. La moralité commence là où l'être pleinement conscient décide en quelque sorte de ce qu'il va faire lui-même de son caractère. Il est à noter qu'aucun caractère n'est absolument mauvais, car le mal ne peut-être un absolu. Ainsi le pire des individus, mal élevé, mais élevé tout de même – outre le fait qu'un caractère peut être, au moins en partie, amendé – est apte à choisir de le mettre au service du bien : le mauvais larron peut se sauver lui-même. Ainsi même celui qui dispose d'un bon naturel, expression erronée puisqu'il n'y a jamais là seulement du naturel, peut décider de le gâter en le mettant au service du mal. Comprendre que l'enfant est le père de l'homme permet de rendre compte de la réalité de la vie psychique et morale, les deux termes ne pouvant être disjoints. Car l'adulte ne fait que continuer le même combat par d'autres moyens, ceux qu'autorise ou impose la responsabilité :

> Si, cependant, nous changeons d'approche et si nous permettons à notre idée de moralité d'être teintée d'une considération quant au but ou au rôle dont elle s'acquitte au départ, nous découvrons que la théorie de Bradley gagne énormément en crédibilité. Car les angoisses et les conflits qui composent la vie morale de l'adulte, sont dans la continuité des efforts primitifs de l'enfant qui cherche à se sauver de ses propres impulsions destructrices ou à atténuer les ravages de la culpabilité qui

---

[110] Henri Bergson, *La Pensée et le mouvant*, P. U. F., 1946, Introduction (Première partie), *Cf.* la section « Mouvement rétrograde du vrai : mirage du présent dans le passé ».

accompagnent le fait qu'il y a succombé : et ceci, l'enfant le fait en essayant de rassembler tous les instincts et autres désirs susceptibles d'entrer en harmonie au service de l'ego qui émerge, et en réprimant les instincts qui résistent, de par leur nature, à une telle unification. Dans ses origines, la moralité *est* une quête d'harmonie.[111]

Ensuite, et c'est le deuxième test, l'analyse bradleyenne permet de rendre raison avec exactitude de l'existence du sacrifice de soi. Sa condition de possibilité est l'idéal du moi : comme objet de ma volonté, il n'est pas abstrait, comme étant au-delà de moi, il existe une ouverture qui permet le sacrifice. Il n'y a là rien de mystérieux, ni de surnaturel :

> La dernière interrogation porte sur le fait se savoir si tout sacrifice est nécessairement religieux ; et à cet endroit, nous sommes convaincus que non. Il se peut que l'on fasse valoir le fait que la volonté de supprimer le soi temporel implique une volonté unie à ce qui dépasse toute chose finie, une volonté identifiée à une volonté non-temporelle ; et qu'ici (quel que soit le nom qu'on lui donne) nous avons de la religion.[112]

De fait, on peut même aller jusqu'à dire que la moralité est toujours une sorte de suppression du soi, puisque comme progression infinie en vue de la réalisation de soi comme tout infini, elle est constituée par des morts à soi régulières qui nous conduisent à une réalisation d'un autre soi, supérieur[113]. Bradley ainsi banalise le sacrifice de soi. Non pas qu'il le dénigre, c'est indéniablement une bonne chose, puisqu'il semble qu'il n'y ait pas de sacrifice de soi pour une mauvaise cause connue comme telle, mais, comme s'il en mesurait le potentiel de fanatisme, il le relativise avec un sens très grec de la mesure[114].

---

[111] Richard Wollheim, *F. H. Bradley*, *op. cit.*, p. 266.

[112] ES, p. 311.

[113] « Nous avons vu que toute moralité, en tant qu'identification de la volonté à l'idéal, exige une sorte de suppression du soi ; et il en est de même avec la réalisation de soi, qui est pourtant en même temps un sacrifice de soi (*self-sacrifice*) », *ibid.*, p. 309.

[114] Il faut se garder ici d'une analyse « mystique » du sacrifice de soi. Anticipant sur les « Remarques Conclusives », ne pourrait-on pas se dire que le sacrifice de soi s'accomplit dans l'identification enthousiaste avec la volonté supérieure de Dieu ? Bradley ferait remarquer avec raison que, dans ce cas, il n'y a nullement sacrifice de soi, mais sans doute délire. L'individu qui se prend pour Dieu ne se sacrifie nullement lui-même car il n'a plus les pieds sur terre : « La cause par laquelle la volonté s'identifie à la négation du soi temporel, ne doit donc pas nécessairement être appréhendée comme non-temporelle, ou comme ce qui est au-dessus du fini *(the finite)* ; mais seulement comme une réalisation finie, élevée et supérieure à tel ou tel fini », *ibid.*, p. 311. Le sacrifice de soi n'est pas le fait d'une foi dévoyée, c'est le choix tout humain et douloureux, connu comme tel, que l'homme ordinaire est parfois capable de faire, avec raison, quand,

Le sage peut parfaitement accomplir la vertu sans sacrifice de soi, qui n'est pas l'accomplissement de la moralité, mais l'un de ses possibles auquel tout homme peut être conduit dans certaines circonstances exceptionnelles.

Faire le bilan de cet essai VII conduit tout d'abord à une satisfaction. De l'objectif initial, qui consistait à produire à partir des faits mêmes, en mettant entre parenthèses les questions fondamentales de la métaphysique, pour produire des théories plausibles qui rendent compte et raison de la réalité commune, nous pouvons dire qu'il est atteint. Il l'est parfois avec une clarté qui tient à la précision des argument utilisés, et c'est indéniablement le cas dans la partie critique. Si l'on s'est ému de la vigueur polémique de Bradley, c'est peut-être moins du fait de la brutalité des réfutations, qui comportent certes des remarques acides, mais jamais gratuites, que du fait de leur efficacité. Dans son travail, Bradley a certainement élevé le niveau du débat et porté des coups dont il sera difficile de se relever. C'est sans doute moins net dans ce que l'on pourrait appeler la partie positive, non qu'elle soit nécessairement moins vraie, mais parce qu'étant en élaboration, elle est difficile à entendre quand le propos est nouveau ; elle n'est de surcroît pas achevée. En effet, la question de la moralité laisse un problème en suspens. Si la moralité nous place dans un progrès indéfini, si, avec elle, nous ne nous échappons jamais de la contradiction sentie, conçue, accomplie[115], alors il faut bien tout de même aborder la question de son terme ultime, qui nous fait quitter la sphère de la moralité. C'est là la fonction des « Remarques Conclusives ».

Une apothéose dans la foi ?

Le message que Bradley a diffusé dans ses « Remarques Conclusives » (*Concluding Remarks*) aura été entendu : Bradley a été perçu comme un « sage de la foi », et ses « Remarques Conclusives » ont été lues (certes, à son corps défendant) comme un texte fondamental par certains de ses contemporains, notamment les membres de la *London Ethical Society* : « Pour la *London Ethical Society*, Bradley était le premier sage de la foi, T. H. Green le second »[116]. Il

---

et nous serions ici presque tenté de le rabaisser pour lui donner sa vraie valeur, nous sommes conduits à assumer notre condition et ses devoirs. Bradley regarde les martyrs avec beaucoup de circonspection.

[115] « La position dans laquelle nous nous trouvons maintenant peut être formulée brièvement. La moralité est un processus sans fin, et par conséquent elle se contredit elle-même ; de ce fait, elle ne demeure pas en elle-même, mais se sent portée à transcender sa réalité existante », *ibid.*, p. 313.

[116] Ian MacKillop, *The British Ethical Societies*, *op. cit.*, p. 83. Muirhead, fondateur de la *London Ethical Society*, estimait que les « *Concluding Remarks* » de Bradley et le sermon de Green « *By Faith, not by sight* » étaient les textes les plus importants de la réponse des idéalistes contre l'agnosticisme de la période (voir p. 81). Cela n'était pas du goût de Bradley par ailleurs, qui était loin de partager les idées de Green en matière

est vrai qu'il y réaffirmait la centralité de la foi et l'importance de la religion, dans un contexte où l'agnosticisme s'imposait de plus en plus ; et cela était au moins aussi attendu que la justification de la nécessité qu'il y avait d'insérer l'individu dans la matrice collective de la moralité, à une époque où la chose éthique était devenue un enjeu de civilisation. Le moins que l'on puisse dire de cette conclusion, dans la perspective d'un courant de pensée idéaliste visant à investir le champ intellectuel en accaparant tous les sujets par plus de justesse et d'efficacité dans leur traitement, c'est qu'elle est la bienvenue. Sans elle, le bilan de *Ethical Studies* serait pour le moins étrange : la moralité reste indéfinie dans ses prescriptions, puisque ces dernières sont relatives aux mœurs d'un pays à un moment de son histoire, et puisque l'objet de la philosophie morale n'est pas de dire ce que nous devons faire, mais seulement de rendre compte du fait de la moralité. Elle est de surcroît un lieu de contradictions indépassables : c'est un processus sans fin, qui n'aboutit pas, même si pour se garder d'une accusation en termes de mauvais infini, il est affirmé qu'il y a pourtant bien progrès. L'homme, qui est une contradiction et qui est censé le savoir, éprouve des conflits de devoirs qui, pour quelque résolus qu'ils soient ponctuellement, n'en renaissent pas moins toujours, et ce au niveau de l'individualité qui dessine un bon et un mauvais soi particuliers constituant les conditions uniques dans lesquelles chacun, pour lui-même, se réalise comme tout infini. Ajoutons à cela d'une part une destruction constante de doctrines en place, (l'utilitarisme, le kantisme, mais même en partie celle du premier résultat obtenu dans « Ma Condition et ses Devoirs »), d'autre part des concepts originaux, des analyses nouvelles complexifiant des problèmes qu'on avait jusqu'à présent cru simples, le tout déroulé au fil d'une dialectique serrée. Dans ces conditions, comment ne pas comprendre que le lecteur de l'ouvrage se sente un peu perdu et désorienté ? Précisément, les « Remarques Conclusives », parce qu'elles fournissent le terme donnant son sens à tout le mouvement de l'ouvrage, un mouvement annoncé dès l'essai II, mettent fin à toutes ces impressions fâcheuses et éclairent définitivement l'ensemble du propos. En effet, ce n'est pas un hasard si cette conclusion, qui n'est pas un huitième essai et qui relève de simples « remarques » dans son intitulé même, comporte tout de même un développement de plus de trente pages. Mais c'est dire que la marge de manœuvre de Bradley ne doit pas être bien grande puisqu'il s'agit ici de penser au lecteur et, sans nécessairement en rabattre sur les prétentions de l'ouvrage,

---

de religion : « L'annonce que des hommes d'Église avaient utilisé les conclusions de ses *Ethical Studies* à des fins apologétiques l'avait agacé, et il prit quelques précautions pour que *Appearance and Reality* ne fût point utilisé de la même façon », Melvin Richter, *The Politics of Conscience, T. H. Green and His Age, op. cit.*, p. 38. Sur la conception « sociale » et mondaine de la religion chez Green, et la conception « individuelle » et absolue de Bradley, voir le chapitre 2 (« Three Families and their Faith ») du livre de Melvin Richter.

sans forcer le discours dans un sens qui contreviendrait à la vérité, de revenir à des propos plus familiers.

C'est, nous semble-t-il, la fonction que joue ce que l'on pourrait appeler un premier niveau de lecture de ces « Remarques Conclusives ». Comme remarque formelle préalable, on note une différence très nette de ton et de style. Certes, l'ouvrage dans son ensemble est lisible pour un public anglais, car bien que renvoyant à l'hégélianisme, dont il utilise explicitement certains concepts, Bradley ne se livre jamais à des exercices dialectiques qui rétablissent les textes de Hegel eux-mêmes, et il prend toujours soin d'utiliser des exemples simples pour illustrer ses passages les plus techniques. Mais malgré cela, le lecteur est forcé, par la précision de la langue, parfois par sa concision, par ses allusions, de faire preuve d'une grande attention. Ce n'est plus si vrai de la conclusion : le lecteur, qui vient de lire le long essai VII, peut alors retrouver son souffle et ses marques pour comprendre le terme ultime.

La conscience humaine a été présentée comme le siège d'un conflit intérieur entre le soi et le soi idéal, et cela vaut autant pour la conscience morale que pour la conscience religieuse à ceci près que le soi idéal, dans le cas de la conscience religieuse est un réel – c'est-à-dire que la réalisation du soi idéal dans la moralité est effective – et qu'il s'agit d'un conflit entre deux volontés, l'une humaine, rongée par le péché, et l'autre divine, qui implique que les tourments auxquels donnent lieu la contradiction ressentie de leur inadéquation ne possèdent, comme l'écrit Bradley, aucune image suffisamment forte pour les représenter[117]. Le point capital ici est que ce conflit se produit à l'intérieur du sujet : les deux volontés, l'humaine et la divine, sont internes au sujet et non pas séparées sur le mode d'un sujet intérieur et d'un objet extérieur. L'internalité des deux volontés permet en effet d'expliquer la conscience du péché, la rébellion contre Dieu, mais aussi le désir de Dieu, le besoin de grâce et la possibilité de la réconciliation[118] ; en tout état de cause, l'antithèse de la volonté pécheresse et de la volonté divine, c'est leur union implicite dans le sujet qui l'explicite par sa pensée et sa volonté. Mais comme la conscience n'a pas l'intuition permanente que la volonté divine est la volonté de son soi le plus intime, il en résulte un sentiment de séparation avec Dieu, un sentiment de son extériorité qui éclaire le fait que le divin soit posé comme objet.

Le véritable problème consiste dès lors à découvrir comment se réconcilier avec cette volonté qui n'est pas humaine ; c'est tout le problème de la foi, et de la justification par la foi qu'expose alors Bradley en insistant, comme

---

[117] ES, p. 323.

[118] Bradley interprète le terme *Atonement* comme une « réconciliation » mais il reconnaît aussi la possibilité d'utiliser d'autres expressions pour en rendre compte (*Cf. Ibid.*, p. 324).

Hegel, sur la valeur indépassable du protestantisme dans l'effectuation de cette reconnaissance :

> Vous devez croire que vous aussi êtes un avec le divin, et vous devez agir comme si vous y croyiez. En bref, vous devez être justifié non par les œuvres mais par la foi uniquement. Cette doctrine, que le Protestantisme, pour sa gloire éternelle, a fait sienne et a scellé avec son sang, est le centre de gravité du Christianisme ; et là où vous ne la retrouvez pas, que ce soit sous une une forme ou sous une autre, alors à cet endroit le Christianisme n'est rien d'autre qu'un nom.[119]

À la lecture de ces pages et de celles qui suivent, il apparaît que Bradley est orthodoxe vis-à-vis du dogme anglican de la justification par la foi seule et de la compréhension que les œuvres, par lesquelles s'exprime la volonté humaine, participent également de la justification, dans la mesure où ce sont des œuvres de la foi[120]. Sa position est aussi profondément paulinienne. En expliquant que l'homme doit abdiquer sa volonté propre pour s'anéantir dans la volonté divine, il utilise à dessein toute la thématique paulinienne de la mort glorieuse :

> La réponse est que Votre volonté ne peut jamais être comme la volonté de votre soi privé, de sorte que votre soi privé puisse devenir totalement bon. Vous devez mourir pour ce soi, et par la foi être unifié à l'idéal. Vous devez vous résoudre à abandonner votre volonté, cette volonté simple qui est celle de cet homme-ci ou de cet homme-là, et vous devez placer votre soi entier, votre volonté toute entière, dans la volonté du divin.[121]

L'objet avec lequel le soi est unifié par la foi est réel pour la foi, d'une part parce que le cours du monde est la réalisation de la Volonté divine et d'autre part parce que, sur le plan intérieur, l'humain et le divin sont Un : la foi soutient qu'il existe « un royaume de Dieu » (*a kingdom of God*), un organisme qui se réalise dans ses membres. La foi pratique est donc bien la finalité, et le culte ou les exercices de piété ne sont religieux que s'ils renforcent la volonté religieuse, s'il sont au service de l'esprit et non de la lettre, s'ils visent la

---

[119] *Ibid.*, p. 325.

[120] Pour la question de l'importance des œuvres, que Bradley n'oublie pas de mentionner, voir le bas de la page 329.

[121] *Ibid.*, p. 325. Bradley commente longuement cette « mort » du « *this me* », du soi privé, jusqu'à la page 329, où il admet de façon explicite sa lecture paulinienne. La thématique de la « mort » métaphorique et de la vie spirituelle du croyant est extrêmement importante chez saint Paul ; il semble que Bradley se réfère ici essentiellement à 2 Cor 6 : 9, mais aussi à Rom 3 : 20, 23-24 pour l'impossibilité de toute auto-justification.

réconciliation, c'est-à-dire reflètent la Volonté divine en l'homme, ou, et c'est la phrase finale de *Ethical Studies*, s'ils permettent une fusion dans l'unité avec Dieu grâce à la médiation de l'amour [122].

Toute paulinienne également est l'adhésion manifeste des « Remarques Conclusives » à la conception de l'*homo spiritualis* que l'on trouve en 1 Cor 2 : 14-15, où saint Paul oppose l'homme naturel à l'homme spirituel. La foi est incompatible avec la connaissance sensuelle immédiate[123], ou quelque connaissance de type naturel, même si toute certitude théorique n'exclut pas la foi : la connaissance religieuse n'est pas une connaissance ordinaire et c'est la raison pour laquelle Bradley insiste ici encore sur le fait que la foi ne porte pas sur ce qui est « visible », que la connaissance véritable ne passe pas par les voies habituelles de la connaissance et de la représentation. La foi, explique Bradley, n'est ni une simple croyance ni un acte théorique du jugement, ni une « vision », qui l'exclut[124] ; la connaissance naturelle, comme la sagesse, ne suffisent pas pour la foi, qui n'est pas un problème de degré mais de nature de connaissance et c'est la raison pour laquelle l'objet religieux ne fait pas partie du monde visible :

> [...] la foi est incompatible, non pas avec tel ou tel *degré*, mais avec telle ou telle *nature* de connaissance. La foi est incompatible avec la connaissance sensuelle immédiate ou avec une connaissance supérieure de nature simple et directe équivalente : et parce que notre connaissance de ce qu'il y a de plus élevé est donc, dans la religion, non immédiat, on en conclut par conséquent que nous n'avons *que* la foi ; et la foi est, par confusion, supposée exclure non pas une sorte de certitude, mais toutes.[125]

Cette différence entre le monde visible, celui de la connaissance naturelle, et le monde invisible de la foi, conduit naturellement à penser dans une perspective nouvelle le sens de l'essai V.

La vision de l'homme et de la société qui est exposée renvoie à un modèle qui n'est pas sans rapport avec la distinction qu'opérait saint Augustin entre la cité terrestre et la cité de Dieu. En éprouvant les limites de la moralité et en jaugeant la condition humaine, on doit postuler la nécessité d'une sphère

---

[122] « Ici, notre moralité est consommée dans l'union à Dieu, et partout nous trouvons cet "amour immortel" qui se construit pour toujours par la contradiction, mais en qui la contradiction est éternellement résolue », *ibid.*, p. 342.

[123] *Ibid.*, p. 327.

[124] *Ibid.*

[125] *Ibid.* On lit également (p. 330) que l'objet de la religion est l'unité inséparable de l'humain et du divin, la totalité organique humaine-divine.

religieuse possédant la vérité profonde de la moralité[126], et poser l'existence
d'une Église véritable, transcendant les églises temporelles des communautés
religieuses : « Les communautés religieuses peuvent être appelées des
"églises" ; mais les églises en ce sens ne doivent pas être confondues avec
la vraie Église. C'est-à-dire le corps véritable du Christ [...] »[127]. Un rapport
de similitude est entretenu avec la totalité relative de l'organisme politique
de « Ma Condition et ses Devoirs » à ceci près que ce qui était visible et
fini dans ce dernier est invisible et infini dans le royaume de Dieu, que la
relation du particulier au tout qui était naturelle implique désormais une pensée
qui s'élève au-dessus du donné, et enfin qu'il ne s'agit plus d'une réalisation
dans une unité collective mais la réalisation dans un tout qui est une véritable
totalité[128]. De fait, l'État et la religion sont indissolublement liés, et la religion
constitue l'horizon indépassable de l'État. Comme la moralité, la religion est
un processus de réalisation de soi, bien que la dialectique propre à la moralité
cesse de jouer dans la religion ; plus encore, en tant que la vie de la conscience
religieuse implique la volonté d'union avec le divin, elle se détache des
vicissitudes proprement humaines pour ne s'éprouver que dans un domaine
échappant à toute valorisation : « La vie individuelle pour la religion se trouve
dans l'union avec le divin ; elle possède une valeur infinie, une valeur qu'aucun
terme ne peut exprimer »[129]. Si des devoirs subsistent dans la religion, ils ne
sont pas du même ordre que ceux de la moralité en ce qu'ils sont intérieurs, et
visent un ordre du cœur, ce qui est l'esprit même du Nouveau Testament.

Dans ces « Remarques Conclusives » se trouvent donc incontestablement
des éléments consensuels qui manifestent une part de l'objectif du livre :
convaincre un certain lectorat bien disposé que l'hégélianisme n'est pas
la caricature qu'on en fait. Bien compris, cet hégélianisme ne conduit pas
à des pages d'abstractions illisibles, n'a pas des conséquences religieuses
abominables, tel qu'un panthéisme de mauvais aloi, mais permet, bien au
contraire, de réelles avancées. De surcroît, comme s'il voulait se prémunir
contre une lecture désobligeante, Bradley multiplie les remarques destinées
à désamorcer une critique éventuelle ; c'est volontairement, compte tenu de
l'objet même de l'ouvrage, qu'il ne peut aborder des questions essentielles
dans cette conclusion modeste[130] : « Nous n'avons pas l'intention de dire quoi

---

[126] Voir, par exemple, le chapitre XIX de *La cité de Dieu* de saint Augustin (tome 3 dans
notre édition, publiée au Seuil – Points-Sagesses, 1982), et notamment le début de la
section VI (p. 110) et de la section XVII (p. 128).

[127] ES, p. 339 note 1.

[128] *Ibid.*, p. 331-332.

[129] *Ibid.*, p. 334.

[130] *Ibid.*, p. 314.

que ce soit sur la vérité ultime de la religion »[131]. Et si le lecteur s'inquiétait de certaines absences, malgré le fond d'évidence qui semble animer l'auteur sur ce qui pourrait être la vraie religion, Bradley ajoute : « Nous devons nous en tenir à un minimum, mais le lecteur ne doit pas en conclure que nous répudions ce dont nous ne parlons pas »[132]. Cependant toutes les précautions d'usage ne peuvent décourager un lecteur vraiment mal intentionné, qui peut trouver que Bradley, décidément, en dit trop ou trop peu : trop de protestantisme s'il s'agit simplement de phénoménologie de la conscience religieuse, trop peu d'orthodoxie si la référence religieuse doit être prise au sérieux.

Le second niveau de lecture, qui concerne un public moins large que le précédent, demande que soit fait un bilan de ce qu'il en est, au bout du compte, de la nature et des rapports de la morale, de la religion et de la philosophie. C'est celui où s'établit véritablement l'originalité de la pensée bradleyenne, ou, pour le dire autrement, celui où apparaissent les libertés qu'il prend avec les orthodoxies, tant par l'absence d'éléments attendus que par la présence d'autres, qui peuvent être jugés peu souhaitables.

Tout d'abord, sur plus d'une demi-douzaine de pages que contient la conclusion de cette conclusion, Bradley conduit des attaques contre un certain type de religiosité. En effet, en dépit de l'importance que certaines pratiques peuvent avoir dans la vie religieuse, ni la doctrine, ni le fait d'aller à l'église, ni la méditation, ni la prière, ni les exercices de dévotion, etc. ne sont des activités religieuses en soi, car même si elles peuvent aider à mettre sur la voie d'une attitude religieuse correcte, si elles sont des médiations permettant d'intensifier et de renforcer la moralité, elles peuvent aussi se faire prendre au piège de l'unilatéralité et dégénérer en esthétisme voire en irréligion dans la mesure où ce renforcement et cette intensification portent autant sur le bon soi que sur le mauvais soi[133]. C'est la raison pour laquelle l'aspect public, voire politique, de la religion, n'est jamais que secondaire par rapport à la véritable religion :

> Il est tout aussi possible d'avoir une vraie religion sans sacrements ni culte, voire sans ecclésiastiques, que d'avoir des ecclésiastiques et des sacrements sans vraie religion. Et si certains membres du clergé pensent se trouver dans une relation plus intime avec l'Esprit divin que le reste de la communauté, alors ils vont à l'encontre des premiers principes du Christianisme [...][134]

---

[131] *Ibid.*
[132] *Ibid.*, p. 330.
[133] *Ibid.*, p. 337-338.
[134] *Ibid.*, p. 339-340.

On peut se demander quel rôle jouent de telles remarques. Cela peut certes participer d'une défense classique de l'esprit contre la foi, d'un refus de tout philistinisme. Cela peut, pour qui voudra s'adonner à des exercices de psychanalyse spontanée, renvoyer à l'enfance de notre auteur et à ses rapports douloureux avec le rigorisme religieux et moral de son père. Mais plus encore, cela nous semble renvoyer à une prise de position consciente dans le débat de l'époque : les lecteurs que de tels propos choqueront, Bradley veut les choquer ; les lecteurs pour lesquels de tels propos seront une évidence sont les lecteurs auxquels Bradley veut s'adresser. Il nous semble que dès *Les Présupposés de l'Histoire critique*, Bradley a choisi la science contre les combats d'arrière-garde que mène un certain fanatisme religieux. L'histoire critique a le droit d'étudier les textes bibliques, l'évolution darwinienne est un fait, la philosophie doit intégrer, interpréter, amender les résultats de la science et non pas interdire ses progrès. Quant à la critique ultime du dogmatisme et des prétentions des autorités religieuses, Bradley appartient au même monde que celui de Huxley, dont Christophe Duvey analyse la position en ces termes :

> Cette dichotomie entre le bien et le mal se matérialise dans son rejet du discours théologique et des dogmes. En 1864, Huxley crée, en compagnie d'autres auteurs de l'époque, un groupe qui se nommera le X club. Thomas Hirst, l'un des membres de ce groupe, a décrit le point commun qui les rassemblait : « le lien qui nous unissait était la science, pure et libre, non entravée par les dogmes religieux. Le dogme était perçu comme un obstacle à la liberté intellectuelle, donc contraire à l'esprit de la nouvelle réforme, et la théologie représentait à leurs yeux, une source d'autorité capable d'étouffer la vérité de la science ».[135]

Bien entendu, cela ne signifie pas que, comme Huxley, Bradley choisisse l'autorité de la science contre celle de l'Église : la philosophie conserve tous ses droits et le dogmatisme scientifique en vaut un autre... D'ailleurs, les convictions en matière philosophique de Huxley ne sont-elles pas sévèrement mises à mal par la critique plus qu'ironique que Bradley conduit vis-à-vis de Matthew Arnold, un auteur dont Huxley aurait subi l'influence[136] ? Bradley

---

[135] Christophe Duvey, « Thomas Henry Huxley et la Bible », *La Revue LISA / LISA e-journal,* Volume V, n° 4 / 2007, p. 110.

[136] *Ibid.,* p. 106. Sur la pensée de Huxley, Duvey ajoute : « Pour ce qui est de la religion, elle est de l'ordre du sentiment, de l'émotion, de l'imagination, du symbole, et elle s'apparente à l'art et à la poésie. Il faut encore préciser que pour Huxley, inclure la religion dans le domaine du sentiment n'était pas la dégrader, mais seulement l'établir à sa place, en tant que distincte de la connaissance rationnelle dont la science constituait le modèle ». *Ibid.,* p. 111. On mesure bien ici que la position de Bradley constitue un écart, pas une opposition terme à terme.

analyse et ridiculise notamment l'idée selon laquelle la religion est une
« moralité teintée d'émotion » et du moralisme au petit pied[137], ainsi que la
conception arnoldienne de la culture en affirmant que tout ce qu'a pu écrire
Arnold sur le sujet de la religion n'est que du baratin littéraire (« *literary clap-
trap* »[138]). Ainsi, ne serait-ce que pour réduire les prétentions d'une postérité
qui ne lui aura pas rendu justice, nous dirons que Bradley n'est pas seulement
un homme de son temps : en matière de liberté de l'esprit, il fait aussi partie
de l'avant-garde – et qu'il ne perd, par de tels propos, que des lecteurs qui ne
pourront jamais le suivre.

Mais Bradley ne fait pas que prendre congé d'une conception dogmatique
de la religion, il prend aussi, nous semble-t-il, des distances vis-à-vis de
l'orthodoxie, distances dont il nous faut maintenant prendre la mesure. Ainsi,
Bradley ne manifeste pas beaucoup d'intérêt pour ce qui précède le Nouveau
Testament. Critiquant la conception arnoldienne de la culture impliquant
une lecture historique hébraïque de la religion chrétienne, il s'élève contre
la prétention de certains passages de l'Ancien Testament à rendre compte de
la réalité[139], estime que la religion chrétienne n'a plus à se reconnaître dans
les pratiques hébraïques anciennes[140], puisque faire de l'observance d'une loi
l'alpha et l'oméga d'une religion est une erreur : « C'est la "croyance du cœur"
qui est demandée ; et là où elle n'est pas, la religion n'est pas non plus »[141].
Bien sûr, Bradley insiste sur la dimension protestante, le libre examen, le rôle
de la foi seule, mais il y a plus que cela. D'abord une lecture hégélienne du
christianisme implique que l'on fasse de ce dernier, et même plus exactement
du protestantisme, la vérité de la religion, dont les formes antérieures sont
moins vraies. Une lecture straussienne de ce même christianisme fait prendre
beaucoup de distance vis-à-vis de ce qui relève d'un corpus mythico-
légendaire, même si cela ne doit pas nécessairement venir à l'encontre de
toute religiosité. Enfin, la présence du corpus grec dans toute l'analyse de la
moralité, dont la religion est l'apothéose, plutôt qu'à des textes plus anciens, et
la référence à l'œuvre de saint Paul qui a commencé à intégrer la philosophie
grecque dans le christianisme[142], justifient, sans même que l'on évoque des

---

[137] *Cf.* ES, p. 318 note 2.

[138] *Ibid.*, p. 317-318. T.S. Eliot s'est délecté de cette critique bradleyenne d'Arnold dans
son article « F. H. Bradley » , *op. cit.*, de 1925.

[139] ES, p. 317.

[140] « [...] pour ceux d'entre nous qui pensent que le Christianisme n'a plus vocation à se
draper dans "les habits anciens des Hébreux" (*Hebrew old clothes*), tout ceci n'a guère
plus d'intérêt que pour l'historien », *ibid.*, p. 317. L'expression « *Hebrew old clothes* »
est de Carlyle.

[141] *Ibid.*, p. 336.

[142] « Même si on la réduit à ses justes proportions comme on vient de le faire, on ne peut
espérer dresser en quelques pages le compte de la dette immense que le christianisme

traces de marcionisme, que l'on se prenne à douter de la validité du premier niveau de lecture. Le deuxième point qu'il convient de noter est une absence significative. Dans toutes les « Remarques Conclusives », il n'est fait allusion qu'en deux points à un élément qui puisse renvoyer à la trinité : dans une note, Bradley cite Jacob Boehme, dont le caractère parfaitement orthodoxe n'est pas le trait le plus marquant, et cette citation utilise le terme « Christ »[143] ; le terme revient dans une autre note, à propos d'un point technique sur le culte et un problème de définition des églises[144]. Mais Bradley n'évoque à aucun moment la centralité de l'Incarnation dans le message chrétien[145]. À aucun

---

des premiers siècles a contracté à l'endroit de la philosophie grecque. Le contenu des deux Testaments n'était guère philosophique, mais proprement kérygmatique et sotériologique ; aussi, lorsque les Pères de l'Église voulurent se pourvoir d'un équipement spéculatif pour construire leur théologie, ils s'adressèrent tout naturellement au matériel conceptuel et doctrinal élaboré par la tradition grecque, par la tradition platonicienne en particulier [...] ; toutefois, ces emprunts considérables s'accompagnèrent souvent, et parfois chez les mêmes auteurs, d'une grande défiance à l'égard de la philosophie profane. Or il est une œuvre chrétienne qui incarne excellemment cette double disposition d'ouverture et de fermeture, et qui, par son prestige et son ancienneté a valeur d'exemple pour toute la tradition chrétienne postérieure : c'est l'œuvre de saint Paul. » Jean Pépin, « Hellénisme et christianisme », in François Châtelet (dir.), *La Philosophie, De Platon à St Thomas*, t. 1, p. 182.

[143] ES, p. 328.

[144] *Ibid.*, p. 339. Il s'agit précisément de refuser aux diverses communautés religieuses, qui certes ne manquent pas dans le monde britannique, le terme d'Église au sens propre, celui-ci méritant d'être réservé au corps du Christ qu'est l'Église. Ce n'est donc pas de la personne du Christ dont il est question ici.

[145] C'est, de l'avis des commentateurs de Bradley, une dimension essentielle de sa position vis-à-vis du christianisme ; voir par exemple la section que T. L. S. Sprigge consacre à la religion de Bradley dans son livre *James and Bradley, American Truth and British Reality* (Chicago & La Salle, Open Court, 1993, p. 547-572), où il insiste d'emblée sur le fait que Bradley a défendu une conception spirituelle de l'univers qui, si elle s'oppose à une vision scientifique, ne s'intéresse ni à la figure du Christ ni à la trinité. Voir également ce que Bradley, dans un texte bien ultérieur, disait accepter de la morale chrétienne, et qui reste conforme à la position arrêtée dans *Ethical Studies* : « En fait, je peux dire ce que j'accepte dans la morale chrétienne, et en quel sens je l'accepte. Le principe est celui de l'immanence positive du Divin et de sa réalisation dans l'humain, ou plutôt dans le monde de l'esprit fini. D'un point de vue négatif, c'est la négation de tout bien en-dehors du monde de l'esprit fini ; je démens aussi qu'il existe une rupture ou une coupure dans ce monde. Sur le plan positif, c'est l'affirmation que le Bien est la réalisation de soi de ce monde en un Tout. Et pour l'individu, cette réalisation de soi dépend de ce qu'il lui est donné de voir (à la fois à l'intérieur et au-delà de son existence personnelle) et de ce qui se trouve en lui ». « An Unpublished Note on Christian Morality », (Gordon Kendal, dir.), *Religious Studies*, Londres, 1983, vol. 19, n° 2, p. 181.

moment le terme de Père n'est utilisé, mais seulement celui de Dieu. À aucun moment, l'Esprit-Saint n'est nommé. On dira que dans la communion de l'Église invisible, il est implicitement présent, mais d'une part l'implicite n'est pas l'explicite, et d'autre part cette totalité organique, qui est l'achèvement de la totalité organique de « Ma Condition et ses Devoirs », relève d'une interprétation hégélienne marquée qui ne laisse guère de place au lexique traditionnel. Là encore, envisager un unitarisme ne serait pas de mise, et l'on peut avancer les limites qu'imposait l'objet de l'étude. Cependant, le premier niveau de lecture laissait en place suffisamment d'éléments consensuels pour qu'un terme trinitaire puisse se glisser. Visiblement, le souci phénoménologique de Bradley l'aura conduit à s'interdire impitoyablement ces écarts de langage. Enfin, il faut s'interroger sur la nature de la foi telle que l'entend Bradley. Elle implique, nous l'avons vu, une montée de la volonté humaine vers la volonté divine, une ascension de la pensée vers une identification et une unification qui est la véritable réalisation de soi comme tout infini :

> [...] la foi implique l'élévation dans la pensée, mais pas seulement cela ; elle implique aussi l'élévation de la *volonté* à l'objet, qui n'est pas vu mais pensé. Et cela présuppose la séparation pratique, pour moi, de moi-même et de l'objet. Dans la simple élévation théorique, je ne pense pas à moi-même mais seulement à l'objet : dans la foi je dois aussi faire face à moi-même [...] La foi est donc la reconnaissance de mon vrai soi dans l'objet religieux, et ma propre identification avec cela à la fois dans mon jugement et dans ma volonté [...] La justification par la foi signifie que, une fois que je me suis ainsi identifié à l'objet, je sens que dans cette identification je suis moi-même déjà uni à lui et que je jouis du bonheur d'être, puisque les masques sont tombés, ce que je suis vraiment.[146]

À le dire ainsi, rien ne semble en désaccord avec l'orthodoxie. Mais il faut aller plus avant et se demander comment cette ascension a lieu. On en connaît le point de départ, c'est la moralité, telle qu'elle se met en place chez le jeune enfant, telle qu'elle se réalise imparfaitement dans la cité terrestre : la religion prend son origine dans l'insuffisance de l'État, dans une société où l'art et la science par exemple produisent des conflits d'interprétation et de devoirs[147]. La conscience religieuse est le seul lieu possible de l'accomplissement final :

> Au cœur de l'essence de la conscience religieuse se trouve la relation entre notre *volonté* et le soi réel idéal. On se découvre sous la forme

---

[146] ES, p. 327-328.
[147] « Le contenu pratique que la religion met en œuvre provient de l'État, de la société, de l'art, et de la science », *ibid.*, p. 333.

de cette volonté-ci ou de cette volonté-là, opposée à l'objet qui est la volonté idéale réelle : elle est différente de nous, mais elle se présente à nous de telle sorte que, *bien que réelle, elle doit être réalisée, parce qu'elle est le tout et la réalité totale.*[148]

Mais par quelles forces cela s'accomplit-il à l'intérieur même de l'esprit de l'homme, de quelle nature est la relation qui se joue entre la volonté humaine et la volonté de Dieu ? Fort classiquement, la religion chrétienne, et plus encore la forme protestante, fait intervenir ici le concept de grâce : que la foi soit elle-même une grâce, qu'elle soit ce qui permet au croyant de la recevoir où de se tourner vers la grâce, c'est bien cette dernière, qui concentre l'efficace et qui vient de Dieu, qui doit permettre l'*Atonement*. Ici encore, une recherche minutieuse ne permet de trouver qu'une occurrence du terme de grâce, malgré de très nombreuses analyses de la foi :

> Et cette relation entre la volonté divine et la volonté humaine *à l'intérieur d'*un sujet est une impossibilité psychologique, à moins qu'elles ne soient les volontés *d'un* sujet. Éliminez cette condition, et tous les phénomènes, avec leurs caractéristiques spécifiques, disparaissent instantanément. **Il est impossible de comprendre le besoin de reconnaissance par la volonté divine, et le désir de volonté divine, ou la conscience du péché et de la rébellion, sans la nécessité de la grâce d'une part et la bénédiction d'autre part** ; toutes les facettes de la religion sont transformées en un absurde non-sens, et toute possibilité de réconciliation / expiation [*Atonement*] est extirpée et intégralement annihilée, quand on nie que la conscience religieuse implique que Dieu et l'homme sont identiques en un sujet.[149]

Le moins que l'on puisse dire, c'est que la question de la grâce n'est pas centrale puisqu'elle n'est ici qu'un des nombreux éléments du lexique religieux classique qui perdent tout sens si l'analyse psychologique que livre Bradley n'est pas accordée, et qui est la seule chose qui importe ici, puisqu'elle engage toute la conception métaphysique des rapports entre le sujet et l'objet, comme le démontre la longue note qui lui est accolée. Or, si l'on s'en tient à cette analyse psychologique et métaphysique, à l'ascension (le terme « *rise* » est constamment utilisé) du sujet vers sa vérité, le tout infini auquel il aspire, force est de constater que cette sotériologie équivoque est bien un effort du sujet qui remonte à sa véritable origine naturelle dans une perspective grecque et néo-platonicienne. À aucun moment il n'est expliqué que cette dialectique ascendante s'appuie sur autre chose que ce dont le sujet fini dispose par nature.

---

[148] *Ibid.*, p. 320.
[149] *Ibid.*, p. 323. C'est nous qui soulignons.

À aucun moment l'*Atonement* ne semble dépendre d'autre chose que de ce
« *Good will* » qui – et qu'est-ce d'autre que la foi ? – comprend son propre
mouvement constitutif. Comment donc mettre fin à la contradiction sentie qui
est au commencement de l'homme, si ce n'est de l'animal ? Là encore on ne
peut sans doute pas faire de référence à un quelconque pélagianisme, mais
l'absence de référence à la lutte entre le péché et la grâce est fort curieuse
dans l'étude de la religion, même ramenée à la conscience religieuse[150]. Toute
réalisation ultime, toute réconciliation provient pour Bradley d'un effort de la
volonté, d'un travail intérieur. Et si *Ethical Studies* se clôt par une évocation de
l'amour éternel et par une citation de Pétrone, ce n'est pas seulement parce que
l'épicurisme de ce dernier constitue une pique contre l'utilitarisme. Elle met en
lumière l'idée du vrai plaisir, comme pour marquer une bonne fois pour toutes
où se situe la vraie compréhension du bonheur humain :

> Plus de fatigue alors, plus de honte,
> Cette jouissance nous a plu, nous plaît et nous plaira longtemps ;
> Jamais elle ne finit, et se renouvelle sans cesse.[151]

Mais l'analyse de Bradley ne manifeste pas seulement des absences
significatives, elle s'appuie aussi sur des sources positives. Bien que soucieux
de ne pas encombrer le lecteur par une érudition superflue, il n'hésite pas à
reconnaître sa dette majeure vis-à-vis de Wilhelm Vatke[152]. Ce dernier, presque
oublié aujourd'hui, a proposé dans les années 1840 une solution intéressante au
problème qu'avait mis en place Hegel lorsqu'il avait distingué la philosophie
et la religion non pas par leur contenu, mais par une différence de forme, la

---

[150] La référence fréquente de Bradley à un livre de Wilhelm Vatke, *Die menschliche Freiheit in ihrem Verhältniss zur Sünde und zur göttlichen Gnade*, se fait systématiquement sous le titre, *Die menschliche Freiheit*, alors que son objet majeur est bien la dialectique du péché (*Sünde*) et de la grâce (*Gnade*)...

[151] Pétrone, Fragment XVIII « Le vrai plaisir », trad. Heguin de Guerle, *Œuvres complètes de Pétrone*, Paris, Garnier, 1861.

[152] « En ce qui concerne cette conclusion, je dois reconnaître ma dette envers le livre de Vatke, *Die menschliche Freiheit*, 1841 », ES, p. 314. Ce même livre avait déjà été cité dans l'essai VII : « Ma connaissance de la littérature sur le sujet est si mince que j'ai scrupule à mentionner quelque livre que ce soit ; mais je pense que le lecteur trouvera que le livre de Vatke (*Die menschliche Freiheit*, Berlin 1841), même s'il n'est pas satisfaisant, examine en tous cas le sujet en profondeur », *ibid.*, p. 293. *Cf.* également : « La question de savoir quel est le degré exact de mal nécessaire pour éveiller la conscience a bien entendu (bien qu'ici encore le mal prenne la forme du péché) un intérêt considérable pour la théologie, mais il ne nous concerne pas ici. Elle est discutée par Vatke, p. 275-276 », *ibid.* p. 298. « La question de la priorité de la volonté ou de la connaissance est discutée par Vatke (p. 259 et suivantes), à qui je suis très redevable ici », *ibid.* p. 299.

religion restant au niveau de la représentation. Cette distinction a été l'occasion de la rupture entre hégéliens de gauche et de droite, les derniers restant fidèles à la distinction hégélienne, les premiers la prenant comme prétexte pour en rabattre sur les prétentions de la religion : David Strauss, Jeune Hégélien et ami proche de Vatke, avait dans son ouvrage célèbre sur la vie de Jésus, grandement porté atteinte à la vérité traditionnelle de la religion. Il n'est pas possible ici de rentrer dans les méandres de cette querelle[153], mais elle était fondée indéniablement sur une difficulté de la doctrine hégélienne. En effet, en bonne logique dialectique, la distinction entre la forme et le contenu n'est pas valide, et relève de l'entendement : il manque une médiation, que certains théologiens ont tenté de trouver[154]. La solution de Vatke, élégante et non dépourvue de pertinence quant à la pensée de Hegel, consistait à démontrer que si la religion était dépassée par la philosophie dans l'ordre théorique, où, effectivement, elle

---

[153] « Ce qui caractérise la division de l'école hégélienne en une "droite" de vieux hégéliens et une "gauche" de jeunes hégéliens, c'est le fait qu'elle ne correspondait à aucune différence purement philosophique, mais à des différences politiques et religieuses. Dans sa forme, elle tire son origine de la division politique du parlement français et dans son fond, de la diversité des opinions en matière de christologie. La distinction fut opérée d'abord par Strauss, ensuite par Michelet, pour se maintenir depuis lors. De la religion chrétienne, la droite (Goeschel, Gabler, B. Bauer) adopta positivement, en accord avec la distinction hégélienne selon le « contenu » et selon la "forme", le contenu, tandis que la gauche soumettait à sa critique tout aussi bien la forme de la représentation religieuse que son contenu. La droite voulait, avec l'idée de l'unité de la nature divine et humaine, conserver toute l'histoire évangélique ; le centre (Rosenkanz, et aussi, dans une certaine mesure, Schaller et Erdmann) ne voulait en garder qu'une partie ; quand à la gauche, elle soutenait que du point de vue de l'Idée, les récits historiques des évangiles ne pouvaient être retenus ni entièrement ni même partiellement ». Karl Löwith, *De Hegel à Nietzsche*, Paris, Gallimard,, 2003, p. 73-74. Ajoutons que ce premier tableau se modifie très vite du fait de l'évolution parfois surprenante des participants et de la ramification et du croisement des positions.

[154] Jahn Rohls a étudié ce moment de la théologie dans « Die Aufhebung der religiösen Vorstellung in den philosophischen Begriff, Hegel These und die Theologie der Junghegelianer », *in* Ingolf U. Dalferth, Hans-Peter Grosshans (dir.), *Kritik der Religion : Zur Aktualität einer unerledigten philosophischen und theologischen Aufgabe*, Mohr Siebeck, 2006. Il a crédité Vatke d'une tentative de résolution qui n'est pas en désaccord avec Hegel : « Vatke déjà indique que pour Hegel également la religion ne se limite pas du tout à des représentations, mais que celles-ci ne constituent que son aspect théorique tandis que ce qui compte est l'aspect pratique, la culture », p. 49 et qui vise à rétablir l'unité du savoir et de la foi, sans préjudice pour aucun des deux (« C'est pourquoi la vraie religion doit former une unité plus haute pour la vraie philosophie », p. 37). La seule solution, expérimentée également par Zeller et Biedermann, était de constituer la religion comme disposant un élément nécessaire non supprimé par son dépassement théorique par la philosophie, sans lui conférer pour autant un objet séparé, auquel cas c'était donner raison à Schleiermacher ou à la critique de Feuerbach.

relevait de la représentation, en revanche dans l'ordre pratique, qui en quelque sorte était son domaine réservé, elle conservait toute son importance. C'est à la mise en œuvre de cette solution que Vatke se livre dans l'ouvrage cité par Bradley, qui démontre ici d'une part une connaissance fine du contexte germanique (nous avons vu qu'il en avait donné les premières références dans *Les Présupposés de l'Histoire critique*[155]), alliée à une bonne maîtrise des textes de l'idéalisme allemand[156], d'autre part une véritable autonomie dans le choix de ses sources d'inspiration puisqu'il parvient à découvrir, dans un foisonnement polémique tout de même considérable, les ouvrages qui l'aident à manifester sa pensée en construction selon des directions qu'il a déjà définies. Ainsi il retient de Vatke sa détermination de la sphère de la religion en rapport avec celle de la moralité, sa distinction dans l'accomplissement de cette dernière des deux totalités qui l'expriment, celle de la communauté étatique et celle de la communauté ecclésiale, son étude de la nature de la volonté, son analyse de la nécessité métaphysique du mal comme condition de réalisation du bien[157], toutes choses par lesquelles Vatke reste fidèle, si ce n'est parfaitement à la lettre, du moins à l'esprit de l'hégélianisme qu'il pense n'avoir qu'à parachever. Deux éléments méritent d'être remarqués au sujet de Vatke, qui ne reçoivent pas de Bradley un soutien clair et enthousiaste, sans que ce dernier ne dise vraiment où portent les points de désaccord. C'est ce qu'il nous faut essayer de faire en rapportant l'ouvrage allemand à *Ethical Studies*.

---

[155] L'ouvrage le plus connu de Vatke est *Die Religion des alten Testamentes nach den kanonischen Büchern entwickelt*, de 1835, où il étudie l'Ancien Testament dans la lignée de l'histoire critique en suivant une périodisation de type hégélien. On peut supposer que c'est par ce biais que Bradley en a pris connaissance.

[156] Le livre de Vatke déploie sur plus de six cent pages une dialectique redoutable dont la forme, si ce n'est le contenu, ne cède en rien par sa technicité aux plus belles pages de la Grande Logique de Hegel. Heinrich Benecke, dans son ouvrage, *Wilhelm Vatke in seinem Leben und seinen Schriften*, Bonn, 1883, a fait une recension fort utile des analyses qu'a suscitées la publication de l'ouvrage de 1841 : Le frère de Vatke, dans une lettre, reconnaît avoir de sérieuses difficultés de compréhension du fait qu'il « ne lit pas couramment l'idiome de la nouvelle philosophie » (p. 335), tandis que Rosenkranz s'inquiète de ce qu'une méthode si sérieusement spéculative déroulée sur des pages si nombreuses et si longues risque de valoir à l'ouvrage peu de diffusion : « ce traité de Vatke si bien écrit et si profondément pensé dans les moindres détails, connaîtra selon toute vraisemblance le destin de demeurer un livre ésotérique », *ibid*, p. 348.

[157] Le mal fonctionnerait dans le domaine religieux d'une façon identique à l'action du mauvais soi dans la dialectique de la moralité, sauf que dans le domaine religieux il n'existe plus de contradiction puisque le bien, le véritable accomplissement, existe puisqu'il est donné par l'amour de Dieu.

Le premier consiste dans l'absence, pour Vatke, de Dieu véritablement personnel[158] : il en fournit la démonstration[159], ce que des contemporains

---

[158] Bradley a prévenu certes, au début de ses « Remarques Conclusives », que son intention n'était pas de faire œuvre de théologien. Mais il est difficile de ne pas les lire sans y voir, par une absence là encore significative, un refus de l'idée d'un Dieu exclusivement personnel, idée sur laquelle il est revenu à de nombreuses reprises par la suite (voir par exemple son essai « On God and the Absolute » dans *Essays on Truth and Reality* [*Cf.* ETR, p. 432 note 1 et la « supplementary note A », ETR, p. 448]). La lettre qu'il écrit à William James, datée du 21 sept. 1897, est particulièrement éloquente à ce sujet : « Vous me pardonnerez, mais lorsque j'ai envoyé valser le Dieu personnel hors de ma propre demeure [Bradley fait ici un jeu de mots sur *"premisses"*, qui signifie tout autant les prémisses philosophiques qu'un lieu habité : (*when I kicked the personal God off my premisses*)], si je puis dire, ce n'était pas entièrement pour des raisons intellectuelles, et la liste des doléances contre lui est particulièrement longue pour d'autres raisons. Je ne veux pas dire qu'il ne peut vraiment pas être blanchi, bien que je doute que ce soit une des "nombreuses choses" qu'il soit possible de faire avec un Dieu personnel – mais je ne crois pas que je le verrai de mes yeux un jour. Enfin, "le blasphème n'est pas un argument", pensez-vous peut-être. Mais il se trouve que je suis indigné de voir qu'à droite comme à gauche on s'accorde sur le fait que ce qu'on appelle le "panthéisme" n'est en rien moral, comparé au théisme, et j'éprouve les plus grandes difficultés à ne pas prendre la plume. Mais je ne le ferai pas car je ne veux pas faire de mal et Dieu sait que je n'ai pas d'évangile (je regrette de ne pas en avoir) pour moi-même ou pour les autres [...] Bien sûr (pour retourner au créateur moral) je crois aussi qu'il est naturel et nécessaire en religion de se lier à une Volonté qui désire et qui veut ce qui est juste […] Il est aussi vrai, je crois, que ce même Pouvoir, qui apparaît comme cette Volonté pour le bien, est aussi ce dont dépend notre être et l'être du monde. Mais il n'est pas du tout vrai, je pense, que ces aspects puissent être assemblés en un bloc pour que l'on puisse dire : "Le Dieu qui parle à ma conscience est de ce fait mon créateur et le créateur du monde" […] Oui, et pour le Théisme, j'aurais bien des choses pires encore à dire, car la distinction chrétienne du Divin en personnes est la seule voie sûre, si seulement elle pouvait être poursuivie de façon rationnelle. Ainsi, en ce qui me concerne, je ne dis rien, mais je me sens enclin à protester contre un Créateur moral, moi qui ai été pendant ma jeunesse tant de fois humilié (« *vexatus toties* ») par Lui et les siens – au moins aussi durement que vous avez été contrarié par Hegel et ses disciples. Je ne pense pas grand chose des disciples moi-même ». Citée par T. L. S. Sprigge, *James and Bradley, American Truth and British Reality*, *op. cit.*, p. 587.

[159] Carl Ludwig Michelet, qui pense également que Hegel n'est pas achevé en pratique, remarque : « En tant que simple moment dans la totalité de Dieu, la personnalité a certes une haute importance, quand bien même elle n'est pas absolue », Benecke, *op. cit.,* p. 341. Cependant, cette haute signification n'est pas en effet absolue puisqu'il ne serait pas possible, pour ce qui est affecté de la personnalité, d'opérer une totalisation véritable, ce dont l'Esprit est capable : « L'unité dans l'Esprit ne peut en rien être personnel (comme le dit aussi Feuerbach), étant plutôt connue comme ce qui relie différentes personnalités. C'est pourquoi le plus élevé est un impersonnel, dont la forme de la personnalité n'est qu'un des moments ; mais il n'est pas infrapersonnel, mais

autorisés ont reconnu et attribué à une forme de néo-platonisme[160], et cela
constituera le trait distinctif de la théologie de l'élève le plus connu de Vatke,
Biedermann[161]. Le second point consiste dans l'évolution de Vatke : pour
qu'élégante qu'elle soit, sa distinction d'une sphère pratique spécifique à la
religion, dans le cadre du système hégélien, devait être instable puisqu'il a
fini par adhérer à une forme proche de celle de Schleiermacher, l'ennemi juré
de Hegel[162]. Nous retrouvons Bradley sur ce point, car contrairement à Vatke,
dont l'hégélianisme se voulait orthodoxe, force est de constater que notre
auteur, lui, avait déjà rompu avec un élément essentiel de la pensée hégélienne,
à savoir la place de la philosophie dans un futur système métaphysique.

Dans ses « Remarques Conclusives », Bradley ne manque pas seulement
à l'orthodoxie religieuse, il manque aussi à l'orthodoxie hégélienne. Car s'il
emprunte à Vatke son analyse de la sphère de la moralité et de la religion, il
la détache totalement du système dont elle ne constitue plus alors un moment
nécessaire, mais une sphère à part, séparée, existant de façon autonome, et dont
la consistance est même indéniablement supérieure à celle de la philosophie.
Car la religion, qui est une sortie de la dialectique incluse dans le devoir-être,
vise l'être, le réellement réel, et l'atteint :

> La religion est essentiellement un faire [*a doing*], et un faire qui est
> moral. Elle implique une réalisation [*a realising*], et une réalisation
> du bon soi. Doit-on en conclure que la moralité est la religion ?
> Certainement pas. Dans la simple moralité, l'idéal n'est pas : il demeure
> pour toujours un « devoir-être ». La réalité, en nous ou dans le monde,
> est partielle et inadéquate, et personne ne pourrait dire qu'elle répond

suprapersonnel », *ibid.* p. 342. C'est dire que la forme substantielle de la vie divine
se réalise comme un processus organique qui se médiatise au travers des personnes
particulières comme membres de la totalité qui est l'Esprit. *Cf.* ES, p. 320.

[160] Rosenkranz pense pouvoir déterminer comme néo-platonicien, et ce n'est pas pour
lui un compliment, le courant particulier de l'école hégélienne qui s'exprime avec
Vatke : « Je voudrais qualifier cette forme de néo-platonicienne, car nous trouvons chez
les néoplatoniciens quelque chose de similaire, notamment chez Proclus », Benecke,
op. cit., p. 347.

[161] A. E. Biedermann, (1819-1885) est le « représentant d'une "libre théologie"
non confessionnelle, qui emprunte à Hegel le souci de s'élever de la foi au concept
spéculatif, mais qui conclut que l'esprit infini ne peut exister sur un mode personnel ».
Jean-Yves Lacoste, *Histoire de la Théologie*, Seuil, 2009, p. 374.

[162] Puisque Vatke ne publie plus après 1841, elle n'est manifeste que dans un ouvrage
posthume, *Religionsphilosophie* (1888). La religion ne relève alors plus de la morale
ni de la raison, mais d'un mystère lié à un certain état du sentiment intérieur : le
rapprochement avec Schleiermacher, qui détache totalement la religion de la raison,
pour la lier uniquement au sentiment de dépendance absolue constitutif de l'homme et
qui relève de la foi seule, est effectué.

aux critères de l'idéal selon lequel, d'un point de vue moral, nous-mêmes et le monde sommes tout ce que nous devons être et devons être ce que nous sommes. Au final, nous avons la croyance en un idéal qui dans son exhaustivité pure n'est jamais réel ; qui, en tant qu'idéal, est un simple « devrait être ».[163]

Si Bradley isole la conscience religieuse, c'est qu'en elle seulement le contact entre la volonté humaine et le réel s'effectue[164], et non pas dans d'autres activités humaines affectées d'une insuffisance fondamentale, comme l'art et la science[165]. En effet, que ce soit dans l'art, dans la philosophie et la religion, le soi, explique Bradley, parce qu'il se sent comme envahi par la vérité et la beauté, tente d'objectiver obscurément la plénitude qu'il ressent et de la reconstruire, c'est-à-dire la réaliser : « Et en ceci, pour l'instant, l'art, la philosophie et la religion sont les mêmes »[166]. Leur différence dans cette « activité » provient de ce que la volonté humaine n'est pas de l'ordre de l'essence dans l'art et la philosophie, et que même si ces dernières activités évoquent la relation de la volonté humaine à l'idéal réel, elles demeurent des activités théoriques et des représentations dont le processus consiste à aboutir à un résultat visible, extérieur, distinct, qui ne sert qu'à démontrer la cohérence de cette volonté, à la clarifier, à se poser des questions sur ce qu'elle vise, mais jamais à la considérer en tant que telle dans sa relation à la réalité[167]. Si l'art, la religion et la philosophie sont les trois moments de la constitution du savoir absolu dans l'*Encyclopédie* de Hegel, Bradley non seulement en intervertit l'ordre dans sa conclusion, mais il refuse également à la philosophie, qui n'est donc pas savoir absolu, le pouvoir d'accéder véritablement au réel, au titre qu'il s'agit là d'une exclusivité de la religion. Chez Bradley, il n'existe pas de savoir de Dieu, mais uniquement une relation par laquelle il est saisi, éprouvé dans l'expérience, « réalisé » dans le contact intérieur qui se produit en soi, dans une communion par réconciliation, par *Atonement*. Certes Hegel est trop présent dans *Ethical Studies* pour que l'on puisse prétendre qu'il a été balayé d'un revers de la main. Il convient plutôt de dire qu'il a permis une transition vers une philosophie des premiers principes que Bradley appelle de ses vœux et qui ne pouvait se constituer sans son apport préalable :

---

[163] ES, p. 315.

[164] « Le soi idéal, qui dans la moralité est un devoir-être, est ici l'idéal réel qui est véritablement. Pour la morale, le soi idéal était un "devoir", un "devoir-être" qui n'est pas ; l'objet de la religion est ce même soi idéal, mais ici il ne doit plus seulement être : il est aussi », *ibid.*, p. 319.

[165] Bradley utilise indifféremment les termes « science » et « philosophy » pour signifier la recherche de la vérité ; l'art étant la recherche de la beauté (voir *ibid.*, p. 320).

[166] *Ibid.*

[167] *Ibid.*, p. 321.

Même si Bradley n'était pas hégélien, il a été profondément influencé
par sa lecture de Hegel, et sa théorie de l'Absolu gagne considérablement
en clarté quand on la compare à celle de Hegel. Comme Hegel, Bradley
croit qu'il n'y a pas de vérité ferme et définitive qui ne soit la vérité du
Tout, du Chaque, du Système Total auquel appartiennent les choses.
C'est seulement quand on a attribué à une chose, à un concept, ou à
un état d'esprit une place dans le Système Total des choses que l'on
parvient à sa vérité. La grande différence entre Bradley et Hegel réside
dans l'absence de toute ascension graduelle des choses, des concepts
et des états d'esprit à l'Absolu, et dans l'absence de la « méthode
dialectique » que Bradley a en fait explicitement rejetée [...] Bradley,
cependant, diffère absolument de Hegel quand il ne croit pas qu'il est
possible de triompher des fausses abstractions de l'Entendement grâce
à une forme d'intelligibilité supérieure et rationnelle.[168]

En fin de compte et aussi importante que soit la dette vis-à-vis de Hegel,
puisque c'est encore à des hégéliens comme Vatke qu'il emprunte ses moyens
de s'éloigner de Hegel, il nous semble impossible de ne pas considérer la
tradition idéaliste insulaire, dans sa dimension néo-platonicienne, comme le
véritable terreau sur lequel se développe la pensée de Bradley. D'ailleurs,
qui des idéalistes de la période de Jowett et de Green a gardé le cap d'un
idéalisme néo-hégélien pur ? Ce n'est pas le cas de Jowett ni de Green, et force
est de constater que Bradley se situe également dans leur sillage. Si l'accès
à l'Absolu est refusé à l'intelligence et donc à la philosophie comme savoir,
n'est-ce pas parce que l'intelligence ne relève que de la deuxième hypostase
plotinienne et que ce n'est plus elle qui permet à l'homme engagé dans une
quête d'unité d'accomplir « une envolée de l'unique vers l'Unique » (« *A
flight of the alone to the Alone* »)[169]. Il est possible alors de relier la pensée
bradleyenne à ce que William Ralph Inge a appelé le troisième type de pensée
et de croyance chrétienne dans ses *Hulsean Lectures* (prononcées à Cambridge
en 1926 et publiées sous le titre *The Platonic Tradition in English Religious
Thought*) et qui recouvre la tradition mystique du platonisme chrétien. Dans
ces conférences, Dean Inge a défini les moments de la tradition platonicienne
et chrétienne en Angleterre en insistant sur le fait que c'est dans les différentes
métamorphoses de l'idéalisme anglais qu'il est possible de la retrouver. Il

---

[168] J. N. Findlay, « Bradley's Contribution to Absolute Theory », *The Philosophy of
F. H. Bradley*, Anthony Manser & Guy Stock (dir.), Oxford, Clarendon Press, 1984,
p. 273-274.

[169] Cette expression est citée par Muirhead dans son chapitre sur les Platoniciens de
Cambridge (*The Platonic Tradition...*, *op. cit.*, p. 29). Elle nous semble correspondre à
ce que pensait Bradley : « La religion, en fait, nous donne vraiment ce que la morale ne
donne pas », ES, p. 314.

met en évidence une filiation qui va de Jean Scot Érigène[170] aux idéalistes néo-hégéliens de la fin du dix-neuvième siècle ; et ce qui est particulièrement remarquable dans son ouvrage, c'est la façon dont il instruit les éléments principaux de doctrine de ce christianisme du troisième type. En effet, les moments doctrinaux qu'il analyse dans la constitution progressive de sa tradition platonicienne à partir des religions orphiques et pythagoriciennes antiques jusqu'à Platon, puis de Platon à saint Paul et à saint Jean, à une littérature néo-testamentaire platonisée et déprise des éléments palestiniens de la religion chrétienne en particulier, etc.[171], permettent d'éclairer les points d'articulation principaux des « Remarques Conclusives ». Plus encore, le doute n'est plus permis quant au lien entre Bradley et cette tradition platonicienne quand Inge évoque la centralité dans cette tradition de la conception d'un monde éternel et invisible[172], le lien entre cette tradition et les néo-hégéliens anglais[173], et l'idée d'une progression spirituelle intérieure en direction d'une *self-realization*[174]. En fait, si Bradley ne se réfère pas de façon explicite à une tradition platonicienne ou néo-platonicienne dans *Ethical Studies*, son texte s'y rapporte indéniablement et il est particulièrement révélateur que Inge, dans ses études sur Plotin, a utilisé la philosophie de Bradley pour illustrer les points fondamentaux de la doctrine du philosophe antique[175].

Les « Remarques Conclusives » semblent avoir rasséréné les lecteurs de l'époque quant à la possibilité d'inscrire dans un mouvement philosophique anglais une opposition à l'expansion de l'utilitarisme, du matérialisme et de l'agnosticisme ambiant, ainsi que la mise à distance d'une philosophie étrangère dont la puissance théorique risquait de masquer la profondeur de la vision religieuse de l'humanité. De ce point de vue, l'accent sur la justification par la foi seule et la glorification des valeurs du protestantisme, les références marquées à saint Paul, à saint Augustin et au Nouveau Testament, le refus de la

---

[170] Émile Bréhier a établi un lien entre Erigène et Bradley (*Histoire de la philosophie*, Paris, P. U. F., *1931*, coll. Quadrige, 1994 tome 1, p. 483).

[171] W. R. Inge, *The Platonic Tradition in English Religious Thought*, New York & Londres, Longmans Green and Co., 1926, p. 9-12.

[172] *Ibid.*, p. 9.

[173] *Ibid.*, p. 31, 95.

[174] *Ibid.*, p. 107.

[175] W. R. Inge, *The Philosophy of Plotinus (The Gifford Lectures at St Andrews, 1917-1918)*, Vol. 2, Londres, Longmans Green and Co, 1918, p. 39-40. « Ici encore, Bradley est un guide de grande valeur pour comprendre Plotin... » écrit aussi Inge (p. 104 note 1) : les références à la philosophie de Bradley sont fréquentes dans son ouvrage (voir p. 65 pour une analyse comparée de l'activité chez Plotin et Bradley ; p. 70-71 pour le parallèle entre les deux philosophes sur la question du mouvement dans le Tout immobile ; p. 74 pour les attributs de la réalité ; p. 245 pour la similitude entre l'expérience absolue de Bradley et la compréhension immédiate de Plotin, etc.)

spéculation théorique abstraite autant que du scientisme, sans pour autant, loin s'en faut, refuser la science, peuvent, à première vue, apparaître consensuels et justifier la valeur de l'ouvrage de Bradley dans le cadre d'un combat de l'idéalisme pour s'imposer de nouveau en Angleterre. Certainement, la délimitation claire d'un espace spéculatif et contemplatif se situant au-delà de toute valorisation possible dans un contexte de « révolution des valeurs »[176], a contribué à offrir au mouvement idéaliste dans son ensemble une position à partir de laquelle il était possible de réfléchir. Mais il nous semble qu'une lecture rassurante esquive un certain nombre d'éléments qui, même s'ils sont remarquablement intégrés dans une progression constante vers une solution cohérente, imposent de travailler encore en direction d'une métaphysique capable de réduire les développements contradictoires qu'en l'état on est en droit de craindre. Dans son article sur ce qu'il estimait être la doctrine centrale de Bradley dans *Ethical Studies*, l'idée de réalisation de soi, David Crossley écrivait que Bradley était parvenu à une position dangereuse, aux frontières de la philosophie, de la religion et du mysticisme, et qu'il y était arrivé en utilisant la philosophie hégélienne[177]. Il semble qu'il faille poursuivre cette idée en disant que le système que Bradley conçoit après *Ethical Studies*, du fait de son appartenance à deux modes de pensée sur la façon de caractériser le réel, l'une hégélienne et l'autre d'inspiration platonicienne, ne pouvait véritablement contenter ni les hégéliens, ni les mystiques :

> La raison nous montrera où doit résider la vérité ultime, tandis que le mysticisme nous permettra d'en jouir. On peut cependant douter que Bradley ait été toujours rationnel ou toujours mystique. Ses arguments pour l'Absolu ne convaincront pas les rationalistes, et ses descriptions insipides n'enflammeront pas le mystique.[178]

Certes, l'intention qui a présidé à l'écriture de *Ethical Studies* n'a pas consisté à satisfaire les uns et les autres, mais à parcourir justement les frontières de la philosophie et de la religion à la recherche d'une solution éthiquement acceptable dans un monde irrésistiblement tourné vers les promesses de la science. Bradley était sans doute celui qui était le mieux à même de percevoir les problèmes que contenait son ouvrage, et il n'est pas anodin de constater que l'écriture de l'ouvrage suivant, pourtant attendu au vu des espoirs que soulevait celui-là, aura nécessité sept années d'efforts.

---

[176] « La vie individuelle pour la religion se trouve dans l'union avec le divin ; elle possède une valeur infinie, une valeur qu'aucun terme ne peut exprimer », ES, p. 334.

[177] *Cf.* David J. Crossley, « Self-Realization as Perfection in Bradley's *Ethical Studies* », *op. cit.*, p. 212.

[178] J. N. Findlay, « Bradley's Contribution to Absolute Theory », *op. cit.*, p. 275.

CONCLUSION

> En Allemagne, l'hégélianisme avait complètement échoué à arrêter le progrès du matérialisme ; en fait, il a précisément été introduit en Grande-Bretagne pour remplir cette tâche.[1]

Il est conventionnel de penser que James Hutchison Stirling, par son livre *The Secret of Hegel* (1865), a été le premier à véritablement introduire Hegel sur la scène philosophique en Angleterre, et qu'il l'a fait pour défier l'avancée de l'esprit scientifique et combattre la « crise victorienne de la foi ». La question est plus complexe qu'il n'y paraît car il est difficile de réduire l'opposition au matérialisme en Grande-Bretagne à une réaction orchestrée par un courant idéaliste qui serait allé chercher à l'étranger, en Allemagne, une philosophie considérée par nombre de philosophes et de théologiens britanniques de l'époque comme terriblement technique et diablement aride. Il faut bien admettre qu'une telle interprétation ne peut susciter qu'un sentiment d'incrédulité, car comment penser que l'hégélianisme, dont Mansel écrivait qu'il était une caricature métaphysique de la doctrine chrétienne[2], puisse fédérer l'ensemble des adversaires du matérialisme et de l'agnosticisme. Par une certaine ironie de l'histoire, les allemands eux-mêmes, tentant à leur façon de se défendre face au progrès du scientisme, avaient à la même période, à partir des années 1860, préconisé un retour à Kant en récusant l'hégélianisme, déjà fragilisé par ses querelles internes, et éprouvé un intérêt certain pour la philosophie empiriste britannique, notamment celle de John Stuart Mill, la cible préférée des idéalistes anglais. Ce chassé-croisé a quelque chose d'étonnant, d'autant plus qu'on ne peut affirmer que les anglais ne savaient pas ce qui se passait en Allemagne à cette époque : Bradley, alors même qu'il écrivait *Ethical Studies*, avait déjà pris connaissance du livre d'Otto Liebmann, *Kant und die Epigonen* et s'était mis à lire Lotze[3].

---

[1] John Passmore, *A Hundred Years of Philosophy*, Harmondsworth, Penguin Books, 1966, p. 51.

[2] Mansel, *The Limits of Religious Thought*, *op. cit.*, p. 111.

[3] PAP, « What Bradley Read », p. 499. Voir également la citation de Bernard Bosanquet *infra*.

Un idéalisme de combat

Pour tenter de résoudre, au moins partiellement, cette énigme que représente l'idéalisme britannique, nous sommes parti du principe que Bradley, dont le moment philosophique s'étend des années 1870 aux années 1920, était un représentant symptomatique du mouvement néo-hégélien, un témoin privilégié et un acteur essentiel. Du fait de la mort précoce de Green en 1882, de la longévité philosophique de Bradley et de ses rapports ambigus vis-à-vis de Hegel, de la religion et de la science, et plus encore peut-être à cause de la lucidité souvent ironique avec laquelle Bradley analyse le cours du monde, ce parti pris nous apparaît non seulement justifié mais aussi riche d'enseignements sur le mouvement néo-hégélien dans son ensemble, et sur la situation de l'histoire des idées en Grande-Bretagne dans cette période troublée. Notre étude a reposé essentiellement sur la phase montante de l'idéalisme philosophique, avant son apogée qui culmine avec les monismes de Bradley et de Bosanquet ; de ce fait, et sans que nous fassions jouer cette perspective à la manière d'un interdit stérilisant, nous avons été contraints d'adopter un regard prospectif et non rétrospectif. Ce faisant, nous avions l'espoir qu'il nous serait possible d'échapper à cette forme de désenchantement qui semble frapper les analyses habituelles du courant néo-hégélien, et qui tient à l'impression de son échec total du fait de l'irruption brutale de l'atomisme logique qui, selon la légende qu'il aura lui-même construite, a balayé tout ce qui l'a précédé. À quelle image du mouvement idéaliste hégélien à sa naissance sommes-nous parvenus à travers le prisme bradleyen ? Elle est certainement partielle, puisqu'elle ne nous est fournie que par ce que manifestent les écrits d'un auteur qui, dans son contexte personnel, a proposé des solutions aux problèmes qu'il a rencontrés. Elle est même, si l'on veut, déformée puisqu'il lui manque une perspective d'ensemble ; mais elle a l'avantage sur le point de vue de Sirius d'être aussi réelle que notre reconstruction l'aura permis. Il devrait donc être possible de l'utiliser comme pierre de touche pour mesurer l'écart qu'elle instaure ou non avec ce qu'il en est pour d'autres acteurs, pour des représentations générales élaborées sur tout ou partie de l'histoire du courant : elle appelle, en tant que telle, des confrontations à partir des résultats qu'elle aura permis d'établir.

Au terme de ce travail, il nous semble que quatre éléments permettent de distinguer et de caractériser essentiellement, dans sa phase ascendante, l'idéalisme de combat que représente alors le néo-hégélianisme britannique.

Hegel : Un choix raisonnable

Pourquoi Hegel ? Telle est la première question que l'on peut se poser à propos d'un courant dont la dénomination consacrée est celle d'idéalisme néo-hégélien. Qu'un mouvement de pensée choisisse comme référence un auteur qui se trouve hors de la tradition dans laquelle il s'inscrit par sa naissance,

Hegel n'étant ni anglais ni empiriste, ne va pas de soi. On peut imaginer qu'un tel choix naît de la rencontre avec un philosophe dont les vues semblent si vraies que l'on ne peut s'empêcher de le suivre avec conviction. Cela n'a pas été le cas. L'enthousiasme romantique et les envolées sublimes de Stirling, qui semblent relever de façon paradigmatique de ce modèle, étaient précisément devenus un repoussoir. Au regard de ce que Bradley nous apprend, Hegel a été un choix terriblement raisonnable, celui d'un recours, sans que cela n'interdise une estime profonde, ni une connaissance sérieuse de ses textes.

La réaction contre le matérialisme, au sens tant philosophique que moral, en Grande-Bretagne, a pris plusieurs formes : en fait, deux tentatives se sont succédées. La première a été désignée[4] comme un mouvement englobant un néo-criticisme (*neo-criticism*), une « philosophie du conditionné » supprimant toute tentative métaphysique de penser l'Absolu pour préserver sa transcendance, et un criticisme empiriste (*empirio-criticism*) qui cherchait à remplacer la spéculation métaphysique par la méthode scientifique. Cette tentative avait fait l'analyse que, pour susciter un renouveau, il était vain de chercher loin dans la tradition nationale puisque la science présente demandait un langage métaphysique qui puisse être rapidement adapté. Le prestige de la philosophie allemande était grand et la haute technicité que le kantisme avait constitué comme horizon indépassable pour toute l'Europe, imposait l'intégration du criticisme pour qui voulait philosopher sérieusement. Mais ce faisant, cette première réaction interdisait d'autres lectures possibles de Kant, d'autres usages possibles : il n'est pas apparu envisageable, du fait de sa compromission avec la doctrine de la « relativité de la connaissance », ce dont témoigne le livre non publié de Bradley sur cette question, de faire jouer Kant dans un sens nouveau.

Dans ce paysage ainsi dessiné, vers quoi était-il possible de se tourner ? Au vu du relatif isolement dans lequel se trouvait la philosophie insulaire, non professionnalisée, il n'était guère possible de recourir à des philosophies étrangères nouvelles. D'immédiatement disponible, il ne restait plus que la philosophie hégélienne qui puisse fournir au moins une force d'appoint[5]. Le nom était connu, ne serait-ce que par la critique féroce à laquelle se livraient ceux auxquels justement on voulait l'opposer. Mansel par exemple trouvait sa philosophie totalement dérisoire :

---

[4] Antonio Aliotta, *The Idealistic Reaction against Science, op. cit.*, p. 92-111.

[5] Dans l'absolu, Fichte ou Schelling étaient de toute évidence des candidat envisageables et, au regard du développement futur de l'idéalisme britannique, peut-être mieux adaptés. Mais l'histoire est un lieu d'aléas, et il se trouve – c'est en tout cas un fait pour le moment où nous commençons notre étude – que ni Fichte ni Schelling ne s'étaient imposés (hormis chez quelques poètes et écrivains) dans la connaissance commune de l'homme cultivé.

> Mais nous avons déjà suffisamment montré que si les philosophes
> et autres raisonneurs n'ont guère fait de progrès depuis Job, dans le
> talent consistant à découvrir le Tout-puissant dans la perfection, ils
> sont au moins parvenus à ne pas régresser dans l'art d'obscurcir les
> recommandations en utilisant des mots dépourvus de savoir.[6]

Les philosophes qui se sont retrouvés dans le néo-hégélianisme, cette
deuxième tentative contre le matérialisme, ont donc estimé que la philosophie
de Hegel était la meilleure alliée pour s'opposer à ceux qui avaient l'arrogance
désespérée de considérer comme impossible toute tentative métaphysique de
connaître le réel, pour attaquer les vulgarisateurs de la méthode scientifique,
dont la « *popular philosophy* » non seulement ridiculisait la métaphysique
mais finissait aussi par justifier l'agnosticisme, et pour répondre au problèmes
du temps :

> Il n'est donc pas surprenant que l'Âge qui a été témoin du merveilleux
> progrès de la science ait été aussi profondément troublé par la difficulté
> de réconcilier la science et la religion. La loyauté envers la science a
> semblé incompatible avec l'acceptation des idées orthodoxes en matière
> religieuse [...] Mais même si les doctrines des Églises n'étaient pas
> acceptables, l'esprit du temps n'en était pas pour autant irréligieux. Au
> contraire, le besoin d'une interprétation spiritualiste du monde, comme
> le révèle sans ambiguïté la poésie de l'époque, se faisait profondément
> sentir [...] Le grand problème de l'Âge victorien, de ce fait, a été de
> trouver une méthode par laquelle il devenait possible de réconcilier
> la science et la religion, de rester loyal envers les découvertes des
> secrets de la nature suite à de patientes recherches sans sacrifier les
> intérêts les plus élevés de l'humanité. Les philosophies traditionnelles
> de la Grande-Bretagne, l'empirisme et l'intuitionnisme, étaient
> désespérément inadéquates à parvenir à un tel résultat. Ce qui faisait
> défaut, c'était un système de pensée qui puisse au moins faire l'effort
> honnête de chercher à comprendre la véritable nature de l'univers dans
> lequel nous nous trouvons, de justifier le point de vue de la religion sans
> négliger les conclusions de la science.[7]

À présenter ainsi ce choix raisonnable, on pourrait penser qu'il n'a eu lieu
que par défaut, sans que le contenu de la doctrine hégélienne n'ait joué. Ce
serait bien sûr une erreur, à moins que l'on n'ajoute que ce choix a été fait
sans une connaissance extrêmement précise de cette doctrine. En effet, ainsi

---

[6] Mansel, *The Limits of Religious Thought, op. cit.*, p. 111.
[7] Hiralal Haldar, *Neo-Hegelianism*, Londres, Heath Cranton, 1927, p. 2-3.

que le montre le parcours de Bradley, Hegel était moins un philosophe connu[8], qu'un philosophe qu'il fallait connaître. Sa difficulté intrinsèque était bien perçue, Ferrier, par exemple, imaginait Hegel sous la forme d'un gigantesque boa constricteur[9] philosophique, et nombreux sont ceux qui accusaient son hyper-rationalisme. Mais justement, ce que l'on lui reprochait le plus, d'être si abscons, si technique, n'était-ce pas ce qu'il avait de mieux à offrir ? Il semblait alors nécessaire à ceux qui l'avaient élu de se mettre à cette rude école quoi qu'il en coûte, ou plus précisément parce qu'il allait en coûter beaucoup, ce qui constituait le prix qu'il fallait payer pour rendre à la philosophie anglaise une place digne dans le monde de la pensée. Dire que l'élévation du niveau de la pensée était une perspective partagée par tous, et qu'elle était la fonction majeure que remplissait le recours à Hegel serait exagéré. Mais ne pas prendre en compte cet élément serait méconnaître ce qui constitue un trait majeur présidant aux origines de ce courant, comme en témoigne la force avec laquelle Bradley a pu exprimer son sentiment d'un devoir, presque d'une mission dont il se sentait investi. Cela n'exclut pas que, pour ce que l'on en connaissait, pour ce que l'on en comprenait, la doctrine hégélienne présentait par son contenu même nombre d'éléments qui suscitaient l'adhésion et faisaient du nom de Hegel un élément fédérateur.

Hegel : un bon potentiel

La rencontre de Hegel par l'idéalisme britannique dans sa phase ascendante semble s'être opérée essentiellement autour de trois thèmes qui légitiment un choix parfaitement raisonnable. Tout d'abord on peut déceler, dans le prolongement du point précédent, une identité de vue, de diagnostic et de réaction psychologique face au monde : Hegel également avait l'impression de vivre dans un espace qui négligeait la pensée spéculative, qui foulait au pied les droits de la raison. Du point de vue de notre vingt-et-unième siècle, cela peut bien sûr sembler curieux, nous qui voyons son époque comme celle d'un foisonnement intellectuel que nous ne pouvons regarder sans une certaine envie. Mais ce qui importe ici, c'est qu'à travers ses analyses, et même l'attitude psychologique qu'il manifeste, Bradley a pu percevoir une similitude de situation : l'Angleterre de la seconde moitié du dix-neuvième siècle subit avec un retard qu'il faut rattraper le même déficit de pensée que l'Allemagne du début du siècle. La symétrie des situations n'autorise-t-elle pas alors le recours à l'expérience de ceux qui ont rencontré et résolu les mêmes problèmes ? Cette impression est de surcroît renforcée par l'idée

---

[8] « Hegel, mais qui a jamais prononcé un seul mot intelligible au sujet de Hegel ? Pas un seul de ses compatriotes, ni aucun étranger, rarement lui-même non plus », J. F. Ferrier, *The Institutes of Metaphysics, op. cit.*, p. 91.

[9] *Ibid.*, p. 40.

que le diagnostic partagé rencontre les mêmes adversaires : une philosophie empiriste qui n'a de philosophie que le nom, une abstraction kantienne qui a démissionné. Dans *Ethical Studies*, Bradley prolonge et perfectionne la critique greennienne des philosophes contemporains dans des analyses qui sont presque une simple adaptation au contexte des critiques efficaces que Hegel avait mis au point en son temps. Il faut y ajouter une foi partagée, qui est sans doute à la racine profonde de l'adhésion en termes positifs : le désir et la volonté de connaître l'Absolu[10]. L'idéalisme allemand a pour origine cette foi en l'existence d'une transcendance dans l'immanence, et l'idéalisme absolu de Hegel était porteur de la bonne nouvelle : la foi dans l'absolu est justifiée, il est possible de l'atteindre, puisque Hegel l'a fait. À travers le prisme de Bradley nous nous sentons contraint de maintenir le terme de foi : personne à l'époque ne semble vraiment comprendre comment Hegel y parvient et cela précisément est une tâche à accomplir, qui ne préjuge pas d'un accord final qui nous semble devoir être réservé. Simplement l'on sait et l'on sent qu'une telle philosophie est animée par l'espoir de la réconciliation : réconciliation entre l'homme et la nature pensée de nouveau comme un tout, réconciliation de l'homme et de Dieu pensée dans une identité profonde, réconciliation des hommes eux-mêmes dans une communauté concrète elle aussi pensée comme un tout. Comme Hegel, Bradley était donc bien persuadé que la réalité de l'univers ne se limitait pas à celle du monde physique et comprenait également le monde psychique ; il était important de réfléchir à la portée de la raison humaine, à son degré de compréhension de cela même qui la fonde :

> La question de savoir quelle est en soi la *détermination* de la raison se confond, en tant que la raison est considérée par rapport au monde, avec cette autre : quelle est la *fin de l'univers* ; cette expression en serre de plus près la réalisation, l'accomplissement. Deux choses doivent être examinées, le contenu de cette fin, la détermination elle-même comme telle et sa réalisation. Nous devons retenir d'abord que notre sujet, l'histoire universelle, se passe dans le domaine intellectuel. L'univers comprend la nature physique et la nature psychique. La nature physique intervient également dans l'histoire universelle, et au début même nous attirerons l'attention sur ces conditions fondamentales de la détermination de cette nature. Mais le substantiel, c'est l'esprit et la suite de son évolution.[11]

La cosmologie spontanée de Bradley s'accordait à celle de Hegel : il s'agissait bien d'une totalité qui englobe la nature physique et la nature psychique. Et

---

[10] Antonio Aliota, *The Idealistic Reaction against Science*, *op. cit.*, p. 92.

[11] Hegel, *Leçons sur la philosophie de l'histoire*, trad. J. Gibelin, Paris, Vrin, 1963, p. 26.

puisqu'il n'était pas souhaitable de laisser à la science tout le champ de la connaissance, c'est bien qu'il fallait confier à une raison totalisante le pouvoir de tenir un discours sur le tout. Hegel offrait une voie pour soutenir cette ambition. Il n'y avait pas à hésiter trop pour s'y engager ; sans d'ailleurs préjuger de ce qu'elle allait advenir, il était justifié d'emprunter les mêmes voies que celle de l'hégélianisme parce qu'elles peuvent conduire là ou l'on veut se rendre. Cela fait beaucoup si l'on veut, mais cela fait peu également : le parcours de Bradley que nous avons étudié, à peine postérieur à celui de Green dont il est l'élève, prouve que l'hégélianisme n'est pas possédé au départ dans le détail de son système, mais que c'est une identité de foi qui préside à l'acquisition dont nous voyons la progression qui, pour rapide qu'elle soit, est une conséquence d'un accord dans les objectifs seulement. Il faut ajouter que ces trois éléments – refus de la négligence de la pensée spéculative, désir et volonté de connaître l'Absolu et réflexion sur la portée de la raison humaine – qui constituent la justification quant au choix raisonnable de Hegel, reçoivent un surcroît de justification du fait de l'efficacité de l'élément de méthode emprunté à Hegel. La fameuse dialectique hégélienne, dont Bradley ne possède pas la maîtrise dans *Les Présupposés de l'Histoire critique*, ni même dans « *Relativity* » et « *Progress* », ne se met en place, partiellement en tout cas, que dans *Ethical Studies* : elle y joue un rôle important dans la réfutation de ce qui n'est pas voulu. De la même façon, des philosophèmes hégéliens comme ceux de l'universel concret, du mauvais infini, la pensée de la relation et l'idée téléologique, semblent à même de permettre des démonstrations qui sans eux étaient impossibles.

La philosophie de Hegel n'est pas reproduite telle quelle

Les deux points que nous venons de résumer impliquent que dès l'origine, l'horizon du néo-hégélianisme, qui justifie ainsi son préfixe[12], ne se pensait pas dans le cadre d'une application scrupuleuse de la doctrine de Hegel, dans l'objectif d'un usage et d'une appropriation. On ne trouve pas de condensé

---

[12] À l'origine, les termes « néo-hégélien » et « jeune-hégélien » étaient synonymes : « Afin d'éviter toute confusion, on qualifiera par la suite exclusivement de néo-hégéliens ceux qui de notre temps donnèrent à l'hégélianisme une impulsion nouvelle ». Karl Löwith, *De Hegel à Nietzsche, op. cit.*, p. 74-75. Cette « impulsion nouvelle » se manifeste dans les courants néo-hégéliens (et donc non pas seulement hégéliens) par un écart avec la doctrine initiale. La distance s'inscrit alors dans une échelle approximative allant pour l'un de ces termes d'un écart important dû à une volonté délibérée de ne garder que quelques éléments du système initial, quitte à le dénaturer, et dont la limite est la constitution d'une autre philosophie, et jusqu'à un écart faible, pour l'autre terme, écart dû à une nécessité d'amender fortement compte tenu des exigences du temps, la limite étant ici l'hégélianisme pur et simple. L'évaluation exacte d'une doctrine relève en conséquence d'un art.

de l'hégélianisme ou encore un exposé des doctrines centrales de Hegel dans
les livres de Bradley, mais bien plutôt leur adaptation et leur assimilation
progressive dans une pensée originale et offensive, dédiée dès le premier
chapitre de *Ethical Studies* à la volonté d'éclairer le sens commun et la façon
de faire de la philosophie en Angleterre. Il nous semble alors légitime, du
moins est-ce l'idée que l'on peut avancer au travers de la personne de Bradley,
de poser que le courant que nous avons étudié a vu en Hegel un moyen
plutôt qu'une fin pour résoudre le problème du matérialisme, à l'instar des
Platoniciens de Cambridge qui, pour contrer la philosophie de Hobbes en leur
temps, qu'ils accusaient de matérialisme et d'athéisme, ne s'étaient approchés
que temporairement de Descartes :

> Je ne sais pas si Néo-hégélianisme est le terme qui convient pour
> caractériser ce mouvement. Mais comme il est devenu courant, il est
> inutile d'y trouver à redire. Mais ce que l'on ne doit pas oublier, c'est
> que les écrivains censés appartenir à cette école ne sont aucunement
> des disciples de Hegel. Sans aucun doute les a-t-il fortement influencés,
> mais chacun d'entre eux reste un penseur très indépendant, avec sa
> propre façon distincte d'appréhender et d'exprimer les vérités centrales
> de l'idéalisme. [13]

Que reprend Bradley en effet de ce que les thèses hégéliennes ont pu apporter
à la *philosophia perennis* ? La dialectique, bien entendu, qui figure en bonne
place dans la réflexion bradleyenne, mais elle n'est pas, volontairement,
poussée au bout de sa logique ultime comme dévoilement du réel, et reste
surtout un moyen épistémologique et pas vraiment ontologique de progresser
vers la vérité. La question du progrès et du devenir, également, que Bradley
reproduit à travers sa préoccupation pour le concept de mauvais infini, mais
sa construction de l'idée de progrès est investie d'un souci de ne pas conclure
à une fin de l'histoire et de ne pas enfreindre les limites du seuil de l'Absolu.
Le problème du concret et de la totalité enfin, mais Bradley en use pour mieux
souligner les moments qui relèvent d'une expérience et non pour parvenir au
résultat final du savoir absolu. Il n'y a donc à aucun moment chez Bradley, et
ce dès les premières œuvres, ce que l'on pourrait nommer un usage servile de
Hegel. Bien au contraire, il l'adapte presque d'emblée, puisqu'il l'inscrit dans
un cadre implicitement mais indéniablement néo-platonicien, profondément
ancré dans une tradition insulaire, et qui donne parfois le sentiment de se situer
à la frontière du mysticisme. Mais il s'agit d'un mysticisme positif, au sens de
spéculatif, gardant de Hegel cette admiration profonde pour le néo-platonisme,
tout en préférant au final ne pas suivre intégralement l'interprétation qu'en a
faite le philosophe allemand, et préférer la voie ascendante :

---

[13] Hiralal Haldar, *Neo-Hegelianism, op. cit.*, « Preface », p. v.

> L'interprétation hégélienne se situe donc dans la lignée du néo-
> platonisme. Mais elle implique aussi une déformation de celui-ci, qui
> est une hégélianisation pure et simple. En effet, l'Absolu de Philon,
> de Plotin et de Proclus, qui est l'Un, est frappé d'une transcendance
> radicale qui implique sa parfaite auto-suffisance. Il en résulte, du
> point de vue théologique, une grande importance de la *via negationis*,
> de la théologie négative comme mode approprié d'approche de la
> transcendance absolue et de sa gloire. Pour Hegel, selon l'inspiration de
> Jacob Boehme, le négatif est dans l'Absolu même, qui est inquiétude,
> *Unruhe*, et se déploie donc dans une activité en devenir.[14]

Cette attitude bradleyenne n'est pas le fruit du hasard, puisqu'elle est chez lui
volontaire, ainsi que nous l'avons démontré, dès ses premiers textes, et elle
n'est pas, nous en faisons ici l'hypothèse, le fait du seul Bradley[15]. L'idéalisme
britannique, sous forme néo-hégélienne avérée à partir des années 1860,
s'offrirait en définitive comme un courant ambigu, et c'est son intérêt si ce
n'est sa force : il demeure non véritablement hégélien en ce qu'en lui subsistent
des éléments traditionnels, platoniciens et néo-platoniciens, accompagnés
d'éléments plus modernes, liés à l'ambition d'intégrer et de dépasser le présent.

Un programme fort enthousiasmant

Qu'un courant philosophique dans sa phase ascendante ne se présente pas
comme une *doxa*, qu'il y règne une grande liberté d'esprit en même temps
qu'un certain foisonnement n'est pas *a priori* chose surprenante. Cela mérite
cependant d'être noté, car la liberté originaire vis-à-vis de l'hégélianisme, due
au moins en partie à l'appropriation non encore complètement effectuée de
l'hégélianisme, en constitue certainement un des éléments de séduction. Cette
dernière n'est pas mince, et il nous faut en reprendre ici les traits constitutifs
puisqu'ils expriment la quatrième caractéristique qu'il nous semble pouvoir
être dégagée à travers le prisme de Bradley : le néo-hégélianisme est un courant
ambitieux, disposant d'un programme fort, et adapté aux exigences du temps.

L'illusion rétrospective, le glissement de sens que les préjugés de notre
temps imposent au terme de réaction, qui se transforme insensiblement

---

[14] Jean-Louis Vieillard-Baron, *Platonisme et interprétation de Platon à l'époque
moderne*, Paris,Vrin, 1988, p. 181. Pour la mystique entendue positivement comme
activité spéculative chez Hegel, voir pages 180-181.

[15] Il faudrait prendre la mesure chez d'autres représentants de cette attitude. Nous
en trouvons une confirmation partielle chez Wallace, qui se présente plus comme un
commentateur que comme un philosophe qui innove. Comme nous l'avons vu, dans
sa remarquable introduction à sa traduction de la petite logique, il apparaît à Wallace
comme une évidence de pratiquer ce que nous pourrions nommer « la méthode de
l'emprunt » pour intégrer la doctrine hégélienne dans la tradition anglaise.

en réactionnaire, ont laissé dans la pensée commune l'image d'un courant de pensée un peu désuet, terriblement abstrait, dont on ne comprend plus les succès que par l'idée facile d'un passé par essence déjà depuis toujours dépassé. Rien n'est moins conforme à la réalité, et, rapporté à l'époque, et encore une fois vue à travers le prisme de Bradley, c'est l'image d'un courant profondément moderne qui s'est révélé à notre regard. Deux ambitions nous ont semblé présider aux efforts de cet idéalisme, ambitions capables de justifier un ralliement enthousiaste des jeunes générations.

Tout d'abord, il y a indiscutablement un accord de fond avec la science. Ainsi, Bradley la tenait-elle en haute estime, même s'il ne lui reconnaissait pas le pouvoir de parvenir à la connaissance ultime. La lecture anti-idéaliste conventionnelle au début du vingtième siècle, fondée sur le procès d'intention d'un néo-hégélianisme opposé à la science, est à la fois fausse et injuste. Car l'estime de la science ne relevait pas seulement d'une attitude stratégique et intelligente, qui aurait compris que le combat d'un certain spiritualisme était perdu d'avance et qu'il fallait faire désormais, bon gré mal gré, avec cette dernière. Il ne s'agit pas non plus seulement de cette attitude spiritualiste qui, comme ce sera le cas chez Bergson par exemple, ambitionne d'intégrer la science en la dépassant, la jugeant au fond incapable et s'imaginant, souvent à travers une connaissance superficielle, que ses résultats s'accordent parfaitement avec une philosophie spiritualiste déjà constituée qui n'aurait plus qu'à expliquer aux savants le sens véritable de leur propos. Nous y voyons plutôt un écho de l'attitude de Berkeley qui, malgré une attitude très critique vis-à-vis de la science de son temps, non pas en elle-même mais parce qu'elle avait emprunté sa vision du monde à la philosophie de Locke ou de Descartes, s'apprêtait assez joyeusement de lui simplifier le travail grâce à la doctrine de l'immatérialisme[16]. Une telle naïveté n'est bien sûr pour l'heure plus de mise, mais est conservée l'idée que la science n'est pas l'ennemi, et qu'elle est même au fond une aventure à laquelle il serait plaisant de participer. La philosophie hégélienne ici fournit un appoint, sans nul doute parce qu'avec Darwin, dont l'essentiel des résultats sont acceptés avec un sentiment d'évidence et même de familiarité, elle avait semblé recevoir de l'avancée des sciences une confirmation de ses thèses. Ainsi dans *Ethical Studies*, au nom d'une conception génétique de l'expérience humaine qui présente des points communs avec l'évolution hégélienne de l'esprit, Bradley combat la psychologie associationniste qui, en dépit de sa spécialisation et de ses avancées techniques, demeure incapable,

---

[16] Émile Bréhier note que dans le *Commonplace Book*, Berkeley affichait une volonté d'adapter sa métaphysique aux sciences pour montrer comment elle pouvait être utile en optique, en géométrie etc. (*Histoire de la philosophie, op. cit.*, vol. 2, p. 299). Dans ses *Principes de la Connaissance Humaine*, c'est la critique des idées abstraites qui conduit à la critique de la science, laquelle, pour peu qu'elle les abandonnât, se simplifierait la tâche et avancerait bien mieux.

épistémologiquement, de rendre compte de la complexité humaine : mais ce qu'il fait là est bien œuvre de psychologue. Plus encore, Bradley est en accord avec l'idée d'une liberté de la recherche scientifique, idée qui ne suscite chez lui plus aucune peur, mais là encore, une sorte de sentiment d'évidence qu'il partage avec les scientifiques et les penseurs les plus avancés de son temps. Le point de désaccord avec T. H. Huxley par exemple ne vient pas de l'anti-cléricalisme et de l'exigence de liberté de pensée de ce dernier, mais réside dans l'inspiration scientiste de la « Nouvelle Réforme » : Huxley commet l'erreur de réinventer l'Inconnaissable au nom d'un agnosticisme que les idéalistes entendaient justement rejeter[17]. Cette absence de crainte vis-à-vis de la science ne sera jamais assez soulignée, car elle manifeste à la fois la profonde rupture de cette génération idéaliste avec les générations précédentes, idéalistes ou non, mais également cet air de tranquille assurance avec lequel l'avenir est abordé, un avenir qui, telle est la croyance partagée, appartient à l'idéalisme[18].

Cette façon d'aborder la science reçoit son symétrique exact dans l'attitude religieuse. Que l'idéalisme néo-hégélien soit marqué par une attitude profondément religieuse, chez Green, chez Bradley, ce qui n'est d'ailleurs pas étonnant ni pour des idéalistes, ni pour des partisans de Hegel, dont la foi et l'orthodoxie protestante ne peuvent être niées[19], nul ne le conteste. Ce qui mérite en revanche d'être souligné, c'est l'extrême liberté que prend leur sens supérieur de la religiosité vis-à-vis des églises et des dogmes. Alors que l'orthodoxie religieuse tentait de maintenir sa place et son autorité dans une société qui accusait une tendance à la sécularisation, et était peut-être prête à des compromis avec un idéalisme philosophique qui restituait à l'Absolu son empire et son emprise par la voie de la raison, Bradley a tranquillement réintégré une tradition néo-platonicienne tout en se dotant d'outils spéculatifs qui portent l'empreinte du rationalisme hégélien. L'aspect consensuel de la conclusion de *Ethical Studies* a pu faire illusion pendant quelque temps : son insistance sur la justification par la foi seule ainsi que sa glorification du Protestantisme ont pu accréditer la croyance que l'idéalisme néo-hégélien légitimait une voie

---

[17] *Cf.* Christophe Duvey, « Thomas Henry Huxley et la Bible », *op. cit.*, p. 104-121.

[18] Une analyse symétrique pourrait être conduite avec Green, non pas au sujet de la science, mais du point de vue du politique. Green faisait preuve de ce que l'on nommerait aujourd'hui des idées avancées et manifestait sans préjugé une conscience tranquille qu'une nouvelle attitude était souhaitable et possible dans la sphère du politique, que Bradley n'accapare pas.

[19] Nous n'ignorons pas les accusations de panthéisme voire d'athéisme dont a été victime Hegel. Mais si l'on veut accorder quelque sérieux à ce genre de lecture, ce ne peut être que sous le chef qu'elles tirent des conclusions quant à l'appréciation des conséquences ultimes du système hégélien, et non dans ce qu'elle participerait légitimement à la constitution de la légende d'un Hegel athée, ce dont il s'est toujours défendu avec la plus extrême vigueur.

par laquelle l'esprit religieux pouvait encore dogmatiquement s'opposer au scientisme régnant. Mais sa déviation substantielle par rapport à l'orthodoxie chrétienne, déjà décelable pour qui prend le soin et le temps de cerner la cosmologie implicite, d'inspiration plotinienne, qu'il sous-entend dans le dernier essai de *Ethical Studies*, est d'ores et déjà un acte de rupture. Et son absence de confrontation réelle avec les autorités religieuses, si ce n'est sous la forme d'une récusation constante des fanatismes et des sectarismes, est moins la marque d'une politique prudente, à notre sens, que celle d'une indifférence pour des querelles qui lui semblaient au fond déjà d'un autre âge, et ce dès *Les Présupposés de l'Histoire critique*. L'analyse de la religion s'inscrit pour Bradley dans l'ambition générale de donner une explication de l'univers, c'est-à-dire de construire une métaphysique qui triompherait des oppositions et des relativismes, et il n'a jamais été question pour lui de participer à l'élaboration d'une théologie explicite.

C'est cette grande ambition de reconstruire une métaphysique qui constitue en quelque sorte le noyau dur de l'idéalisme de combat auquel participe Bradley : le projet de dépasser toutes les contradictions qui déchirent l'époque, de réfléchir aux premiers principes, de découvrir ce dont la Réalité est faite, et d'évaluer dans ce cadre les possibilités d'intégrer les avancées de la science en accord avec une foi intime, dont on ne sait d'ailleurs pas trop à quoi ou à qui elle s'adresse. À en lire les prémisses dans cette phase ascendante, on comprend que l'idéalisme néo-hégélien a pu susciter la foi, l'enthousiasme, l'appétit de l'effort. Mais ces mêmes prémisses contenaient-elles déjà les signes avant-coureurs de son destin futur ?

Chronique d'une mort annoncée ?

Il est difficile dans une conclusion de ne pas aborder cette question, et de ne pas ouvrir notre travail sur une prospective rétrospective. C'est un exercice sans doute vain pour l'histoire des idées et l'histoire en général de reconstruire après coup une logique dont on s'ingénie à montrer qu'elle ne pouvait conduire que là où elle a conduit. Mais en même temps, c'est réduire l'histoire à un *flatus vocis* que de lui interdire de fournir des éléments d'explication qui constituent ces fameuses leçons de l'histoire qu'on se fait une règle de ne jamais retenir après qu'on les a tirées[20]. La représentation commune a coutume de considérer que la Grande-Bretagne aurait connu une phase accélérée d'hégélianisme, adhérant l'espace de quelques années seulement à la mode de la philosophie de Hegel,

---

[20] « Mais ce qu'enseignent l'expérience et l'histoire, c'est que peuples et gouvernements n'ont jamais rien appris de l'histoire et n'ont jamais agi suivant des maximes qu'on en aurait pu retirer. » Hegel, *Leçons sur la philosophie de l'histoire, op. cit.*, p. 20 (Introduction).

vite retombée à cause du manque d'unité philosophique de ses épigones[21].
Si, comme nous l'avons montré, on peut penser au travers du parcours d'un
de ses représentants majeurs que l'idéalisme hégélien possédait dès sa phase
ascendante, dès ses origines ou presque, ses caractéristiques essentielles, n'est-
ce pas qu'il portait alors les éléments de son déclin futur ? De fait, et c'est un
point sur lequel reviennent souvent les commentateurs, le néo-hégélianisme,
qui, essentiellement, se reconnaissait dans un programme officieux de travail
philosophique effectuant une reprise du système hégélien, n'aurait jamais été
un courant unifié sur le plan doctrinal. Si l'on excepte peut-être les débuts du
mouvement, lorsque l'enthousiasme des jeunes étudiants de Green était encore
intact et que Bradley s'apprêtait à publier ses premiers travaux, le groupe
informel d'étudiants idéalistes d'Oxford n'est pas véritablement homogène. Il
regroupe plutôt des personnalités dont le point commun est d'avoir considéré
que l'idéalisme en général et l'hégélianisme en particulier pouvait non
seulement sortir la philosophie anglaise de sa torpeur mais également créer les
conditions d'un véritable renouveau métaphysique.

Un hégélianisme insuffisant ?

C'est justement le rapport à Hegel, comme ciment philosophique du
mouvement, qui pose problème. Green s'est d'abord assez rapidement
démarqué du philosophe allemand. Puis Bradley, après avoir étudié, sélectionné
et transformé ce qui l'intéressait dans son œuvre, a présenté les premiers
travaux par lesquels le groupe s'est fait connaître de la scène britannique
au début des années 1870 en prenant quelques distances par rapport au
programme hégélien. Ce que nous appelons pudiquement « distances » est
finalement devenu, officiellement avec *Principles of Logic*, une remise en
cause fondamentale de ce que la philosophie entière de Hegel pensait réaliser,
le savoir absolu. Les reproches de Bosanquet, à cet égard, suggèrent que le
désaveu bradleyen, rejoignant au fond la réaction anti-hégélienne allemande,
risquait de décrédibiliser le mouvement tout entier, de l'empêcher de se
constituer comme une véritable école, et de voir les résultats objectifs auxquels
il était parvenu, comme la réfutation de la tradition empiriste et utilitariste,
perdre de leur influence :

---

[21] On peut ajouter que, contrairement à ce qui se passe en France, qui découvre Hegel
bien plus tard, dans les années 1930, l'hégélianisme n'a pas été appuyé en Angleterre
par l'émergence du marxisme : ce dernier était faiblement représenté à l'époque, et il
n'incarnait pas non plus l'idéologie d'État qu'il est devenu après la Révolution Russe.
En outre, le « socialisme éthique » (*ethical socialism*) issu de la philosophie politique
de Green, n'est pas d'inspiration hégélienne : voir à ce sujet le livre de Matt Carter,
T. H. Green and the Development of Ethical Socialism, Exeter, Imprint Academic,
Green Studies vol.1, 2003.

[...] certains signes dans ce pays révèlent l'existence d'un mouvement philosophique qui semble assimiler ce qu'il y a de réellement grand dans la philosophie européenne sans pour autant abandonner les mérites particuliers de la pensée anglaise. Mais alors que l'Angleterre découvre cette tendance avant-gardiste, l'Allemagne, par une certaine coïncidence temporelle, connaît une réaction philosophique influencée en partie par un type de spéculation anglaise que la génération présente, c'est à espérer, a largement dépassée. Dans la patrie de Kant, de Fichte et de Hegel, une telle réaction ne peut faire que du bien, et bien peu de mal. Cela n'implique pas que leur travail soit réduit à néant, mais seulement que le plan des grands maîtres est en train d'être transmis pour être mis en œuvre, élément par élément, par des artisans. En Angleterre, où l'idéalisme fondamental n'a jamais vraiment eu les coudées franches, la situation est très différente. Il serait très dommageable qu'une certaine solidarité avec la réaction allemande vienne restaurer des traditions que nous sommes à peine en train d'écarter. Le cas échéant, les sympathisants de l'empirisme ordinaire imagineraient simplement que leurs voisins auraient repris leurs esprits en admettant que l'idéalisme n'était qu'une erreur. Au vu de cette situation du monde philosophique, l'œuvre de M. Bradley a une signification double. Pour l'essentiel, il appartient à cette tendance avant-gardiste et il est un pionnier efficace de cette philosophie que nous espérons tous – une philosophie spécifique et nationale, non pas du fait de son ignorance profonde des pensées étrangères, mais en vertu de son appropriation de l'héritage intellectuel mondial. Mais sur certaines questions périphériques, et sur d'autres qui ne sont pas que périphériques, il s'engage, à un niveau qui me rend perplexe, auprès de ces écrivains de la réaction allemande, lesquels, en dépit de leur bon sens, de leurs connaissances et de leur application tout à fait remarquables, me semblent manquer irrémédiablement de profondeur philosophique.[22]

---

[22] Bernard Bosanquet, *Knowledge and Reality : A Criticism of M. F. H. Bradley's « Principles of Logics »*, Londres, Kegan Paul, Trench and Co., 1885, « Preface », p. v-vii. François Houang, dans sa thèse principale sur Bernard Bosanquet (*Le néo-hégélianisme en Angleterre : la philosophie de Bernard Bosanquet*. Paris, Vrin, 1954) propose une « vue d'ensemble du mouvement néo-hégélien » (p. 7) à partir de la double influence de Green et surtout de Bradley sur Bosanquet. Sur le rapport de Bosanquet à Bradley, il note que *Ethical Studies* a eu une influence déterminante sur la philosophie de Bosanquet en ce qu'elle l'a amené à se considérer comme son disciple. François Houang développe sa thèse des rapports entre les deux philosophes sur la base des réactions de Bosanquet face à la relation que Bradley entretenait vis-à-vis de la philosophie hégélienne. Ce rapport est devenu opérant dans l'œuvre de Bosanquet à partir du moment où ce dernier a commencé à critiquer les lectures de Bradley trahissant l'influence, dans *Principles of Logic*, de Lotze, « qui avait creusé un fossé entre le sentir (*Fühlung*) et le penser (*Denken*) » (p. 13). La philosophie de Bosanquet aurait consisté, sur ces prémisses bradleyennes, à restaurer l'hégélianisme à partir d'un dialogue avec Bradley. Pour une étude des différentes interprétations de la relation entre

C'est bien en effet dans son ouvrage de 1883 que Bradley attaque l'associationnisme au titre que la théorie de l'inférence ne doit pas se contenter de mettre en évidence des relations entre des universaux, et que la pensée même, du fait qu'elle procède également par relation entre des universaux, ne peut parvenir à discerner l'unité d'une totalité continue et systématique :

> La pratique de la science confirme le résultat auquel notre longue analyse nous a mené ; car ce qui est vrai une fois est vrai pour toujours. Son objectif n'est pas d'enregistrer ce complexe fait de données sensibles que la perception nous présente de temps en temps. Elle désire obtenir une connexion de contenu et être capable de dire : étant donné cet élément ci ou cet élément là, alors quelque chose d'autre est assuré universellement. Elle entreprend de découvrir ces éléments abstraits dans leur exhaustivité totale, et de ranger l'inférieur sous le supérieur. Retournant à un terme utilisé précédemment, on peut dire que son but consiste à se débarrasser totalement du « ce que » [« *thisness* »], à reconstruire le donné sous la forme de synthèses idéales et d'adjectifs abstraits. Dès le départ, la science est un processus d'idéalisation ; et l'expérimentation, Hegel nous l'a dit il y a longtemps, est un instrument idéalisant, car elle sublime le fait en des vérités générales.[23]

Le fait de penser à un objet ne permet pas de le rendre totalement intelligible, et le savoir absolu est donc impossible. Bradley critique donc la science au nom de la métaphysique et fait le choix d'une métaphysique qui rompt avec Hegel puisque le réel ne saurait se réduire au rationnel, et l'Absolu n'être appréhendé qu'à travers la pensée.

Mais cette sortie du système hégélien, que lui reproche Bosanquet, est déjà avérée avant même qu'il n'écrive *Principles of Logic*. Nous avons vu que Bradley n'esquissait pas encore, dans *Ethical Studies*, la métaphysique du sentir qu'il allait développer à partir de *Principles of Logic*, mais nous avons démontré que le divorce avec Hegel est déjà prononcé, au bénéfice d'une forme de néo-platonisme, que l'usage de l'hégélianisme était plus épistémologique, stratégique, que le signe de l'acceptation en bloc du système, que les travaux métaphysiques qu'il envisage alors portaient déjà, à mots couverts, l'empreinte de Lotze. Était-ce à l'époque si gênant, puisque cela n'a pas été signalé, et puisque cela n'a pas empêché *Ethical Studies* d'être, selon l'expression même de Bosanquet, « *epoch-making* » ? D'ailleurs, est-ce si gênant en soi ? À notre connaissance, l'idéalisme allemand non plus n'a pas été caractérisé par une grande identité de vue entre tous ses protagonistes... Allons plus loin : les

---

Bradley et Bosanquet, et notamment une réflexion sur *Ethical Studies* comme fondation de l'idéalisme britannique, voir l'article de William Sweet, « F. H. Bradley and Bernard Bosanquet », *in* James Bradley (dir.), *Philosophy after F. H. Bradley, op. cit.*, p. 31-56.
[23] PL, p. 105-106.

oppositions radicales entre Fichte, Schelling et Hegel, pour ne nous en tenir qu'aux phares qui éclairent la foisonnante pépinière diverse, changeante et variable du mouvement, ont-elles été un élément négatif pour le rayonnement de l'idéalisme allemand, ou au contraire, lui ont-elles été bénéfiques ? Nous pensons que ce dernier jugement est plus judicieux, la diversité des systèmes présentés faisant de ce moment philosophique une source inépuisable de réflexion et d'inspiration. Il n'est pas évident de se représenter la conquête des esprits comme s'effectuant sur un champ de bataille où l'uniformité et la discipline d'un camp leur vaudrait la victoire à coup sûr.

Un hégélianisme trop marqué ?

Le reproche exactement inverse aura été adressé : c'est de trop d'hégélianisme que vient le discrédit qui a frappé le mouvement. C'est au fond le reproche de Russell que l'on adresse en général au système hégélien : celui de manipuler des abstractions creuses dans un cadre mécanique qui n'a plus rien à voir avec le réel. C'est également l'élément de rupture qui a provoqué le retrait de Jowett qui, après avoir été l'un des responsables de la nouvelle approche technique et sérieuse de Hegel, a trouvé décidément que l'usage manquait de mesure. Apparemment, une telle analyse semble contredire les faits : l'analyse de Muirhead semble plus exacte quand elle inscrit l'idéalisme dans une tradition qui n'interdisait pas l'hégélianisme. Si sclérose il y a eu, c'est pour d'autres raisons et non pas parce que l'hégélianisme en soi en ait été une où l'ait appelée. Pourtant, à y réfléchir, quelque chose peut être retenu de cette accusation, au sens où l'hégélianisme, d'une façon paradoxale, est sans doute à l'origine de certaines dérives, dont Bradley n'est pas exempt, même s'il se garde de ses formes caricaturales. En effet, une des conséquences inattendues du système hégélien, qui place plus haut la religion que la morale, tout en inscrivant l'absoluité de la première quant à son contenu dans une reprise à un niveau spéculatif qui en pense la vérité (que la religion ne fait que « représenter »), est de conduire à une forme de relativisme.

En réalité, l'idéalisme néo-hégélien ne se voulait pas une doctrine relativiste : comme philosophie du tout, il était assurément une philosophie d'ordre n'acceptant ni les individualismes ni les atomismes. Mais le travail qu'il opère sur la morale induit à terme un élément de déstabilisation, dont Mansel, avec sa grande pénétration conceptuelle, avait peut-être pressenti le danger. Contrairement à la doctrine kantienne, qui ne cède jamais sur la morale, dont l'impératif catégorique est le fondement absolu, la morale hégélienne peut être perçue comme défaillante. Dans *Ethical Studies*, Bradley fait de la morale une sphère en elle-même contradictoire : elle se réduit au fond dans sa partie objective à « Ma Condition et des Devoirs », qui renvoie indéniablement à un relativisme historique, et, pour sa partie subjective et idéale, telle qu'elle se présente dans « La Moralité Idéale », elle ne trouve sa résolution objective que dans le dépassement religieux. Il faut reconnaître que dans ce cadre, l'établissement d'une morale pour tous, d'un traité des vertus, est impossible. D'un point de vue moral, cela ne revient-il pas à adopter l'attitude relativiste dont le siècle était la proie[24] ? Et symétriquement, la religion que l'on place si haut au-dessus de la morale qu'elle relativise, n'est-elle pas également fragilisée si elle n'est plus l'objet d'un savoir, même si comme objet, elle relève encore de l'absolu ?

La religion restait certes fondamentale, et cela va sans dire pour tout idéalisme philosophique, mais que penser de cette affirmation religieuse que Bradley pose et qui emprunte les voies de la mystique antique tout en préservant une rationalité hégélienne ? N'est-ce pas là une source de confusion dont rien ne pouvait éviter le développement ? N'est-il pas possible de dire qu'elle va dans le sens d'une ouverture de la boîte de Pandore de toutes les religiosités les plus échevelées, au nom de l'idéalisme, au fur et à mesure que le siècle s'achève ?

> [...] Il s'est donc trouvé que Schopenhauer, à titre posthume, a triomphé de Hegel, ce rival qu'il haïssait tant [...] Une fois exaltée la puissance aveugle de l'impulsion et abandonnés les conseils sûrs de l'intellect, la porte s'est ouverte à toutes sortes de spéculations arbitraires ; d'où la confusion, le byzantinisme et les tâtonnements philosophiques qui ont obscurci la pensée et qui se sont fait passer pour de l'idéalisme durant ces vingt dernières années. O misérable idéalisme, combien de folies intellectuelles ont-elles été commises en ton nom ! Théosophie, spéculations kabbalistiques, occultisme, magie, spiritualisme, tous ces délires mystiques néo-platoniciens et néo-pythagoréens, les théories les plus archaïques et les débris de toute sorte ramassés au hasard dans le fonds spéculatif des siècles : tout cela est revenu en faveur en dépit de toute logique et de tout bon sens.[25]

Même s'il ne saurait être totalement confondu avec certaines dérives mystico-religieuses outrancières du victorianisme fin-de-siècle, ne serait-ce que parce qu'il ne les a pas suscitées directement[26], l'idéalisme néo-hégélien a été à l'origine de nombreux bouleversements dans le monde religieux et il a provoqué une réflexion nécessaire même si parfois douloureuse :

---

[24] Voir à ce sujet le livre de Christopher Herbert, *Victorian Relativity : Radical Thought and Scientific Discovery*, *op. cit.*

[25] Antonio Aliotta, *The Idealistic Reaction against Science*, *op. cit.*, p. xv-xvi.

[26] On peut penser notamment à la loge de Mme Blavatsky et à ses activités, qui débutent à Londres en 1887, ou encore à l'*Hermetic Golden Dawn* fondée par Westcott et Mathers en 1888, et dont William Butler Yeats a été le président en 1901.

La théologie de Green a plu à un bon nombre de groupes. D'une part, une tendance visant le développement d'un mouvement culturel et éthique laïque est apparue parmi ses sympathisants ; et d'autre part, sa pensée a été exploitée par des hommes comme Holland, qui se considéraient comme des Tractariens. Ces deux branches ont témoigné de leur dette envers Green en s'engageant activement auprès de mouvements dont le but était d'améliorer la condition des classes inférieures. Les rationalistes étaient pour la plupart d'entre eux associés à la *London Ethical Society* et ses antennes ; les membres de la Haute Église se sont retrouvés dans le groupe théologique *Lux Mundi* ou dans le mouvement réformiste de la *Christian Social Union*. À Londres, *Toynbee Hall* a rassemblé ceux qui n'appartenaient pas à l'Église, et *Oxford House* ceux qui en faisaient partie.[27]

La philosophie de McTaggart ou encore le développement de communautés monastiques anglicanes comme la *Community of the Resurrection* fondée par l'évêque anglican Charles Gore, un ancien étudiant de Green, en 1892, montre la prégnance de l'aspiration mystique dans le sillage néo-hégélien. Le *Lux Mundi Group*, fondé par Charles Gore et Scott Holland (encore un étudiant de Green), a aussi profondément bouleversé l'orthodoxie en instaurant un mouvement de pensée qui a dominé la théologie anglicane jusque dans les années 1920 : du fait de son intégration de la doctrine de l'évolution, sa publication majeure, *Lux Mundi : A Series of Studies in the Religion of the Incarnation* en 1889, a été aussi controversée que *Essays and Studies* au début des années 1860. Mais que penser de la position de Bradley, alors qu'il vient d'achever *Ethical Studies*, et de la direction que sa philosophie a déjà esquissée ? Dans quelle mesure est-il possible de déceler des points communs entre ce qu'il écrit et la situation confuse du mélange des genres de son époque, où philosophie, science et religion se mêlent, emportées dans un carrousel frénétique ? Il est possible de voir ici se dessiner la sagesse d'une forme de scepticisme dont on l'a accusé. Son mysticisme, tempéré qu'il était par une rationalité qui n'était pas hégélienne quant à son fond, n'a jamais connu la tentation de l'irrationalisme : si la pensée ne peut totalement rendre compte de la complexité de l'expérience ressentie, cela doit conduire à la suspension du jugement, à la tempérance, la prudence et la tolérance, et non pas à affirmer là où l'on ne peut démontrer, à deviner là où l'on ne peut savoir.

Ici encore, si une fragilité se dessine dès les prémisses du mouvement, on ne peut déduire de dérives possibles pour expliquer les difficultés advenues.

---

[27] Melvin Richter, *The Politics of Conscience ...*, *op. cit.*, p. 118. On trouve fréquemment l'accusation selon laquelle les idéalistes ont « hégélianisé » le christianisme, et qu'ils ont tenté d'imposer la religion d'un Dieu impersonnel, d'un panthéisme philosophique. Voir à ce propos une lettre de Green à Holland (Lettre du 6 octobre 1872), citée par Richter, *ibid.*, p. 117.

Pourquoi ce relativisme, qui finalement s'avère un point d'accord avec le siècle, qu'il prétendait combattre, aurait été un élément négatif et non pas justement un bénéfice ? La situation est assez complexe pour qu'une recherche d'explications monolithiques inscrites dans l'acte de naissance du mouvement soit réfutée par avance.

L'idéalisme britannique a-t-il échoué ?

En fait, il serait préférable de s'en tenir à la sagesse des nations, dont le scepticisme désabusé aurait tendance à croire que l'idéalisme néo-hégélien est peut-être tout simplement victime de l'usure naturelle de toute chose. Melvin Richter estimait que les vogues philosophiques duraient en général un demi-siècle, et que c'était le cas notamment de l'idéalisme philosophique, qui s'était évanoui dans les années 1920[28]. Une analyse sociologique permettrait peut-être d'affiner l'idée en montrant que cette cinquantaine d'années correspond au passage d'une génération qui se rassemble sur une vison du monde relativement commune, et dont la génération suivante, pour se faire une place dans le monde, abandonne tout ou partie des traits pour s'en constituer une propre.

Mais plutôt que se laisser aller à ce scepticisme vague, n'est-ce pas l'idée même d'un échec du mouvement que nous devrions soumettre au doute ? Qu'est-ce qu'un échec et à quoi se mesure-t-il ? S'il s'agit simplement de constater que dans l'histoire aucune philosophie ne s'est à ce jour imposée définitivement à la surface du globe, le propos est de faible valeur. Il serait bien plus judicieux de se demander si, quant aux ambitions qui s'affirmaient au début, et que Bradley a fait siennes au plus haut point, nous ne devrions pas au contraire tirer un bilan extrêmement positif. Le mouvement néo-hégélien n'a-t-il pas connu un engouement certain au moins jusqu'au début du vingtième siècle ? N'est-il pas alors possible de penser que l'impulsion hégélienne a permis à la philosophie britannique de renouer avec une tradition idéaliste insulaire, souterraine, qui a pu alors remonter à la surface, revigorée, réaffirmée dans ses principes ?

En une dizaine d'années, de 1865, quand il entre à University College, à 1876, lors de la publication de *Ethical Studies*, la progression philosophique de Bradley a été fulgurante. Lorsqu'on lit ses premières dissertations d'étudiant, alors même qu'il est raisonnable de penser qu'il n'était pas l'un des moins doués de sa génération, on ne peut s'empêcher de penser que le niveau global de technicité des études philosophiques n'était alors pas très élevé. Porté par un renouvellement des études philosophiques à Oxford, sous l'influence sans doute déterminante de Green, qui « saturait » ses cours d'emprunts à l'histoire de la philosophie de Hegel et qui était de ceux qui, en Grande-Bretagne, se désolaient

---

[28] *Ibid.*, p. 136.

comme Jowett de l'état des lieux, inscrit dans un cénacle à l'enthousiasme réel, Bradley s'est élevé lui-même par sa lecture patiente et perspicace de l'œuvre hégélienne, par son inventivité sur des sujets comme l'histoire et l'éthique, en donnant toute sa mesure à un indéniable talent critique. Déjà dans cette première phase, tandis que William Wallace et Edward Caird avaient commencé à étudier Hegel d'une façon vraiment universitaire pour produire des commentaires et des traductions, et compte tenu de ce que Bradley a réalisé en si peu de temps, on peut accorder qu'il a contribué à façonner la physionomie du mouvement, prouvant par la publication rapide de *Ethical Studies* que le choix de Hegel avait une pertinence, fournissant au groupe des idéalistes une assise philosophique solide et des directions d'approfondissement du travail, participant à la création d'une nouvelle dynamique sur la scène philosophique britannique. Quand on observe la chronologie de la parution des œuvres postérieures à *Ethical Studies*, on remarque que *Principles of Logic* (1883) lui demande sept années de réflexion : il semble justifié d'interpréter cette retraite par le sentiment qu'il était parvenu à donner l'impulsion qui était attendue de lui par le cénacle idéaliste dont il faisait partie et que, conscient peut-être de s'être acquitté d'une partie de sa dette[29], il s'accordait plus de temps pour la suite. Mais lorsqu'on constate que dix années s'écoulent encore avant qu'il n'expose sa métaphysique définitive dans *Appearance and Reality* (1893), on ne peut que penser que l'impulsion initiale qui l'animait était toujours présente. Élever le niveau de la pensée de son pays, c'était se soumettre à la plus haute exigence possible, aller à la vérité de toute son âme, et progresser toujours. Nous avons insisté sur certains passages des premiers écrits publiés de Bradley où il laissait paraître son désir, partagé par ses compagnons, de se faire éducateur, de donner à la philosophie anglaise les moyens de produire une métaphysique dans des circonstances peu favorables à la spéculation intellectuelle, et dans des conditions où l'enseignement philosophique restait figé dans la nécessité de rapprocher la philosophie des méthodes issues de la science. A-t-il si mal réussi ?

Russell se plaignait de l'état déplorable des études de mathématiques à Cambridge à l'époque où il se formait[30]. Mais d'où Russell tenait-il le niveau de

---

[29] « Ma dette, je l'ai contractée à Oxford et je suis très loin de m'en être acquitté par le parti que j'en ai tiré ». PCH, p. 3 (trad. P. Fruchon, *Les Présupposés de l'Histoire critique, op. cit.*, p. 128).

[30] « Quand j'étais étudiant à Cambridge, l'enseignement des mathématiques était sans conteste mauvais. C'était dû en partie à l'ordre de mérite en vigueur dans les *Tripos*, qui fut aboli peu après. La nécessité de distinguer scrupuleusement entre les capacités des candidats aboutissait à opposer les "problèmes" aux "questions de cours". Les "démonstrations" que l'on donnait des théorèmes mathématiques étaient une insulte à l'intelligence logique. En fait, les mathématiques étaient présentées comme un ensemble d'artifices astucieux qui permettaient d'accumuler des points aux *Tripos*. De tout cela,

formation qui était le sien, indépendamment de son génie propre ? Il n'est pas indifférent que les jeunes gens de l'époque ne trouvaient rien de mieux que de se plier à la lecture difficile de la logique de Bradley ou de Bosanquet. C'était effectivement difficile, et cela l'est toujours. Mais précisément, cela n'a-t-il pas été formateur ? La contribution majeure des idéalistes britanniques de la deuxième moitié du dix-neuvième siècle n'est-t-elle pas d'avoir réussi ce qui était son ambition majeure : changer la situation philosophique de la Grande-Bretagne, lui permettre de revenir sur le devant de la scène intellectuelle dans des domaines où l'on aurait pu croire que la vie de l'esprit avait disparu ? Que ceux qu'ils avaient formés aient eu peu de reconnaissance pour la qualité des travaux antérieurs, cela doit-il durablement masquer l'accomplissement qui a eu lieu ?

Sur la disparition rapide de l'idéalisme néo-hégélien et sur son peu de postérité réputée, l'usage veut que l'on recherche une explication interne au monde britannique : soit elle est liée à l'idéalisme de l'époque lui-même, dont l'hégélianisme ou l'absence d'unité d'école aurait précipité la fin, soit elle provient de l'essence même de la philosophie insulaire dont l'empirisme viscéral interdirait la réussite durable de toute autre conception. De l'angle précis d'où nous avons abordé avec Bradley la phase ascendante du mouvement, nous n'avons pas trouvé de traces d'éléments permettant d'abonder dans le sens de l'une ou de l'autre de ces explications. Nous en tenant à la philosophie de Bradley seulement, et la comparant à celle de Lotze dont notre auteur fera grand cas dans ses œuvres ultérieures – et dont le destin dans l'histoire de la philosophie est assez similaire[31] – nous serions tenté d'émettre une hypothèse externaliste, qui dépasse de loin les limites de notre ouvrage, mais qui, dans l'état de nos recherches, nous semble la seule piste plausible.

Ces deux philosophes ont connu un grand succès, reposant sur leur capacité à embrasser dans leur vision totalisante tous les éléments du monde dans lequel ils vivaient. Cette grande attention prenait en considération les progrès de la science, dont ils voulaient comprendre la nature, dont ils pensaient, à juste titre, qu'elle ne pouvait être négligée par une philosophie digne de ce

---

il résulta pour moi que je me dégoûtai des mathématiques. Quand j'eus passé mes *Tripos*, je vendis mes livres de mathématiques et fis le vœu de ne plus jamais en lire. Et pendant ma quatrième année je me plongeai avec un profond plaisir dans le monde fantastique de la philosophie ». Bertrand Russell, *Histoire de mes idées philosophiques*, Paris, Gallimard, 1989, p. 45.

[31] Rudolph Hermann Lotze (1817-1881) a été en son temps extrêmement célèbre et pas seulement en Allemagne mais aussi en Angleterre. Bien que souvent considéré comme un néo-kantien, il reste inclassable : l'expression la plus utilisée pour désigner sa philosophie est celle d'« idéalisme réaliste ». Comme Bradley, il n'a pas fait école, a connu brutalement la défaveur du public : on peut également dire de lui qu'il a été un philosophe négligé.

nom. Allant plus loin que beaucoup d'autres, ils ne se sont pas contentés d'intégrer les éléments présents, comme le darwinisme qui a fait entrer la biologie dans la voie sûre de la science ; ils se sont apprêtés à penser ce qui apparaissait comme l'extension naturelle du progrès scientifique, à savoir les sciences de l'homme. Il ne restait en effet que ce dernier objet à conquérir pour la science, et tout laissait à penser, notamment à travers la constitution en cours d'une psychologie scientifique, qu'elle marchait irrésistiblement dans ce sens. Bradley comme Lotze, ont jugé que leur devoir de philosophes était non seulement de comprendre ses commencements, mais de les éclairer, en fournissant des travaux qui n'hésitaient pas à s'informer au plus près de ce qui se mettait en place tout en participant à cette mise en place. Ce faisant, ils s'inscrivaient dans le paradigme kantien de la voie sûre de la science, considérant cette dernière comme un type de connaissance qui, une fois qu'elle avait trouvé sa méthode et délimité son objet, progressait de façon cumulative. Mais l'évolution de la science n'a pas pris la voie attendue par tous, y compris par les scientifiques eux-mêmes. Il n'y a pas eu de Darwin de la psychologie, mais il y a eu Frege, Carnap et Russell, Poincaré et Einstein. C'est de l'intérieur des disciplines qui passaient pour les mieux assurées dans leur scientificité qu'est venue la révolution qui a bouleversé à la fois la vision de la réalité et celle de la science. Face à cette nouveauté imprévue, toutes les philosophies qui s'étaient trop investies dans le champ épistémologique se sont trouvées brutalement caduques, du moins inutilisables immédiatement : dans un moment proprement sidérant, il y a eu nécessité de créer des outils philosophiques neufs en accord avec cette nouveauté. Ainsi, si ce n'est la totalité, du moins une grande partie de ce que Bradley avait élaboré, a perdu de sa pertinence, est devenu inapproprié, contrairement à des philosophies comme celle de Nietzsche, qui avait abandonné le champ de la science, et qui de ce point de vue était en deçà de l'esprit de système et d'exhaustivité, qui peut être conçu comme l'ambition philosophique la plus haute.

BIBLIOGRAPHIE SÉLECTIVE

Une bibliographie des œuvres de Bradley et des ouvrages et articles qui lui sont consacrés est disponible, mais elle est ancienne et contient des erreurs : Richard Ingardia, *Bradley : A Research Bibliography*, Bowling Green, The Philosophy Documentation Center, 1991.

I - Œuvres de Bradley

The Collected Works of F. H. Bradley, Bristol, Thoemmes Press, 1999.
Les volumes 1 à 5 (les inédits et la correspondance) ont été édités par Carol A. Keene ; les volumes 6 à 12 (les œuvres publiées), par William J. Mander.

Vol. 1 - *1865-1882 : A Pluralistic Approach to Philosophy.*
Vol. 2 - *1883-1902 : A Focus on Metaphysics and Psychology.*
Vol. 3 - *1903-1924 : Refinement and Revision.*
Vol. 4 - *Selected Correspondance, June 1872 - December 1904.*
Vol. 5 - *Selected Correspondance, January 1905 – June 1924 .*

Vol. 6 - 'F. H. Bradley : Toward a Portrait' [1961] & *Ethical Studies* (seconde édition, 1927).
Vol. 7 - *The Principles of Logic, vol. 1* (seconde édition, 1928).
Vol. 8 - *The Principles of Logic, vol. 2* (seconde édition, 1928) .
Vol. 9 - *Appearance and Reality* (seconde édition revue et corrigée, 1930).
Vol. 10 - *Essays on Truth and Reality* [1914].
Vol. 11 - *Collected Essays, vol. 1* [1935].
Vol. 12 - *Collected Essays, vol. 2* [1935], *Aphorisms* (1930), « A Note on Christian Morality » [1983], « A Personal Explanation » [1894], « Rational Hedonism » [1895].

Autres éditions

Ethical Studies, Oxford, The Clarendon Press, 1962 (seconde édition revue et corrigée de 1927, avec une introduction de Richard Wollheim).
The Principles of Logic (2 vols.), Oxford, Oxford University Press, 1928 (seconde édition).

Appearance and Reality : A Metaphysical Essay, Londres, Swan Sonnenschein & Co., 1902 (seconde édition).
Essays on Truth and Reality, Londres, Oxford University Press, 1914.
Collected Essays (2 vols.), Oxford, The Clarendon Press, 1935.
Ethical Studies : Selected Essays, édité avec une introduction par Ralph G. Ross, New York, Liberal Arts Press, 1951.
The Presuppositions of Critical History, édité avec une introduction par Lionel Rubinoff, Chicago, Quadrangle Books, 1968.
The Presuppositions of Critical History and *Aphorisms*, édité avec une introduction par Guy Stock, Bristol, Thoemmes Press, 1993.
« An Unpublished Note on Christian Morality », édité avec une introduction par Gordon Kendal, *Religious Studies*, Londres, 1983, vol. 19, n° 2, p. 175-183.
« Notes and Discussions : Mr. Sidgwick on *Ethical Studies* », *Mind*, OS 2/5, 1877, p. 122-126.
« Hedonism and the Ultimate Good », *Mind*, OS 2/5, 1877, p. 27-38.

Traductions françaises des œuvres de Bradley

Fruchon, Pierre, *Les Présupposés de l'Histoire critique : étude et traduction*, Paris, Les Belles Lettres, 1965.
—,   « Relativité », *Les études philosophiques,* n° 15, janvier-mars 1960, p. 3-22.

II - Ouvrages et articles consacrés à Bradley

Ouvrages

Allard, James W., *The Logical Foundations of Bradley's Metaphysics : Judgment, Inference and Truth*, Cambridge, C. U. P., 2005. (recension de Philip Ferreira, « Allard, James W. *The Logical Foundations of Bradley's Metaphysics : Judgment, Inference and Truth.* (Book Review) », in *The Review of Metaphysics* (March 1, 2007).
Campbell, Charles A., *Scepticism and Construction : Bradley's Sceptical Principle as the Basis of Constructive Philosophy*, Londres, George Allen and Unwin, 1931.
Candlish, Stewart, *The Russell/Bradley Dispute and its Significance for Twentieth-Century Philosophy*, New York, Palgrave Macmillan, 2007.
Church, Ralph W., *Bradley's Dialectic*, Londres, George Allen and Unwin, 1942.
De Marneffe, Jules, *La Preuve de l'absolu chez Bradley : analyse et critique de la méthode,* Paris, Beauchesne et ses fils, 1961. Ce livre rassemble des articles parus dans *Archives de philosophie*, France, 22 & 23, 1959 et 1960.
Don MacNiven, *Bradley's Moral Psychology*, Queenston, The Edwin Mellen Press, 1987.
Eliot, Thomas S., *Knowledge and Experience in the Philosophy of F. H. Bradley* [1916], Londres, Faber & Faber, 1964.
Ferreira, Philip, *Bradley and the Structure of Knowledge*, Albany, SUNY Press, 1999.

Ilodigwe, Damian, *Bradley and the Problematic Status of Metaphysics : In Search of an Adequate Ontology of Appearance*, Cambridge, Cambridge Scholars Press, 2006.
Mander, William J., *An Introduction to Bradley's Metaphysics*, Oxford, Clarendon Press, 1994.
McHenry, Leemon, *Whitehead and Bradley : A Comparative Analysis*, Albany, State University of New York (SUNY) Press, 1992.
Nicholson, Peter P., *The Political Philosophy of the British Idealists : Selected Studies*, Cambridge, C. U. P., 1990.
Ross, Ralph G., *Scepticism and Dogma : A Study of the Philosophy of F. H. Bradley*, New York, s.e., 1940.
Saxena, Sushil Kumar, *Studies in the Metaphysics of Bradley*, Londres, George Allen and Unwin, 1967.
Sprigge, Timothy L. S., *James and Bradley, American Truth and British Reality*, Chicago & La Salle, Open Court, 1993.
Vander Veer, Garrett L., *Bradley's Metaphysics and the Self,* New Haven & Londres, Yale University Press, 1970.
Wollheim, Richard, *F. H. Bradley*, Harmondsworth, Penguin Books, 1959.

Recueils d'articles

Archives de philosophie, vols. 22, [1959] & 23 [1960] : numéros spéciaux consacrés à F. H. Bradley.
Études philosophiques, vol. 15, janvier-mars 1960 : numéro spécial consacré à F. H. Bradley.
Bradley, James (dir.), *Philosophy after F. H. Bradley*, Bristol, Thoemmes Press, 1996.
MacEwen, Philip (dir.), *Ethics, Metaphysics and Religion in the Thought of F. H. Bradley*, Queenston, The Edwin Mellen Press, 1996.
Mander, William J. (dir.), *Perspectives on the Logic and Metaphysics of F. H. Bradley*, Bristol, Thoemmes, 1996.
Manser, Anthony & Stock, Guy (dir.), *The Philosophy of F. H. Bradley*, Oxford, Clarendon Press, 1984.
—, *Appearance versus Reality : New Essays on Bradley's Metaphysics*, Oxford, Clarendon Press (Mind Association Occasional Series), 1998.
Bradley Studies (1995-2004 : 10 volumes).

Autres articles

Bedell, Gary, « Bradley and Hegel », *Idealistic Studies*, vol. 7, n° 3, sept.1977, p. 262-290.
Blanshard, Brand, « F. H. Bradley », *The Journal of Philosophy,* XXII, 1, janv. 1925, 5-15.
—, « Bradley : some Memories and Impressions », Richard Ingardia, *Bradley : A Research Bibliography*, Bowling Green, The Philosophy Documentation Center, 1991, p. 7-14.
Campbell, David & Lyons, William, « Bradley as Metaethicist », *Idealistic Studies*, vol 7, n° 3, sept. 1977, p. 252-261.

Candlish, Stewart, « Self-Realization as perfection in Bradley's *Ethical Studies* »,
     Idealistic Studies, vol.7, n° 3, sept.1977, p. 199-220.
—,   « Bradley on My Station and its Duties », *Australasian Journal of Philosophy*,
     Vol. 56, n° 2, août. 1978, p. 155-170.
—,   « The Truth about F. H. Bradley », *Mind*, NS Vol. 98, n° 391, juillet 1989,
     p. 331-348.
Duchesneau, François, « La philosophie anglo-saxonne de Bentham à William James -
     Francis Herbert Bradley : l'idéalisme absolu », *La philosophie*, sous la direction
     de François Châtelet, tome 3 « De Kant à Husserl », p. 209-213.
Duprat, Émile, « La métaphysique de Bradley », *Revue philosophique*, 101 [1926],
     p. 31-70.
—,   « En marge des *Ethical Studies* », *Bulletin de la société de philosophie de
     Bordeaux,* V (1950) n. 25, p. 33-39.
Eliot, Thomas S., « Francis Herbert Bradley », *Selected Prose of T.S. Eliot*, édité avec
     une introduction par Frank Kermode, Londres, Faber & Faber, 1975, p. 196-
     204.
Fonsegrive, Georges, « The Principles of Logic », *Revue de métaphysique de la France
     et de l'étranger*, XX (1885), p. 540-551.
Mackenzie, James S., « Ethical Studies, Second Edition », *Mind*, NS Vol. 37 - 1928,
     p. 233-238.
McTaggart, John E., *Appearance and Reality* de F. H. Bradley, *Revue de métaphysique
     et de morale*, II (1894), p. 98-112.
Muirhead, John H., « Bradley's Place in Philosophy », *Mind*, NS Vol. 34 - 1925, p. 173-
     184.
Mure, Geoffrey R. G., « F. H. Bradley : Towards a Portrait », *Encounter,* vol. 16 (1961),
     p. 28-35.
Sidgwick, Henry, « A Critical Notice of F. H. Bradley, *Ethical Studies* », *Mind*, OS Vol
     I - 1876, p. 545-549.
Taylor, Alfred E., « F. H. Bradley », *Mind*, NS Vol. 34, 1925, p. 1-12.

III - Autres ouvrages et articles

a) Sources primaires - ouvrages

Aristote, *Éthique à Nicomaque*, Trad. J. Tricot, Paris, Vrin 1987.
Ayer, Alfred J., *Language, Truth and Logic*, New York, Dover, 1946.
Bain, Alexander, *The Emotions and the Will*, Londres, Longmans, Green and Co., 1875.
Bergson, Henri, *La Pensée et le mouvant*, P. U. F., 1946.
Berkeley, George, *Principles of Human Knowledge [1710] – Three Dialogues [1713]*,
     Oxford, O. U. P. « World's Classics », 1996.
Bosanquet, Bernard, *Knowledge and Reality : A Criticism of Mr. F. H. Bradley's
     "Principles of Logic"*, Londres, Kegan Paul, 1885.
Butterfield (Sir), Herbert, *The Englishman and His History*, Cambridge, C. U. P., 1944.
—,   *The Whig Interpretation of History*, New York, Norton réimpr., 1965.
Caird, Edward, *Hegel*, Édimbourg, Blackwood and Sons, 1896.
Campbell, Lewis, *On the Nationalisation of the Old English Universities*, Londres,
     Chapman and Hall, 1901.

Canguilhem, Georges, *Idéologie et rationalité dans l'histoire des sciences de la vie*, Paris Vrin, 1981.

Carlyle, Thomas, *Sartor Resartus* [1831] – *On Heroes and Hero Worship* [1841], Londres, Dent : Everyman's Library, 1967.

Coleridge, Samuel Taylor, *Coleridge's Writings, Volume 1 : On Politics and Society* (John Morrow Ed.), Princeton, Princeton University Press, 1991.

Collingwood, Robin George, *The Idea of History* (*Lectures 1926-1928*) , Oxford, O. U. P., 1994.

Ferrier, James, *Institutes of Metaphysics : The Theory of Knowing and Being*, Londres et Édimbourg, William Blackwood and Sons, 1854 ; (aussi, *Institutes of Metaphysics : The Theory of Knowing and Being* [1875], Édimbourg, Blackwood and Sons, (réimpr.. Elibron Classics, 2005).

Green, Thomas H., *Prolegomena to Ethics* [1883], édité par Davis O. Brink, Oxford, O. U. P., 2003.

—, *Works of Thomas Hill Green. Vol. 3 : Miscellanies and Memoir*, édité par K.L. Nettelship, Londres, Longmans, Green and Co, 1888, p. 92-125.

Grote, George, *Review of the Work of Mr John Stuart Mill entitled 'Examination of Sir William Hamilton's Philosophy'*, Londres, Trübner & Co., 1868.

Hamilton, William, *Discussions on Philosophy, and Literature, Education and University Reform*, Londres, Longman, Brown, Green and Longmans, 1852.

Hegel, Georg W. F., *Principes de la Philosophie du Droit*, trad. Robert Dérathé, Paris, Vrin, 1989.

—, *Encyclopédie des sciences philosophiques en abrégé*, Paris, Gallimard (trad. Maurice Gandillac), coll. « Bibliothèque de philosophie », 1970.

—, *La Raison dans l'histoire*, Paris, Plon 10/18, 1965.

—, *Leçons sur la philosophie de l'histoire*, trad. J. Gibelin, Paris, Vrin, 1963.

—, *Phénoménologie de l'esprit*, trad. Jean-Pierre Lefebvre, Paris, Aubier, 1991.

Hume, David, *A Treatise of Human Nature* [1739-1740], New York, Dover, 2003.

—, *Enquiries Concerning Human Understanding and Concerning the Principles of Morals*, Oxford, O. U. P., 1975.

Inge, William Ralph, *The Philosophy of Plotinus (The Gifford Lectures at St Andrews, 1917-1918)*, Vol. 2, Londres, Longmans Green and Co, 1918.

—, *The Platonic Tradition in English Religious Thought*, New York and Londres, Longmans Green and Co., 1926.

Jowett, Benjamin, *The Dialogues of Plato*, Vol. I [1871], Oxford, The Clarendon Press, 1875.

Leibniz, Gottfried W., *Œuvres*, Paris, Aubier-Montaigne, 1972.

Locke, John, *An Essay Concerning Human Understanding* [1693], New York, Prometheus Books, 1995.

Mackintosh, Robert, *Hegel and Hegelianism*, Édimbourg, T&T Clark, 1903.

Mansel, Henry Longueville, *Metaphysics, or the Philosophy of Consciousness, Phenomenal and Real*, Édimbourg, Adam and Charles Black, 1860.

—, *The Limits of Religious Thought* [1858], Londres, John Murray, 1867 (3rd ed.).

—, *The Philosophy of the Conditioned*, Londres, Alexander Strahan, 1866.

Marcel, Gabriel, *Journal métaphysique* (1914-1923), Paris, Gallimard, 1927.

Mill, John S., *An Examination of Sir William Hamilton's Philosophy, and of the Principal Philosophical Questions Discussed in his Writings* [1865], Londres, Longmans, Green, Reader, and Dyer, 1873 (3ᵉ ed.).

—, *System of Logic Ratiocinative and Inductive, Being a Connecting View of Evidence and the Methods of Scientific Investigation* [1843], Londres, Longmans, Green, and Co, « The People's Edition » (8ᵉ ed.), 1886.

—, *The Letters of John Stuart Mill*, édité avec une introduction par Hugh S. R. Elliot, Vol. 1, Londres, Longmans, Green & Co, 1910.

—, *Utilitarianism* [1861]*, On Liberty* [1859]*, and Considerations on Representative Government* [1861], Londres, J. M. Dent & Sons Ltd, 1972.

Nabert, Jean, *L'Expérience intérieure de la liberté*, Paris, P. U. F., 1994.

Nietzsche, Friedrich, *Œuvres philosophiques complètes*, tome V, édition Colli et Montinari, Paris, Gallimard, 1982.

Pétrone, *Œuvres complètes de Pétrone*, trad. Heguin de Guerle, Paris, Garnier, 1861.

Platon, *La République*, trad. Robert Baccou, Paris, GF-Flammarion, 1966.

—, *Le Banquet, Phèdre,* trad. Émile Chambry, Paris, GF-Flammarion, 1964.

Plotin, *Ennéades*, trad. Émile Bréhier, Paris, Les Belles Lettres, 1989.

Ricœur, Paul, *Philosophie de la volonté- I : le volontaire et l'involontaire*, Paris, Aubier, 1950/1988.

Russell, Bertrand, *Histoire de mes idées philosophiques*, Paris, Gallimard, 1989.

Saint Augustin, *La Cité de Dieu*, Paris, Seuil coll. « points-sagesses », 1982.

—, *Les Confessions*, trad. Joseph Trabucco, Paris, Garnier Flammarion, 1964.

Schopenhauer, Arthur, *Parerga et Paralipomena*, Paris, Coda éditions, 2005.

Sidgwick, Henry, *Practical Ethics : A Collection of Addresses and Essays*, Londres, Swan Sonnenschein and Co, 1898.

Spencer, Herbert, *First Principles* [1862], New York, D. Appleton and Company, 1897.

—, *Essays : Scientific, Political, and Speculative*, Londres, Williams and Norgate, 1863.

Stirling, James H., *Sir William Hamilton, Being the Philosophy of Perception*, Londres, Longmans, Green & Co, 1865.

—, *The Secret of Hegel, Being the Hegelian System in Origin, Principle, Form and Matter*, Édimbourg, Oliver & Boyd, 1865.

Vatke, Wilhelm, *Die menschliche Freiheit in ihrem Verhältniss zur Sünde und zur göttlischen Gnade*, Berlin, Bethge, 1841.

Wallace, William, *The Logic of Hegel, Translated from the Encyclopedia of the Philosophical Sciences, with Prolegomena*, Oxford, The Clarendon Press, 1874.

—, *Prolegomena to the Study of Hegel's Philosophy and Especially of his Logic*, Oxford, The Clarendon Press, 1894 (2ᵉ ed. revue et corrigée).

b) Sources primaires - articles

Barratt, Alfred, « The 'Suppression' of Egoism », *Mind*, OS Vol II - 1877, p. 167-186.

Caird, Edward, « The Problem of Philosophy at the Present Time », in *Essays on Literature and Philosophy*, Vol. 2, Glasgow, James MacLehose, 1892.

Mackenzie, James S., « The Hegelian point of View », *Mind*, NS Vol. XI -1902, p. 54-71.

Moore, George E., « The Refutation of Idealism », *Mind*, NS Vol XII - 1903, p. 433-453.

Pattison, Mark, « Philosophy at Oxford », *Mind*, Vol. I - 1876, p. 82-97.

Robertson, George C., « Prefatory Words », *Mind*, Vol I - 1876, p. 1-6.

Russell, Bertrand, « Knowledge by Acquaintance and Knowledge by Description », *Proceedings of the Aristotelian Society*, New Series V, XI, 1910-11, p. 108-128.

Sidgwick, Henry, « Philosophy at Cambridge », *Mind*, Vol. I – 1876, p. 235-245.

—, « My Station and its Duties », *International Journal of Ethics*, Vol. IV, n° 1, oct. 1893, p. 1-17.

c) Sources secondaires - ouvrages

Abrams, Meyer H., *Natural Supernaturalism : Tradition and Revolution in Romantic Literature*, Londres & New York, Norton, 1971.

Aliotta, Antonio, *The Idealistic Reaction against Science*, Londres, Macmillan, 1914.

Aston, Trevor H., (dir.) *The History of the University of Oxford : The Nineteenth Century*, Oxford, O. U. P., Vol. VII Part 2, 2000.

Becquemont, Daniel, *Darwin, darwinisme, évolutionnisme*, Paris, Kimé, 1992.

Benecke, Heinrich, *Wilhelm Vatke in seinem Leben und seinen Schriften*, Bonn, 1883.

Boucher, David (dir.), *The British Idealists*, Cambridge, Cambridge University Press, 1997.

Bourgeois, Bernard, *Hegel, les actes de l'esprit*, Paris, Vrin, 2001.

Bowlby, John, *Charles Darwin, a New Biography*, Londres, Hutchinson, 1990.

Bréhier, Émile, *Histoire de la philosophie*, 3 vols., Paris, P. U. F.. Coll. « Quadrige », 1989 (5e édition).

Canto-Sperber, Monique, *La Philosophie morale britannique*, Paris, P. U. F., 1994.

Carter, Matt, *T. H. Green and the Development of Ethical Socialism*, Exeter, Imprint Academic, Green Studies vol.1, 2003.

Châtelet, François, *Hegel*, Paris, Seuil, 1968.

—, *La Philosophie (4 vols.)*, Paris, Marabout, 1979.

Chézaud, Patrick, *La Philosophie de Thomas Reid, des lumières au XIXe siècle*, Grenoble, Ellug, 2002.

Chrétien, Maurice (dir.), *Le Nouveau libéralisme anglais*, Economica, 1999.

Collini, Stefan, *Public Moralists : Political Thought and Intellectual Life in Britain (1850-1930)*, Oxford, Clarendon Press, 1991.

—, *Absent Minds : Intellectuals in Britain*, Oxford, O. U. P., 2006.

Cottret, Bernard & Martinet, Marie-Madeleine, *Partis et factions dans l'Angleterre du premier XVIIIe siècle*, Paris, Presses de l'université de Paris-Sorbonne, 1987.

De Gandillac, Maurice, *La Sagesse de Plotin*, Paris, Vrin, 1966.

Doz, André, *La Logique de Hegel et les problèmes traditionnels de l'ontologie*, Paris, Vrin, 1987.

Dubey, S. P., *Idealism East and West*, Dehli, Bharatiya Vidya Prakashan, 1987.

Dubois, Pierre, *Le Problème moral dans la philosophie anglaise de 1900 à 1950*, Paris, Vrin, 1967.

Gallet, René, *Romantisme et postromantisme de Coleridge à Hardy : Nature et surnature*, Paris, L'Harmattan, 1996.

—, *Romantisme et postromantisme de Wordsworth à Pater*, Paris, L'Harmattan, 2004.

Gautier, Claude, *Hume et les savoirs de l'histoire*, Paris, Vrin/EHESS, 2005.

Green, S. J. D. & Whiting, R. C. (dir.), *The Boundaries of the State in Modern Britain*, Cambridge, C. U. P., 1996.

Hadot, Pierre, *Plotin ou la simplicité du regard*, Paris, Gallimard coll. « Folio-essais », 1997.

Halais, Emmanuel, *Individualité et valeur dans la philosophie morale anglaise*, Paris, P. U. F., 2006.

Haldar, Hiralal, *Neo-Hegelianism*. Londres, Heath Cranton, 1927.

Hale, John R., *The Evolution of British Historiography from Bacon to Namier*, Londres, Macmillan, 1967.

Halévy, Elie, *La Formation du radicalisme philosophique* (en trois volumes) : *La Jeunesse de Bentham, 1776-1789* ; *L'Évolution de la doctrine utilitaire de 1789 à 1815* ; *Le radicalisme philosophique*, Paris, P. U. F., 1995.

Harvie, Christopher, *The Lights of Liberalism : University Liberals and the Challenge of Democracy (1860-1886)*, Londres, Allen Lane, 1976.

Herbert, Christopher, *Victorian Relativity : Radical Thought and Scientific Discovery*, Chicago and Londres, University of Chicago Press, 2001.

Holloway, John, *The Victorian Sage*, Londres, Archon Books, 1962.

Houang, Kia Tcheng (François), *Le Néo-hégélianisme en Angleterre : la philosophie de Bernard Bosanquet* (thèse principale), Paris, Vrin, 1954.

—, *De l'humanisme à l'absolutisme : l'évolution de la pensée religieuse du néo-hégélien anglais Bernard Bosanquet* (thèse secondaire), Paris, Vrin, 1954.

Hylson-Smith, Kenneth, *Evangelicals in the Church of England : 1734-1984*, Edimbourg, T.&T. Clark, 1988.

Kenyon, Frederick G., *The British Academy : The First Fifty Years*, Londres, O. U. P., 1952.

Kojève, Alexandre, *Le Concept, le Temps et le Discours, Introduction au système du Savoir*, Paris, Gallimard, 1990.

La Rochefoucauld, *Maximes et Réflexions diverses*, Paris, Gallimard, coll. « Folio », 1976.

Lacoste, Jean-Yves, (dir.), *Dictionnaire critique de théologie*, Paris, P. U. F., 2007.

—, *Histoire de la Théologie*, Seuil, 2009.

Laplanche, Jean, Pontalis, Jean-Bertrand, *Vocabulaire de la psychanalyse*, Paris, P. U. F.., 1967.

Lebrun, Gérard, *La Patience du concept. Essai sur le discours hégélien*, Paris, Gallimard, 1972.

—, *L'Envers de la dialectique. Hegel à la lumière de Nietzsche*, Paris, Seuil, 2004.

Leighton, Denys P., *The Greenian Moment : T. H. Green, Religion and Political Argument in Victorian Britain*, Exeter, Imprint Academic, Green Studies vol.2, 2004.

Löwith, Karl, *De Hegel à Nietzsche*, Paris, Gallimard, 2003.

MacKillop, Ian D., *The British Ethical Societies*, Cambridge, Cambridge University Press, 1986.

Mander, William & Dimova-Cookson, Maria (dir.), *T. H. Green : Ethics, Metaphysics, and Political Philosophy*, Oxford, Clarendon Press, 2006.

Masson, David, *Recent British Philosophy : A Review with Criticisms*, Londres & Cambridge, Macmillan and Co., 1865.

McLeod, Hugh, Mews, Stuart, D'Haussy, Christiane, (dir.), *Histoire religieuse de la Grande-Bretagne*, Paris, Cerf, 1997.

Metz, Rudolf, *A Hundred Years of British Philosophy*, Londres, Allen & Unwin, 1938.

Muirhead, John H., *The Platonic Tradition in Anglo-Saxon Philosophy : Studies in the History of Idealism in England and America*, Londres, George Allen and Unwin Ltd, 1931.

Murdoch, Iris, *Existentialists and Mystics : Writings on Philosophy and Literature*, Harmondsworth, Penguin Books, 1997.

Nettleship, Richard L., *A Memoir of Thomas Hill Green*, Londres, Longmans Green & Co., 1906.

Parker, Christopher, *The English Idea of History from Coleridge to Collingwood*, Aldershot, Ashgate, 2000.

Parsons, Gerald (dir.), *Religion in Victorian Britain*, Manchester, Manchester University Press – Open University, 1988.

Passmore, John, *A Hundred Years of Philosophy*, Harmondsworth, Penguin Books, 1966.

Philonenko, Alexis, *Commentaire de la « Phénoménologie » de Hegel : de la certitude sensible au savoir absolu*, Paris, Vrin, 2001.

—, *L'œuvre de Kant*, Paris, Vrin, 1983.

Planty-Bonjour, Guy, *Le Projet hégélien*, Paris, Vrin, 1993.

Pucelle, Jean, *L'Idéalisme en Angleterre, de Coleridge à Bradley*, Neuchâtel, La Baconnière, 1955.

—, *La Nature et l'esprit dans la philosophie de T. H. Green. La renaissance de l'idéalisme en Angleterre au XIXe siècle*, Louvain, Nauwelaerts, 1960.

—, *La Politique, la religion, Green et la tradition*, Louvain, Nauwelaerts, 1965.

Richter, Melvin, *The Politics of Conscience : T. H. Green and his Age*, Cambridge, Harvard University Press, 1964.

Robbins, Peter, *The British Hegelians [1875-1925]*, New York & Londres, Garland Publishing, 1982.

Rogers, Arthur Kenyon, *English and American Philosophy since 1800 : A Critical Survey*, New York, Macmillan, 1923.

Rosaye, Jean-Paul, *T. S. Eliot poète-philosophe : essai de typologie génétique*, Lille, Presses du Septentrion, 2000.

Rothblatt, Sheldon, *The Revolutions of the Dons : Cambridge and Society in Victorian England*, Cambridge, C. U. P., 1981.

Skorupski, John, *English-Language Philosophy (1750-1945)*, Oxford, O. U. P., 1993.

Sorley William, *A History of English Philosophy*, Cambridge, University Press, 1937.

Stuchtey, Benedickt & Wende, Peter (dir.) *British and German Historiography, 1750-1950*, Oxford, Oxford University Press, 2000.

Sturt, Henry Cecil, *Idola Theatri : A Criticism of Oxford Thought and Thinkers from the Standpoint of Personal Idealism*, Londres & New York, Macmillan, 1906.

Tilly, Charles, *Coercion, Capital and European States, A.D. 990-1990*, Oxford, Blackwell, 1990.

Tollemache, Lionel A., *Benjamin Jowett, Master of Balliol*, Londres, Edward Arnold, 1904.

Tort, Patrick, *Spencer et l'évolutionnisme philosophique*, Paris, « Que-sais-je », 1996.

Vetö, Miklos, *De Kant à Schelling, les deux voies de l'Idéalisme allemand,* Grenoble, Million, 2000.

Vieillard-Baron, Jean-Louis, *Platonisme et interprétation de Platon à l'époque moderne,* Paris,Vrin, 1988.

Wahl, Jean, *La Philosophie analytique,* Paris, Minuit, Cahiers de Royaumont, 1962.

—,   *Les Philosophies pluralistes d'Angleterre et d'Amérique,* Paris, Alcan, 1920.

—,   *Vers le concret : études d'histoire de la philosophie contemporaine,* Paris, Vrin, 1932.

Wellek, René, *Kant in England 1793-1838,* Princeton, Princeton University Press, 1931.

Zarka, Yves-Charles, Rogers, G. A., Vienne, J. M., *The Cambridge Platonists in Philosophical Context,* Archives internationales d'histoire des idées, Springer, 2008.

Zarka, Yves-Charles (dir.) « Une métaphysique pour la morale / Les Platoniciens de Cambridge : Henry More et Ralph Cudworth », numéro spécial d' *Archives de Philosophie,* n° 55/3, 1995.

d) Sources secondaires - articles

Bradley, James, « Hegel in Britain : A Brief History of British Commentary and Attitudes (1) », *The Heythrop Journal,* 20, 1979, p. 1-24.

Duvey, Christophe, « Thomas Henry Huxley et la Bible », *La Revue LISA / LISA e-journal* – Volume V, n° 4 / 2007, p. 104-121.

Gandon, Sébastien & Marion, Matthieu, « L'idéalisme britannique : histoire et actualité », in *Philosophiques,* Vol. 36 (*L'idéalisme britannique*), numéro 1, printemps 2009, p. 3-34.

Lowenthal, David, « European and English Landscapes as National Symbols », *Geography and National Identity,* David Hooson (dir.), Oxford, Blackwell, 1994, p. 15-38.

Rohls, Jahn, « Die Aufhebung der religiösen Vorstellung in den philosophischen Begriff. Hegels These und die Theologie der Junghegelianer », in Ingolf U. Dalferth, Hans-Peter Grosshans (dir.), *Kritik der Religion : Zur Aktualität einer unerledigten philosophischen und theologischen Aufgabe,* Tübingen, Mohr Siebeck, 2006.

Ryan, Alan, « Introduction », *An Examination of Sir William Hamilton's Philosophy,* by John Stuart Mill, Toronto, University of Toronto Press, 1979.

Slaby, Frédéric, « Présentation d'une controverse : les Écritures face à la critique biblique au XIXᵉ siècle en Grande-Bretagne », *La Revue LISA / LISA e-journal* – Volume V, n° 4 / 2007, p. 12-42.

Stern, Robert, « Hegel, British Idealism, and the Curious Case of the Concrete Universal », *The British Journal for the History of Philosophy,* Vol. 15, n° 1, février 2007, p. 115-154.

INDEX

Allard, James : 21, 78, 80-82, 89n, 186.

Aristophane : 61.

Aristote, *aristotélisme* : 61, 63-64, 66n, 67-70, 81, 87, 95n, 155, 158, 172, 203n, 216, 258n, 259, 266.

Aristotelian Society : 18, 40, 56.

Arnold, Matthew : 41n, 50-51, 95n, 295-296.

Arnold, Thomas : 41n, 83n, 105.

Ayer, Alfred : 17, 20.

Bachelard, Georges : 58n.

Bacon, Francis : 12-13, 87.

Bain, Alexander : 60,3 84, 139, 269, 274.

Baur, Ferdinand Christian : 61n, 100, 104-106, 117n.

Bentham, Jeremy, *benthamisme* : 61, 77n, 95n, 165, 189, 201.

Bergson, Henri : 25, 113, 286n, 318.

Berkeley, George : 61, 132-133, 139, 143, 146, 149, 199n, 218, 318.

Blanshard, Brand : 20, 31, 40n, 46, 47n, 48.

Boehme, Jacob : 297, 317.

Bosanquet, Bernard : 15, 21, 27n, 42, 56, 78, 99, 126, 170n, 186n, 189, 192n, 212, 226n, 227, 310, 321, 322n, 323, 329.

Boucher, David : 97.

Bradley, Andrew Cecil : 41n , 62, 92.

Bradley, Charles : 32-33, 41n.

Bradley, George Granville : 35, 39, 41n, 59.

Bradley, James : 19n, 20, 23, 78n, 79, 80n, 89, 172n, 179n, 285n.

Bradley : John Hebert, 62.

Brink, David O. : 171.

Buckle, Henry Thomas : 107, 229n.

Burke, Edmund : 77.

Butler, Joseph : 61, 64, 87, 95-97.

Butterfield, Herbert : 229n.

Caird, Edward : 15, 80, 84, 88-89, 155n, 328.

Caird, John : 88-89.

Candlish, Stewart : 19n, 20n, 21n, 179n, 208n, 213, 226.

Canguillem, Georges : 275.

Carlyle, Thomas : 50-51, 55, 61, 79, 83, 90, 95n, 296n.

Carnap, Rudolf : 320.

Catulle : 62.

Chamberlain, Houston Stewart : 226.

Coleridge, Samuel Taylor : 15, 45, 55, 76-79, 90, 165, 166n, 203.

Collingwood, Robin George : 22, 40, 100-102, 113, 126.

Collini, Stefan : 40n, 41, 44, 50, 174n, 186, 189-190.

Cousin, Victor : 135n, 139.

Croce, Benedetto : 101.

Crossley, David : 177n, 203n, 243n, 276n, 285n, 308.

Cudworth, Ralph : 12.

Darwin, Charles, *darwinisme* : 21, 37, 45, 48-49, 61, 89, 105, 107, 155, 156n, 189, 225n, 279n, 295, 318, 330.

De Glehn, Marian : 62, 92, 182-183.

De La Rochefoucauld, François : 270n.

De Marneffe, Jules : 27, 108n.

De Tocqueville, Alexis : 75.

Démosthène : 61.

Descartes, René : 19, 61, 147, 150, 159, 208n, 316, 318.

Dicey, Albert Venn : 189.

Dilthey, Wilhelm : 101, 113.

Droysen, Johann Gustav : 101.

Duprat, Emile : 27.

Duvey, Christophe : 295.

TABLE DES MATIÈRES

OUVRAGES DÉJÀ PARUS
EN LETTRES ET CIVILISATIONS ÉTRANGÈRES

Poison et antidote dans l'Europe des XVIe et XVIIe siècles, sous la direction de
Sarah Voinier et Guillaume Winter, 2011
ISBN : 978-2-84832-136-3 – 2011. Broché, 16x24, 240 pages, **20 €**
Sens et cosmos, sous la direction de Franck Delannoy, 2011
ISBN : 978-2-84832-117-2 – 2011. Broché, 16x24, 260 pages, **23 €**
Orient-Occident dialogues sur l'ailleurs, sous la direction de Jean-Paul Rosaye
et Siyan Jin, 2011
ISBN : 978-2-84832-088-5 – 2011. Broché, 16x24, 240 pages, **18 €**
Écritures fantastiques allemandes, par Jean-Jacques Pollet, 2010
ISBN : 978-2-84832-118-9 – 2010. Broché, 16x24, 344 pages, **26 €**
La Représentation de l'ordre dans le monde anglophone, sous la direction de
Rémy Bethmont et Pierre Sicard, 2010
ISBN : 978-2-84832-086-1 – 2010. Broché, 16x24, 224 pages, **20 €**
La Figure de la comparaison, sous la direction d'Esther Heboyan, 2010
ISBN : 978-2-84832-103-5 – 2010. Broché, 16x24, 138 pages, **15 €**
La Représentation tenue en lisière. le verbe : miroir du monde, sous la direction
de Suzanne Varga, 2009.
ISBN : 978-2-84832-114-1 – 2009. Broché, 12x18, 168 pages, **15 €**
*Les Protestants et la création artistique et littéraire (des Réformateurs aux
Romantiques)*, sous la direction d'Alain Joblin et Jacques Sys, 2008.
ISBN : 978-2-84832-079-3 – 2008. Broché, 16x24, 172 pages, **19 €**
*Des Genres aux textes. Essais de sémantique interprétative en littérature de
langue anglaise*, par Françoise Canon-Roger et Christine Chollier
ISBN : 978-2-84832-073-1 –2008. Broché, 16x24, 366 pages, **25 €**
Morris et l'utopie, sous la direction de Marie Thérèse Bernat et Michael
Hearn, 2007.
ISBN : 978-2-84832-057-1 – 2007. Broché, 16x24, 156 pages, **20 €**
La « vieille Europe » et l'Amérique, sous la direction de Michael Hearn et
Raymond Ledru, 2007.
ISBN : 978-2-84832-056-4 – 2007. Broché, 16x24, 124 pages, **14 €**

Figures du traître. Les représentations de la trahison dans l'imaginaire des lettres européennes et des cultures occidentales, sous la direction de Jean-Jacques Pollet et Jacques Sys, 2007.
ISBN : 978-2-84832-074-8 – 2007. Broché, 16x24, 250 pages, **24 €**

Les Sens de l'Occident, Sous la direction de Jean-Paul Rosaye et Charles Coutel, 2006.
ISBN : 2-84832-050-8 – 2006. Broché, 16x24, 192 pages, **20 €**

Famille et spiritualité protestante, sous la direction d'Alain Joblin et Jacques Sys, 2006.
ISBN : 2-84832-042-7 – 2006. Broché, 16x24, 88 pages, **12 €**

Autour de **Richard II** *de William Shakespeare*, sous la direction de Guillaume Winter, 2005.
ISBN : 2-84832-034-6 – 2005. Broché, 16x24, 160 pages, **15 €**

L'Ivresse dans tous ses états en littérature, sous la direction d'Hélène Barrière et Nathalie Peyrebonne, 2004.
ISBN : 2-84832-016-8 – 2004. Broché, 16x24, 354 pages, **20 €**

L'Homme face à Dieu, par Jean-Marie Paul, 2004.
ISBN : 2-84832-014-1 – 2004. Broché, 16x24, 325 pages, **20 €**

L'identité anglicane, sous la direction d'Alain Joblin et Jacques Sys, 2004.
ISBN 2-848320-04-4 - 2004. Broché, 16x24, 232 pages, **20 €**

L'Art de l'irritation chez Thomas Bernhard. **Ars moriendi, modus vivendi,** *par* Martine Sforzin, 2002.
ISBN 2-910663-79-5 – 2002. Broché, 16x24, 338 pages, **20 €**

Les Écrivains français du XXᵉ siècle et la Chine, sous la direction de Christian Morzewski et Qian Linsen, 2001.
ISBN 2-910663-57-4 – 2001. Broché, 16x24, 274 pages, **16,77 €**

Les Catholiques américains et la guerre au XXᵉ siècle, par Raymond Ledru, 2000.
ISBN 2-910663-51-5 – 2000. Broché, 16x24, 277 pages, **22,87 €**

Révérence et rébellion dans la culture anglo-américaine, sous la direction de Michael Hearn et Raymond Ledru, 2000.
ISBN 2-910663-50-7 – 2000. Broché, 16x24, 156 pages, **15,24 €**

La France fascinante et détestée, sous la direction de Pascale Avenel et Pierre Vaydat, 2000.
ISBN 2-910663-43-4 – 2000. Broché, 16x24, 380 pages, **25,92 €**

Le Théâtre du sens, sous la direction d'A. Lautel et M. Castellana, 1999.
ISBN 2-910663-33-7 – 1999. Broché, 18x27, 102 pages, **10,67 €**

Traditions fantastiques ibériques et germaniques, sous la direction de J.-J. Pollet et S. Varga-Guillou, 1998.
ISBN 2-910663-23-X – 1998. Broché, 16x24, 176 pages, **18,29 €**

Fictions

L'Étendard, par Alexander Lernet-Holenia, Traduction de l'allemand et postface de Jean-Jacques Pollet, 2003.
ISBN : 2-910663-92-2 – 2003. Broché, 16x24, 257 pages, **20 €**

Série Cinéma

Le Son au cinéma, sous la direction d'Esther Heboyan, Françoise Heitz, Patrick Louguet et Patrick Vienne, 2010.
ISBN : 978-2-84832-112-7 – 2010. Broché, 16x24, 528 pages **24 €**
Sensibles proximités : les arts aux carrefours. Cinéma, danse, installation, vidéo-art, par Patrick Louguet, 2009.
ISBN : 978-2-84832-101-1 – 2009. Broché, 16x24, 528 pages, **30 €**
L'Enfant au cinéma, sous la direction de Julie Barillet, Françoise Heitz, Patrick Louguet, et Patrick Vienne, 2008.
ISBN : 2-84832-078-6 – 2008. Broché, 16x24, 344 pages, **26 €**
Le Cinéma d'animation en Espagne (1942-1950), par Françoise Heitz, 2007.
ISBN : 978-2-84832-060-1 – 2007. Broché, 16x24, 210 pages, **20 €**
La Ville au cinéma, sous la direction de Julie Barillet, Françoise Heitz, Patrick Louguet, et Patrick Vienne, 2005.
ISBN : 2-84832-032-X – 2005. Broché, 16x24, 253 pages, **20 €**
La Comtesse aux pieds nus de Mankiewicz, un cinéma qui se raconte et qui se pense, par Patrick Louguet, 2003.
ISBN 2-910663-97-3 – 2003. Broché, 16x24, 274 pages, **22 €**
Pilar Miró, vingt ans de cinéma espagnol (1976-1996), par Françoise Heitz, 2001.
ISBN : 2-910663-65-5 – 2001. Broché, 16x24, 434 pages, **20 €**

COMITÉ ÉDITORIAL

Achevé d'imprimer en avril 2012 par EMD S.A.S. – 53110 Lassay-les-Châteaux
N° d'impression : 26460 – Dépôt légal : juin 2012

Imprimé en France

Artois Presses Université
9, rue du Temple
BP 10665
62030 Arras Cedex
Tél. : 03-21-60-38-51

http: //www.univ-artois.fr/